STOICORUM VETERUM FRAGMENTA

COLLEGIT

IOANNES AB ARNIM

VOLUMEN I

ZENO ET ZENONIS DISCIPULI

MCMV
LIPSIAE
IN AEDIBUS B. G. TEUBNERI

WIPF & STOCK · Eugene, Oregon

Wipf and Stock Publishers
199 W 8th Ave, Suite 3
Eugene, OR 97401

Stoicorum Veterum Fragmenta Volume 1
Zeno Et Zenonis Discipuli
By Arnim, Hans Von
ISBN 13: 978-1-5326-1651-8
Publication date 12/14/2016
Previously published by
Lissiae In Aedibus B. G. Teubneri, 1903

Praefatio.

Chrysippi Stoici fragmenta colligendi auctor mihi exstitit Usener, vir summe venerandus, anno 1886; idemque qua via ac ratione arduum opus aggredi oporteret, docuit. Deinde casu accidit, ut ab Ordine Philosophorum Gottingensi praemium promitteretur, siquis Zenonis, Cleanthis, Chrysippi Stoicorum principum et discipulorum reliquias ad res ethicas, politicas, divinas spectantes collegisset. Ego vero, cum Zenonis et Cleanthis reliquias a Wellmanno et Wachsmuthio ita viderem collectas, ut non multa iis adici possent, in Chrysippum, quem neglectum iacere viderem, omnem laborem conferre perrexi, ut non solum ethica, politica, theologica, sed omnia eius fragmenta complecterer. Postea demum, cum haec Chrysippeorum collectio ad finem aliquo modo perducta et ab Ordine Philosophorum Gottingensi praemio ornata esset, ita opus amplificavi, ut non solum Zenonem et Cleanthem, sed etiam minores Stoicos, qui ante Panaetium fuerunt, comprehenderem. Atque in hac re summam quidem operam dedi, ne quid me fugeret, sed non potui omnes auctores, quos Chrysippi causa perlegeram, iterum pertractare. Itaque quae altero et tertio volumine proponuntur Chrysippi et discipulorum fragmenta, a me accurata auctorum lectione collecta sunt; Zenonis autem et Cleanthis fragmentorum collectio, quae primo volumine continetur, ex Wellmanni, Wachsmuthii, Pearsoni (the fragments of Zeno and Cleanthes London 1891) libris ita repetita est, ut eam ad mei operis rationem universam accommodarem et quatenus possem, supplerem et corrigerem. Quod hic profiteri aequum duxi, ut viris illis doctis debitam gratiam referrem.

Itaque Chrysippeae quidem philosophiae accuratam atque plenam imaginem, quatenus potui, hoc opere adumbravi, Zenoni autem et Cleanthi ea tantum adscripsi, quae in fontibus ipsis nominatim ad eos referuntur. Ita enim res se habet: eam Stoicae doctrinae formam, quae imperatorum Romanorum aetate fuit, uberrimis testimoniis illustrare possumus eademque ex Chrysippi auctoritate tota pendet.

Zeno et Cleanthes quid docuerint, ita tantum enucleari potest, ut quae nominatim ad eos referuntur, et cum hac Chrysippea philosophia et cum Posidonianis et cum Socraticis et Academicis Zenonis antecessoribus diligenter comparentur. Hunc igitur laborem exantlare neque volui neque potui, sed fundamenta tantum struere, unde illae quaestiones proficiscerentur. Nam fragmentorum collectiones ita institui oportet, ut ad ipsam quasi substantiam traditionis facilis aditus paretur. Ea vero quae non nisi subtili disquisitione ex illa materia extrahi possunt atque ea maxime quae sola coniectura quamvis probabili nituntur, ab eiusmodi collectione procul habenda esse censeo. Quae cum ita sint, fieri non potest, ut Zenonis aut Cleanthis philosophiam ex sola fragmentorum lectione aliquis intellegat; potest fieri, ut intellegat Chrysippum. Altero igitur et tertio volumine hoc primum volumen illustrabitur.

Atque de ratione in illis a me inita plura mihi erunt praefanda, cum de totius operis ratione pauca etiam monuero. Ordinem fragmentorum ubique, etiam in minoribus philosophis ex doctrinae ratione constitui, quae nisi ex altero et tertio volumine intellegi non potest. Zenoni, Cleanthi, Chrysippo indices subieci, quibus ad singulos libros fragmenta librorum titulis insignita referuntur. Eam rationem secutus sum, quia doctrinam philosophorum restituentibus maxime inservire volui. — Testimonia quae ad vitam, mores, stilum philosophorum pertinerent, ubique placitis et fragmentis praemisi. Dicta ($ἀποφθέγματα$, $χρεῖας$), sicubi maior numerus exstabat, post fragmenta collocavi. — Adnotationem criticam ita conformavi, ut lectiones ex virorum doctorum coniecturis profectas sive a me ipso novatas significarem. Praeterea ex fontium editionibus criticis eas lectionis varietates adscripsi, quae ad res in fragmentis tractatas aliquid facere viderentur. In Diogenis Laërtii textu recensendo copiis usus sum ab Hermanno Diels et Edgaro Martini benigne mihi commodatis. Ubi non suppetebat apparatus criticus ipse, quantum potui, elaboravi, ut corruptelis textum purgarem.

Quae primo volumine continentur Herilli, Dionysii Metathemeni, Persaei, Sphaeri fragmenta, perpauca sunt neque sperari potest plura investigatum iri. Nam brevis fuit eorum auctoritas; atque talium scriptorum siqui libris utuntur, nomina eorum, ut doctrinae speciem captent, prae se ferre solent. Plura tenemus Aristonis Chii fragmenta, quamquam libros ab ipso conscriptos praeter epistulas fuisse nullos Panaetius et Sosicrates dixerunt. Sed de Aristone Ceo Peripatetico in eorum quae composui fragmentorum nullo cogitari potest. Ea partim ad doctrinam Chii pertinent, quae etiamsi nullus eius liber exstitisset, ex Chrysippi libris illum impugnantibus cum Stoicis tum adversariis Stoicorum nota esse poterant, partim facete dicta sunt, item Chio, non Ceo tribuenda. Nam ὁμοιωμάτων collectionem, qua Stobaeus vel vetustioris florilegii auctor usus est, ad Chium pertinere, et ipse Stobaeus testatur et Laërtii vita docet, in qua dialecticorum sophismata cum aranearum telis comparantur. Videntur autem multae Aristonis scholae ab auditoribus litteris mandatae esse, unde Seneca amplam illam enarrationem epist. 94 (n. 359) haurire potuit. Atque ex scholis et commentariis etiam similitudines illae (ὁμοιώματα) ab aliis colligi potuerunt.

In altero et tertio volumine Chrysippi fragmenta et doctrinae testimonia cum iis testimoniis quae ad generalem Stoicorum doctrinam pertinent, ita composui, ut eam doctrinae formam, quae imperatorum aetate fuit, quam plenissime repraesentarem. Atque typorum genere tria locorum genera ita distinxi, ut rectis typis maioribus ipsa Chrysippi fragmenta imprimenda curarem, i. e. locos, quibus ipsa Chrysippi verba servantur, obliquis typis eiusdem mensurae, quae de placitis Chrysippi, addito nomine philosophi, proderentur aut certa ratione ad ea referri possent, minutis denique typis, quae aliquo modo ad cognoscendam Chrysippi doctrinam utilia viderentur. Atque moneo lectores, ne ea omnia, quae hoc tertio locorum genere complexus sum, pro veris et propriis Chrysippi fragmentis a me vendi arbitrentur; sed omnia eiusmodi esse puto, ut aliquam necessitudinem cum Chrysippi doctrina habeant. Nam quis neget, ubi de ipso Chrysippo fontes nihil produnt, etiam ea ad nos pertinere, quae alii philosophi ex Chrysippi doctrina profecti eoque fundamento usi docuerunt. Itaque iis materiam utilem volui commodare, qui ex ipsis fragmentis Chrysippi et doctrinae testimoniis profecti, adhibitis etiam obscurioribus vestigiis, de eius philosophia quaerere vellent. Eorum autem placitorum, quorum satis amplam testimoniorum copiam iam collectam haberem, quotiens plura etiam inveniebam testimonia, ea quae nihil novi continerent neque ulla re memorabilia viderentur consulto omisi. Quae vero ad philosophiam Chrysippi accuratius cognoscendam utilia sunt, ea volui quidem omnia complecti; siqua omisi, invitus feci. Sed fieri non potuit, ut omnia unius placiti testimonia uno capite coniuncta traderentur, quia fontium loci saepe ad res diversissimas pertinent; quos discerpi et per singula capita distribui vetabat sententiarum in ipso fonte conexus, quem servari oportebat. Itaque quae de quoque placito testimonia hoc opere contineantur, non nisi ex indicibus subiectis intellegi poterit.

Praeter fragmenta apud alios scriptores servata libri ipsius Chrysippi, quamquam mutili, ad nos pervenerunt per papyros. 1. In Herc. Vol. Coll. Alt. V 22--25 misera frustula exstant alterius de providentia libri. Septem columnae sunt eius libri extremae, cum subscriptione *Χρυσίππου περὶ προνοίας Β*, editae post Neapolitanos a Gerckio in Fleck. annal. suppl. XIV p. 710. Quas cum in illo capite Vol. II quod est de providentia (p. 322 sq.) omiserim, hic ea proponere libet, quae aliquem fructum praebere possint. In col. I haec fere agnoscuntur: *ἐν τῶ(ι κ)όσ(μωι τὰ κακὰ) | κατ' ἐπακολ(ούθησιν οἴ)|-μαι γίνεσθαι (δι' ἀγαθὰ | μεί)ζονα ὄντ(α*, quae sententia etiam a Gellio fr. 1170 (Vol. II p. 336) Chrysippo tribuitur. In col. II disputasse videtur, omnia in mundo necessario fieri *πλὴν τῶν πρα)|χθέν(τω)ν ὑφ' ἡμῶν | καὶ τῶν (ἄ)λλων ζ(ώι)|ων*. In col. III nihil intelligi potest. In col. IV de cognominibus Iovis disputatur, ut apud auctorem *περὶ Κόσμου* cp. 7 et apud Dionem in Olympica: *τ)ὸν (Δία σ)ωτῆρα εἶναι (καὶ) | φί(λιον) καὶ ξένιον (καὶ) | πολι(έα) καὶ ἄλλως (πολλα|χῶς ὀνομα)σθῆ(ναι*. In col. V primum dicit, se iam finem huic libro impositurum esse: *αὐτοῦ καταπαύων τὸν λόγον*. Deinde capita quaedam disputationis enumerare incipit, quorum primum est: unam esse naturam unumque mundum: *δεῖ γὰρ διειληφέναι πρῶτον μὲν ὅτι (εἰ* pap.) *οὐκ ἐνδέχ(ε)ται φύσιν ἄλ(λην) εἶναι καὶ ἄλλου(ς κ)όσμους (καὶ) ὅτι οὗτος ὁ κό(σμος) κατ(έσ)τη (τῆ)ι (φ)ύσει ἀνε(λ)λιπῶς ἀπέχων πάντ(α) τὰ (ὄν)τα*. Cf. Vol. II n. 530 sq. In his verbis *ἀνελλιπῶς* significat „ita ut nihil deesset", scil. ex materia, quia mundus *ἐκ πάσης τῆς οὐσίας* factus est. Quod moneo propter Gerckium, qui adnotat: *ἀνελλιπῶς = ἀνεκλείπτως*. — Ad deos sive daemones pertinere videntur, quae in col. VI leguntur: *(τῶν) μὲν καθ' ὅλου δεκτικῶν ὄντων ἀρετῆς, οὐ κακίας, τῶν δ' εὐαναλήπτως π(ρὸ)ς αὐτὴ(ν ἐ)χ(ό)ν|των, ἐὰν μὴ τύχ(ωσι)ν ἤδη ἔχοντες. Π(ερὶ) δαι|μόνων [λαι .... ει* pap.] *φ(ύ)σεως (καθό|λ)ου ταῦτα διειληφέναι | (π)ροσῆκεν*. Sequentia non certa ratione suppleri possunt. — In col. VII haec leguntur: *ἐὰν τὰ ὅμ(ο)ια (ἐπ)ι|γένηται (π)ρονοίαι, (τ)ὸ | Δ(ιὸ)ς προνοία(ι) τα(ῦτ)α (δι)ωκῆσθα(ι) [ωκεισθα* pap.], *δε⟨ῖ⟩ ἐ(πελ)θεῖν ἀρχομένους ἀ(π)ὸ | τῶν (ψ)υχῶν καὶ τῶν | φύσεων, καθά(περ) ἐ(να)ρχόμενος (ε)ἶπα, ῥηθήσε τα(ι) δέ τι περὶ τούτων | καὶ ἐν τοῖς ἐχομέν(οις). | Τόπον δ' αὐτοῦ κατα —*. Scil. rationem, qua Juppiter per providentiam mundum gubernat, demonstrari oportet ex ea ratione, qua plantae a naturis, animalia ab animis suis reguntur (*ἀπὸ τῶν ψυχῶν καὶ τῶν φύσεων*).

Deinde habemus 2. *Χρυσίππου Λογικῶν Ζητημάτων Α*, editum a Croenerto Herm. XXXVI 552 sq., a me Vol. II p. 96 sq., qui quamquam nondum ita restitutus est, ut totus conexus sententiarum perspici possit, multa tamen insunt, quae optime intellegantur et de logica

Chrysippi ratione nova nos edoceant. Hic liber dubitari non potest, quin idem sit, de quo Valerius Maximus VIII 7, 10 (Vol. II n. 19 p. 10) haec prodidit: „Citerioris aetatis metas, sed non parvi tamen spatii Chrysippi vivacitas flexit: nam octogesimo anno coeptum undequadragesimum *Λογικῶν* exactissimae subtilitatis volumen reliquit." Patet enim haec non referri posse ad omnia Chrysippi scripta logica, quae trecenta et undecim fuisse catologus Laërtianus testatur (Vol. II p. 8, 26 huius operis), sed certum aliquod significatur opus logicum, quod undequadraginta fuit voluminum. Huius titulum non fuisse *Λογικῶν ΛΘ* simpliciter, sed *Λογικῶν Ζητημάτων ΛΘ* nos docet auctor catalogi Laërtiani, qui, postquam cetera scripta logica per quattuor locos disposita enumeravit, quintum locum addit: *Λογικοῦ τόπου τὰ τῶν προειρημένων τεττάρων διαφορῶν ἐκτὸς ὄντα καὶ περιέχοντα ⟨τὰς⟩ σποράδην καὶ οὐ σωματικὰς ζητήσεις λογικὰς περὶ τῶν καταλεγομένων. Ζητημάτων ΛΘ.* Conspirat numerus librorum. Neque *Ζητήματα* hoc opus, quod ad solam logicam pertineret, inscriptum fuit, cum etiam *ἠθικά* et *φυσικά* Chrysippi *ζητήματα* exstarent, sed *Ζητήματα λογικά*. Illud *λογικά* in catalogo omitti poterat, cum ex antecedentibus subintelligeretur. Itaque etiam titulus cum Valerio Maximo conspirat. Nam ex plena tituli forma: *λογικὰ ζητήματα*, Valerius *ζητήματα*, catalogus *λογικά* omisit. Accedit quod ea, quae Valerius de illo Chrysippi opere prodit, ex iis demum intelligi possunt, quae catalogus Laërtii docet. Collectae erant in hoc opere minores quaestiunculae logicae, quae propter parvum ambitum separatis voluminibus edi non poterant; eaeque ad omnes logicae partes pertinebant, unde factum est, ut tota collectio ad nullam e quattuor illis partibus referri posset. Per se intelligitur non uno tempore, sed per singula volumina hoc opus editum esse, quotiens quaestionum conscriptarum summa modici voluminis ambitum aequaret. Inde factum est, ut undequadragesimum idemque ultimum volumen a sene philosopho paulo ante obitum conficeretur. Atque ea re uti potuit auctor Valerii, ut Chrysippi constantiam usque ad mortis limen in labore perseverantis illustraret. Huius igitur operis primum volumen nunc nobis restituit Croenerti industria.

Item ipsius Chrysippi liber vulgo creditur 3. Papyrus Letronnii *περὶ ἀποφατικῶν*, denuo post Th. Bergkium a me editus Vol. II p. 52 sq. Atque certum est hanc scriptionem ad Stoicam eamque Chrysippi *περὶ ἀποφατικῶν* doctrinam aliquo modo pertinere. Sed ipsum Chrysippi librum *περὶ ἀποφατικῶν* nos tenere credi non potest. Nihil enim docetur, sed enuntiata negativa ex poëtarum libris collecta ad examinandum proponuntur utrum sint *ἀποφατικά* necne. Itaque videntur haec vel in usum discipuli alicuius scripta esse, ut ille exercitationis gratia sententias poëtarum examinaret, vel quod probabilius videtur ab ipso discipulo scripta. Fortasse magister nihil nisi ipsos poëtarum locos discipulo tradidit iussitque eum ratione syllogistica examinare, num essent ἀποφατικὰ ἀξιώματα. Atque partim sunt, partim non sunt. Rem propositam ut recte perficeret, oportebat discipulum et ea quae de axiomatis et ea quae de syllogismis Chrysippus docuerat, cognita et perspecta habere. Sed ille valde indoctus fuisse videtur. Nam omnia in suspenso reliquit, cum ναί οὔ et propositionibus minoribus (ταῖς προσλήψεσι) et conclusionibus (ταῖς ἐπιφοραῖς) omnibus adpingeret, postmodo alterum ex illis vocabulis, sive ναί sive οὔ, prout melius visum esset deleturus. Talis scriptio videretur a magistro proficisci potuisse, qui discipulum proprio iudicio usum aut ναί aut οὔ delere iuberet, nisi omnes fere illi syllogismi ita conformati essent, ut nihil concludi posset, si propositio minor affirmaretur. Hanc enim plerique formam habent: εἰ τὸ πρῶτον τὸ δεύτερον· ναί· οὔ· τὸ δεύτερον. ναί· οὔ. τὸ πρῶτον. Patet hac syllogismi forma nihil concludi potuisse, nisi negata secunda propositione. Tum enim κατὰ τὸν δεύτερον Χρυσίππου ἀναπόδεικτον hic syllogismus evadit: εἰ τὸ πρῶτον, τὸ δεύτερον· ἀλλὰ μὴν οὐ τὸ δεύτερον· οὐκ ἄρα τὸ πρῶτον eaque ratione discipulus eas poëtarum sententias agnoscere poterat, quae non essent ἀποφατικὰ ἀξιώματα. Affirmata autem altera propositione patet nihil omnino concludi potuisse. — Pauci sunt syllogismi κατὰ τὸν πρῶτον Χρυσίππου ἀναπόδεικτον hac forma usi: εἰ τὸ πρῶτον τὸ δεύτερον· ναί· οὔ· τὸ πρῶτον· ναί· οὔ· τὸ δεύτερον: (1), 2, 12, 14, 15, 22. In his igitur scriptor id enuntiatum, quod ei ad examinandum erat propositum, λῆγον posuit ἐν τῷ συνημμένῳ i. e. in propositione maiore. Haec forma erat ex usu, ubi propositio minor (ἡ πρόσληψις) affirmari poterat. Negata enim nulla omnino evadit conclusio. Mirum vero accidit, quod iis tantum locis hac forma usus est, quibus propositionem minorem negari oportebat. Itaque cum tanta appareat in tota scriptione scriptoris inscitia, a Chrysippo certe non profecta est, acutissimo logicae auctore. Atque cum tota ratio vitiosa sit, dubitari potest, num singula, quae in papyro exstant, errata corrigere liceat. — Quae cum ita sint, erunt fortasse qui omnino hunc libellum in Chrysippeorum syllogen a me recipiendum fuisse negent. His vero non assentior. Insunt enim in hoc libello, quamvis pauca pro amplitudine, vestigia Chrysippeae doctrinae. Ad syllogisticam quidem doctrinam nihil lucramur, nisi quod Stoicorum est, lemmatis condicionalibus plerumque uti; quae vero de axiomatis Chrysippus docuit, aliquomodo illustrantur. Sed de ipsa doctrina disputare, non huius est loci. Hoc tantum mihi addendum est, cum libellum ederem, locis quibusdam me erravisse. 1. Erravi quod p. 52 in adn. Bergkii rationem, οὐκ p. 52,37 delentis, dubiam esse dixi. Est enim verissima. 2. P. 53,23 inserenda est haec πρόσληψις, quae per errorem omissa est: ναὶ οὐ ἀντίκειται ἀξίωμα καταφατικὸν τῷ· Οὐκ ἦν — — ἀτιμία. 3. P. 56,3 secundum οὐ (ante Εὐριπίδης) nunc mihi videtur delendum esse.

Restat illa papyrus Herculanensis 1020, quam in Herma XXV p. 473 sq., ad Chrysippum rettuli. Atque quae in illa commentatione dixi, etiam nunc probo. Probabile enim puto ipsius hunc esse librum Chrysippi, e quo etiam Arius Didymus apud Stobaeum ecl. II 111, 18 W. (Vol. III n. 548) hausisse videtur.

Fragmenta Chrysippi primus collegit Baguetus anno 1822 in Annalibus Academiae Lovaniensis. Hic liber nullam fere utilitatem mihi praebuit. Voluit enim Baguetus ea tantum fragmenta Chrysippi colligere, quae adscripto philosophi nomine leguntur; ego vero ab Usenero monitus longe aliam rationem secutus sum, quam supra exposui, ut etiam latentia Chrysippeae doctrinae vestigia eruerem. Accedit quod ille omnia fere fragmenta ad certos libros rettulit. Sed constat ex rebus tractatis de sede fragmentorum Chrysippeorum plerumque nihil concludi posse, cum philosophus in multis libris easdem sententias repetere solitus sit. Cf. Vol. II n. 30. Etiam in textibus constituendis neque diligens neque acutus fuit Baguetus. Commentarium quidem addidit ille satis verbosum, quo ipsa fragmenta quasi obruuntur. Mihi magis ex usu visum est, ipsa fragmenta, secundum doctrinae capita ordine quam maxime perspicuo disposita, proponere.

Duorum operum Chrysippi, περὶ προνοίας et περὶ εἱμαρμένης, reliquias collegit Alfredus Gercke in Fleckeis. Annal. suppl. 14 (1885) p. 691 sq. Quem optime de illis fragmentis meruisse constat. Erant tamen et in sententiis eligendis (maxime quidem in Alexandri libro, quem de fato scripsit) et in textibus constituendis, quae rectius administari posse crederem.

De gravissimis philosophiae Chrysippeae fontibus.

Ut collectione testimoniorum, quam in altero et tertio volumine proposui, ii qui in philosophiam Chrysippi inquirunt, recte uti possint, maxime opus est, ut de singulorum fontium indole recte iudicent. Itaque, cum de omnibus auctoribus disputare longum sit, de iis quidem, quibus longe maxima testimoniorum pars debetur, pauca mihi praefanda esse sentio, ut quo quaeque iure ad Chrysippum rettulerim quaeve fides iis habenda sit, intellegatur.

De Plutarcho.

Plutarchus cum duobus libris contra Stoicos conscriptis permulta Chrysippi fragmenta ita attulerit ut non solum propria philosophi verba sed etiam librorum titulos unde desumpta essent describeret, multa et nomine philosophi et titulo libri omisso, duplex quaestio oritur, altera num ipse Plutarchus tot Chrysippi libros versaverit, altera, quae ex illa priore pendet, num ea quoque quae sine nomine passim afferuntur ad eundem Chrysippum referenda sint. Ac primum quidem per se vix credibile est, tot Chrysippi libros ab ipso Plutarcho tanta diligentia et lectos esse et excerptos, ut discrepantias quae inter locos diversorum librorum longe inter se remotos intercederent, posset animadvertere. Nam quae difficillima fuit vel ipsis Stoicis Chrysippeorum lectio, eam alius disciplinae alumno tanto melius cessisse probabile non est. Ut igitur nostratium philosophorum doctrinas quidem norunt quicunque liberalibus artibus eruditi sunt, libros quorundam, qui spinosa disserendi ratione utuntur, ne docti quidem, ita Chrysippus ex eis auctoribus videtur fuisse qui a plurimis eruditorum omnino non legerentur neque ab ipsis philosophis nisi doctioribus. Huius rei documento sunt Ciceronis scripta philosophica, quae nullam ipsorum Chrysippi librorum notitiam produnt, documento sunt Senecae dialogi et epistulae, quibus cum assiduam recentiorum philosophorum lectionem redoleant, nullum vestigium inest studii diligentioris in Chrysippo collocati. Testis est Epictetus in Arriani Epicteteis (I 4, 6), eos Stoicorum alumnos qui multos Chrysippi libros legissent eosque qui sine praeceptore Chrysippum legere animo valerent, hac re exsultare solitos esse tamquam multum in sapienta profecissent. Atque in scholis quidem Stoicorum eadem aetate discipulos explicandis Chrysippi verbis exercitatos esse, idem Epictetus saepius testatur, sed quid hoc ad Plutarchum? At ne hos quidem Chrysippi lectione studia inaugurasse arbitror, sed primum introductiones quasdam arcessivisse (Epictet. diss. II 16, 34: *Εἰσαγωγὰς ἔπραξά τινας καὶ Χρυσίππεια ἀνέγνων* cf. ibid. 17, 40: *κἂν πάσας τὰς εἰσαγωγὰς καὶ τὰς συντάξεις τὰς Χρυσίππου μετὰ τῶν Ἀντιπάτρου καὶ Ἀρχεδήμου διέλθωμεν*) quales et tunc permultas exstitisse credibile est et nos etiamnunc habemus Dioclis apud Diogenem et Arii Didymi apud Stobaeum exempla. Sed de his quidem alio loco fusius erit disputandum. Plutarchum certe tam diu et tam diligenter Chrysippo operam dedisse, credi non potest. Neque Galeni exemplo id tueri possis, quem complura Chrysippi scripta ipsum legisse constat. Nam inde a Galeni tempore tales libros, qualem „de Hippocratis et Platonis placitis" ille condidit, quibus toti adversariorum libri per singula enuntiata impugnarentur, valde in more fuisse, etiam Alexandri de fato, Origenis contra Celsum vel, si ad inferiora etiam tempora descendimus, Cyrilli contra Julianum aliisque patrum ecclesiae libris monstratur. At multo diligentiore et assidua magis lectione opus erat, ut talia conderentur, qualis Plutarchi de repugnantiis Stoicorum libellus exstat. Sed ipsam librorum Plutarcheorum formam examinemus, si forte inde quaestio dirimi possit. Ac primum quidem de ordine et conexu sententiarum, postea de rebus a Plutarcho tractatis quaeremus. Quodsi proprio Marte Plutarchus cum Stoicis confligeret, aut omnia, quae ex Chrysippi libris excerpserat, certo quodam ordine digessisset aut singulas .repugnantias nullo ordine coacervare satis habuisset. Quae vero per librum de repugnantiis regnat ratio ut partim in ordinem res digerantur, partim inordinatae et inconexae relinquantur, eam a sani scriptoris mente abhorrere iudicamus, qui quidem in tota libri conformatione a se ipse pendeat. Quae libri forma ut accuratius intellegeretur argumentum per capita esset enarrandum, sed exemplis rem ostendere sufficiet. Quae igitur inde a cp. 31 usque ad 40 crimina proferuntur, exemplum praebent disputationis suo ordine apte decurrentis: nam ὁ περὶ θεῶν λόγος his capitibus ita examinatur, ut tres illae divinitatis qualitates, τὸ εὐποιητικόν, τὸ ἄφθαρτον, τὸ μακάριον deinceps tractentur. Antecedunt autem theologiam ethica inde a cp. 11, quae tamen haud raro alienis interrumpuntur, ut cp. 23, 24 et cp. 28, 29. Nec non cp. 14,16 quamquam ad ethica pertinent, filum interrumpunt; his enim Plato et Aristoteles a Chrysippi reprehensionibus defenduntur, quo vinculo res alioqui diversas scriptor comprehendit. Iam cum etiam cp. 24 et 29 eiusdem disputationis vestigia appareant, quam alio libro longius se persecutum esse ipse Plutarchus testatur 1040 D (ἃ μὲν οὖν ῥητέον ὑπὲρ Πλάτωνος ἐν ἄλλοις γέγραπται πρὸς αὐτόν), his autem omissis cetera τὸν περὶ ἀγαθῶν καὶ κακῶν καὶ περὶ σοφίας καὶ κακίας λόγον contineant, duos fontes a Plutarcho adhibitos esse suspicamur. Neque enim ordinem, quem ipse instituerat, aliena inserendo turbasse censendus est. Accedit quod, cum altero libro, qui „de communibus notitiis" inscribitur, eadem fere ethica et theologica Stoicorum placita ita impugnentur, ut pleraque „repugnantiarum" capita cum aliquo „communium notitiarum" capite simili comparari possint, — eorum quae additamenta esse docui in altero libro nec vola nec vestigium exstat. Iam ad ipsas res a Plutarcho tractatas pergamus. Quo loco hoc statim mo-

nendum est, tot refutationes placitorum Stoicorum, et acumine et
numero insignes, non videri ab ipso Plutarcho proprio Marte compositas esse. Num probabile est Plutarchum, hominem doctum et
assidua antiquorum lectione imbutum, quae a pristinis Stoicorum adversariis contra illos disputata erant neglexisse? Utrum probabilius
est acutissimas Chrysippi et Antipatri refutationes easque maxime
quae ad verba magis illorum quam ad rem spectant, post complura
saecula inventa esse an ab ipsis illorum aequalibus et adversariis
acerrimis? In libro de comm. not. cp. 27 extr. post longiorem disputationem, quae ad Stoicam περὶ τέλους doctrinam pertinet, haec addit
Plutarchus: ἀλλὰ τοῦτο μέν εἰσιν οἳ πρὸς Ἀντίπατρον οἴονται λέγεσθαι, μὴ πρὸς τὴν αἵρεσιν. Quid igitur? nescitne ipse Plutarchus
quem philosophum impugnet? Famane accepit, ad cuiusnam philosophi
doctrinam spectent argumenta ab ipso excogitata? Patet, ni fallor,
hoc modo non posse loqui nisi eum, qui argumenta ab aliis tradita
et accepta prodit.

Hinc ad aliam rem eamque gravissimam facilis transitus. Scilicet mirum est, quod praeter ipsum Chrysippum unius fere Antipatri
doctrina compluribus locis spectatur. Nam exceptis primis „repugnantiarum" capitibus ne Zeno quidem et Cleanthes respiciuntur, eorum
qui post Antipatrum fuerunt nulla omnino mentio occurrit. Quod
quale sit ut accuratius intellegatur, facit locus imprimis memorabilis
de repugn. cp. 38, ubi Plutarchus verba Antipatri affert ex libro de
diis, quibus omnes philosophos diis ἀφθαρσίαν tribuisse testatur.
Dein Plutarchus haec verba infert: οὐδεὶς οὖν ἐστι τῶν πάντων ὁ
Χρύσιππος κατ᾽ Ἀντίπατρον· οὐδένα γὰρ οἴεται πλὴν τοῦ πυρὸς
ἄφθαρτον εἶναι τῶν θεῶν. Quibus verbis egregrium acumen inest,
si ab aequale Antipatri contra Antipatrum et Chrysippum, nullum
fere si contra sectam Stoicorum dicta sunt. Nam Chrysippus carpitur, quod ea, quae nemini philosophorum placuisse ipsius discipulus
prodat, docuerit, Antipater carpitur quod principem scholae suae auctorem neglexerit. Tales igitur cavillationes cum personas, non rem
spectent, ab aequalibus profectas esse consentaneum est.

Iam quod antea diximus, argumenta a Plutarcho prolata non potuisse ex ipsius officina prodire, etiam singulis exemplis probabimus.
Conferendum igitur „comm. notitiarum" cp. 35, quo de igne mundi
semine agitur (τὸ σπέρμα πλέον εἶναι καὶ μεῖζον ἢ τὸ γεννώμενον ἐξ
αὐτοῦ) cum Philonis personati de incorr. mundi cp. 19 p. 257, 7 sq.
Bern., ut intellegatur vetusto argumento Plutarchum uti; nam quae
hoc capite continentur Peripatetico primi a. Chr. saeculi tribuenda
esse, demonstravi in Wilamowitzii Quaestionum philologicarum tom. XI.

Conferenda porro ea, quae Cicero in tertio de natura deorum (i. e. Clitomachus) cp. 26—40 contra providentiam Stoicorum deorum disputat cum iis quae utroque libro Plutarchus exhibet „comm. notitiarum" cp. 31—34 „repugnantiarum" cp. 30—37. Nam cum universa pugnandi ratio conspirat, tum singula quaedam notari possunt, quae eundem utriusque commentationis auctorem quasi digito monstrant. Velut in utroque Plutarchi libro (de comm. not. cp. 33, de repugn. cp. 31) cum in stultitia summa secundum Stoicos miseria sit, omnes fere homines stultos, immo insanos esse a providentia alienum demonstratur. *Εἰ γοῦν οἱ θεοὶ μεταβαλλόμενοι βλάπτειν ἐθέλοιεν ἡμᾶς — — οὐκ ἂν δύναιντο διαθεῖναι χεῖρον ἢ νῦν ἔχομεν.* Cf. Ciceronis verba cp. 32, 79: „Nam si stultitia — — — immortalibus dicitis" et cp. 28, 71 „Quid enim potius hominibus dedissent, si iis nocere voluissent?" — — Porro conferatur Ciceronis cp. 36 de virtute non a diis data et de Iovis nominibus cum verbis Plutarchi de repugn. cp. 31 *Εἴπερ οὖν ὁ θεός* etc. et comm. not. cp. 32 inde a verbis *εἰ δὲ ἀναιροῦσι* usque ad finem capitis.

Plures etiam inter utrumque scriptorem similitudines possim ostendere; sed quae adhuc protulimus sufficiunt, ut ceteras quoque argumentationes non ab ipso Plutarcho inventas esse probetur. „Repugnantiarum" cp. 10 Plutarchus iudicium fert de duobus Chrysippi libris, quibus *τὴν Συνήθειαν* altero impugnaverat, altero defenderat; *ἐκεῖνο δὲ ἀληθὲς ὅτι βουληθεὶς αὖθις συνειπεῖν τῇ συνηθείᾳ ἐνδεέστερος γέγονεν ἑαυτοῦ καὶ τὸ σύνταγμα τοῦ συντάγματος μαλακώτερον.* Quodsi ipsius Plutarchi hoc esse iudicium opinaris, cf. Cic. Acad. priora II 27, 87 „ipsum sibi respondentem inferiorem fuisse" et ibidem 24, 75.

Multa quoque apud Alexandrum inveniuntur cum in quaestionibus ceterisque scriptis minoribus tum in commentariis quae cum Plutarcheis aliquatenus conspirent, ut quaest. I 14 *ὅτι καθ' οὓς μόνον τὸ καλὸν ἀγαθόν ἐστιν, οὐδὲν οἱ θεοὶ τοῖς ἀνθρώποις παρέχουσιν ἀγαθόν* cum loco supra memorato, quaest. I 4 de fato cum „repugn." cp. 46 et multa quae enumerare longum est. Cum vero Alexandrum ex Plutarcho hausisse et per se et propter rationem similitudinis cogitari nequeat, quae ad materiam magis quam ad formam argumentationum pertinet, immo probabile sit pleraque antiquiorum Peripateticorum et Academicorum libris Alexandrum debere, haec quoque suspicionem nostram confirmant. Unum etiam Galeni locum addere libet de Hippocr. et Plat. plac. IV p. 351 Mü. En ipsa Galeni verba: *Περὶ δὲ τοῦ μὴ φροντίζειν τῆς πρὸς ἑαυτὸν ἐναντιολογίας αὐτὸν* (scil. *τὸν Χρύσιππον*) *ἔχων ἔτι μύρια λέγειν, ἃ τάχα ἂν καὶ ὕστερον, εἰ* μακροτέρας ἐπιλαβοίμην σχολῆς, εἰς μίαν ἀθροίσαιμι πραγματείαν ἅπαντα, παραλιπὼν τἄλλα μόνων τῶν οἰκείων τοῖς νῦν προκειμένοις μνημονεύσω. Ni fallor id quod Galenus se postea facturum promittit, plane idem est quod fecit Plutarchus in libro de repugnantiis, quem exceptis primis octo capitibus ad unum Chrysippum pertinere supra monui. Neque facile adducor ut credam, hanc rem Galenum nullo praeter ipsum Chrysippum fonte adhibito tractaturum fuisse. Noverat sine dubio cum verba illa chartae mandabat, fontem inexhaustum, unde agros suos irrigari posse sperabat. Sed fontem illum non puto fuisse quem nos legimus librum Plutarchi, quippe qui de Stoicorum, non de Chrysippi repugnantiis inscriptus sit et pauca tantum ex toto doctrinae orbe comprehendat ad moralem philosophiae partem pleraque spectantia. At Galeno eiusmodi fons circumspiciendus erat, qui naturalem quoque philosophiae Chrysippeae partem impugnaret.

Ne id quidem neglegendum est quod tot loci Chrysippei iidem in utroque libro afferuntur. Nam si omnium librorum thesaurum ad manus habebat, cur ad eosdem semper locos revolvitur? Pendebat nimirum a delectu, quem auctor ille vetustus fecerat. Hae fere causae sunt, cur Plutarchus non ex ipso Chrysippo sua omnia hausisse, sed cum verba Chrysippi tum refutationes apud alium auctorem invenisse videatur.

Iam ut qualis ille fons fuerit indagetur, primum de tempore eius videndum est. Atque ex eis quae de Antipatro supra disputavimus sequitur, ut de aequali illius cogitetur. Quod vero ad sectam auctoris attinet, quin Academicus fuerit dubitari non potest. Nam Academico Diadumeno Plutarchus in „com. notit." personam tribuit refutatoris, neque alius sectae patrono tribuere poterat, cum tota refutandi ratio scepticam magis quam dogmaticam speciem praebeat. Semper enim mera adversariorum refutatione scriptor contentus est, nunquam ad propriorum placitorum demonstrationem progreditur. Neque meliore exemplo adumbrari potest, quid Sextus dicat εἰς ἀλλοτρίαν ὕλην ἐμβαίνειν καὶ ἐπὶ συγχωρήσει τῶν ἑτεροίως δογματιζομένων ποιεῖσθαι τοὺς λόγους (adv. math. IX 1). Hanc autem impugnandi rationem Carneadis et Clitomachi propriam fuisse Sextus testatur. Carneadem autem Academicorum longe nobilissimum Antipatri Stoici aequalem fuisse constat, cuius disputationes litteris mandavit Clitomachus (Diog. Laërt. IV 10). Hunc igitur a Plutarcho compilatum esse suspicor. Cui suspicioni favent, quas cum Ciceronis de nat. deorum lib. III Plutarcho similitudines intercedere dixi. Hunc enim Ciceronis librum e Clitomacho potissimum haustum esse, communis opinio est. Nec refragatur Peripateticus Philonis personati, immo magnam argumentorum partem, mutatis videlicet quae minus apta viderentur, ex altera schola in alteram transmigrasse arbitror.

Iam de altera quaestione videamus, quam cohaerere cum illa dixeram: quomodo iudicandum sit de tempore et auctore sententiarum Stoicarum quae a Plutarcho sine nomine afferuntur. Si igitur vera sunt quae ante disputavimus, valde est verisimile, pleraque omnia Stoicorum placita quae apud Plutarchum exstant, ad antiquiorem scholae aetatem esse referenda. Nam quamquam per se fieri potuit, ut Plutarchus quae ex fonte illo hauserat, ex recentioribus fontibus atque sua ipsius aequalium Stoicorum notitia amplificaret, multo tamen probabilius est in omnibus eum a fonte illo pendere. Neque rerum ipsarum indoles atque natura huic opinioni refragatur. Ne Diogenis quidem aut Antipatri multa videntur inesse, quamquam Antipater aliquoties spectatur, Panaetii, Hecatonis, Posidonii nullum vestigium detegere potui. Itaque non multum a vero aberrabit, qui omnia Plutarchi de Stoicorum placitis testimonia ad Chrysippeam philosophiam rettulerit.

Atque eadem fere est eorum natura quae in aliis libris Plutarchus Stoicorum placita profert. Ita quae in libro περὶ τοῦ ἐμφαινομένου προσώπου etc. a Pharnace Stoico de luna proferuntur, videntur Chrysippea esse. Nam quod Aëtius Plac. II 25,5 Posidonium nominat mixtae ex igne et aëre lunae auctorem, hoc nequaquam illam opinionem probat Posidonio antiquiorem non esse, cum praesertim ipse Aëtius addat: καὶ οἱ πλεῖστοι τῶν Στωϊκῶν. Quae vero apud Plutarchum cp. 6 et 8 de partibus mundi in medium locum urgentibus disputantur, Chrysippi esse aliunde constat. Item in libro qui inscribitur „περὶ τοῦ πρώτου ψυχροῦ" quae Stoica insunt Chrysippum redolent, cum ea quae cp. 9—12 argumenta proferuntur, longiorem praebeant eius argumenti explicationem, quod ex ipso Chrysippo (ἐν τῷ πρώτῳ τῶν φυσικῶν ζητημάτων) adfert idem Plutarchus de repugn. cp. 43. Haec igitur de Plutarchi Stoicis praefanda erant, quae quod ad pauca moralis philosophiae capita maximam partem spectant valde dolendum est.

Unum addam de fonte illo quem a Plutarcho adhibitum putamus. Nam cum eadem Chrysippi fragmenta, quibus in libro „de repugn." Chrysippum secum pugnare ostenditur, in libro „de comm. not." usurpentur ut a sensu communi Stoicorum philosophiam abhorrere demonstretur, uno quidem eodemque fonte in utroque libro Plutarchum usum esse suspicamur, hunc vero ita conformatum fuisse, ut eclogae ex Chrysippi libris ante singulas refutationes separatim proponerentur.

De Galeno.

Iam ad Galenum pergamus, qui longe plurima nobis propria Chrysippi verba servavit. Quae ex duobus potissimum Chrysippi libris deprompta sunt (quos ab ipso Galeno lectos esse certissimum est) e libris „de anima" et „de affectibus". Atque longe melior est eorum condicio, quae e libro „de anima" Galenus excerpsit, cum ordinem et conexum sententiarum, qui in hoc libro fuit, ipsa Galeni testimonia secuti possimus recuperare. Videntur autem refutationes, quibus Galenus in libro „de Hippocratis et Platonis placitis" Chrysippum impugnat, ne ipsae quidem a Galeno inventae esse. Nam quae de notissima illa quaestione, unane sit animi facultas an plures, infinita paene verborum copia a Galeno disputantur, eorum quasi capita et gravissimas sententias apud Plutarchum quoque legimus in libro „de virtute morali". Unde apparet non iis tantum locis ubi Posidonio se uti aperte significat, sed in tota fere Stoicae psychologiae refutatione ab eodem illo auctore Galenum pendere, Stoicas autem illius aetatis scholas unius fere Chrysippi auctoritatem secutas, Posidonio non multum diligentiae impendisse. Sed Galenus non solum iis, quae contra Stoicos disputavit, nobis utilis fuit, sed etiam iis quae Stoicos secutus de naturali philosophiae parte disputavit. Nam cum Aristotelem in hac philosophiae parte maxime sibi ducem elegisset, multa tamen Stoicorum placita, quae cum Aristotelica doctrina consociari poterant, illi immiscuit. In his igitur Galeni locis colligendis multum laborem consumpsi. Qui quamquam caute adhibendi sunt propter immixtas sive Aristotelis sive ipsius Galeni sententias, tamen haud raro utilitatem praebent.

De Alexandro Aphrodisiensi.

Ad Alexandrum pergo Aphrodisiensem, qui in hac quidem re cum Plutarcho atque Galeno conspirat quod, ubicunque Stoicos impugnat, Chrysippum praeter ceteros adversarium sibi deligit. Quod de libris περὶ τῆς εἱμαρμένης καὶ τοῦ ἐφ' ἡμῖν et περὶ μίξεως omnibus notum est, neque minus verum esse arbitror de Quaestionibus, de anima libri mantissa, commentariis denique Aristotelicis. Alexander igitur nusquam fere discrepantias respicit, quae inter magnos Stoae veteris auctores intercedebant, unam agnoscit Stoicorum doctrinam quae, ubi fragmenta ipsius Chrysippi exstant, Chrysippea agnoscitur. Cuius rei exempla qui collectionem meam perlustraverit, haud pauca inveniet.

Neque id dico Alexandrum, philosophum in primis doctum, alios praeter Chrysippum Stoicos non cognitos habuisse. Immo saepius Stoicorum discrepantias adnotat, sed historiae magis studio ductus. Ubi vero data opera Stoicorum doctrinam impugnat, Chrysippum sibi adversarium deligit, cuius doctrinam ab omnibus fere suae aetatis Stoicis receptam summa auctoritate florere intellegebat. Itaque non temere facere videbimur, si omnia Alexandri de Stoicis testimonia, quae cum Chrysippi doctrina non pugnant, ad ipsum Chrysippum rettulerimus. Atque magna fides habenda est viri doctissimi et acutissimi testimoniis, qui et ipsa Chrysippi verba multis locis servavit, et quae suis verbis enarrat, ad sententiam accurate reddere solet, neque per inscitiam neque per odium, quamvis pugnandi studio ardeat, depravata.

Ut igitur paucis comprehendam quae de Plutarcho, de Galeno, de Alexandro disputavimus, apparet inde ab altero p. Chr. saeculo in scholis Stoicorum unam fere Chrysippi auctoritatem viguisse. Nam tres illi auctores de quibus locuti sumus scholasticos sui temporis Stoicos impugnant.

De Stoicis popularibus.

Plane alia est eorum Stoicorum ratio quorum ex eadem aetate vel libri vel fragmenta saltem ad nos pervenerunt, Musonium dico, Arrianum (Epictetum), M. Antoninum. Nemo enim ex his ad scholasticam doctamque traditionem se applicuit. Unde fit ut ad Chrysippum restituendum nullum fere usum praebeant. Schola enim Stoicorum inde ab Augusti temporibus talis fuit, qualem Peripateticorum inde ab Andronico fuisse scimus, cum in intellegendis magis explicandisque veterum auctorum libris quam in vero investigando occuparetur; quae vero nova exstitit primo p. Chr. saeculo Stoica philosophia, non iam scientiam captat, doctrinam etiam odio persequitur, paucis vero ex antiquo placitorum thesauro sententiis selectis, quas iterum iterumque auribus audientium inculcat, ut tritissimum illud: οὐδὲν ἐφ᾿ ἡμῖν εἶναι πλὴν τῆς χρήσεως τῶν φαντασιῶν, reformandis populi moribus tota inservit.

De Seneca.

Atque hoc in Seneca maxime videtur memorabile esse quod quasi in confinio positus utriusque philosophiae generis tum doctis veterum studiis incumbit, tum contra subtilem veri investigationem, quae moribus emendandis nullum ferat subsidium, ita declamat, ut Musonium Epictetumve audire tibi videaris. Itaque multa in Senecae libris maximeque in epistulis exstant, quae nobis utilissima sint, cum e librorum antiquiorum lectione pendeant, plura tamen quae cassa sint veteris doctrinae memoria. Sed ne illa quidem quae ad priorum temporum exemplaria effingit, iis comparanda sunt, si fidem spectes sinceritatemque, quae acerrimi illi Stoae adversarii, Plutarchus, Galenus, Alexander nobis suppeditant. Illi enim et Chrysippum maxime impugnaverunt et genuinam illius memoriam sive ipsis verbis afferendis sive placitis enarrandis propagaverunt, Seneca vero et iis auctoribus se addixit, qui inde a Panaetio Stoicam austeritatem mitiorem reddere et orationis ornamentis condire conabantur, et non tam illorum doctrinam enarrare quam ipse illorum copiis adiutus philosophari voluit. Sunt tamen multa, quae sine excusatione proferre, cum suae aetatis palato non conveniant, Seneca vereatur atque ea potissimum nos aucupati sumus. Facile enim plerumque intelligitur, cum aliena mutuatur, neque ei, qui ut Chrysippi vestigia detegat Senecam percurrit, magnopere verendum est, ne Chrysippo adscribat, quae ipsius Senecae sunt. Multo magis cavendum est, ne Posidoniana vel Hecatonea recipiamus, quorum permulta fuerunt, quae ad similitudinem veteris rationis efficta essent. Hi enim philosophi, cum in paucis ethicorum locis maximeque in eo qui de officiis est nova excolerent, Posidonius etiam in psychologia, in astronomia, in meteorologia, longe plurima tamen Stoae veteris placita defenderunt, partim veteres syllogismos repetendo, partim similes eorum excudendo. Ea igitur, quae a mediae Stoae auctoribus ex suae aetatis ingenio proprio Marte excogitata sunt, facile plerumque a nobis vitari poterant, ea vero quae ad veterum exempla haud pauca effinxerunt, ab iis quae ab ipsis tradita acceperunt raro fit ut discerni possint. Itaque multa ex iis auctoribus, qui a Posidonio pendent, ex Seneca, ex Cleomede, ex Achillis Isagoge in Chrysippeorum syllogen recepi, non quo integram illius doctrinam prodant, sed quod capita a Chrysippo accepta suis inventis Posidonium excoluisse persuasum habebam. Nam si eis reliquiis Chrysippi vellemus contenti esse, quae vel nomine adscripto produntur vel ex ipsius libris diligenter exscripta vel epitomata esse probari possunt, multa quae ad accuratiorem eius cognitionem usui esse possunt, neglecta iacerent. Immo ea quoque recipienda sunt, quae Chrysippea alienis permixta produnt, dummodo memoria teneamus, dubiam esse fidem eorum et auctoritatem. Ac fortasse exsistent, qui meis excerptis usi aliena quaeque a Chrysippeis secernere valeant. Neque enim fieri potest, ut is, qui tantae latitudinis provinciam solus administret, in singulis ad exactissimam normam omnia absolvat. Haec igitur de iis monita sunto, quae e Senecae, Cleomedis, Achillis libris excerpsi.

De Philone Alexandrino.

Diversa ab his et tamen similia sunt Philonis Alexandrini Stoica, quorum permagnum numerum recepi. Philo enim in ea re Senecae similis est, quod ipse quoque a Posidonio et ceteris mediae Stoae auctoribus nec non ab Antiocho pendet, ut, si hoc spectes, quae de illo diximus, ad Philonem quoque pertineant. Cum vero ad sapientis et insipientis personas Philoneorum maxima pars spectet, quem locum a vetere magis quam a media Stoa excultum esse constat, raro fit ut dubitemus. Alia tamen eaque Philoneorum propria exsistit difficultas, quod scriptor, nitorem et amplitudinem orationis singulari diligentia captans, reformidat obsoleta et inusitata Stoicorum vocabula. Unde fit ut in Philoneis ad rem magis quam ad verba attendendum sit, quae plerumque a genuino squalore sensim deflectuntur. Hoc quoque monendum est, saepissime hunc auctorem in uno eodemque enuntiato sua alienis permiscere. Cum vero tam manifesta sit Stoicorum placitorum a propriis Philonis cogitatis discrepantia, ut quivis mediocriter rei peritus facile ea discernat, ne monere quidem lectorem[1]) in singulis necessarium duximus.

De Cicerone.

Pergo ad Ciceronem cuius in philosophicis auctoritatem in „Epicureis" examinavit Usener. In hoc igitur maiore etiam cautione opus est, cum ad ipsam Posidonii et Panaetii aetatem prope accedat ideoque a mediae quam vocant Stoae auctoribus totus fere in Stoicis pendeat. Aliud etiam accedit quod difficultatem augeat. Nam cum Academici aetatis Ciceronianae (Philonem dico et Antiochum) ipsi quoque a Stoicis tam multa mutuati sint, ut ex horum libris Stoicorum placitorum cognitionem Cicero haurire potuerit, fieri potest, ut primum Cicero Academico libro usus esse videatur, deinde Academicum illum mediae Stoae auctore usum esse ostendamus, hunc denique Chrysippo aliquatenus usum esse appareat. Quo fit ut lubrica via et saepe praerupta per tot medios gradus a Cicerone ad ipsum Chrysippum ascendatur. Neque enim facile discerni potest, quibus in rebus a pristino exemplari primum mediae Stoae auctor, deinde Academicus, deinde ipse Cicero deflexerit. Exemplum praebet primus

---

1) Excerpseram olim haec Philonea ex editione Mangeyana; postquam nova editio, a Leopoldo Cohn et Paulo Wendland curata prodiit, cum hac omnia excerpta contuli. Sed in eo peccavi, quod editionem ubique Wendlandianam dixi, cuius primum et quartum volumen a Leop. Cohn, alterum et tertium a Wendlandio editum est. Cuius erroris veniam peto ab eo viro docto, cuius laudi invitus obtrectavi.

liber de legibus, qui cum ex Antiocho, Stoicorum in plurimis vindice, maximam partem exscriptus sit (vide manifesta Antiochi vestigia §§ 37. 38 impressa maximeque haec verba § 38 „his omnibus haec quae dixi probantur" ad totam quae praecessit disputationem relata) cum Stoicorum de lege et iure placitis accuratissime si rem ipsam spectes conspirat. Inesse tamen in singulis maximeque in verbis quae a Stoicis aliena sint, probabile est. Iam quonam Stoico auctore Antiochus usus sit, nemo tam audax erit, qui ipso Antiochi libro destitutus extricare conetur. Nam quod res cum Chrysippi de eisdem placitis fragmentis conspirant, nihil fere probat. Potuit sane Antiochus, ut saepe fecit, ipso Chrysippo uti, potuit eorum qui post illum fuerunt librum aliquem arcessere. Sed utut haec res se habet, recte me fecisse arbitror quod in Chrysippeorum collectionem pleraque huius libri argumenta receperim. Nam quae paucis fortasse additamentis aucta, in paucis etiam deflexa, maximam partem Chrysippi esse certissimum sit, ea non par erat apud me desiderari. — De fontibus Tusculanarum disputationum libri tertii et quarti in varias opiniones viri docti discesserunt. De Chrysippo cogitatum est, de Posidonio, de Antiocho, de Philone. Neque huius loci est, meam de tota quaestione sententiam aperire. Sunt tamen in hac quaestione, quae cum nostro opere tam arte cohaereant, ut fieri non possit, quin rem paucis perstringamus. Ac primum quidem videamus de libro tertio. Ubi Hirzelius magnam dedit operam, ut Posidonium a Cicerone non adhibitum esse demonstraret. Cuius rei mihi quidem certa vestigia exstare videntur. Hirzelius vero totum librum, ut ceteros quoque, uni Philoni tribuit. Quod quomodo vir ille doctus persuadere sibi potuerit, non posset intelligi, nisi omnino in ea esset sententia, singulos totos libros ex singulis fere auctoribus esse derivatos. Nam si ex uno auctore totus liber descriptus esset, quomodo explicaretur, quod tres quaestiones inter se diversae a Cicerone per hunc librum ita permiscentur, ut quam quoque capite tractet, ipse interdum nescire videatur? Primam dico, num in sapientem cadat aegritudo, alteram de natura et causis perturbationum, tertiam de optima consolandi ratione. Ac primum quidem ita quaestio instituitur, ut de sapiente ab aegritudine remoto actum iri iure tuo exspectes. Hoc enim § 12 ad disputandum proponitur, idemque §§ 14—21 Stoicis eisque, ut ego quidem puto, Chrysippeis conclusiunculis disceptatur. Dein § 22 initio dicit: „Haec sic dicuntur a Stoicis concludunturque contortius. Sed latius aliquanto dicenda sunt et diffusius." Promittit igitur se de eadem quaestione i. e. de sapiente ab aegritudine remoto latius disputaturum esse. Sed nequaquam sequentia ad hoc promissum accommodata sunt; immo sapientis plane videtur oblivisci. Cf. § 23 verba extrema, quibus disputatio de natura et causis affectuum inducitur, non ut aegritudinem a sapiente alienam esse probetur, sed ut „medendi facultas" reperiatur. Itaque secundam quam nos diximus quaestionem incohare videtur, ut tertiae i. e. consolatoriae pro fundamento sit. Tamen ubi § 24, 25 de affectu generaliter deque singulis speciebus definitiones edidit, Stoicas quidem, sed nec Chrysippeas nec Posidonianas, in altera parte § 25 et in §§ 26. 27 primam rursus quaestionem tractat.[1]) Apparet autem quae hic declamantur magis quam disputantur cum definitionibus antecedentium paragraphorum nullo sententiae vinculo coniuncta esse, ut cuivis manifestum sit, haec a Cicerone addita esse, quo fontem, qui de prima illa quaestione nihil continebat, ad illam accommodaret. Quod magis etiam eo confirmatur, quod inde a § 28 prima quaestio plane neglegitur neque latiora illa, quae § 22 promiserat, usquam inveniuntur. Tandem § 80 dicit: „Sed nescio quo pacto ab eo quod erat a te propositum aberravit oratio. Tu enim de sapiente quaesieras etc." Nos quoque nescimus, quod ipse Tullius vel nescit vel se nescire simulat, possumns tamen suspicari, inde hunc longum errorem ortum esse, quod fontem nactus est a re primitus proposita alienum. In iis vero quae intercedunt (§ 28—79), altera et tertia quaestio ita inter se permiscentur, ut tum illam tum hanc tractare videatur. Atque per se quidem valde probabile est, utramque quaestionem in uno eodemque fonte tractatam esse; nam Chrysippus quoque, priusquam medicinam perturbationibus admoveret, de causis eorum et natura agendum esse putavit. Sed oportebat altera absoluta alteram incohari, non, ut Cicero facit, utramque simul tractari. Haec igitur, quae apud Ciceronem regnat, utriusque quaestionis permixtio ex fontium diversorum usu videtur explicanda esse. Accedunt alia. Unde enim tu hoc factum putas, quod adumbratis § 28 Epicuri et Cyrenaicorum de aegritudinis causa sententiis primum quidem de Cyrenaica sententia disputat (§ 29—31), dein his verbis: „sed est iisdem de rebus quod dici possit subtilius, si prius Epicuri sententiam viderimus," ad Epicurum transit, cuius sententiam § 32—51 impugnat, § 52 denique ad Cyrenaicos revertitur. Quodsi re vera non nisi explicata ante Epicuri sententia de Cyrenaicis iudicium ferre poterat, cur non statim postquam sententiam utramque breviter adumbravit, ad Epicurum properat? Itaque hic

---

1) III 25 Sed cetera alias, nunc aegritudinem, si possumus, depellamus. Id enim sit propositum, quandoquidem eam tu videri tibi in sapientem cadere dixisti, quod ego nullo modo existimo e. q. s.

quoque duplicem fontem agnoscere mihi videor. Omnis denique dubitatio tolletur, si disputationem quae de Cyrenaicis est diligentius examinaveris. Nam cum § 52 verbis „omnia videri subita maiora" concesserit, in necopinato multum inesse momenti ad augendam aegritudinem, § 56 contrarium sentit, cum de necopinatis dicat: „non id efficiunt, ut ea quae accidunt maiora videantur; quia recentia sunt maiora videntur, non quia repentina." Haec igitur cum adversis frontibus inter se pugnent, non possunt ad unum fontem revocari. Unde fit, ut complures fontes Ciceroni praesto fuisse intellegatur.

Sed missam faciamus nunc eam quae de fontibus est quaestionem cum multo sit intricatior, quam ut hic absolvi queat. Accedamus ad locum § 28, 29, qui utrum Posidonii sit an Chrysippi a multis est dubitatum. Relata enim Cyrenaicorum sententia qui „non omni malo aegritudinem effici censent, sed insperato et necopinato malo", haec verba adduntur: „Est id quidem non mediocre ad aegritudinem augendam; videntur enim omnia repentina graviora. Ex hoc et illa iure laudantur: Ego cum genui tum moriturum scivi etc. Haec igitur praemeditatio futurorum malorum lenit eorum adventum, quae venientia longe ante videris." Dein Thesei apud Euripidem in eandem sententiam dicta Cicero in latinum convertit additque ab Anaxagora magistro Euripidem hoc accepisse, quem dixisse ferant: „Sciebam me genuisse mortalem." Cum hac igitur disputatione locus confertur Galeni de Hippocr. et Plat. plac. p. 392 M. simillimus (Vol. III n. 482). Atque in eo cardo rei vertitur, Posidonione an Chrysippo Galenus sua debeat. Hoc enim enucleato de Ciceronis quoque fonte constaret. Iam si verba Galeni in libris tradita totumque loci conexum perpenderis, non poteris ea non ad Posidonium revocare, cum et in antecedentibus Galenus dixerit Posidonii contra Chrysippum argumenta se prolaturum esse, et ipsum illud vocabulum προενδημεῖν (quod apud Ciceronem „praemeditandi" voce redditur) Posidonii esse testetur (βούλεται δὲ τὸ προενδημεῖν ῥῆμα τῷ Ποσειδωνίῳ etc.), et in sequentibus (p. 394) ita ad Chrysippum pergat (καὶ ὁ Χρύσιππος μαρτυρεῖ), ut antecedentia diversi auctoris i. e. Posidonii fuisse appareat. Sed dubitationes motae sunt de verbis traditis a Bakio, qui (Posid. rell. p. 204), ubi de προενδημεῖν vocabulo agitur, Chrysippi nomen pro Posidonii rescribere iussit. Causas non attulit vir doctus neque possunt afferri, nam verba illa ad Posidonii doctrinam non minus apta sunt quam ad Chrysippi. Hoc quoque Bakianae coniecturae refragatur, quod aliam verborum traditorum mutationem necessariam reddit; nam, ubi in sequentibus ad Chrysippum oratio pergit, pro καὶ ὁ Χρύσιππος cum Muellero scribendum esset ὁ Χρ. καί. Neque duabus his mutationibus res absoluta esset, sed p. 392, 13 ante verba καί φησι gravis lacuna statuenda esset. Vide igitur quanto ea ratio Bakiana praestet, qua et p. 393, 3 Posidonii nomen et p. 394, 9 verba: καὶ ὁ Χρύσιππος retinentur, in uno denique loco p. 392, 13 καί φησι διότι corruptelae sedes agnoscitur. Nam utut de ceteris praeiudicatum erit, hic semper haerebimus. — Sed iam de re quoque agendum est. Cum igitur Chrysippus novam de anima et de affectibus doctrinam proposuisset, id tamen egerat, ut cum Zenone scholae principe se consentire probaret. Itaque et generales affectus definitiones, quae a Zenone excusae erant, in suo libro defendit, et hanc aegritudinis definitionem: δόξα πρόσφατος κακοῦ παρουσίας, ipsam quoque Zenoneam (ut probant Galeni verba p. 391: ὁ γοῦν ὅρος οὗτος ὁ τῆς λύπης, ὥσπερ οὖν καὶ ἄλλοι πολλοὶ τῶν παθῶν ὑπό τε Ζήνωνος εἰρημένοι καὶ πρὸς τοῦ Χρυσίππου γεγραμμένοι) probaverat. Sed praeter veteres definitiones, quibus in honorem Zenonis patrocinabatur, ipse suas excudere solebat, ad suam doctrinam diligentius expressas. Ipse igitur putavit, non omnis mali opinionem esse aegritudinem, sed magni mali vel, quod idem est, mali quod angore dignum videretur (ἐφ' ᾧ καθήκει συστέλλεσθαι). Haec igitur definitionis forma et apud Didymum (Stob. II p. 90, 14 W.) et apud Andronicum (Kreuttner p. 12, 1) et apud Ciceronem (Tusculan. IV 7, 14, nam de III 11, 25 postea videbimus) occurrit. Chrysippeam esse Posidonii apud Galenum refutationes probant. Cf. p. 392, 1: καί τοι οὐδὲ τὸ πρόσφατον ἐχρῆν ἐγκεῖσθαι κατὰ τὸν ὅρον, εἴπερ ἀληθῆ τὰ Χρυσίππου, κατὰ γὰρ τὴν γνώμην αὐτοῦ μᾶλλον μεγάλου κακοῦ ἢ ἀνυπομονήτου ἢ ἀκαρτερήτου, καθάπερ αὐτὸς εἴωθεν ὀνομάζειν, τὴν λύπην εἰρῆσθαι ἔδει δόξαν, οὐ πρόσφατον. Apparet αὐτοῦ illud et αὐτὸς non nisi ad Chrysippum referri posse. Cf. etiam p. 369 et 370 maximeque haec Posidonii verba contra Chrysippum pugnantis: εἰ γὰρ τὸ μέγεθος τῶν φαινομένων ἀγαθῶν ἢ κακῶν κινεῖ τὸ νομίζειν καθῆκον καὶ κατὰ ἀξίαν εἶναι παρόντων αὐτῶν ἢ παραγενομένων μηδένα λόγον προσίεσθαι περὶ τοῦ ἄλλως δεῖν ὑπ' αὐτῶν κινηθῆναι. — Apparet igitur simpliciorem illam definitionem (δόξα πρόσφατος κακοῦ παρουσίας) non esse propriam Chrysippi, ab ipso inventam, sed Zenonis. Unde efficitur id agere Posidonium, ut Zenonis definitionem a Chrysippi doctrina abhorrere comprobet. Illud enim „πρόσφατος", quod definitioni additum sit, non esse ad Chrysippi placita accommodatum. Significari hoc additamento res, dum recentes sint, affectum movere, ubi inveteraverint vel nullum vel valde exiguum. Hoc autem non posse explicari ab eo, qui ipsam opinionem affectum putet: opinionem enim ipso temporis decursu, nisi alia accedant, non mutari.

Hic eorum exemplo usus est Posidonius, qui longa malorum praemeditatione vim affectuum deminuunt. Neque enim id meditatione efficiunt illi, ut mala non iam mala videantur, sed ut propter longae cogitationis consuetudinem minore vi animum percellant. Hoc etiam Chrysippum alio loco concessisse Posidonius ostendit, de causa vero huius rei nihil certi protulisse (ὅτι δὲ ἐν τῷ χρόνῳ μαλάττεται τὰ πάθη, κἂν αἱ δόξαι μένωσι, τοῦ κακόν τι αὐτοῖς γεγονέναι καὶ ὁ Χρύσιππος—μαρτυρεῖ etc.). Iam igitur reputa, quaeso, utri philosopho verba illa apud Galenum p. 392, de quibus ambigimus, aptiora sint, Chrysippo an Posidonio. Apparet ni fallor ἄσκησιν et ἐθισμόν (his enim verbis illo loco Galenus utitur) non potuisse a Chrysippo causas afferri, quibus affectus minuerentur. Consuetudo enim et exercitatio valent ad perferendam melius miseriam, non valent ad mutandam opinionem. Itaque nunc puto locum illum Posidonianum esse neque quidquam mutandum, nisi quod p. 392,13 pro διότι scribendum est διὰ τί. Atque iniuria in fragmentorum collectionem Vol. III n. 482 illum locum me recepisse et in adnotatione Bakianae coniecturae me adsensum esse fateor. Iam ad Ciceronem redeamus, apud quem quae Cyrenaicorum sententiae adduntur § 28 sq. propter Galenei loci similitudinem ipsa quoque Posidonio tribuenda sunt. Nam quamquam Hirzelio concedendum est, ex eorundem locorum poeticorum usu per se non posse eiusdem fontis usum demonstrari, hic tamen plures loci utrimque ita coniuncti inveniuntur, ut ad eandem rem spectent. — Atque supra iam monui, mirum videri, quod de Cyrenaicorum sententia duobus locis agitur. Iam patet inde hoc factum esse quod Cicero locum e Posidonio arreptum loco haud idoneo inseruit.

Iam in alium locum inquirendum est, ubi iterum Posidonius et Chrysippus de possessione litigant, § 24, 25 affectuum definitiones. Atque hoc quidem longiore disputatione non eget, sed per se intelligitur, errasse eos, qui definitiones illas ad Posidonium referrent; adversis enim frontibus cum doctrina Posidoniana pugnant. Magis videntur ad Chrysippi placitum accommodatae esse. Nam quod proprium est earum, „magni" illud, (quod „boni" vel „mali" notionibus additur) a Chrysippo usurpatum esse, nostra disputatio probabile reddidit. Tamen ex ipso Chrysippo haec non possunt esse descripta. Nam quod causam affectus in opinione esse eundemque boni aut mali opinione citari statuitur, alienum est ab eius sententia, qui affectum ipsum opinionem esse docuit. Ac ne forte tibi fingas ipsum Ciceronem indiligenter Graecum exemplum expressisse cf. Didymi definitionem apud Stobaeum II 7 p. 90,14 λύπην δ' εἶναι συστολὴν ψυχῆς ἀπειθῆ λόγῳ, αἴτιον δ' αὐτῆς τὸ δοξάζειν πρόσφατον κακὸν παρεῖναι, ἐφ' ᾧ καθήκει συστέλλεσθαι. Falso hic „πρόσφατος", quod ad δόξαν apud veteres auctores pertinebat, cum voce „κακόν" coniunctum est. Sed hoc leve. Gravius est, quod opinio illa qualem Chrysippus aegritudinem descripserat, causa affectus inducitur. Deprehendimus hic Stoicum quendam recentiorem, qui inter Zenonem et Chrysippum quasi medium ferire voluit, utriusque definitiones inter se coniungendo. Idem igitur ad Ciceronis fontem pertinet, qui usus est Chrysippo, sed non accurate eum expressit. Metus quidem et aegritudo opiniones magni mali esse dicuntur; sed hoc e neglegentia magis Ciceronis, quam ex diversorum fontium usu esse explicandum videtur. Ea quoque re a Chrysippo Tullianae definitiones discrepant, quod „πρόσφατος" illud plane neglegitur; nam quod ad aegritudinis definitionem („opinio magni mali praesentis") postea additur: „et quidem recens opinio talis mali ut in eo rectum videatur esse angi", a fonte Tullii hoc additamentum alienum esse certum est, siquidem in fonte affectus non opiniones esse, sed opinionibus citari dicebantur; qua re illud additamentum excluditur. Nam opinio, quae causa fuit ipsius affectus, „recens" dici non poterat. Cur autem Cicero ea addiderit, facile intelliges, si contuleris § 62 sq., quibus haec definitionis pars pro fundamento est. Illa enim, ut prima § 62 verba comprobant, cum antecedentibus non cohaerent, cum opinioni illi (scil. ad officium pertinere, rem aegre ferre) non efficiendae sed augendae perturbationis vis tribuatur. Confer etiam § 28 haec verba: „Atque hoc quidem perspicuum est, tum aegritudinem exsistere, cum quid ita visum sit, ut magnum quoddam malum adesse et urgere videatur." Haec enim ad illas definitiones voluptatis et cupiditatis § 24, 25 accomodata sunt, et ex eodem fonte petita esse videntur, additamenti illius nullum praebent vestigium. Habemus igitur auctorem, qui in magnitudine mali opinati plurimum momenti posuit eiusdemque vestigia aliis quoque huius libri locis deprehendimus. Idem necopinata et subita maiora videri putavit, quod in his tempus deficeret de magnitudine recte iudicandi (cf. § 52 „quod quanta sint, quae accidunt, considerandi spatium non datur"). Quod vero vel praemeditatione vel simplici temporis decursu perturbatio minuitur, hoc inde explicavit, quod cogitatione diuturna, sive antecedat sive insequatur, ad verum de magnitudine mali iudicium homines perveniant. Cf. § 58, 59 ubi haec verba maxime sunt memorabilia: „intellecto eo quod rem continet, malum quod opinatum sit maximum, nequaquam esse tantum, ut vitam beatam possit evertere." Patet hanc doctrinam Posidonianae quam supra adumbravimus esse contrariam. Is enim consuetudinem et exercitationem causas attulerat perturbationis praemeditatione mitigatae. Hic vero patronus exstitit

Chrysippi, dum in ipsa opinionis mutatione causam inesse docet. Ea vero quae § 55 dicuntur: „feriunt enim fortasse gravius; non id efficiunt, ut ea quae accidant maiora videantur" cum Posidonii doctrina accurate concinunt, qui in magnitudine mali opinati, ut e Galeno cognitum habemus, nihil momenti posuit, multum in consueto vel insueto. Magnitudinis enim opinione non mutata homines paulatim malis assuescere iudicavit. Sed verbis illis quae e § 58 supra exscripsimus etiam notam impressam esse puto certi cuiusdam auctoris. Nam cum idem sit sine dubio, cui Stoicas definitiones § 24, 25 Tullius debet, tamen vitam beatam non omnibus malis carere, sed minorum quorundam malorum participem esse docet. Is igitur fuit, qui vitam beatam a beatissima distingueret. Iam cum initio cap. 25 Antiochus laudetur de re leviore quidem per se, sed cum antecedentibus tam arte coniuncta, ut divelli nullo modo queat, nec non in sequentibus paragraphis eiusdem scriptoris vestigia cernantur (cf. § 61: „causa aegritudinis; est enim nulla alia nisi opinio et iudicium magni praesentis atque urgentis mali"), Antiochum fuisse Ciceronis fontem pro certo habeo. Iam optime explicatur, cur in magnitudine mali opinati tantum momenti ponatur et ex compluribus Chrysippi definitionibus eae deligantur quae „magni" notionem contineant. Antiochus enim nequaquam is erat, qui, praeter vitium nulla mala esse ratus, ita aegritudinem posset sanare, ut mali opinionem maerentis animo totam evelleret; immo parva esse, quae maxima visa sint, haec est ad illius placita aptissima consolandi ratio. — Neque ex his intellectis ad nostram Chrysippeorum collectionem multum utilitatis redundat; tamen fieri non poterat, quin in fontes libri tertii inquireremus, ut intellegeretur ab Antiocho Ciceronem ea accepisse, quae in hoc libro ad Chrysippi doctrinam proxime accedunt.

Pauciora sunt quae de libro quarto Tusculanarum disputaturus sim. Aegre fero quod iterum cum Hirzelio, cui permulta me debere confiteor, litigandum est. Neque enim persuasit mihi vir doctissimus, ex uno fonte, quae hoc libro continentur, posse derivari. Immo quod § 10 Pythagorae et Platonis de anima rationem se probare simulat, sequentibus vero capitibus definitiones profert Stoicorum, ex Chrysippea philosophia arcessitas, quae cum illa ratione aperte pugnent, certissimum duco fontium diversitatis indicium. Neque disputatio illa, qua Peripateticorum mediocritates impugnantur (§ 38 sq.), eum decent philosophum, qui omnes affectus falsis opinionibus nasci docuit. Immo hunc longe alia decebat disputandi ratio, ut scilicet opinionis mediocritatem non posse cogitari ostenderet: opinionem enim aut veram esse aut falsam, absurde cogitari de opinione vel mediocriter vel magnopere falsa. Atqui huius rationis, quae illum definitionum auctorem unice decebat, nullum exstat vestigium; immo a Zenonis definitionibus solis proficiscitur, ut motus animi nimis concitati semper modum excedere comprobet. Itaque definitiones et partitiones §§ 11—33 suum habent et proprium fontem, quod ipse Cicero videtur significare, cum „vela et cursum" sequentis disputationis distinguit a „scrupulosis cotibus" antecedentium capitum. Neque hoc mihi persuasit Hirzelius, quod librum quartum cum tertio tam arte coniunctum putat, ut idem utriusque fons fuisse censendus sit. Nam in tertio libro multus est de „magnitudine" boni vel mali opinati, sine qua perturbationem (aegritudinem) non posse cieri iudicat, a quarto libro haec opinio aliena est. Definitiones igitur perturbationum, quae in tertio et quarto libro proponuntur, non possunt esse eiusdem auctoris. Iam cum in quarto libro altera quidem pars, qua de Peripateticorum agitur mediocritatibus et de curatione perturbationum, paucis exceptis a Chrysippo aliena sit, de fonte illius partis hic quaerere nolo, de priore parte §§ 11—33 nonnulla addenda sunt. Ac primum quidem cum Hirzelio ea in re me consentire gaudeo, quod a Posidonio haec capita abiudicavit. Eadem videlicet argumenta, quae tertii libri definitiones ad Posidonium revocari non sinunt, hic quoque valent. Nonne igitur ipsum Chrysippum putandus est Tullius arcessivisse, cuius placitis pleraeque sententiae congruae sunt? At sunt quae vehementer hanc coniecturam dissuadeant. Nam et omnino Tullium a Chrysippi lectione alienum fuisse puto propter orationis squalorem et intricatam sententiarum difficultatem, et inveniuntur in illis capitibus quae complurium Stoicorum placita respecta esse ostendant. Cf. § 23 „nimium operae consumitur a Stoicis, maxime a Chrysippo" et § 30 „quam alii ipsam temperantiam dicunt esse, alii obtemperantem temperantiae praeceptis." Accedit, quod ea, quae de morbis animi et aegrotationibus §§ 23—32 disputantur, vix possunt ex uno scriptore excerpta esse. Nam quae § 23 incohatur, mox ut minime necessaria omittitur corporis et animi comparatio, eadem cp. 12 in. (§ 27) iterum, cp. 13 in (§ 28) tertium quasi de novo instituitur. Alia enim ratione cp. 12, alia cp. 13 aegrotationis notio explicatur. Itaque, quamquam insunt, quae sine dubio Chrysippea sint, omnia ex solo Chrysippo a Tullio excerpta esse non puto.

Quid igitur de tota disputatione iudicandum? Scio multis eam placuisse coniecturam, qua e compendio triviali haec sumpta esse suspicantur, cui magnopere favet Didymei et Laërtiani compendii similitudo, repugnat in explicandis „morbi et aegrotationis" notionibus scriptoris ubertas. Talia enim a compendio aliena sunt. Mihi autem hoc maxime arridet, ut epitomam Stoicae perturbationum doctrinae in ipsius Tullii usum confectam esse sumam, quae ad Chrysippi maxime placita se adplicuerit. Nam praeter cetera haec quoque verba Chrysippi nos admonent (§ 33 in): „Habes ea, quae de perturbationibus enucleate disputant Stoici: quae logica appellant, quia disseruntur subtilius." Atqui Chrysippi tres primi de perturbationibus libri hoc ipso nomine τὰ λογικά comprehendebantur et a consolatorio (θεραπευτικῷ vel ἠθικῷ) libro discernebantur. Valde igitur probabile est eum, qui Ciceroni commentariolum paravit, e Chrysippi titulo hanc locutionem transtulisse. — Ut igitur paucis comprehendam, quae de hac Ciceronis disputatione iudico: non sine fructu est ad cognoscendam Chrysippi doctrinam, ita tamen ut a noviciis additamentis cavendum sit.

Veniamus ad tertium librum „de finibus bonorum et malorum," quo Cicero Catonem inducit non solum eum locum qui de finibus est, sed totam fere moralem Stoicorum doctrinam per capita enarrantem. Nam quamquam concedendum est, deesse complures locos — e. gr. de perturbationibus non nisi in transcursu § 35 agitur — tamen si liber aliquis περὶ τέλους pro fonte habendus esset (quae est Hirzelii opinio), quae de singulis officiis fusius disputantur vix possent ad hunc librum referri. Ac mihi quidem Tullius ea Stoicorum moralia placita videtur complecti voluisse, quae e finis i. e. summi boni constitutione penderent, in ipsa vero disputatione non satis quod voluerat perfecisse, cum quaedam accuratius tractaret, quae cum illa nullam fere haberent necessitudinem, ut illa de coniunctione hominum, de amore, de Cynicorum ratione, de amicitia, de iure placita. Hoc igitur optime explicatur, si fontem plura complexum esse ponimus, quam quae ad Ciceronis propositum pertinerent, ipsum vero Ciceronem in delectu rerum errasse. Apparet autem eam fuisse illius fontis indolem, ut certum quendam ordinem servaret, quem Cicero secutus est. Nam ex fonte ordinem sententiarum se transtulisse ipse Cicero significat, quod Madvigius et Hirzelius animadverterunt. Id vero per se non satis apparet, num fons ille philosophi liber fuerit qui ipse in verum inquireret an doxographi qui aliorum sententias in compendium redigeret. Quod ex iis maxime locis diiudicandum est, ubi complurium Stoicorum discrepantes sententiae respiciuntur, nec non ex iis, quibus unum quendam et certum auctorem exprimere videtur. Ex prioris autem generis locis maxime memorabilis est § 68: „Cynicorum autem rationem atque vitam alii cadere in sapientem dicunt, siquis eiusmodi forte casus inciderit, ut id faciendum sit: alii nullo modo." Vide scriptorem scholae dissensum doxographorum·

more notantem, ipsum iudicio abstinentem. Alter locus exstat § 57, ubi Chrysippum et Diogenem bonam famam propter utilitatem, eos qui postea fuerint, cum Carneadem sustinere non possent, propter se ipsam praepositam et sumendam putavisse narratur Priori opinioni additur apud Ciceronem: „quibus ego vehementer assentior," quam assensionem num ex fonte transtulerit, ambigimus. Atqui attendendum est, nullam eius causam proferri, posteriorem vero sententiam aliquanto diligentius adumbrari et argumentis illustrari. Mirum quoque, quod statim priori sententiae assensionis significatio adnectitur, posterior refutatione caret. Probabile igitur ipsum hic Ciceronem assensum suum significasse, fontem notare dissensionem satis habuisse. Item in tertio loco § 17 „In principiis autem naturalibus plerique Stoici non putant esse voluptatem ponendam," quae adnectitur assensionis significatio, eam a Cicerone profectam puto, cum causa assensionis: „ne si voluptatem natura posuisse in iis rebus videatur, quae primae appetuntur, multa turpia sequantur," parum subtiliter adumbrata sit. Ubi vero cum certorum philosophorum placitis aliunde notis Ciceronis sententiae congruunt, tum Chrysippum, tum Diogenem, tum Antipatrum sequuntur, ut auctor ille delectum fecisse ex antiquiorum placitis, non ipse sui ingenii viribus fretus in verum inquisivisse videatur. Cum his indiciis etiam illud concinit, quod referendi magis quam disputandi forma multis locis conspicua est; quamquam Catonem utpote Stoicum disputatione potius uti decebat. Unde fontis auctorem item narravisse, non disputavisse probabile redditur. Quae omnia, cum Madvigii et Hirzelii disputationibus hic liber satis illustratus sit, breviter monere satis habeo. Puto igitur, ut tandem ad finem veniam, totam libri tertii conformationem non favere ei coniecturae, qua e clari cuiusdam philosophi libro excerptus esse creditur. Nam si e. gr. ex Hecatone derivatus esset, aliquid saltem ex propriis Hecatonis placitis conspicuum esset, cuius generis nihil protulit Hirzelius. Cum vero de Chrysippo, de Diogene, de Antipatro, de Panaetio, de Posidonio non posse cogitari ipse Hirzelius ita ut nihil contra dici possit demonstraverit, epitoma ex complurium philosophorum scriptis conflata hic quoque Tullium usum esse persuasum habeo. Sed utut haec res se habet — nam brevius quaestionem tractavimus quam ut omnes dubitationes profligarentur — quod ad nostrum propositum gravissimi momenti est, etiamsi de persona auctoris dubitetur, satis intelligitur: doctrinam Chrysippi totius disputationis quasi fundamentum esse, singula vero placita e Diogene quaedam et Antipatro arcessita. His igitur omissis ea tantum, quae aliis testimoniis Chrysippea esse constaret, in fragmentorum collectionem erant recipienda.

Iam de ceteris libris Tullianis pauca habeo quae addam; nullius enim a viris doctis ipse Chrysippus auctor habetur. Ac „de natura deorum" librum alterum cum ex Posidonio, tum ex libro quodam selectas principum Stoicorum sententias continente conflatum esse, plane mihi persuasit Usener (Epicureorum praef. p. LXVII sq.). Quae vero priori „de divinatione" libro Posidonii insunt, eorum magnam partem iam in Chrysippi libris exstitisse probabile est. Ita enim Posidonius in hac doctrina videtur versatus esse, ut quae a prioribus philosophis, a Chrysippo, a Diogene, ab Antipatro de divinatione cum disputata tum collecta erant, coniuncta proderet magis quam novis placitis augeret. Inde magnus Posidoniani operis librorum numerus explicatur, inde quae § 6 ex praefatione sine dubio Posidonii sumpta Tullius narrat, inde frequens antiquiorum apud Ciceronem memoria. Recepi autem in Chrysippeorum numerum locum quendam Origenis (contra Celsum IV p. 569 Delarue) propter similitudinem loci Tulliani I 52, 120; non quo per se consensus ille Chrysippeam originem probaret, sed quod Origenem saepe ad ipsum Chrysippum in Stoicis se adplicuisse sciebam nec non ipsa res, quae ipsam quasi summam doctrinae attingebat, Chrysippo digna videbatur.

De Diogene Laërtio et Ario Didymo.

Inter ceteros fontes, quibus Stoicae doctrinae notitia ad nos pervenit, Laërtii in Zenonis vita enarratio et Didymi apud Stobaeum eo praecipuum sibi locum vindicant, quod altera totam moralem, altera etiam logicam et physicam philosophiae partem complectuntur, Laërtius etiam frequenti Stoicorum auctorum librorumque memoria insignis est. Cum vero ad generalem Stoicorum doctrinam cognoscendam ambo utilissimi sint, ad quosnam auctores singula placita redeant, difficillimum est diiudicatu in Didymo, qui perpaucis pro amplitudine operis locis auctorum nomina addidit, neque multo facilius in Diogene, quamvis scateat nominum copia. Iam cum nostrum sit extricare, quaenam ex tanta placitorum multitudine ad Chrysippum probabiliter referantur, quaerendum est de utriusque fontis cum universa indole ac natura, tum tempore et origine. Atque utrumque simul in iudicium vocari ipsa res postulat, cum tanta sit et generis et singularum rerum similitudo. Neque a ceterorum, qui hisce de rebus sententias tulerunt, virorum doctorum opinionibus exordium capere libet; statim ipsam rem aggrediamur. Diogenes igitur absoluta § 38 Zenonis discipulorum enumeratione ad placitorum enarrationem pergit non ipsius Zenonis, sed ut ipse dicit κοινῇ πάντων τῶν Στωϊκῶν. Iam cum in fine primi capitis ad ceteros praeter Zenonem Stoicos transitum facturus his verbis utatur: *ἃ δέ τινες ἐξ αὐτῶν διηνέχθησαν, ἔστι τάδε*, ea placita videtur tractare voluisse, quae omnium Stoicorum essent communia. Praemittitur autem §§ 39—41 med. de partium philosophiae numero et ordine disputatio, qua discrepantiae quoque singulorum auctorum diligenter notantur. Sed offendit verborum: *Ὁ δὲ Κλεάνθης — ὡς Ζήνων ὁ Ταρσεύς* locus, quae tam perverse collocata sunt, ut illud *τοῦ λόγου* vix possit intellegi. Refertur videlicet ad prima totius disputationis verba: *τριμερῆ φασιν εἶναι τὸν κατὰ φιλοσοφίαν λόγον*. Apparet igitur haec duo enuntiata post § 39 inserenda fuisse. Quae vero causa fuerit ordinis turbati, nondum tempus est quaerendi. Praeterea mirum est, eos qui permixtae particularum traditioni patrocinati erant, primos memorari, deinde per *ἄλλοι δὲ* eos qui certum quendam ordinem commendaverant, iis opponi. Neque enim credibile est, exstitisse philosophos, qui ita omnia permiscerent, ut nullum partium ordinem servarent. Sed eo sensu permistio illa videtur accipienda esse, quo Chrysippus *ἐν τῷ περὶ λόγου χρήσεως* dixit: *οὐ καθ' ἅπαξ ἀφεκτέον ἐστὶ τῶν ἄλλων τῷ τὴν λογικὴν ἀναλαμβάνοντι πρώτην, ἀλλὰ κἀκείνων μεταληπτέον κατὰ τὸ διδόμενον*, idemque Zeno Tarsensis, Chrysippi discipulus, voluit cum philosophiae ipsius, non *τοῦ κατὰ φιλοσοφίαν λόγου* tres illas partes esse autumaret. Sed etiamsi fuerunt, qui nullo ordine uterentur, ii post ceteros erant commemorandi.

Sequitur § 41 med.—48 breviuscula de logica parte expositio, in partitione et gravissimarum notionum definitione subsistens. Plura deinde a media § 46 de dialectica virtute eiusque speciebus deque utilitate artis dialecticae disputantur. His absolutis sequuntur notissima illa de Diocle Magnete, quibus generali capitum expositioni specialem de logica tractatum se addere eumque ex Dioclis *ἐπιδρομῇ τῶν φιλοσόφων* se exscribere ipse Laertius testatur. Quae igitur e Diocle exscripta esse ipsius Laërtii testimonio constat, nunc missa faciamus, hoc unum videamus, quem ad finem Dioclis verba pertineant. Neque difficile est intellectu § 82 extr. verbis *ἐν Ῥόδῳ* Dioclea finiri, quae vero § 83 continentur, non iam Dioclis esse, sed eiusdem fontis, unde capita logica antea Laërtius excerpserat. Nam verba: *ἵνα μάλιστα κρατύνωσι διαλεκτικὸν μόνον εἶναι τὸν σοφόν* etc. proxime accedunt ad illam de dialectica virtute et utilitate artis dialecticae disputationem, cui capitum auctor tantum momenti tribuit, ut solam fere pluribus adumbraret, quaque ad ceterarum partium enarrationem transitum sibi videtur paravisse. Itaque § 83 Laërtium omisso Diocle ad priorem fontem redire iudico.

Quod explicari non potest, nisi eam quoque, quae § 84 orditur moralium enarrationem ex eodem fonte haustam statuerimus. Ita, ni fallor, explicatur, cur Laërtius Dioclem arcessiverit. Nam fons ille, quem primum ad manus sumpserat, de logicis tam exilia praebebat, partitione loci et utilitatis praeconio contentus, ut ampliora Diogeni circumspicienda essent. Itemque explicatur, quod distinctio illa τῶν κεφαλαίων et τῶν κατὰ μέρος ad logicam solam pertinet. Nam in fine partis moralis dicit: ταῦτα δὲ ὡς ἐν κεφαλαίοις ἡμῖν διαλελέχθω καὶ στοιχειωδῶς, similia exstant in physicorum calce. In moralibus igitur et physicis tantus erat capitum et numerus et ambitus a priore fonte suppeditatorum, ut speciali tractatione Diogenes suo iure supersederet. Illius igitur fontis auctorem ad moralia maxime et physica Stoicorum placita animum advertisse suspicor, ex logicis prooemii loco perpauca praemisisse, quibus gravitatem utilitatemque disciplinae summis laudibus efferret, de singulis vero ad alios auctores lectorem relegaret. Hoc quoque meae coniecturae favet, quod in logicorum capitibus, in moralibus, in physicis subdivisiones locorum toti enarrationi praemittuntur, alia est Dioclis ratio, qui partitiones ipsi enarrationi insertas suo quamque loco deinceps profert.

Iam de morali et physica parte quaeremus, quae ad rem nobis propositam gravissimae sunt. Ac primum quidem ea observabimus, quae utriusque partis communia sunt, postea in singulos locos inquiremus.

Haec igitur totius enarrationis est conformatio, ut ordine nec nullo nec optimo, perspicuo si ad totum spectes, in singulis saepe turbato, Stoicorum placita enumerentur magis quam continuo sententiarum conexu enarrentur. Argumenta opinionum tum breviter adumbrantur, tum pluribus exponuntur, tum omnino nulla adduntur. Idem de auctorum laudationibus dicendum est, quae pro scriptoris, ut videtur, arbitrio nunc larga manu effunduntur, nunc per complures paginas omnino desiderantur. Quod vero maxime animadvertendum est, raro pro operis ambitu ad singulorum scriptorum placita descendit eorumque discrepantias notat, ne tum quidem cum singulos laudat, sed semper fere universae scholae doctrinam se adumbrare simulat. Atque ad universos Stoicos totam enarrationem spectare eo vel maxime probatur, quod multifariam occurrunt accusativi cum infinitivo, ad quos „οἱ Στωϊκοί φασι" unde pendeant supplendum sit, quamvis in praecedentibus enuntiatis haec verba non inveniantur vel etiam de singulis quibusdam Stoicis sermo fuerit. Ut igitur in pauca rem conferam offendit mira quaedam scriptoris ratio, universae scholae et singulorum placita confundendi atque permiscendi. Atque paene ridiculi sunt tales loci, quales haud ita pauci occurrunt, ubi intra unam eandemque periodum partim de schola, partim de singulis philosophis edocemur. Exemplum affero unum pro multis: § 111 δοκεῖ δὲ αὐτοῖς τὰ πάθη κρίσεις εἶναι, καθά φησι Χρύσιππος ἐν τῷ περὶ παθῶν· ἥτε γὰρ φιλαργυρία etc. Neque enim spero fore qui καθά φησι illud vertat „secundum praecepta." Si igitur (quo uno hic sensu „καθά" illud accipi potest) vertimus „ut dicit Chrysippus," ridicula plane evadit sententia, scil. Chrysippum Stoicis illam de affectibus doctrinam tribuisse, cum ipsum huic sententiae patrocinatum esse dicendum fuerit. Quod si semel vel iterum haec loquendi forma occurreret, scriptoris quisquis ille fuit neglegentia facile excusaretur; cum vero per totam et moralem et physicam partem regnet, non casu, sed certa causa factum videtur, ut a probo et simplici orationis genere scriptor aberraret. Hoc igitur — ut finem statim commonstrem, quo disputatio mea tendit — inde factum esse suspicor, quod ex duobus fontibus quam nos legimus enarrationem auctor consarcinaverit, altero communia universorum Stoicorum placita nullis vel paucis additis nominibus enumerante, altero singulorum philosophorum opiniones ex ipsorum libris diligenter expendente. Hinc illud quoque explicatur, quod antea dixeram, nonnullas enarrationis partes auctorum nominibus plane carere, quae videlicet propter scholasticam exilitatem non poterant ex ipsis philosophorum libris illustrari. Sed iusto celerius ad finem properavimus, non quo argumenta adhuc prolata satis esse iudicemus ad persuadendum, sed quo facilius quae addituri sumus ponderentur a legentibus. Ordiamur iam a physica parte §§ 132—160 quaeque scriptorum laudationes occurrunt perlustremus, ut quam accuratissime perspiciatur, quae sit illarum auctoritas atque cum ceteris, quae a Laërtio traduntur, necessitudo. Fit igitur exordium a partitione loci nullo scriptoris nomine munita. Ad ea vero quae § 134 de principiis docentur addita est quinque diversorum librorum laudatio, verbis: τίθησι δὲ τὸ δόγμα τοῦτο etc. Quae laudatio cum ab ipso placito separata exstet, potest qua nos volumus ratione postea addita esse, sed in neutram partem hic quidem locus iudicium flectit. Addo similia: § 136 extr. λέγει δὲ περὶ αὐτῶν etc. § 140 extr. φησὶ δὲ περὶ τοῦ κενοῦ etc. § 142 περὶ δὴ οὖν τῆς γενέσεως καὶ τῆς φθορᾶς τοῦ κόσμου φησί etc. Possim eodem referre § 143 verba: ὅτι τε εἷς ἐστι Ζήνων etc., cum ipsum illud de unitate mundi placitum iam § 140 in. prolatum sit: ἕνα τὸν κόσμον εἶναι etc. Sed in ordinem redeamus. § 135 in. haec verba inveniuntur: σῶμα δ' ἐστί, φησὶν Ἀπολλόδωρος ἐν τῇ φυσικῇ, τὸ τριχῇ διαστατόν, εἰς μῆκος, εἰς πλάτος, εἰς βάθος. Iam vehementer erraret, qui hanc corporis definitionem ab Apollodoro vel primo vel solo adhibitam esse putaret; immo omnino Stoicorum videtur communis fuisse, cum et apud Aëtium occurrat (I 16, 1 ubi lemma excidit) et apud Didymum (fr. 19 Diels) et apud Philonem (de mundi opificio p. 58. Müller). Quin etiam ad Peripateticos transmigravit (Didymi fr. 5 Diels). Non igitur nisi casu fieri potuit, ut ad unum Apollodorum praeter ceteros gravioresque auctores relegaremur. Atque frequentes sunt huius generis loci, quibus qui nominantur placitorum neque soli sunt neque potissimi auctores. Quales etiam § 138 exstant mundi definitiones, laudato uno Posidonio ἐν τῇ μετεωρολογικῇ στοιχειώσει, cum ad verbum conspirent Chrysippi definitiones a Didymo servatae (fr. 31 Diels). Atque hoc quidem loco cum definitiones ad Posidonium relatae verbis „ἢ ὥς φησι Ποσειδώνιος" alii definitioni adnectantur, si ceteris fontibus destituti essemus, Posidonii eas proprias fuisse profecto arbitraremur. Non multum proficimus verbis § 135, ubi ad definitionem superficiei (τῆς ἐπιφανείας) additur: ταύτην δὲ ὁ Ποσειδώνιος ἐν τρίτῳ περὶ μετεώρων καὶ κατ᾿ ἐπίνοιαν καὶ καθ᾿ ὑπόστασιν ἀπολείπει, quamquam mirum est hanc propriam Posidonii atque a communi Stoicorum opinione discrepantem sententiam referri (cum praesertim merae definitiones et antecedant et sequantur) non referri generalem i. e. Chrysippeam doctrinam. Quod facile explicari potest, si Posidonii locum ex alio fonte insertum esse putamus.

Tandem ad locum pervenio maxime memorabilem quemque praeter ceteros meae sententiae favere arbitror § 138 extr. et 139. Docetur mundum providentia et ratione gubernari (καθά φησι Χρύσιππος ἐν τοῖς περὶ προνοίας καὶ Ποσειδώνιος ἐν τρισκαιδεκάτῳ περὶ θεῶν — et — possumus addere — omnes omnium Stoicorum libri) quod quomodo fiat accuratius exponitur. Comparatio igitur Stoicorum more instituitur inter mundum et hominem, qui quasi parvus mundus est. In homine enim anima per totum corpus viget, ita tamen ut ad diversas corporis partes diverso et integritatis et intentionis gradu pertineat: δι᾿ ὧν μὲν γὰρ ὡς ἕξις κεχώρηκεν, ὡς διὰ τῶν ὀστῶν καὶ τῶν νεύρων· δι᾿ ὧν δὲ ὡς νοῦς, ὡς διὰ τοῦ ἡγεμονικοῦ. Intercidit igitur sive Laërtii sive librariorum culpa medius ille intentionis gradus, quem naturam nominabant et ipsum quoque in quibusdam humani corporis partibus, ut in crinibus et unguibus, inesse Stoici putabant. Iam eosdem gradus in deo quoque esse totum mundum permeante scriptor ostendere instituit. Incipit igitur, inverso priore ordine, a principali quae dicitur parte: οὕτω δὴ καὶ τὸν ὅλον κόσμον, ζῷον ὄντα καὶ ἔμψυχον καὶ λογικόν, ἔχειν ἡγεμονικὸν μὲν τὸν αἰθέρα † ὅ(ν) καὶ πρῶτον θεὸν λέγουσιν, (τὸν αὐτὸν δὲ) αἰσθητικῶς ὥσπερ κεχωρηκέναι διὰ τῶν ἐν ἀέρι καὶ διὰ τῶν ζῴων ἁπάντων καὶ (φυσικῶς διὰ τῶν) φυτῶν· διὰ δὲ τῆς γῆς αὐτῆς καθ᾽ ἕξιν. Cf. Vol. II n. 634. Addidi uncis inclusa quae explendae sententiae causa necessaria duxi. Sed haec nihil fere ad rem. Non solum addidi quaedam, sed etiam omisi, quo loco crucis signum adpinxi. Omisi amplum laudationum acervum, qui ubi in libris editionibusque legitur planum et simplicem sententiae decursum miro modo perturbat. Quod cum ex iis qui diligenter Laërtium legerint, neminem fugisse putem, pluribus probare supersedeo. Non tam certum habeo, de explicanda re idem sensisse omnes, quod ipse sentio. Ipsam videlicet compilatoris manum deprehendisse mihi videor; qui cum laudationes scriptorum margini adscriptas scribae tradidisset, ille alieno loco eas inseruit, unde accidit ut pro ὃν καὶ πρῶτον θεὸν λέγουσιν, quod ad ipsum aethera primitus referebatur, ὃ illud in textum reciperetur, quod nunc ad τὸ καθαρώτερον τοῦ αἰθέρος referri videtur. Atqui apparet non potuisse Stoicorum universorum (λέγουσι) de primo deo opinionem cum singulari illa Chrysippi locutione (τὸ καθαρώτερον τοῦ αἰθέρος) copulari, sed cum iis fuisse coniungendam, quae de universis Stoicis antea relata erant. Neque ad sequentem infinitivum κεχωρηκέναι subiectum esse potest τὸ καθαρώτερον τοῦ αἰθέρος, cum in sola principali parte mundi, ubi nulli crassiori materiae permixtus exstat, pura sit aetheris substantia. Ergo non purissima aetheris pars, sed ipse aether omnia permanat. — Hic igitur locus luculentissime probat, quam non arta necessitudo inter ipsam placitorum enarrationem atque scriptorum librorumque laudationes intercedat neque fieri potuisse, quod nonnullos viros doctos opinari video, ut tale compendium ex ipsis philosophorum libris consarcinaretur. Atque nostro iure quod in hoc loco manifestum est, ad totam Laërtianae enarrationis originem referemus.

Iam huic loco addam alium § 156, 157 cui ipsi quoque multum tribuo:

§ 156 Δοκεῖ δὲ αὐτοῖς τὴν μὲν φύσιν εἶναι πῦρ τεχνικόν, ὁδῷ βαδίζον εἰς γένεσιν, ὅπερ ἐστὶ πνεῦμα πυροειδὲς καὶ τεχνοειδές· τὴν δὲ ψυχὴν (φύσιν) αἰσθητικήν. ταύτην δὲ εἶναι τὸ συμφυὲς ἡμῖν πνεῦμα· διὸ καὶ σῶμα εἶναι καὶ μετὰ θάνατον ἐπιμένειν· φθαρτὴν δὲ εἶναι· τὴν δὲ τῶν ὅλων ἄφθαρτον, ἧς μέρη εἶναι τὰς ἐν τοῖς ζώοις.

§ 157 Ζήνων δὲ ὁ Κιτιεὺς καὶ Ἀντίπατρος ἐν τοῖς περὶ ψυχῆς καὶ Ποσειδώνιος πνεῦμα ἔνθερμον εἶναι τὴν ψυχήν· τούτῳ γὰρ ἡμᾶς εἶναι ἐμπνόους καὶ ὑπὸ τούτου κινεῖσθαι. Κλεάνθης μὲν οὖν πάσας ἐπιδιαμένειν μέχρι τῆς ἐκπυρώσεως, Χρύσιππος δὲ τὰς τῶν σοφῶν μόνων.

Iuxta posui, quae apud Laërtium deinceps posita sunt, quo facilius intellegatur, quae ratio inter haec duo enarrationis capita intercedat. Quae enim in sinistra parte paginae collocavi, generalem Stoicorum doctrinam ita ut nihil desideretur, absolvunt, quae in dextra parte, non solum discrepantias singulorum a generali doctrina continent, sed etiam eadem placita, quae illic sectae tribuuntur, ad singulos auctores revocant. Nam πνεῦμα πυροειδές plane idem est quod πνεῦμα ἔνθερμον, quia ignis artificiosus a calore non differt. Quodsi ex ipsis auctorum, qui nominatim afferuntur, libris compendium excerptum esset, primum quidem de substantia animae et generalis doctrina et singulorum opiniones adumbrarentur, deinde de immortalitate eodem ordine ageretur.

Iam vero ceteras quoque physicae partis laudationes singillatim pertractare non necessarium duco, cum ea quae adhuc protulimus satis superque rem illustrent.

Neque mirum est alios exstare locos, ubi melius placita cum laudationibus in unum coaluerunt. Mirum potius esset, si multis locis compilatoris manus tam manifesto deprehenderetur.

Sed quaerendum est diligentius de duorum illorum fontium natura. Atque nomina quidem auctorum librorumque ab eo, qui haec tam sinistre consarcinavit, non ex ipsa philosophorum lectione petita esse iudico, sed ex collectione eclogarum, quales tunc temporis permultae fuerunt. Eclogas philosophorum dogmaticorum ab Academicis in scholae disputationibus adhibitas esse et a Tullio in lib. II de nat. deor. in usum vocatas probabile reddidit Useneri disputatio Epicureorum praef. p. LXVII, similes ab ipsis Stoicis esse adhibitas persuasum habeo. Nam eorum quoque usui provideri oportebat, qui cum mediam inter vulgi inscitiam et doctorum diligentiam viam sequerentur neque compendiorum exilitate contenti essent neque tot voluminum lectioni vacarent. Eiusmodi igitur hominibus apta erat Didymi epitome, quam ex Eusebii praep. evang. lib. XV cognitam habemus cuiusque quamvis exilia frustula ad nos pervenerint, tota ratio etiam hodie agnoscitur. Patet enim Didymum et universam sectae doctrinam et singulos auctores spectasse, cum in unoquoque placito a generali doctrina profectus, quam ipsam quoque nonnunquam gravissimorum auctorum verbis propriis illustrabat, inde ad propria cuiusque philosophi placita et discrepantias descenderet, quae tum referendo tum excerpendo adumbrabat. Itaque hic quoque eclogarum libro videtur usus esse. Neque repugnabo si quis Arium utpote philosophum ipsis veterum auctorum libris aliquatenus imbutum fuisse putaverit. Certissimum vero duco eclogas, quales in epitoma sua tradidit, iam ante eius aetatem exstitisse; quod non tam certis vestigiis quam tota Posidonianae aetatis indole probatur. Notum est, ex fragmentis Posidonii multa spectare ad superiorum temporum Stoicos, ad Zenonem, Chrysippum, Aristonem, Antipatrum; atque videtur plerumque Posidonius in libris suis a diiudicandis priorum philosophorum litibus exordium cepisse, quippe qui non tam nova placita inveniendo, quam pristina prudenter deligendo atque nova ratione in unum coniungendo laudem mereret. Eclecticus ille fuit non solum in alienis, sed etiam in Stoicis. Hanc igitur aetatem, quae quasi summam e superiorum saeculorum cogitationibus efficere sibi videbatur, apprime decet doxographica diligentia. Itaque quod de Academia contendit Usener, scil. non potuisse scholam sententiarum apparatu carere e dogmaticorum libris selectarum, hoc ad ipsam Stoam transferre non dubito. Non poterat profecto Posidonius cum discipulis eclectice philosophari, nisi manibus tenebant gravissimas gravissimorum Stoicorum sententias, ex ipsorum libris congestas. Atque auctorum nomina quae in Didymi excerptis et in Laërtianis apparent, hanc ipsam aetatem quasi commonstrant. Nam quamquam Antipater Tyrius nominatur, Posidonio ille quidem aliquanto minor natu, frequentissimum tamen per totam Laërtii enarrationem Posidonii nomen eminet, ut facile intellegatur, Chrysippum et Posidonium auctori summos fuisse Stoicorum. Indices igitur talium eclogarum exili compendio Laërtius vel auctor eius inseruit, interdum argumenta quoque sententiarum et discrepantias philosophorum ex eodem libro enotavit.

Adhuc physicae tantum parti operam dedimus, iam ceterae quoque partes sunt examinandae. Itaque paucis moneo, quas de § 39—41 supra movimus dubitationes, eadem coniectura posse solvi, qua in physicis usi sumus. Nam perversa eorum, quae de Cleanthe et Zenone Tarsensi narrantur, collocatio vix alia ratione poterit explicari, quam diversorum excerptorum coniunctione. Quod vero ad logica Dioclea attinet, facile intellegitur, eas quae in hac parte occurrunt scriptorum laudationes bene se habere et vacare iis offensionibus, quas in physica parte deteximus, praeter eas quae § 54 proferuntur de norma iudicii auctorum dissensiones. Hoc uno enim loco ridiculum illud φασί — καθά φησι invenitur. Puto igitur verba inde a καθά φησι usque ad τῶν καθόλου pro scholio Laërtii esse habenda in Dioclis contextum inculcato. Nam per totum Dioclis tractatum constanter pro illo καθά legimus ὡς. Neque ullo loco praeter hunc apud Dioclem Boëthi dissensiones notantur, quarum in physica parte frequens memoria est. Accedit quod verba, quibus altera Chrysippi formula inducitur, διαφερόμενος πρὸς αὐτόν, eorum similia sunt, quae § 138 exstant: ὁ μέντοι Χρύσιππος διαφορώτερον πάλιν etc. et verba quibus Boëthi singulare de norma iudicii placitum sententiae communi adnectitur: ὁ μὲν γὰρ Βόηθος eandem compilatoris manum produnt, quae § 149 scripsit: ὁ μὲν γὰρ Παναίτιος etc. Hunc autem in forma locutionis consensum eo graviorem esse arbitror, quo longius in ceteris Dioclis ratio a morali et physica parte distat.[1]) Quae cum exemplum praebeat probae et sanae scriptorum laudandorum consuetudinis, eo magis perspicua fit ceterarum partium in hac quidem re pravitas.

Iam ad partem moralem pergamus, cui ultimus disputationis locus ea de causa reservandus erat, quod propter artam necessitudinem, quae huic parti cum epitoma Didymi intercedit, hanc una cum illa tractari oportebat. Primum igitur quaeramus, num illa, quam in ceteris observavimus, auctores appellandi ratio ad hanc quoque partem pertineat. Neque multos locos tractare oportebit, si quidem suppetunt, quae omni dubitatione exempta sint. Inquiramus igitur in § 102, cuius initio enumerantur bona, mala, indifferentia. Indifferentium porro duo genera distinguuntur. Ab altera parte stant ζωή, ὑγίεια, ἡδονή, κάλλος etc. ab altera θάνατος, νόσος, πόνος, αἶσχος. Huic enumerationi statim auctores adnectuntur (καθά φησιν Ἑκάτων ἐν ἑβδόμῳ περὶ τέλους καὶ Ἀπολλόδωρος ἐν τῇ ἠθικῇ καὶ Χρύσιππος), deinde sequuntur haec verba: μὴ γὰρ εἶναι ταῦτα ἀγαθά, ἀλλ' ἀδιάφορα κατ' εἶδος προηγμένα et duo huius placiti argumenta. Duae in hisce res animadvertendae sunt, altera quod verba: μὴ γὰρ εἶναι etc. nec non duae illae, quae subsequuntur, argumentationes cum mentione scriptorum ita cohaerent, ut ex eodem utique fonte derivanda sint; altera quod verba μὴ γὰρ εἶναι etc. praecedenti enumerationi non bene adnectuntur, utpote quae ad vitam, voluptatem, pulchritudinem etc. referenda sint, non ad mortem, dolorem, infirmitatem, quae res extremo loco enumeratae erant. Quod cum per se compilatoris neglegentiam satis videatur comprobare, accedunt alia, quibus suspicio nostra magis etiam confirmetur. Nam quae hic de rebus productis vel praepositis disputantur, ordinem sententiarum perturbant, cum § 105 demum quid sit προηγμένον quid ἀποπροηγμένον definiatur. Neque id leve ducendum est, quod quae extrema § 103 nunc legitur iuvandi nocendique finitio, ubi legitur quo referatur non habet. Cum vero indifferentia hoc modo scriptor finiverit: οὐδέτερα δὲ ὅσα μήτε ὠφελεῖ μήτε βλάπτει, ad primam illam indifferentium enumerationem iuvandi nocendique finitiones primitus pertinuisse patet, unde efficitur, inde a καθά φησιν Ἑκάτων usque ad αἰσχρὸν εἶναι ἀγαθόν omnia ex altero

---

1) Praeterea § 55 post verba καὶ σῶμα δ' ἐστὶν ἡ φωνή malim abesse quod additur κατὰ τοὺς Στωικούς, quia sequitur: ὥς φησιν Ἀρχέδημος — καὶ Διογένης καὶ Ἀντίπατρος καὶ Χρύσιππος.

fonte illata esse, quo Laërtius compendii exilitatem amplificare studebat. — Alterum addo locum, ubi laudationum copia aptum sententiarum progressum turbavit § 89 sqq. Agitur de virtute, cuius § 89 med. hic finis proditur: *διάθεσις ὁμολογουμένη*. Definitioni statim adduntur gravissima de virtute placita scil. **propter se ipsam esse expetendam beatamque vitam secum afferre**. Sequitur causa, **cur non omnes homines ad virtutem perveniant**. Dein ad definiendam virtutis notionem scriptor relabitur: *ἀρετὴ δέ τοι ἡ μέν τις κοινῶς παντὶ τελείωσις (ἡ δέ τις ἀνθρώπῳ ἰδίως τοῦ λόγου τελείωσις)*. Nam sic fere lacuna, quae post *τελείωσις* in libris exstat videtur explenda esse. Sed plura etiam exciderunt aut corrupta sunt sequentia verba, cum ne sic quidem oratio bene procedat. Sequitur porro distinctio inter *θεωρηματικὰς* et *ἀθεωρήτους* virtutes quae ex Hecatone (*ἐν τῷ πρώτῳ περὶ ἀρετῶν*) pluribus illustratur, dein duo placita: *ὑπαρκτὴν εἶναι τὴν ἀρετὴν καὶ τὴν κακίαν* et *διδακτὴν εἶναι τὴν ἀρετήν*, dein diversae de numero virtutum opiniones. Hunc igitur sententiarum ordinem ineptum esse per se patet. Nam duo illa de virtute placita (scil. *ὑπαρκτὴν εἶναι* et *διδακτήν*) ea quae de numero et speciebus virtutis disputantur interrumpunt. Puto igitur in priore fonte post ea quae de *τελειώσει* dicuntur statim subsecuta esse haec (§ 92 med.): *τῶν δὲ ἀρετῶν τὰς μὲν πρώτας* etc., quae vero interposita sunt ex compluribus alterius fontis pannis consuta esse. — Breviter tantum moneo quae in § 111 ad Chrysippeam de affectibus doctrinam pertinent (*δοκεῖ δὲ αὐτοῖς — καὶ τὰ ἄλλα*) ea de causa pro additamento esse habenda, quod de notione affectus iam in antecedente paragrapho rem absolverat; postquam quattuor affectuum genera enumerata sunt (*τῶν δὲ παθῶν τὰ ἀνωτάτω εἶναι γένη τέτταρα, λύπην, φόβον, ἐπιθυμίαν, ἡδονήν*), eorum statim definitiones sequi oportebat. — Unum etiam locum tractare nobis liceat § 125 sq. de mutua virtutum coniunctione. Notissimum igitur Stoicorum placitum *τὰς ἀρετὰς ἀντακολουθεῖν ἀλλήλαις καὶ τὸν μίαν ἔχοντα πάσας ἔχειν* longiore argumentatione illustratur: mediae vero argumentationi trium nomina auctorum inseruntur. Quae argumentatio cum non summatim, sed explicate a Laërtio prodatur contineatque notiones a communi Stoicorum usu alienas, dubitatio subnascitur, num re vera et Chrysippus et Apollodorus et Hecato hac ipsa conclusione usi sint. Quam opinionem funditus tollere in animo est. Nam Hecatoni quidem tradita conclusionis forma aptissima est, cum a Panaetiana theoreticae et practicae virtutis distinctione proficiscatur, Chrysippo non item. Neque formula illa qua tota disputatio terminatur: *κεφαλαιοῦσθαι ἑκάστην τῶν ἀρετῶν περί τι ἴδιον κεφάλαιον* ad Chrysippeam sententiam (*ποιὰς εἶναι τὰς ἀρετάς*) exacta est. Habes igitur exemplum, quanta in talibus apud Laërtium cautio adhibenda sit. Nam ubi ad placitum argumentis illustratum complura auctorum nomina adduntur, non illa argumenta, sed ipsum tantum placitum ad omnes referendum est.

Iam quoniam moralem partem eodem modo quo physicam a Laërtio auctam et amplificatam esse perspeximus, de compendio illo, quem priorem fontem nominavimus, videndum est. Nam cum hoc quasi fundamentum sit totius enarrationis, cardo rei in eo vertitur, ut de natura eius atque origine, quatenus fieri potest, ad liquidum res perducatur. Ex iis enim, quae nullo nomine adscripto apud Laërtium leguntur, quam multa ad Chrysippum referri possint, nobis gravissima est quaestio. Benevolentia igitur fortunae accidit, ut simillimum huius compendium a Stobaeo in eclogis II cp. 7, 5 servaretur; tertii denique eiusdem generis compendii apud Sextum usus apparet.[1]) Nam quae Sextus affert ita comparata sunt, ut quamvis summa cum Didymeis Laërtianisque similitudo conspicua sit, tamen neque e Didymo neque e Laërtii fonte a Sexto derivari potuerint. Ea autem, ut accuratius describam, inter haec tria ethicorum compendia ratio intercedit, ut cum mira quadam in rebus ipsis affinitate varietas quaedam in minutiis et maxime in verbis coniuncta sit. Confer igitur, ut exemplis utar, Sextum adv. math. XI 46 de generibus bonorum cum Laërtii § 95 et Stobaei p. 70 l. 8—20 Wachsmuth (Vol. III n. 96. 97. 97a), et Sextum adv. math. XI 59 de indifferentibus cum Laërtii § 104 et Stobaei p. 79 (Vol. III n. 118. 119. 122). Nam totos locos hic exscribere non opus est. Cf. etiam Sextum adv. math. XI 22—27 cum Stobaei p. 69, 17—70, 7 W. et Laërtii § 94 (Vol. III n. 74. 77. 76). — Cum vero accuratius rem examinaveris, patebit tibi non ad totas enarrationes, sed ad priorem tantum utriusque partem hanc similitudinem pertinere i. e. ad Laërtii §§ 85—116 et Stobaei p. 57—93. Nam reliqua eatenus quidem consentiunt, quod utrimque de sapiente et insipiente agitur, interioris vero inter utrumque scriptorem necessitudinis nulla hic sunt vestigia. Quod qua ratione explicandum sit, postea videbimus, nunc ad priorem partem animum advertamus. Atque ordo quidem primo obtutu videtur diversissimus esse. Sed totum discrimen in eo positum est, quod Laërtius a primo appetitu[2]) et fine bonorum, Didymus a virtutibus initium capit. Si igitur, quae de fine bonorum p. 75—78 Didymus disputat, in primum

---

1) Atque etiam Cicero in Tusculanarum lib. IV doctrinam affectuum, morborum, aegrotationum e tali compendio sumpsisse videtur.
2) Ut etiam Hierocles in ea quae nuper reperta est *ἠθικῇ στοιχειώσει*.

locum transposita esse finxeris, ceterae partes plane eodem ordine se excipiunt. Nam Didymi p. 58—65 (de virtutibus) respondent Laërtii §§ 89 med.—93, Didymi p. 68—74 (de bonis) Laërtii §§ 94—101. Iam, omissa quam transpositam finximus de finibus disputatione, ad p. 79—85 Didymi pergimus (de indifferentibus et de aestimatione) quibus respondent Laërtii § 102—107. Porro apud utrumque de officio agitur Did. p. 85—86, Laërt. § 107 extr.—110 in. Sequitur apud Didymum (interpositis p. 86, 87 quae apud Laërtium desunt de appetitu eiusque speciebus) de affectibus doctrina p. 88—93, quae apud Laërtium §§ 110 med.—114 tractatur. Terminantur haec apud utrumque morborum atque infirmitatum animi explicatione. Apparet igitur uno capite excepto, quod a Laërtio melius collocatur, eundem ab utroque ordinem servari. Iam vero, quod ad res et verba attinet, tum hic tum ille plura praebet, quae omnia singillatim pertractare nolo. Ad nos enim ea vel maxime quaestio pertinet, quomodo talis similitudo, qualem modo depinximus, possit explicari. Atque vix alia ratio poterit excogitari, quam ut sumamus, exstitisse aliquando compendium moralis Stoicorum philosophiae, quod cum scholarum usui destinatum esset, iterum iterumque pro aetatis cuiusque usu reformaretur; ea igitur quae communia sunt Didymi et Laërtii (quorum quaedam apud Tullium redeunt in tertio de finibus; cf. inprimis § 53, 55, 56) ad pristinum illum librum pertinere, quae vero discrepant vel in altero tantum fonte inveniuntur, posteriori aetati deberi. Eum autem librum, qui quamvis mutatus totius disciplinae fundamenta per complura saecula praebuit, magna profecto auctoritate floruisse intelligitur. Iam cum Didymi apud Stobaeum in subscriptione totius enarrationis haec verba exstent: *Ταῦτα μὲν ἐπὶ τοσοῦτον. Περὶ γὰρ πάντων τῶν παραδόξων δογμάτων ἐν πολλοῖς μὲν καὶ ἄλλοις ὁ Χρύσιππος διελέχθη· καὶ γὰρ ἐν τῷ Περὶ δογμάτων καὶ ἐν τῇ Ὑπογραφῇ τοῦ λόγου· Ἐγὼ δ' ὁπόσα προὐθέμην* etc. — quamvis haec verba obscuriora videantur neque satis appareat, cur hos Chrysippi libros Didymus nominet, probabile tamen videtur, eum in fonte suo eorum mentionem invenisse. Quodsi titulus ille: *Ὑπογραφὴ τοῦ λόγου* (cf. Laërtii Chrysippeorum librorum indicem Vol. II p. 8, 30, in quo primum locum inter morales libros obtinet) aptissimus est tali libro, qualem Laërtianae et Didymeae enarrationis in parte priore fundamentum fuisse suspicati sumus, proclivis est coniectura: hunc fuisse ipsum Chrysippi librum. Nam de altero libro: *περὶ δογμάτων*, siquid video, non poterit cogitari, cum illud compendium ex partitionibus definitionibusque totum fere constitisse, atque ipsa placita non nisi per hanc formam adumbrasse videatur. Atque mirum profecto esset, si eiusmodi liber qui a gravissimo scholae auctore profectus, tironibus tamen destinatus erat, a successoribus scholae plane neglectus esset, mirum quoque si ab interpolationibus abstinuissent. Ita factum est ut Diogenis, Antipatri, Panaetii, Hecatonis apud Didymum vestigia agnoscantur, ita porro quod a Schuchhardtio et Kreuttnero demonstratum est, ut in definitionum collectionibus, virtutum maxime et affectuum, quas Didymus prodit, permixfi inveniantur diversorum auctorum fetus.

Plane alia est posterioris particulae apud utrumque indoles. Nam Didymi alteram partem ex pluribus libris excerptam esse cum eo probatur quod eaedem res compluribus locis repetuntur, tum eo quod nullo fere ordine neque continuo sententiarum filo singula placita deinceps collocantur. Ad ipsos vero philosophorum libros compilatorem accessisse duo sunt quae fidem faciant. Ac primum quidem nullus apparet rerum e gravitate delectus, sed omissis saepe gravioribus placitis leviora multis verbis illustrantur. Accedit quod nonnulla capita sermone utuntur a compendii exilitate longe remoto, ut scriptorem magis quam magistrum audire tibi videaris. Neque exempla proferre opus est rei per se cuivis attente legenti manifestae. Iam cum ad ipsos libros philosophorum compilatorem accessisse contendo, non id dico ipsa ubique philosophorum verba integra nobis servata esse, sed mediam quandam teneri viam, ut, omissis multis vel breviatis nec non ex recta orationis forma in obliquam translatis, multa tamen ut in ipsis libris scripta erant reddantur. Quali etiam physica Didymi excerpta ratione utuntur. Hanc occasionem nactus dubitationem profligabo quae diu et me et alios ni fallor vexavit. Nam moralia Stoicorum quae e Didymo servavit Stobaeus, ab eiusdem auctoris physicis excerptis mirum quantum discrepant, siquidem in physicis doctissimam deprendimus singulorum auctorum librorumque memoriam, in moralibus nullam fere librorum, scriptorum perraram. Itaque eiusdem libri particulas tam diversa ratione compositas fuisse credibile non est. Coniectura autem, qua ad Didymum haec quoque referuntur, videtur certissima esse. Puto igitur Stobaeum non totam et integram Didymi enarrationem descripsisse. Neque enim facile adducor, ut Didymum, quem ex eclogis physicis probum et doctum scriptorem cognitum habeo, credam in morali parte tam neglegenter versatum esse, ut gravissima quaeque huius loci placita vel omnino omitteret vel in transcursu breviter perstringeret, cum alia quae multo minoris momenti essent infinita fere verborum copia illustraret. Quodsi non plenum et illibatum Didymi opus tenemus, probabile est etiam auctorum nomina a Stobaeo demum omissa esse, quae in priore parte pauca, in posteriore plurima fuisse arbitror. Nam illud compendium sua propria indole ac natura a scriptorum laudationibus alienum est, altera vero pars adeo non probo et simplici sententiarum ordine decurrit, ut haec perturbatio vix possit excusari, nisi ipsam eclogarum formam a scriptore servatam esse sumpseris.

Iam inter libros a Didymo excerptos etiam Chrysippeos quosdam fuisse, cum per se probabile est, tum eo etiam probabilius redditur, quod saepius ad Chrysippi fragmenta quae adscripto nomine leguntur, Wachsmuthii adnotatio nos relegat. Schuchhardtium quoque in hac quidem re mecum consentire video. Complures enim paginas ad Chrysippum auctorem revocat. Atque ille quidem locus, quo uno in altera parte Chrysippus nominatur, nihil probat, cum eodem modo quo pleraeque apud Laërtium laudationes haec quoque postea inserta esse videatur: Cf. p. 98, 19: καὶ ⟨ἐκείνων⟩ τὴν εὐδαιμονίαν μὴ διαφέρειν τῆς θείας εὐδαιμονίας [μηδὲ τὴν ἀμεριαίαν ὁ Χρύσιππός φησι διαφέρειν τῆς τοῦ Διὸς εὐδαιμονίας] ⟨καὶ⟩ κατὰ μηδὲν αἱρετωτέραν εἶναι μήτε καλλίω μήτε σεμνοτέραν τὴν τοῦ Διὸς εὐδαιμονίαν τῆς τῶν σοφῶν ἀνδρῶν. Sed Chrysippi libros adhibitos esse subscriptio demonstrat, ubi praeter Ὑπογραφήν supra tractatam liber περὶ δογμάτων aliaque κατὰ μέρος συγγράμματα memorantur, sive Didymi verba quibus fontes suos significaverat a Stobaeo obscurata sunt, sive Stobaeus, quae in singulis capitibus lemmata omiserat, hac ratione quasi complexus est. Neque tamen fieri potest, ut paragraphi e Chrysippo excerptae certa ratione a ceteris secernantur. Possunt etiam Diogenis vel Antipatri capita in hac parte inesse. Nos quae in hac parte leguntur, inter incerta Chrysippi testimonia rettulimus, quae typis minoribus distinguuntur. Addenda sunt pauca de compendio Laërtiano, a quo ad Stobaeum similitudine rei perducti discesseramus. Puto igitur eo potissimum Laërtiana a Didymeis differre, quod apud Didymum praeter Chrysippum Diogenes Antipater Hecato ita adhibiti sunt, ut in universum Chrysippi doctrina servetur, amplificata magis et sensim deflexa quam in ipsis capitibus mutata, in Laërtianis autem (scil. in posteriore moralium et in physica parte) multa insunt Posidoniana, quae ad Chrysippum non referenda sint. Documento est frequentissima Posidonii mentio, quae in quibusdam capitibus sola fere regnat, maximeque in iis quae de sideribus et de sublimibus docentur. In hoc enim physicorum loco Posidonius multa novasse videtur. Maiore igitur hic cautione opus est quam in Didymo.

Haec erant quae de Laërtio et de Didymi moralibus Stoicorum praefanda erant. Neque de physicis Didymi exerptis habeo quae addam eis quae supra occasione data disserui.

De Aëtio.

Sponte hinc ad Aëtii vicinam operam oratio nostra vagatur. Atque Stoica quae insunt iam ex Vetustis quae vocant Placitis ab Aëtio translata esse, Dielsius probavit, neque video quid contra dici possit. Idem a Posidoniana schola Theophrasteam placitorum congeriem cum reformatam tum noviciorum philosophorum memoria amplificatam esse probabile reddidit. Iam cum eclogarum quoque collectiones ad eandem aetatem atque scholam redire veri simile sit, utpote quae usque ad Posidonium et paullo infra descendere soleant (quod et Didymi epitomae physicae fragmenta et Laërtii laudationes arguunt) alterum genus ex altero pendere suspicamur. Neque enim Placitorum conditorem tot librorum lectioni ipsum vacasse sed prompto magis et commodo selectorum capitum thesauro usum esse credibile est. Atque valde huic nostrae suspicioni suffragatur, quod obscuriorum quoque Stoicorum velut Sphaeri aliquoties in Placitis sententiae referuntur. Quis enim Sphaerum ab ipso Placitorum conditore lectum esse sibi persuadebit? Ac quamquam in ea Placitorum forma quam nos legimus, vetusta multo exiliorem, longe plurimi loci ad generalem Stoicorum doctrinam spectant, tamen quae interdum notantur singulorum dissensiones fidem faciunt in Vetustis Placitis frequentiorem fuisse singulorum memoriam. Eclogis igitur primum Placitorum conditorem usum esse suspicor.

Iam quaerendum est, unde vel maxime opera nostra in Chrysippo posita pendet, qua ratione in generali Stoicorum doctrina referenda ille usus sit. Nam cum omnia quae ad universos Stoicos ab Aëtio referuntur, non credibile sit omnium communia fuisse, ambigimus quid de hac generali doctrina iudicandum sit. Cum vero plerosque et gravissimos scriptorem intellexisse consentaneum sit, quos potissimum gravissimos iudicaverit, dubitari potest. Hoc tamen constat tres tantum Stoicos exstitisse, qui tanta auctoritate florerent, ut quae ipsi docuissent ad Stoicos simpliciter referri possent, Zenonem, Chrysippum, Posidonium. Itaque iterum Posidonius existit Chrysippi nostri aemulus et haec quaestio evadit, ex Chrysippone magis an ex Posidonio generalis Stoicorum doctrina in Placitis expressa sit. Atque si is fuisset Placitorum conditor qui in compendii alicuius usu subsisteret, ad limpidiores fontes non accederet, credi posset, ad Posidonii exemplar generalem doctrinam conformatam esse. Ea enim aetate fuit, qua Posidonius maxima auctoritate floreret. Cum vero, ut modo ostendimus, penitiore doctrina imbutus fuerit (eclogarum enim thesauro usus est) non possum mihi persuadere ut generalem doctrinam ex uno auctore, sive Zenone sive Chrysippo sive Posidonio, ceteris omnibus dissentientibus, expressam esse credam, sed ut generalis doctrina statueretur consensum puto desideratum esse saltem duorum ex tribus illis Stoae principibus. Hinc efficitur posse quidem in hac generali doctrina latere quae Chrysippi non sint, sed Zenonis placita a Posidonio redintegrata (saepe enim, ut aliunde constat, sectae auctori contra Chrysippum Posidonius auxilium tulit), plerumque tamen Chrysippea quoque esse quae Stoicis simpliciter tribuantur. Confer igitur quae apud Laërtium de sideribus Posidoniana referuntur: nusquam fere cum Aëtio accurate congruere reperies. Itaque in collectione hanc mihi legem imposui, ut Aëtiana omnia reciperem, ita tamen ut in incertorum numero collocarem, nisi alia testimonia suppetebant, quae Chrysippeam originem vindicarent.

Iam ad ea tempora eosque auctores accedamus qui non iam ipsi Stoae, vivae etiam et vigenti, aequales fuerunt, sed abolitae vel semimortuae aliquam memoriam propagaverunt, dum placita eius vel ex vetustioribus fontibus cognita referunt vel in suum usum convertunt. Quorum duo sunt genera, alterum scriptorum Christianorum tertii maxime et quarti saeculi, alterum Neoplatonicorum, a quibus Aristotelici quoque serioris aetatis toti pendent. Atque eos quidem auctores quos abundare Stoicorum placitorum memoria cognitum habebam, accurate tractavi, in aliis quae indices editionum suppeditabant, congerere satis habui.

Ex Aristotelicis serioris aetatis constat longe utilissimum esse Simplicium, cuius in Categorias Aristotelis commentarius diligenter a me excussus largam Chrysippo nostro attulit fragmentorum messem. Quae Simplicius ex prioribus Categoriarum commentatoribus pleraque descripsisse videtur. Illa enim, qua ipse fuit aetate, nullos fere Stoicorum libros reliquos fuisse ipse Simplicius testatur.

Proclus quoque et Syrianus et Olympiodorus Neoplatonici quae produnt, ad paucos fere moralis doctrinae locos spectant (ὅτι μόνον τὸ καλὸν ἀγαθόν, ὅτι αἱ ἀρεταὶ ἀντακολουθοῦσιν ἀλλήλαις etc.), qui tam saepe ab his auctoribus tractantur, ut specimina proferre satis fuerit. Quod vero ad Christianos attinet scriptores, qui altero p. Chr. saeculo fuerunt fidei defensores in vulgaribus omnes fere subsistunt, nisi quod Tertullianus in uno „de anima" libro doctiora quaedam per Soranum accepta tradit, ex ipso, ni fallor, Chrysippo derivata. Ex tertii vero saeculi latinis ecclesiae scriptoribus Lactantius frequenti Stoicorum memoria insignis est, ex Varronis nimirum et

Ciceronis scriptis philosophicis agros suos irrigans. Quin etiam totum „de opificio" librum ita ex Stoico quodam exemplari expressit, ut pleraque describere potuerim, nisi rerum levitas dissuasisset. Sed haec omnia fere sordent prae eorum splendore, quae graeci eiusdem saeculi patres, quos doctos appellare consuevimus, libris suis Stoicorum placita inseruerunt. Clemens enim Alexandrinus et Origenes, cum id agerent ut fidem Christianam in philosophiae formam redigerent et doctorum suae aetatis gentilium usui accommodarent et quasi sapientiam conderent Christianam, non potuerunt fere in eius scholae gyros non incurrere, cuius permulta placita ad Christianam doctrinam proxime accedere viderentur.

Atque Clemens quidem quae Stoica profert, ad unum auctorem revocari non possunt. Multa enim compendia et introductiones, quod genus supra tractavimus, redolent, alia ex definitionum Stoicarum thesauris desumpta sunt, alia ex amplioribus moralis doctrinae libris fluxerunt. Atque omnino tam multiplici veterum auctorum lectione fuit imbutus, ut Stoica quoque a multis auctoribus accepisse censendus sit. Qua autem ratione in libris suis condendis Clemens versatus sit, luculentissime docet octavus Stromateon liber. Hunc enim neque editum ab ipso Clemente neque perfectum, sed post mortem eius, ut videtur, ab amicis edito operi adnexum, excerpta quaedam ex Graecorum philosophorum libris continere, nondum in ordinem disputationis continuae coniuncta in programmate Rostochiensi demonstrare studui. Quae vero extremo loco de causarum differentiis proferuntur, meram exhibent Stoicorum doctrinam, quod cuivis perito primo obtutu manifestum est.

Plus etiam utilitatis in nostrum opus ex Origene redundavit. Nam apud Clementem quidem ipsius Chrysippi vestigia nusquam detexi, multa apud Origenem. Hic enim vulgaribus, qualia compendiis et placitorum thesauris tradebantur, fere abstinet; quaecunque exhibet Stoica ipsorum philosophorum lectionem manifesto produnt. Quodsi Origenem ad ipsos fontes accedendi praeclaro quodam studio insignem fuisse constat, ad Chrysippum eum devenire necesse erat, siquidem illius aetate una fere Chrysippi auctoritas in Stoicis valebat. Neque tamen is est Origenes, qui veterum auctorum nomina iactando inanem doctrinae speciem captet. Itaque paucis admodum locis Chrysippi nomen protulit, multo pluribus libros eius usurpasse censendus est. Quodsi doctrinae eius nimiam laudem me tribuere aliquis opinatur, conferat velim quae Vol. II n. 957, 964, 988, 989, 990, 996 ex libris „contra Celsum", ex libro tertio „de principiis", ex libro „de oratione", ex „commentariis in Genesin" excerpsimus; intelleget Chrysippeam de fato et de libero arbitrio doctrinam tam accurate exprimi, ut locis compluribus ipsa Chrysippi verba quasi eluceant. Itaque cum intellexissem quanta esset in hoc auctore utilitas, commentaria quoque et Veteris et Novi Testamenti accurate perquisivi reportavique ex hoc longinquo neque iucundo itinere paucos quidem sed eos primae notae locos.

Haec fere sunt quae de fontibus fragmentorum praefari in animo erat, quibus hoc cum maxime egimus, ut qua ratione in colligendis Chrysippi reliquiis versati essemus, palam fieret nec non ut intelligeretur ab iis qui collectionem nostram usurparent, quae esset cuiusque testimoniorum generis fides atque auctoritas.

Epimetrum de librorum Chrysippi indice Laërtiano.

Mutilus exstat apud Laërtium Chrysippi librorum catalogus. Atque logicorum quidem index, qui primo loco ponitur, si totum spectes, optime servatus est, physicorum totus intercidit cum maxima parte moralium. Sed etiam logicorum indicem labem traxisse demonstrari potest duobus argumentis. Libri enim logici apud Laërtium e rebus tractatis in quattuor species digeruntur, quod aperte testantur § 198 verba: λογικοῦ τόπου τὰ τῶν προειρημένων τεττάρων διαφορῶν ἐκτὸς ὄντα. Ex his vero quattuor speciebus tres tantum cum titulis suis integrae ad nos pervenerunt, alteram dico, tertiam, quartam. Prima enim titulo caret; neque licet suspicari, huius particulae libris quasi generalem quandam introductionem contineri, quae proprio titulo non egeat, cum verba Laërtii supra exscripta hanc non minus specialem fuisse quam ceteras partes testentur. Accedit quod primae partis ambitus ceteris comparatus iusto brevior est. Nam cum ceterarum brevissima i. e. tertia tres συντάξεις contineat, quinquaginta quattuor libros, prima ex quattuordecim libris videtur constare, qui in complures συντάξεις non digeruntur. Iam cum primus titulus in libris hanc formam praebeat: θέσεις λογικὰ καὶ τῶν τοῦ φιλοσόφου σκεμμάτων, primo obtutu intelligitur, scribendum esse: θέσεις λογικαί. Debebant enim logicae theses a moralibus (Vol. II p. 8, 31) et physicis (Vol. III p. 205, 14) discerni. Quid vero de sequentibus iam fiet verbis: τῶν τοῦ φιλοσόφου σκεμμάτων, quae neque cum antecedente titulo possunt coniungi, neque per se pro titulo esse? Itaque certum textus mutilati signum nacti sumus. Quodsi hoc loco numerus aliquis librorum ad primam speciem pertinentium excidit, non potest ulla esse subscriptionis auctoritas, qua librorum logicorum summa subducitur, nisi maiorem praebet numerum quam libri in nostro Laërtio enumerati. Atque re vera maiorem numerum praebet: ὁμοῦ τὰ πάντα τοῦ λογικοῦ ἕνδεκα καὶ τριακόσια. Libri autem enumerati apud Laërtium non transcendunt numerum trecentorum et unius, etiamsi in prima parte verba καὶ τῶν τοῦ φιλοσόφου σκεμμάτων pro tituli vestigio accipias eaque quae pseudepigrapha notantur comprehendas. Sed quamquam primae speciei decem fere tituli exciderunt, tamen quale fuerit eius argumentum facile intelligitur ex moralium primae partis comparatione. Quae cum hunc indicem in fronte gerat: Ἠθικοῦ τόπου τοῦ περὶ τὴν διάρθρωσιν τῶν ἠθικῶν ἐννοιῶν, valde est mutilatae nostrae similis. Θέσεις enim ipsa quoque continet et ὅρους et πιθανά (Vol. II p. 8, 30 sq.). Hac igitur similitudine ducti possumus suspicari, primam logicorum particulam sic fuisse inscriptam: Λογικοῦ τόπου ⟨τοῦ περὶ τὴν διάρθρωσιν τῶν λογικῶν ἐννοιῶν⟩. Quattuor autem illis speciebus appendix adnectitur, de qua egi huius praefationis p. VII.

Iam quod ad ordinem attinet, quo quattuor illae logicorum species se excipiunt, non longa opus est disputatione, ut intellegatur, tertiam quae nunc est partem secundo loco ponendam fuisse propter rerum tractatarum naturam. Continet enim τὸν περὶ τῶν σημαινόντων (vel περὶ φωνῆς) τόπον, cum et altera et quarta species ad τὸν περὶ τῶν σημαινομένων (vel περὶ πραγμάτων) pertineant. Atque eodem iure, quo alteri, etiam quartae, quae est de syllogistica ratione, inscribi potuit: λογικοῦ τόπου τοῦ περὶ τὰ πράγματα. Quaerimus igitur, quomodo fieri potuerit, ut ordo partium ita perverteretur. Atqui patet neque eum, qui ipse huius ordinis auctor fuerat, tantopere a vero aberrare potuisse, neque eum, qui catalogum ab alio confectum describeret. Multo magis in eum hic error cadit, qui ex librorum collectione secundum totius doctrinae rationem digesta, titulos in indicem conferret. Exstitit igitur editio quaedam Chrysippi librorum ab ipsis philosophis in usum discipulorum comparata. Utrum vero ab ipso Chrysippo haec editio comparata fuerit, an a recentiore quodam scholae assecla, non potest diiudicari nisi ex ipsa logicae Chrysippi doctrinae pervestigatione, quam ab hoc loco alienam ducimus.

Conspectus capitum.

	Pagina
Praefatio	I
Pars I. Zeno Citieus	1
1. De Zenonis vita, moribus scriptis n. 1—44	3
2. Zenonis fragmenta et placita n. 45. 46	15
A. Logica n. 47—51	16
De ratione cognitionis (φαντασία, αἴσθησις, κριτήριον) n. 52—73	16
Rhetorica n. 74—84	21
B. Physica	24
I. De principiis. — De materia et spiritu. — De causa. — De corporibus. — De incorporeis. — De tempore. — De inani n. 85—96	24
II. De mundo. — Unum esse. — Genitum et interiturum. — Uno loco manere. — Ex 4 elementis. — Ἐκπύρωσις et παλιγγενεσία. — Mundus animal sapiens n. 97—114	27
III. De caelo et caelestibus n. 115—122	33
IV. Terrestria. — De animalibus et homine. — De ortu animalium. — De materia corporis et mentis. — De semine. — De somno. — De morbis n. 123—133	35
V. De anima humana. — Anima est spiritus. — Anima est corporalis. — Anima est ἀναθυμίασις. — De partibus animae. — Manet post mortem, sed non aeterna est. — De principali. — De voce. — De sensibus n. 134—151	37
VI. Theologia. — Esse deos. — Summus deus (aether). — Unus deus et tamen multi. — Φύσις, πρόνοια. — Μαντική. — Εἱμαρμένη n. 152—177	41
C. Ethica n. 178	45
I. De fine bonorum n. 179—189	45
II. De bonis et malis n. 190	47
III. De indifferentibus n. 191—196	47
IV. De prima conciliatione n. 197—198	48
V. De virtute n. 199—204	49
VI. De affectibus n. 205—215	50
VII. De sapiente et insipiente n. 216—229	52
VIII. De mediis officiis n. 230—232	55
IX. Vitae agendae praecepta n. 233—271	56
X. De Cratete, de Homero, de Hesiodo n. 272—276	62
3. Zenonis apophthegmata n. 277—332	63
Appendix: Fragmenta Zenonis ad singulos libros relata	71
Pars II. Zenonis Discipuli	73
1. Aristo Chius	75
Vita n. 333—350	75
Placita n. 351—403	79

CONSPECTUS CAPITUM.

	Pagina
1a. Apollophanes n. 404—408	90
2. Herillus Carthaginiensis n. 409—421	91
3. Dionysius Heracleota ὁ Μεταθέμενος n. 422—434	93
4. Persaeus Citieus n. 435—462	96
5. Cleanthes Assius	103
Vita et mores n. 463—480	103
Scripta n. 481	106
Placita n. 482	108
A. Logica et Rhetorica	108
Utilitas logicae n. 483	108
De visis n. 484	108
Περὶ σημαινόντων n. 485—487	109
Περὶ σημαινομένων n. 488—490	109
De rhetorica n. 491—492	110
B. Physica et Theologica	110
Physicae fundamenta n. 493—504	110
De mundo et meteoris n. 505—514	113
De animalibus n. 515—517	116
De anima hominis n. 518—526	116
De fato n. 527	118
De natura deorum n. 528—547	119
De providentia et divinatione n. 548—551	124
C. Ethica	125
De fine bonorum n. 552—556	125
De bono et honesto n. 557—558	126
De indifferentibus n. 559—562	127
De virtute n. 563—569	128
De affectibus n. 570—575	129
De consolatione n. 576—577	130
De officiis n. 578—586	130
De civitate n. 587—588	132
Varia n. 589—591	132
Spuria n. 592—596	133
Cleanthis apophthegmata n. 597—619	134
Appendix: Fragmenta Cleanthis ad singulos libros relata	137
5a. Sphaerus n. 620—630	139
6. Τινὲς τῶν ἀρχαιοτέρων Στωϊκῶν n. 631	142

PARS I

ZENO CITIEUS

1. De Zenonis vita, moribus, scriptis testimonia.

1 Diog. Laërt. VII 1. Ζήνων Μνασέου ἢ Δημέου, Κιτιεὺς ἀπὸ Κύπρου, πολίσματος Ἑλληνικοῦ, Φοίνικας ἐποίκους ἐσχηκότος.

Τὸν τράχηλον ἐπὶ θάτερα νενευκὼς ἦν, ὥς φησι Τιμόθεος ὁ Ἀθηναῖος ἐν τῷ περὶ βίων· καὶ Ἀπολλώνιος δέ φησιν ὁ Τύριος ὅτι ἰσχνὸς ἦν, ὑπομήκης, μελάγχρως — ὅθεν τις αὐτὸν εἶπεν Αἰγυπτίαν κληματίδα, καθά φησι Χρύσιππος ἐν πρώτῳ Παροιμιῶν — παχύκνημός τε καὶ ἀπαγὴς καὶ ἀσθενής· διὸ καί φησι Περσαῖος ἐν ὑπομνήμασι συμποτικοῖς τὰ πλεῖστα αὐτὸν δεῖπνα παραιτεῖσθαι. ἔχαιρε δέ, φασί, σύκοις χλωροῖς καὶ ἡλιοκαΐαις. Διήκουσε δέ, καθάπερ προείρηται, Κράτητος· εἶτα καὶ Στίλπωνος ἀκοῦσαί φασιν αὐτόν· καὶ Ξενοκράτους ἔτη δέκα, ὡς Τιμοκράτης ἐν τῷ Δίωνι· ἀλλὰ καὶ Πολέμωνος. Ἑκάτων δέ φησι καὶ Ἀπολλώνιος ὁ Τύριος ἐν πρώτῳ περὶ Ζήνωνος, χρηστηριασαμένου αὐτοῦ, τί πράττων ἄριστα βιώσεται, ἀποκρίνασθαι τὸν θεόν, εἰ συγχρωτίζοιτο τοῖς νεκροῖς· ὅθεν ξυνέντα τὰ τῶν ἀρχαίων ἀναγινώσκειν. τῷ γοῦν Κράτητι παρέβαλε τοῦτον τὸν τρόπον. πορφύραν ἐμπεπορευμένος ἀπὸ τῆς Φοινίκης πρὸς τῷ Πειραιεῖ ἐναυάγησεν. ἀνελθὼν δὲ εἰς τὰς Ἀθήνας ἤδη τριακοντούτης ἐκάθισε παρά τινα βιβλιοπώλην. ἀναγινώσκοντος δὲ ἐκείνου τὸ δεύτερον τῶν Ξενοφῶντος ἀπομνημονευμάτων, ἡσθεὶς ἐπύθετο ποῦ διατρίβοιεν οἱ τοιοῦτοι ἄνδρες. εὐκαίρως δὲ **2** παριόντος Κράτητος ὁ βιβλιοπώλης δείξας αὐτόν φησι· „τούτῳ παρακολούθησον." ἐντεῦθεν ἤκουε τοῦ Κράτητος, ἄλλως μὲν εὔτονος πρὸς φιλοσοφίαν, αἰδήμων δὲ ὡς πρὸς τὴν Κυνικὴν ἀναισχυντίαν. ὅθεν ὁ Κράτης βουλόμενος αὐτὸν καὶ τοῦτο θεραπεῦσαι δίδωσι χύτραν φακῆς διὰ τοῦ Κεραμεικοῦ φέρειν. ἐπεὶ δὲ εἶδεν αὐτὸν αἰδούμενον καὶ παρακαλύπτοντα, παίσας τῇ βακτηρίᾳ κατάγνυσι τὴν χύτραν· φεύγον-

---

3 μνασαίου P. ǁ δημαίου PF.   9 εὐπαγὴς BFD.   15 χρηστηριαζομένου PFD.   18 οὖν F.   18 παρέβαλλε B.   24 ἄλλο B.   26 τούτου BD, τούτ/// P; αὑτοῦ—τοῦτο F.   28 περικαλύπτοντα DF.

τος δὲ αὐτοῦ καὶ τῆς φακῆς κατὰ τῶν σκελῶν ῥεούσης, φησὶν ὁ Κράτης· „τί φεύγεις, φοινικίδιον; οὐδὲν δεινὸν πέπονθας." ἕως μὲν οὖν τινος ἤκουε τοῦ Κράτητος· [ὅτε καὶ τὴν Πολιτείαν αὐτοῦ γράψαντος, τινὲς ἔλεγον παίζοντες ἐπὶ τῆς τοῦ κυνὸς οὐρᾶς αὐτὴν γεγραφέναι.
5 γέγραφε δὲ πρὸς τῇ Πολιτείᾳ καὶ τάδε· (sequitur librorum catalogus)] τελευταῖον δὲ ἀπέστη καὶ τῶν προειρημένων ἤκουσεν ἕως ἐτῶν εἴκοσιν· ἵνα καί φασιν αὐτὸν εἰπεῖν „νῦν εὐπλόηκα, ὅτε νεναυάγηκα." οἱ δὲ ἐπὶ τοῦ Κράτητος τοῦτ᾽ αὐτὸν εἰπεῖν· ἄλλοι δὲ διατρίβοντα ἐν ταῖς Ἀθήναις ἀκοῦσαι τὴν ναυαγίαν καὶ εἰπεῖν· „εὖ γε ποιεῖ ἡ τύχη
10 προσελαύνουσα ἡμᾶς φιλοσοφίᾳ." ἔνιοι δὲ διαθέμενον Ἀθήνησι τὰ φορτία οὕτω τραπῆναι πρὸς φιλοσοφίαν.

Ἀνακάμπτων δὴ ἐν τῇ ποικίλῃ στοᾷ τῇ καὶ Πεισιανακτίῳ καλουμένῃ, ἀπὸ δὲ τῆς γραφῆς τῆς Πολυγνώτου ποικίλῃ, διέθετο τοὺς λόγους, βουλόμενος καὶ τὸ χωρίον ἀπερίστατον ποιῆσαι. ἐπὶ γὰρ τῶν
15 τριάκοντα τῶν πολιτῶν πρὸς τοὺς χιλίους τετρακοσίους ἀνῄρηντο ἐν αὐτῷ. προσῄεσαν δὴ λοιπὸν ἀκούοντες αὐτοῦ καὶ διὰ τοῦτο Στωϊκοὶ ἐκλήθησαν καὶ οἱ ἀπ᾽ αὐτοῦ ὁμοίως (πρότερον Ζηνώνειοι καλούμενοι, καθά φησι καὶ Ἐπίκουρος ἐν ἐπιστολαῖς — — —) οἳ καὶ τὸν λόγον ἐπὶ πλεῖον ηὔξησαν.

20 3 Ἐτίμων δὴ οὖν Ἀθηναῖοι σφόδρα τὸν Ζήνωνα οὕτως ὡς καὶ τῶν τειχῶν αὐτῷ τὰς κλεῖς παρακαταθέσθαι καὶ χρυσῷ στεφάνῳ τιμῆσαι καὶ χαλκῇ εἰκόνι. τοῦτο δὲ καὶ τοὺς πολίτας αὐτοῦ ποιῆσαι, κόσμον ἡγουμένους τὴν τἀνδρὸς εἰκόνα. ἀντεποιοῦντο δ᾽ αὐτοῦ καὶ οἱ ἐν Σιδῶνι Κιτιεῖς. ἀπεδέχετο δ᾽ αὐτὸν καὶ Ἀντίγονος καὶ εἴποτε
25 Ἀθήναζε ἥκοι, ἤκουεν αὐτοῦ πολλά τε παρεκάλει ἀφικέσθαι ὡς αὐτόν. ὁ δὲ τοῦτο μὲν παρῃτήσατο, Περσαῖον δὲ ἕνα τῶν γνωρίμων ἀπέστειλεν, ὃς ἦν Δημητρίου μὲν υἱός, Κιτιεὺς δὲ τὸ γένος, καὶ ἤκμαζε κατὰ τὴν τριακοστὴν καὶ ἑκατοστὴν Ὀλυμπιάδα, ἤδη γέροντος ὄντος Ζήνωνος (secuntur epistulae Antigoni invitantis et Zenonis se excusantis).
30 ἀπέστειλε δὲ Περσαῖον καὶ Φιλωνίδην τὸν Θηβαῖον, ὧν ἀμφοτέρων Ἐπίκουρος μνημονεύει ὡς συνόντων Ἀντιγόνῳ ἐν τῇ πρὸς Ἀριστόβουλον τὸν ἀδελφὸν ἐπιστολῇ (sequitur populi Atheniensium in Zenonis honorem decretum).

Φησὶ δὲ Ἀντίγονος ὁ Καρύστιος οὐκ ἀρνεῖσθαι αὐτὸν εἶναι Κιτιέα·
35 τῶν γὰρ εἰς τὴν ἐπισκευὴν τοῦ λουτρῶνος συμβαλλομένων εἷς ὢν καὶ ἀναγραφόμενος ἐν τῇ στήλῃ „Ζήνωνος τοῦ φιλοσόφου" ἠξίωσε καὶ τὸ Κιτιεὺς προστεθῆναι.

Ποιήσας δέ ποτε κοῖλον ἐπίθημα τῇ ληκύθῳ περιέφερε νόμισμα,

---

5 inclusi, ut ipsius vitae conexum restituerem. 8 ταῦτ᾽ P ante corr., ut videtur. 10 δὲ om. BDF. 12 δὴ PB, δὲ D. 13 διετίθετο PDF. 23 τε ἀνδρὸς B. 24 δ᾽ om. P. 36 καί τι B.

λύσιν ετοίμην των αναγκαίων ΐν' έχοι Κράτης ο διδάσκαλος. φασί δ' αυτόν υπέρ χίλια τάλαντα έχοντα ελθείν εις την Ελλάδα και ταύτα δανείζειν ναυτικώς.

Ήσθιε δε αρτίδια και μέλι και ολίγον ευώδους οιναρίου έπινε. παιδαρίοις τε εχρήτο σπανίως, άπαξ ή δίς που παιδισκαρίω τινί, ίνα μη δοκοίη μισογύνης είναι, σύν τε Περσαίω την αυτήν οικίαν ώκει· και αυτού αυλητρίδιον εισαγαγόντος προς αυτόν, σπάσας προς τον Περσαίον αυτό απήγαγεν. ην τε, φασίν, ευσυμπερίφορος, ως πολλάκις Αντίγονον τον βασιλέα επικωμάσαι αυτώ και προς Αριστοκλέα τον κιθαρωδόν άμα αυτώ ελθείν επί κώμον, είτα μέντοι υποδύναι.

4 Εξέκλινε δέ, φησί, και το πολυδημώδες, ως επ' άκρον καθίζεσθαι του βάθρου, κερδαίνοντα το γούν έτερον μέρος της ενοχλήσεως. ου μην ουδέ μετά πλειόνων δύο ή τριών περιεπάτει. ενίοτε δε και χαλκόν εισέπραττε τους περιισταμένους ****** το διδόναι μη ενοχλείν, καθά φησι Κλεάνθης εν τω περί χαλκού· πλειόνων τε περιστάντων αυτόν, δείξας εν τη στοά κατ' άκρου το ξύλινον περιφερές του βωμού έφη· „τούτό ποτε εν μέσω έκειτο, διά δε το εμποδίζειν ιδία ετέθη· και υμείς ούν εκ του μέσου βαστάσαντες αυτούς ήττον ημίν ενοχλήσετε."

Δημοχάρους δε του Λάχητος ασπαζομένου αυτόν και φάσκοντος λέγειν και γράφειν ων αν χρείαν έχη προς Αντίγονον, ως εκείνου πάντα παρέξοντος, ακούσας ουκέτ' αυτώ συνδιέτριψε. Λέγεται δε και μετά την τελευτήν του Ζήνωνος ειπείν τον Αντίγονον, οίον είη θέατρον απολωλεκώς. όθεν και διά Θράσωνος πρεσβευτού παρά των Αθηναίων ήτησεν αυτώ την εν Κεραμεικώ ταφήν. ερωτηθείς δέ, διά τί θαυμάζει αυτόν „ότι, έφη, πολλών και μεγάλων αυτώ διδομένων υπ' εμού ουδεπώποτε εχαυνώθη ουδέ ταπεινός ώφθη."

Ην δε και ζητητικός και περί πάντων ακριβολογούμενος, όθεν και ο Τίμων εν τοις Σίλλοις φησίν ούτω (fr. VIII). επιμελώς δε και προς Φίλωνα τον διαλεκτικόν διεκρίνετο και συνεσχόλαζεν αυτώ· όθεν και θαυμασθήναι υπό Ζήνωνος του νεωτέρου ουχ ήττον Διοδώρου του διδασκάλου αυτού. ήσαν δε περί αυτόν και γυμνορύπαροί τινες, ως φησι και ο Τίμων· (fr. XX). αυτόν δε στυγνόν τε είναι και πικρόν· και το πρόσωπον συνεσπασμένον ην· ευτελής τε σφόδρα και βαρβαρικής εχόμενος μικρολογίας, προσχήματι οικονομίας. ει δέ τινα

---

1 έτοιμον BP.   4 δέ φησιν PF Pal. 261.   5 verba ίν' έχοι—δίς που om. B.   6 verba παιδισκαρίω—σύν τε scripta a B²   8 εισήγαγεν F.
11 εξεκαήναι B (ξ et η in ras.), φασι D. ǁ 13 ενίους libri, ενίοτε Wachsmuth.
14 lacunam significavi ante το διδόναι, ⟨ώστε δεδιότας⟩ suppl. Cobet.
16 βομού B.   18 ούν BPF, μέν D Pal. 261.   19 ενοχλήσεται B.   25 Αθήνηθεν BPFD.

ἐπικόπτοι, περιεσταλμένως καὶ οὐχ ἅδην, ἀλλὰ πόρρωθεν (secuntur multa apophthegmata).

5 Συνδιέτριψε δὲ καὶ Διοδώρῳ, καθά φησιν Ἱππόβοτος, παρ' ᾧ καὶ τὰ διαλεκτικὰ ἐξεπόνησεν. ἤδη δὲ προκόπτων εἰσῄει καὶ πρὸς Πολέμωνα ὑπ' ἀτυφίας, ὥστε φασὶ λέγειν ἐκεῖνον· "οὐ λανθάνεις, ὦ Ζήνων, ταῖς κηπαίαις παρεισρέων θύραις καὶ τὰ δόγματα κλέπτων Φοινικικῶς μεταμφιεννύς." καὶ πρὸς τὸν δείξαντα δὲ αὐτῷ διαλεκτικὸν ἐν τῷ θερίζοντι λόγῳ ἑπτὰ διαλεκτικὰς ἰδέας, πυθέσθαι πόσας εἰσπράττεται μισθοῦ. ἀκούσαντα δὲ ἑκατόν, διακοσίας αὐτῷ δοῦναι. τοσοῦτον ἤσκει φιλομάθειαν. φασὶ δὲ καὶ — — τοὺς Ἡσιόδου στίχους μεταγράφειν οὕτω·
κεῖνος μὲν πανάριστος ὃς εὖ εἰπόντι πίθηται,
ἐσθλὸς δ' αὖ κἀκεῖνος ὃς αὐτὸς πάντα νοήσει.
κρείττονα γὰρ εἶναι τὸν ἀκοῦσαι καλῶς δυνάμενον τὸ λεγόμενον καὶ χρῆσθαι αὐτῷ τοῦ δι' αὑτοῦ τὸ πᾶν συννοήσαντος· τῷ μὲν γὰρ εἶναι μόνον τὸ συνεῖναι, τῷ δ' εὖ πεισθέντι προσεῖναι καὶ τὴν πρᾶξιν.

Ἐρωτηθεὶς δέ φησι διὰ τί αὐστηρὸς ὢν ἐν τῷ πότῳ διαχεῖται, ἔφη· "καὶ οἱ θέρμοι πικροὶ ὄντες βρεχόμενοι γλυκαίνονται." φησὶ δὲ καὶ Ἑκάτων ἐν τῷ δευτέρῳ τῶν Χρειῶν ἀνίεσθαι αὐτὸν ἐν ταῖς τοιαύταις κοινωνίαις (secuntur duo apophthegmata).

Ἦν δὲ καρτερικώτατος καὶ λιτότατος, ἀπύρῳ τροφῇ χρώμενος καὶ τρίβωνι λεπτῷ, ὥστε λέγεσθαι ἐπ' αὐτοῦ·
τὸν δ' οὔτ' ἂρ χειμὼν κρυόεις, οὐκ ὄμβρος ἀπείρων,
οὐ φλὸξ ἠελίοιο δαμάζεται, οὐ νόσος αἰνή,
οὐκ ἔροτις δήμου ἐναρίθμιος, ἀλλ' ὅ γ' ἀτειρὴς
ἀμφὶ διδασκαλίῃ τέταται νύκτας τε καὶ ἦμαρ.

6 οἵ γε μὴν κωμικοὶ ἐλάνθανον ἐπαινοῦντες αὐτὸν διὰ τῶν σκωμμάτων. ἵνα καὶ Φιλήμων φησὶν οὕτως ἐν δράματι Φιλοσόφοις·
εἷς ἄρτος, ὄψον ἰσχάς, ἐπιπιεῖν ὕδωρ.
φιλοσοφίαν καινὴν γὰρ οὗτος φιλοσοφεῖ,
πεινῆν διδάσκει καὶ μαθητὰς λαμβάνει·
οἱ δὲ Ποσειδίππου. ἤδη δὲ καὶ εἰς παροιμίαν σχεδὸν ἐχώρησεν. ἐλέγετο γοῦν ἐπ' αὐτοῦ· "τοῦ φιλοσόφου Ζήνωνος ἐγκρατέστερος." ἀλλὰ καὶ Ποσείδιππος Μεταφερομένοις· "ὥστ' ἐν ἡμέραις δέκα εἶναι δοκεῖν Ζήνωνος ἐγκρατέστερον." τῷ γὰρ ὄντι πάντας ὑπερεβάλλετο τῷ τε εἴδει τούτῳ καὶ τῇ σεμνότητι καὶ δὴ νὴ Δία καὶ μακαριότητι. Ὀκτὼ γὰρ πρὸς τοῖς ἐνενήκοντα βιοὺς ἔτη κατέστρεψεν, ἄνοσος καὶ ὑγιὴς διατελέσας.

---

1 ἐπικόπτοι PD, ἐπισκόπτοι ʙ, ἐπισκώπτοι B²F ‖ οὐχ ἄλλην B. 5 λανθάνης B. 6 παρεισραίων B. 10 φιλομυθίαν B. 14 κεχρῆσθαι pro καὶ χρῆσθαι B. ‖ τὸ (pro τῷ) BF. 17 οἱ ὄντε B. 19 κοινωνίαις om. in P, add. P¹. 24 οὐκέ ρο τις P, οὐκ εροτις B, οὐκερωτίς F, οὐχ ὡς τὶς D. 28 εἰς ἄρτον BPFD. 30 πίνειν B. 35 μακαριότητι BPF, μακροβιότητι D.

Περσαῖος δέ φησιν ἐν ταῖς ἠθικαῖς σχολαῖς δύο καὶ ἑβδομήκοντα ἐτῶν τελευτῆσαι αὐτόν, ἐλθεῖν δὲ Ἀθήναζε δύο καὶ εἴκοσι ἐτῶν· ὁ δ' Ἀπολλώνιός φησιν ἀφηγήσασθαι τῆς σχολῆς αὐτὸν ἔτη δυοῖν δέοντα ἑξήκοντα.

Ἐτελεύτα δὴ οὕτως· ἐκ τῆς σχολῆς ἀπιὼν προσέπταισε καὶ τὸν δάκτυλον περιέρρηξε· παίσας δὲ τὴν γῆν τῇ χειρί, φησὶ τὸ ἐκ τῆς Νιόβης· „Ἔρχομαι· τί μ' αὔεις;" καὶ παραχρῆμα ἐτελεύτησεν, ἀποπνίξας ἑαυτόν. Ἀθηναῖοι δὲ ἔθαψαν αὐτὸν ἐν τῷ Κεραμεικῷ καὶ ψηφίσμασι τοῖς προειρημένοις ἐτίμησαν, τὴν ἀρετὴν αὐτῷ προσμαρτυροῦντες (secuntur Antipatri, Zenodoti, Athenaei, Laërtii epigrammata).

Φησὶ δὲ Δημήτριος ὁ Μάγνης ἐν τοῖς Ὁμωνύμοις τὸν πατέρα αὐτοῦ Μνασέαν πολλάκις ἅτε ἔμπορον Ἀθήναζε παραγίνεσθαι καὶ πολλὰ τῶν Σωκρατικῶν βιβλίων ἀποφέρειν ἔτι παιδὶ ὄντι τῷ Ζήνωνι· ὅθεν καὶ ἐν τῇ πατρίδι συγκεκροτῆσθαι. καὶ οὕτως ἐλθόντα εἰς Ἀθήνας Κράτητι παραβαλεῖν. δοκεῖ δέ, φησί, καὶ τὸ τέλος αὐτὸς ὁρίσαι, τῶν πλανωμένων περὶ τὰς ἀποφάσεις. ὤμνυε δέ, φασί, καὶ κάππαριν, καθάπερ Σωκράτης τὸν κύνα.

7. 8 Diog. Laërt. VII 10. ἔδοξε δέ μοι καὶ τὸ ψήφισμα τὸ περὶ αὐτοῦ τῶν Ἀθηναίων ὑπογράψαι καὶ ἔχει ὧδε·

Ἐπ' Ἀρρενίδου ἄρχοντος, ἐπὶ τῆς Ἀκαμαντίδος πέμπτης πρυτανείας, Μαιμακτηριῶνος δεκάτῃ ὑστέρᾳ, τρίτῃ καὶ εἰκοστῇ τῆς πρυτανείας, ἐκκλησία κυρία, τῶν προέδρων ἐπεψήφισεν Ἵππων Κρατιστοτέλους Ξυπεταιὼν καὶ οἱ συμπρόεδροι, Θράσων Θράσωνος Ἀνακαιεὺς εἶπεν·

Ἐπειδὴ Ζήνων Μνασέου Κιτιεὺς ἔτη πολλὰ κατὰ φιλοσοφίαν ἐν τῇ πόλει γενόμενος ἔν τε τοῖς λοιποῖς ἀνὴρ ἀγαθὸς ὢν διετέλεσε καὶ τοὺς εἰς σύστασιν αὐτῷ τῶν νέων πορευομένους, παρακαλῶν ἐπ' ἀρετὴν καὶ σωφροσύνην, παρώρμα πρὸς τὰ βέλτιστα, παράδειγμα τὸν ἴδιον βίον ἐκθεὶς ἅπασιν, ἀκόλουθον ὄντα τοῖς λόγοις οἷς διελέγετο, τύχῃ τῇ ἀγαθῇ δεδόχθαι τῷ δήμῳ ἐπαινέσαι μὲν Ζήνωνα Μνασέου Κιτιέα καὶ στεφανῶσαι χρυσῷ στεφάνῳ κατὰ τὸν νόμον ἀρετῆς ἕνεκα καὶ σωφροσύνης, οἰκοδομῆσαι δὲ αὐτῷ καὶ τάφον ἐπὶ τοῦ Κεραμεικοῦ δημοσίᾳ. τῆς δὲ ποιήσεως τοῦ στεφάνου καὶ τῆς οἰκοδομῆς τοῦ τάφου χειροτονῆσαι τὸν δῆμον ἤδη τοὺς ἐπιμελησομένους πέντε ἄνδρας ἐξ Ἀθηναίων. ἐγγράψαι δὲ τὸ ψήφισμα τὸν γραμματέα τοῦ δήμου ἐν στήλαις δύο καὶ ἐξεῖναι αὐτῷ θεῖναι τὴν μὲν ἐν Ἀκαδημίᾳ, τὴν δὲ ἐν Λυκείῳ. τὸ δ' ἀνάλωμα τὸ εἰς τὰς στήλας γινόμενον μερίσαι τὸν ἐπὶ τῆς διοικήσεως, ὅπως ἅπαντες ἴδωσιν ὅτι ὁ δῆμος ὁ τῶν Ἀθηναίων τοὺς ἀγαθοὺς καὶ ζῶντας τιμᾷ καὶ τελευτήσαντας.

---

5 πλήσας B, πλίσας Pal. 261, πλήξας D.   13 ἐλθόντας B.   15 τῶν— ἀποφάσεις corrupta, τῶν ⟨ἄλλων⟩ πλ. π. τ. ἀποφάνσεις Cobetus.   21 κράτης τὸ τελέως B, κρατιστοτέλεως P, ἵππω κρατης ὁ τελέως D.   22 Ἀνακλιεὺς BD. 26 παραδείγματα D.   28 τῇ om. LD Pal. 261.   29 ἕνεκεν BPFD.   36 ἰδῶσιν B.

ἐπὶ δὲ τὴν οἰκοδομὴν κεχειροτόνηται Θράσων Ἀνακαιεύς, Φιλοκλῆς Πειραιεύς, Φαῖδρος Ἀναφλύστιος, Μέδων Ἀχαρνεύς, Μίκυθος Συπαληττεύς, Δίων Παιανιεύς.

9 Themistius Or. XXIII 295 D. Hard. τὰ δὲ ἀμφὶ Ζήνωνος ἀρι-
δηλά τέ ἐστι καὶ ᾀδόμενα ὑπὸ πολλῶν ὅτι αὐτὸν ἡ Σωκράτους ἀπολογία ἐκ Φοινίκης εἰς τὴν Ποικίλην ἤγαγεν.

10 Strabo XIII p. 614. ἐκ δὲ τῆς Πιτάνης ἐστὶν Ἀρκεσίλαος ὁ ἐκ τῆς Ἀκαδημίας, Ζήνωνος τοῦ Κιτιέως συσχολαστὴς παρὰ Πολέμωνι.

11 Numenius Eusebii praep. evang. XIV 5, 11 (p. 729 b). Πολέμωνος δὲ ἐγένοντο γνώριμοι Ἀρκεσίλαος καὶ Ζήνων. — — Ζήνωνα μὲν οὖν μέμνημαι εἰπὼν Ξενοκράτει, εἶτα δὲ Πολέμωνι φοιτῆσαι, αὖθις δὲ παρὰ Κράτητι κυνίσαι· νυνὶ δὲ αὐτῷ λελογίσθω ὅτι καὶ Στίλπωνός τε μετέσχε καὶ τῶν λόγων τῶν Ἡρακλειτείων. ἐπεὶ γὰρ συμφοιτῶντες παρὰ Πολέμωνι ἐφιλοτιμήθησαν ἀλλήλοις, συμπαρέλαβον εἰς τὴν πρὸς ἀλλήλους μάχην ὁ μὲν Ἡράκλειτον καὶ Στίλπωνα ἅμα καὶ Κράτητα, ὧν ὑπὸ μὲν Στίλπωνος ἐγένετο μαχητής, ὑπὸ δὲ Ἡρακλείτου αὐστηρός, κυνικὸς δὲ ὑπὸ Κράτητος. ὁ δὲ Ἀρκεσίλαος etc.

12 ibid. 6, 9 (p. 732b). διαστάντες δ᾽ οὖν εἰς τὸ φανερὸν ἔβαλλον ἀλλήλους οὐχ οἱ δύο, ἀλλ᾽ ὁ Ἀρκεσίλαος τὸν Ζήνωνα. ὁ γὰρ Ζήνων εἶχε δή τι τῇ μάχῃ σεμνὸν καὶ βαρὺ καὶ Κηφισοδώρου τοῦ ῥήτορος οὐκ ἄμεινον· (is enim Aristotelem impugnaturus Platoni maledixit) — — ὁ μέντοι Ζήνων καὶ αὐτός, ἐπειδὴ τοῦ Ἀρκεσιλάου μεθίετο, εἰ μὲν μηδὲ Πλάτωνι ἐπολέμει, ἐφιλοσόφει δήπου ἐμοὶ κριτῇ πλείστου ἀξίως, ἕνεκά γε τῆς εἰρήνης ταύτης. ὁ δ᾽ οὐκ ἀγνοῶν μὲν ἴσως τὰ Ἀρκεσιλάου, τὰ μέντοι Πλάτωνος ἀγνοῶν, ὡς ἐξ ὧν αὐτῷ ἀντέγραψεν ἐλέγχεται, ὅτι ἐποίησεν ἐναντία καὐτός, μήτε ὃν ᾔδει πλήττων, ὅν τε οὐκ ἐχρῆν ἀτιμότατα καὶ αἴσχιστα περιυβρικώς, καὶ ταῦτα πολὺ κάκιον ἢ προσῆκε κυνί — πλὴν διέδειξέ γε μὴ μεγαλοφροσύνῃ ἀποσχόμενος τοῦ Ἀρκεσιλάου. ἤτοι γὰρ ἀγνοίᾳ τῶν ἐκείνου ἢ δέει [τῶν Στωϊκῶν] „πολέμοιο μέγα στόμα πευκεδανοῖο" (K 8) ἀπετρέψατο ἄλλῃ εἰς Πλάτωνα. ἀλλὰ [καὶ] περὶ μὲν τῶν Ζήνωνι εἰς Πλάτωνα καλῶς τε καὶ αἰδημόνως [οὐδαμῶς] νεωτερισθέντων εἰρήσεταί μοι αὖθίς ποτε — — τὸν δ᾽ οὖν Ζήνωνα ὁ Ἀρκεσίλαος ἀντίτεχνον καὶ ἀξιόνικον ὑπάρχοντα θεωρῶν τοὺς παρ᾽ ἐκείνου ἀποφερομένους λόγους καθῄρει καὶ οὐδὲν ὤκνει. — — τὸ δὲ δόγμα τοῦτο αὐτοῦ πρώτου εὑρομένου, καὐτὸ καὶ τὸ ὄνομα βλέπων εὐδοκιμοῦν ἐν ταῖς Ἀθήναις, τὴν κατα-

---

1 κεχειροτόνηνται P.   2 Φιλοκλῆς Πειραιεύς om. B. ‖ Μέλων P, μέλλων F.
3 Συπαλλητεύς BP. ‖ Ποιανιεύς BP, παιανιεύς D.   24 ὁ δ᾽ scripsi, εἰ δ᾽ vulgo.   26 fortasse: ἐπεχείρησεν ⟨εἰς⟩.   28 προσῆκε scripsi, προσήκει vulgo. ‖ μὴ scripsi, μὴν vulgo.   30 τῶν Στωϊκῶν seclusi.   31 καὶ seclusi.   32 οὐδαμῶς seclusi.

ληπτικὴν φαντασίαν, πάσῃ μηχανῇ ἐχρῆτο ἐπ᾽ αὐτήν. ὁ δ᾽ἐν τῷ ἀσθενεστέρῳ ὤν, ἡσυχίαν ἄγων οὐ δυνάμενος εὐδοκεῖσθαι, Ἀρκεσιλάου μὲν ἀφίετο, πολλὰ ἂν εἰπεῖν ἔχων (ἀλλ᾽ οὐκ ἤθελε, τάχα δὲ μᾶλλον ἄλλως), πρὸς δὲ τὸν οὐκέτι ἐν ζῶσιν ὄντα Πλάτωνα ἐσκιαμάχει καὶ τὴν ἀπὸ ἀμάξης πομπείαν πᾶσαν κατεθορύβει λόγων, ὡς 5 οὔτ᾽ ἂν τοῦ Πλάτωνος ἀμυνομένου, ὑπερδικεῖν τε αὐτοῦ ἄλλῳ οὐδενὶ μέλον· εἴτε μελήσειεν Ἀρκεσιλάῳ, αὐτός γε κερδανεῖν ᾤετο ἀποτρεψάμενος ἀφ᾽ ἑαυτοῦ τὸν Ἀρκεσίλαον.

13 Cicero Acad. Post. I 34. *Iam Polemonem audiverant adsidue Zeno et Arcesilas. Sed Zeno cum Arcesilam anteiret aetate valdeque* 10 *subtiliter dissereret et peracute moveretur, corrigere conatus est disciplinam.*

Cicero de finibus IV 3. *ut non esset causa Zenoni, cum Polemonem audisset, cur ab eo ipso et a superioribus dissideret.*

14 Quintilianus Instit. orat. XII 7, 9. *cum et Socrati collatum sit ad victum et Zenon, Cleanthes, Chrysippus mercedes a discipulis ac-* 15 *ceptaverint.*

15 Seneca ad Helviam cp. 12, 4. *Unum fuisse Homero servum, tres Platoni, nullum Zenoni, a quo coepit Stoicorum rigida ac virilis sapientia, satis constat.*

16 Seneca de Benef. IV 39, 1. *Quare ergo, inquit, Zeno vester, cum* 20 *quingentos denarios cuidam mutuos promisisset et ipse illum parum idoneum comperisset, amicis suadentibus ne daret, perseveravit credere, quia promiserat?*

17 Themistius orat. XXI 252 B. Hard. πότε ἀφῆκας τῷ δεδανεισμένῳ, καθάπερ Ζήνων ὁ Κιτιεύς. 25

18 Sopater phlyacographus apud Athen. IV 160 e
καὶ μὴν φιλοσοφεῖν φιλολογεῖν τ᾽ ἀκηκοὼς
ὑμᾶς ἐπιμελῶς καρτερεῖν θ᾽ αἱρουμένους,
τὴν πεῖραν ὑμῖν λήψομαι τῶν δογμάτων,
πρῶτον καπνίζων· εἶτ᾽ ἐὰν ὀπτωμένων 30
ἴδω τιν᾽ ὑμῶν συσπάσαντα τὸ σκέλος,
Ζηνωνικῷ πραθήσεθ᾽ οὗτος κυρίῳ
ἐπ᾽ ἐξαγωγῇ, τὴν φρόνησιν ἀγνοῶν.

19 Aelianus Var. Hist. IX 33. Μειράκιον Ἐρετρικὸν προσεφοίτησε Ζήνωνι πλείονος χρόνου, ἔστ᾽ ἐς ἄνδρας ἀφίκετο. ὕστερον οὖν 35 ἐς τὴν Ἐρετρίαν ἐπανῆλθε, καὶ αὐτὸν ὁ πατὴρ ἤρετο ὅ,τι ἄρα μάθοι σοφὸν ἐν τῇ τοσαύτῃ διατριβῇ τοῦ χρόνου. ὁ δὲ δείξειν ἔφη καὶ οὐκ ἐς μακρὰν ἔδρασε τοῦτο. χαλεπήναντος γὰρ αὐτῷ τοῦ πατρὸς καὶ τέλος πληγὰς ἐντείναντος, ὁ δὲ τὴν ἡσυχίαν ἀγαγὼν καὶ ἐγκαρ-

---
2 εὐδοκεῖσθαι scripsi, ἀδικεῖσθαι vulgo.   5 λόγων scripsi, λέγων vulgo.
11 *partiretur* Bentley. Cf. ad fam. XV 21, 4 *acute movebatur*.

τερήσας τοῦτο ἔφη μεμαθηκέναι, φέρειν ὀργὴν πατέρων καὶ μὴ ἀγανακτεῖν.

20 Diogenes Laërt. VII 22. Ῥοδίου δέ τινος καλοῦ καὶ πλουσίου, ἄλλως δὲ μηδέν, προσκειμένου αὐτῷ, μὴ βουλόμενος ἀνέχεσθαι, πρῶτον μὲν ἐπὶ τὰ κεκονιμένα τῶν βάθρων ἐκάθιζεν αὐτόν, ἵνα μολύνῃ τὴν χλανίδα, ἔπειτα εἰς τὸν τῶν πτωχῶν τόπον, ὥστε συνανατρίβεσθαι τοῖς ῥάκεσιν αὐτῶν· καὶ τέλος ἀπῆλθεν ὁ νεανίσκος.

21 Timon Phliasius Sill. fr. XX W.

ὄφρα πενεστάων σύναγεν νέφος, οἳ περὶ πάντων
πτωχότατοί τ᾽ ἦσαν καὶ κουφότατοι βροτοὶ ἀστῶν.

Diogenes Laërt. VII 16 ἦσαν περὶ αὐτὸν (scil. Zenonem) καὶ γυμνορρύπαροί τινες, ὥς φησι καὶ ὁ Τίμων „ὄφρα — ἀνδρῶν"

22 Timon Phliasius Sill. fr. VIII W.

Καὶ φοίνισσαν ἴδον λιχνόγραυν σκιερῷ ἐνὶ τύφῳ
πάντων ἱμείρουσαν· ὁ δ᾽ ἔρρει γυργαθὸς αὐτῆς
μικρὸς ἰών· νοῦν δ᾽ εἶχεν ἐλάσσονα κινδαψοῖο.

Diog. Laërt. VII 15 de Zenone: ἦν καὶ ζητητικὸς καὶ περὶ πάντων ἀκριβολογούμενος· ὅθεν καὶ ὁ Τίμων ἐν τοῖς Σίλλοις φησὶν οὕτω· „καὶ — κινδαψαῖο".

23 Athenaeus XIII 603 d. Ἀντιγόνου δὲ τοῦ βασιλέως ἐρώμενος ἦν Ἀριστοκλῆς ὁ κιθαρῳδός, περὶ οὗ Ἀντίγονος ὁ Καρύστιος ἐν τῷ Ζήνωνος βίῳ γράφει οὕτως· „Ἀντίγονος ὁ βασιλεὺς ἐπεκώμαζε τῷ Ζήνωνι. καί ποτε καὶ μεθ᾽ ἡμέραν ἐλθὼν ἔκ τινος πότου καὶ ἀναπηδήσας πρὸς τὸν Ζήνωνα ἔπεισεν αὐτὸν συγκωμάσαι αὐτῷ πρὸς Ἀριστοκλέα τὸν κιθαρῳδόν, οὗ σφόδρα ἤρα ὁ βασιλεύς."

24 Ind. Stoic. Herc. col. IX πρὸς) μὲν γὰρ ἐκεῖνον, ὡς πρὸς | ἴσον τε καὶ ὅμοιον, αὐ|τῷ φιλονεικίαν ἡδεῖαν | καὶ κεχαρισμένην ὑπο|κεῖσθαι, τὸν (δ᾽) ἄνδρα θαυ|μάζειν καὶ τι(μᾶ)ν καθ᾽ ὑ|περβολήν.

Ad Arcesilai et Zenonis lites hoc frgm. refert Comparetti, ad Antigonum regem, propter verba ἴσον τε καὶ ὅμοιον, rectius Bücheler. Antigonus videtur loqui de Zenone.

25 Ind. Stoic. Herc. col. VIII. „ποιή)σειν (γ)ὰρ ἀδολε(σχοῦν)τα παι|δία καὶ τ(οὺς ἀπα)ντῶν|τας ἐπὶ τὴν θύραν· δια|πορῶν δ᾽ὅπου σε θῇ, μό|λις ἄν φησι χαλκιοφύ|λακα καταστῆσαι· καὶ | γὰρ οὕτω κακόν· οὐκ ἔ|σεσθαι ν(ου)θετε(ῖ)ν τοὺς | παραχ(αράκτα)ς." Καὶ ὁ Ζ(ή)|νων πρὸς τοὺς ξέ(νους) | ἀπο(βλέ)ψας· „τί λέ(γετε, ἔφη . . . etc.

---

5 κεκομμένα BPL.   10 ἀστῶν libri plerique, ἀνδρῶν Wachsm.
32 ποιήσειν exempli causa posui.   34 χαλκισ. pap. Chria, cuius hoc fragmentum tenemus, aliunde non nota est. Antigoni legatus videtur per iocum loqui de munere in aula Antigoni in Zenonem conferendo.   35 παραχαράκτας supplevi, recordatus adhortationis Cynicae: παραχάραξον τὸ νόμισμα.

26 Plutarchus de Stoic. repugn. cp. 4 p. 1034a. Ζήνων καὶ Κλεάνθης οὐκ ἠθέλησαν Ἀθηναῖοι γενέσθαι, μὴ δόξωσι τὰς αὑτῶν πατρίδας ἀδικεῖν· ὅτι μὲν εἰ καλῶς οὗτοι, Χρύσιππος οὐκ ὀρθῶς ἐποίησεν ἐγγραφεὶς εἰς τὴν πολιτείαν, παρείσθω.

27 Plutarchus de Stoic. repugn. cp. 2 p. 1033b. ἐπεὶ τοίνυν πολλὰ μὲν ὡς ἐν ὀλίγοις αὐτῷ Ζήνωνι, πολλὰ δὲ Κλεάνθει, πλεῖστα δὲ Χρυσίππῳ γεγραμμένα τυγχάνει περὶ πολιτείας καὶ τοῦ ἄρχεσθαι καὶ ἄρχειν καὶ δικάζειν καὶ ῥητορεύειν· ἐν δὲ τοῖς βίοις οὐδενὸς ἔστιν εὑρεῖν οὐ στρατηγίαν, οὐ νομοθεσίαν, οὐ πάροδον εἰς βουλήν, οὐ συνηγορίαν ἐπὶ δικαστῶν, οὐ στρατείαν ὑπὲρ πατρίδος, οὐ πρεσβείαν, οὐκ ἐπίδοσιν· ἀλλ᾿ ἐπὶ ξένης ὥσπερ τινὸς λωτοῦ γευσάμενοι σχολῆς τὸν πάντα βίον οὐ βραχὺν ἀλλὰ παμμήκη γενόμενον διῆγαγον ἐν λόγοις καὶ βιβλίοις καὶ περιπάτοις· οὐκ ἄδηλον ὅτι τοῖς ὑφ᾿ ἑτέρων γραφομένοις καὶ λεγομένοις μᾶλλον ἢ τοῖς ὑφ᾿ αὐτῶν ὁμολογουμένως ἔζησαν. p. 1033e. τίς οὖν μᾶλλον ἐν τῷ σχολαστικῷ βίῳ τούτῳ κατεγήρασεν ἢ Χρύσιππος καὶ Κλεάνθης καὶ Διογένης καὶ Ζήνων καὶ Ἀντίπατρος, οἵ γε καὶ τὰς αὑτῶν κατέλιπον πατρίδας, οὐδὲν ἐγκαλοῦντες ἀλλ᾿ ὅπως καθ᾿ ἡσυχίαν ἐν τῷ Ὠιδείῳ καὶ ἐπὶ Ζωστῆρος σχολάζοντες καὶ φιλολογοῦντες διάγωσιν;

28 Dio Chrysost. or. XLVII § 2 (V. II p. 81, 2 Arn.) ὡς ἐγὼ πρότερον μὲν ἐθαύμαζον τῶν φιλοσόφων τοὺς καταλιπόντας μὲν τὰς αὑτῶν πατρίδας οὐδενὸς ἀναγκάζοντος, παρ᾿ ἄλλοις δὲ ζῆν ἑλομένους, καὶ ταῦτα ἀποφαινομένους αὐτοὺς ὅτι δεῖ τὴν πατρίδα τιμᾶν καὶ περὶ πλείστου ποιεῖσθαι καὶ ὅτι πράττειν τὰ κοινὰ καὶ πολιτεύεσθαι τῷ ἀνθρώπῳ κατὰ φύσιν ἐστίν. λέγω δὲ τὸν Ζήνωνα, τὸν Χρύσιππον, τὸν Κλεάνθην, ὧν οὐδεὶς οἴκοι ἔμεινε ταῦτα λεγόντων.

Cf. Seneca de tranq. an. 1, 10 *promptus compositus sequor Zenona, Cleanthen, Chrysippum, quorum tamen nemo ad rempublicam accessit, nemo non misit.* Cf. n. 271.

29 Arrianus Epict. dissert. III 21, 19 (ὁ θεὸς) Σωκράτει συνεβούλευεν τὴν ἐλεγκτικὴν χώραν ἔχειν, ὡς Διογένει τὴν βασιλικὴν καὶ ἐπιπληκτικήν, ὡς Ζήνωνι τὴν διδασκαλικὴν καὶ δογματικήν.

30 Ind. Stoic. Herc. col. I θεν......... (τ)ῆς περὶ τὴν (ψυχὴν) διαθέσεως αὐ(τοῦ ζητ)ήσας σημεῖον οὐκ ἂν ἕτερόν τις λάβοι βέλτιον· ἢ τὰς κρίσεις ἃς εἶχε(ν) περὶ καλῶν καὶ αἰσχρῶν, ὁμοίως δ᾿ ἀγαθῶν καὶ κακῶν διασκεψάμενο(ς ἐ)πενέγκῃ τ(ού)τοις. Ἀπ(ολ)λόδωρο(ς) μὲν γὰρ ὁ (Ἐπι)κούρει(ος) ἐν δυσὶ β(υβλίοις etc.

Ad Zenonem haec referri probabile est. De moribus eius ex vitae cum placitis moralibus comparatione iudicium ferendum esse dicitur. Apollodori mentio eo spectare videtur, quod is simili ratione de Epicuro scripserit.

31 Ind. Stoic. Herc. col. III. -μενος ἐπιγραφ(ὴν περὶ) | τοῦ τῆς οἰκείας αἱρ(έσεως) | κα(θ)ηγεμόνος ἕ(τερά τε, ἐν) | τούτοις κατὰ τὸ πλεῖσ(τον) | τοῦ βυβλίου καταγενό|μενος, ὡς προεμνή|(σαμεν), ἰδίᾳ γέγραφεν | (οἷα) βούλεται καὶ διότι|σπανίως ἑαυτὸν διδοὺς | (ὁ Ζήν)ων 5 εἰς τὰς συμπε|(ριφορὰς) διὰ τὴν τοῦ σώ|(ματος ἀσθ)ένειαν, ὡς ἐν — etc.

Stoicus aliquis, qui de Zenone sectae suae auctore scripserat, reprehenditur. Ad ultimum enuntiatum cf. Diog. Laërt. VII 1 (huius voluminis p. 3,10).

32 Ind. Stoic. Herc. col. VI. τοῖς σύκοις | καὶ τοὺς η . εασμοὺς | (πρ)άως (κ)αὶ προθύμως | ἔφερεν. (κ)αὶ ταῦτα γὰρ | ἦν εἰς (τὸ)ν ὕμνον ἄξι|α καταχωρίζειν κα(ὶ προσ|θ)εῖναι δ(η)μοσίαν τ(αφὴν | τ)ὴν π . . etc.

32a Athenaeus IX 370 C. καὶ οὐ παράδοξον εἰ κατὰ τῆς κράμβης τινὲς ὤμνυον, ὁπότε καὶ Ζήνων ὁ Κιτιεὺς ὁ τῆς Στοᾶς κτίστωρ μιμούμενος τὸν κατὰ τῆς κυνὸς ὅρκον Σωκράτους καὶ αὐτὸς ὤμνυε τὴν κάππαριν, ὡς Ἐμπεδός φησιν ἐν Ἀπομνημονεύμασιν, cf. Diog. L. VII 32 ὤμνυε δέ, φασί, καὶ κάππαριν καθάπερ Σωκράτης τὸν κύνα.

33 Galenus de differentia pulsuum III 1 Vol. VIII p. 642 K. ἀρέσκονται γὰρ οὗτοι πάντες οἱ Πνευματικοὶ καλούμενοι (scil. medici) τοῖς ἀπὸ τῆς Στοᾶς δόγμασιν. ὥστ' ἐπεὶ Χρύσιππος αὐτοὺς εἴθισεν ἀμφισβητεῖν περὶ τῶν κατὰ τὴν φιλοσοφίαν ὀνομάτων, οὐδ' αὐτοὶ περὶ τῶν κατὰ τὴν ἰατρικὴν ταῦτα ποιεῖν ὀκνοῦσι. καὶ Ζήνων δὲ ὁ Κιτιεὺς ἔτι πρότερον ἐτόλμησε καινοτομεῖν τε καὶ ὑπερβαίνειν τὸ τῶν Ἑλλήνων ἔθος ἐν τοῖς ὀνόμασιν.

34 Cicero de fin. III 5. *Quamquam ex omnibus philosophis Stoici plurima (scil. verba) novaverunt, Zenoque, eorum princeps, non tam rerum inventor fuit quam verborum novorum.*

III 15. *Si enim Zenoni licuit, cum rem aliquam invenisset inusitatam, inauditum quoque ei rei nomen imponere, cur non liceat Catoni?*

35 Cicero Tusc. disp. V 34. *Zeno Citieus, advena quidam et ignobilis verborum opifex, insinuasse se in antiquam philosophiam videtur.*

---

2 litterae κα expunctae videbantur Comparettio; post -ος, spatio interiecto ο; sed ἕτερα necessarium videtur. 4 ὁ Ζήνων scripsi, ... τ . ων pap.; sed litterae τ non vidit Comp. nisi „una chiara traccia"; neque θεάτρων, quod voluit, sententiae aptum est neque participium in -ων locum habet. 5 δεῖπνα a Zenone vitata commemorat Laërtius. 6 fort.: ὡς ἐν συμποτικοῖς ὑπομνήμασιν ἱστορεῖν Περσαῖον. 10 ἡλιασμοὺς Bücheler; fortasse scribendum ⸱ εἰκασμούς i. e. cavillationes. 11 ΔΩC pap. 12 laudationem Zenonis a Stoico aliquo conscriptam non sine dicacitate ὕμνον appellari vidit Bücheler. || δημοσίαν ταφήν Zenoni intercedente Antigono decretam esse ab Atheniensibus narrat Diog. Laërt. VII 15. Hoc quoque laudator ille Zenonis iactaverat. 17 Ἔμποδος cod., corr. Müller.

36 Lucianus Macrob. 19. Ζήνων δὲ ὁ τῆς στωϊκῆς φιλοσοφίας ἀρχηγὸς ὀκτὼ καὶ ἐνενήκοντα (scil. ἔζησεν ἔτη), ὅν φασιν εἰσερχόμενον εἰς τὴν ἐκκλησίαν καὶ προσπταίσαντα ἀναφθέγξασθαι „τί με βοᾷς"; καὶ ὑποστρέψαντα οἴκαδε καὶ ἀποσχόμενον τροφῆς τελευτῆσαι τὸν βίον.

36a Philodemus περὶ τῶν φιλοσόφων col. IV Neap. (= 3 Oxf.)
.... (ἄρχον-
τος Κλεά(ρχου Ἀθήνη)σι καὶ (ἐ-
π' αὖ τούτου (γ)ε(γ)ραφὼς η..
αὐτὸν ενενc..ηκ.........
5 γεγονότα κ(αὶ δύ' ἔτη) ἐν (τῆι πε-
ριεχούσῃ τὰ πε(ρ)ὶ Ἀντιφῶν(τος
ἐπιστολῆ. δεί(ξ)εται τ(ο)ίν(υν βε-
βι)ωκ(ὼ)ς ὁ Ζήνων (ἄχρι)ς ἔ(γγισ-
τ)α τῶν ρ̄ καὶ ᾱ ἐτῶν. Ἀ(πὸ
10 Κλεάρχου γὰ(ρ) ἐπ'(Ἀρρ̇)εν(εί-
δην, ἐφ' οὗ Σκει(ροφοριῶν)ι (κ)ατα(τε-
τελε(ύτη)κεν κ... Ζ)ήνων απ
ἐστὶν ἑ(ν)υ(έα καὶ) (τ)ριάκ(οντα.
καὶ μὴν ἐ............νοσε

Argumentum etiam post ea quae Th. Gomperz disputavit (Sitzungsber. d. Wien. Akad. Bd. 146. 1903 „Zur Chronologie des Stoikers Zenon") obscurum. Mihi videtur contra aliquem disputari, qui in epistula (qua etiam de Antiphonte quaedam continebantur) Zenonem Clearcho archonte sexaginta duos annos natum fuisse dixerat. Hoc falsum esse inde concludebatur, quod sequeretur Zenonem centesimum primum annum agentem obiisse.

36b Pausanias I 29,15 (in descriptione Academiae) κεῖται δὲ καὶ Ζήνων ἐνταῦθα ὁ Μνασέου καὶ Χρύσιππος ὁ Σολεύς.

37 Strabo XVI p. 757. ἐκ Τύρου δὲ Ἀντίπατρος καὶ μικρὸν πρὸ ἡμῶν Ἀπολλώνιος ὁ τὸν πίνακα ἐκθεὶς τῶν ἀπὸ Ζήνωνος φιλοσόφων καὶ τῶν βιβλίων.

38 Diogenes Laërt. VII 36. Μαθηταὶ δὲ Ζήνωνος πολλοὶ μέν, ἔνδοξοι δὲ Περσαῖος Δημητρίου Κιτιεύς — —
Ἀρίστων Μιλτιάδους Χῖος, ὁ τὴν ἀδιαφορίαν εἰσηγησάμενος.
Ἥριλλος Καρχηδόνιος, ὁ τὴν ἐπιστήμην τέλος εἰπών·
Διονύσιος ὁ μεταθέμενος εἰς τὴν ἡδονήν· διὰ γὰρ σφοδρὰν ὀφθαλμίαν ὤκνησεν ἔτι λέγειν τὸν πόνον ἀδιάφορον· οὗτος ἦν Ἡρακλεώτης.
Κλεάνθης Φανίου Ἄσσιος, ὁ διαδεξάμενος τὴν σχολήν· ὅν καὶ

8sq. fort. ε̣ἶ(ναι) αὐτὸν ἐνθάδε, (ἐξ)ήκ(οντα τότε δή). 34 Μιλτιάδης BP.

ἀφωμοίου ταῖς σκληροκήροις δέλτοις, αἳ μόλις μὲν γράφονται, διατηροῦσι δὲ τὰ γραφέντα.

Σφαῖρος Βοσποριανός· διήκουσε δ' ὁ Σφαῖρος καὶ Κλεάνθους μετὰ τὴν Ζήνωνος τελευτήν. — ἦσαν δὲ Ζήνωνος μαθηταὶ καὶ οἵδε, καθά φησιν Ἱππόβοτος· Φιλωνίδης Θηβαῖος, Κάλλιππος Κορίνθιος, Ποσειδώνιος Ἀλεξανδρεύς, Ἀθηνόδωρος Σολεύς, Ζήνων Σιδώνιος.

39 Ind. Stoic. Herc. col. X 2. Κλεάν(θης Φ)αινίου | "Ασσιος, ὁ καὶ τ(ὴν) σ(χ)ολὴν | παραλαβών· Διονύσι|ος Θεοφάν(τ)ου, κα(θ)άπερ | Ἀντίγονος ἔγραψεν, Ἡρα|κλεώτης, ὁ Μεταθέμε|νος· Ἀρίστων Μιλτιάδο(υ) | Χῖος, ὁ τὴν ἀδιαφορία(ν) | τέλος ἀποφηνάμενος, | (ἐ)ν δὲ τοῖς ἄλλοις ἀκο|(λουθε)ῖν οἰόμενος τῷ | (καθη)γητῇ

(lacuna, quae inter hanc et sequentem columnam hiat, hausta videntur nomina Persaei, Herilli, fortasse etiam Sphaeri).

col. XI 2. Ζήνων Σιδώ(νιος ὁ καὶ) | λεγόμενος ὑ .... | ὡς καὶ Χρύ(σιππος αὐ)|τὸν ἐν (τῷ περὶ τοῦ διαλε)|ληθότ(ος ....|πτειν

(hic intercidisse videntur Philonides Thebanus, Callippus Corinthius, Posidonius Alexandrinus).

col. XII. Ἀθηνόδωρος (Σολεύς, .. |Ἑκαταῖος Σπινθ(άρου ἀ)|πέδω(κεν).

40 Origenes c. Celsum III 54 Vol. I p. 250, 3 Kö. (p. 483 Del.). ἦ καὶ ἡμεῖς μέλλομεν ἐγκαλεῖν φιλοσόφοις οἰκότριβας ἐπ' ἀρετὴν προτρεψαμένοις, Πυθαγόρᾳ μὲν τὸν Ζάμολξιν, Ζήνωνι δὲ τὸν Περσαῖον;

40a Plutarchus vita Cleom. 2. Ὁ δὲ Σφαῖρος ἐν τοῖς πρώτοις ἐγεγόνει τῶν Ζήνωνος τοῦ Κιτιέως μαθητῶν.

41 Diogenes Laërt. VII 4. Γέγραφε δὲ (ὁ Ζήνων) πρὸς τῇ Πολιτείᾳ καὶ τάδε·

περὶ τοῦ κατὰ φύσιν βίου (181) (183)
περὶ ὁρμῆς ἢ περὶ ἀνθρώπου φύσεως 179
περὶ παθῶν 211
περὶ τοῦ καθήκοντος (230)
περὶ νόμου
περὶ τῆς Ἑλληνικῆς παιδείας
περὶ ὄψεως
περὶ τοῦ ὅλου 97. 102. 117. 119
περὶ σημείων
Πυθαγορικά
Καθολικά

---

3 Σφαῖρος Βοσποριανός ante Κλεάνθης habent libri.   6 Athenodorum ante Philonidem habet D.

περὶ λέξεων (77)
προβλημάτων Ὁμηρικῶν πέντε (274. 275)
περὶ ποιητικῆς ἀκροάσεως
ἔστι δ' αὐτοῦ καὶ Τέχνη
καὶ Λύσεις
καὶ Ἔλεγχοι δύο
ἀπομνημονεύματα Κράτητος ἠθικά 273.

42 Ind. Stoic. Herc. col. IV. οὐ ταύτην μόνη(ν, ἀλλ' ἀν)|αἰσχυντη(σ)άντω(ν νοθεῦ)|σαι καὶ προσυποπτε(ῦσαι | τὴν ὑπὸ Ζήνων(ος νεωσ)|τὶ συνερραμμέν(ην) καθ' ὃν | τρόπον ἐν (ἄ)λλοις δ(ακ)τύ|λῳ δείκνυται.

Agitur de Stoico qui Zenonis Rempublicam, non multo postquam consuta fuerit (νεωστὶ συνερραμμένην), interpolaverit atque suspectam reddiderit.

43 Clemens Alex. Strom. V 9 p. 680 Pott. ἀλλὰ καὶ οἱ Στωϊκοὶ λέγουσι Ζήνωνι τῷ πρώτῳ γεγράφθαι τινά, ἃ μὴ ῥᾳδίως ἐπιτρέπουσι τοῖς μαθηταῖς ἀναγιγνώσκειν μὴ οὐχὶ πεῖραν δεδωκόσι πρότερον, εἰ γνησίως φιλοσοφοῖεν.

44 Quintilianus Instit. orat. XII 1,18. *quodsi defuit his viris (scil. Ciceroni similibus) summa virtus, sic quaerentibus, an oratores fuerint, respondebo quomodo Stoici si interrogentur, an sapiens Zeno, an Cleanthes, an Chrysippus ipse, respondeant: magnos quidem illos ac venerabiles, non tamen id, quod natura hominis summum habet, consecutos.*

2. Zenonis fragmenta et placita.

45 Diogenes Laërt. VII 39. τριμερῆ φασὶν εἶναι τὸν κατὰ φιλοσοφίαν λόγον. εἶναι γὰρ αὐτοῦ τὸ μέν τι φυσικόν· τὸ δὲ ἠθικόν· τὸ δὲ λογικόν. οὕτω δὲ πρῶτος διεῖλε Ζήνων ὁ Κιτιεὺς ἐν τῷ περὶ λόγου.

Cicero de fin. IV 4 *totam philosophiam tris in partis diviserunt (scil. veteres Academici), quam partitionem a Zenone esse retentam videmus.*

---

4. 5 τέχνη καὶ BF, τεχνικαὶ P, τέχνι καὶ D.   26 φησιν B.   27 μέντοι B.
28 τὸ δὲ ἠθικόν, τὸ δὲ λογικόν om. B¹, add. in mg. B².

46 Diogenes Laërt. VII 40. ἄλλοι δὲ πρῶτον μὲν τὸ λογικὸν τάττουσι· δεύτερον δὲ τὸ φυσικόν· καὶ τρίτον τὸ ἠθικόν. ὧν ἐστι Ζήνων ἐν τῷ περὶ λόγου.
Cf. II n. 41—44.

A. Logica.

47 Cicero de finibus IV 9. *De quibus (scil. de ratione disserendi) etsi a Chrysippo maxime est elaboratum, tamen a Zenone minus multo quam ab antiquis.*

48 Arrianus Epict. diss. I 17. 10, 11. τὰ λογικὰ ... τῶν ἄλλων ἐστὶ διακριτικὰ καὶ ἐπισκεπτικὰ καὶ ὡς ἄν τις εἴποι μετρητικὰ καὶ στατικά· τίς λέγει ταῦτα; μόνος Χρύσιππος καὶ Ζήνων καὶ Κλεάνθης; Ἀντισθένης δ' οὐ λέγει;

49 Stobaeus Ecl. II 2. 12 p. 22, 12 W. Ζήνων τὰς τῶν διαλεκτικῶν τέχνας εἴκαζε τοῖς δικαίοις μέτροις οὐ πυρὸν οὐδ' ἄλλο τι τῶν σπουδαίων μετροῦσιν ἀλλ' ἄχυρα καὶ κόπρια.

50 Plutarchus de Stoic. repugn. cp. 8 p. 1034 f. ἔλυε δὲ (scil. Zeno) σοφίσματα καὶ τὴν διαλεκτικὴν ὡς τοῦτο ποιεῖν δυναμένην ἐκέλευε παραλαμβάνειν τοὺς μαθητάς.

51 Arrianus Epict. diss. IV 8, 12. θεωρήματα τοῦ φιλοσόφου ... ἃ Ζήνων λέγει, γνῶναι τὰ τοῦ λόγου στοιχεῖα, ποῖόν τι ἕκαστον αὐτῶν ἐστι καὶ πῶς ἁρμόττεται πρὸς ἄλληλα καὶ ὅσα τούτοις ἀκόλουθά ἐστι.

De ratione cognitionis
(φαντασία, αἴσθησις, κριτήριον).

52 Cicero Acad. Pr. II 66. *Sapientis autem hanc censet Arcesilas vim esse maximam, Zenoni adsentiens, cavere ne capiatur, ne fallatur videre.*

53 Cicero Acad. post. I 42. *Errorem autem et temeritatem et ignorantiam et opinionem et suspicionem et uno nomine omnia, quae essent aliena firmae et constantis adsensionis, a virtute sapientiaque removebat.*

54 Cicero pro Mur. § 61. *sapientem nihil opinari, nullius rei paenitere, nulla in re falli, sententiam mutare numquam.* — Acad. pr. II 113.

---

14 τὰς τῶν διαλεκτικῶν τέχνας: Megaricorum intellegit libros dialecticos. ǁ δικαίοις AS εἰκαίοις B; χυδαίοις Wachsm. dubit.   17 ἔστι δ' αὐτοῦ—καὶ Λύσεις Diog. Laërt. in catalogo librorum huius vol. n. 41.   25 Cf. I n. 347 (Aristo) 461 (Persaeus) 625 (Sphaerus).   32 Cf. II n. 548 sq.

sapientem nihil opinari ... *horum neutrum ante Zenonem magno opere defensum est.* — Lactantius Inst. III 4. *ergo si neque sciri quidquam potest, ut Socrates docuit, nec opinari oportet, ut Zeno, tota philosophia sublata est.* — Augustinus contra Acad. II 11. *cum ab eodem Zenone accepissent nihil esse turpius quam opinari.*

Cf. Stobaeus Ecl. II 7. 11m, p. 112,1 W. μηδὲν δ'ὑπολαμβάνειν ἀσθενῶς, ἀλλὰ μᾶλλον ἀσφαλῶς καὶ βεβαίως, διὸ καὶ μηδὲ δοξάζειν τὸν σοφόν ... p. 113,5. οὐδὲ μετανοεῖν δ'ὑπολαμβάνουσι τὸν νοῦν ἔχοντα ... οὐδὲ μεταβάλλεσθαι δὲ κατ'οὐδένα τρόπον οὐδὲ μετατίθεσθαι οὐδὲ σφάλλεσθαι. — Diogenes Laërt. VII 121. ἔτι τε μὴ δοξάσειν τὸν σοφόν.

55 Cicero Acad. post. I 40. *Plurima etiam in illa tertia philosophiae parte mutavit (scil. Zeno). In qua primum de sensibus ipsis quaedam dixit nova, quos iunctos esse censuit e quadam quasi impulsione oblata extrinsecus, quam ille* φαντασίαν, *nos visum appellemus licet.*

56 Numenius apud. Euseb. praep. evang. XIV 6, 13. τὸ δὲ δόγμα τοῦτο αὐτοῦ πρῶτον εὑρομένου (scil. Ζήνωνος), καὐτὸ καὶ τὸ ὄνομα βλέπων εὐδοκιμοῦν ἐν ταῖς Ἀθήναις, τὴν καταληπτικὴν φαντασίαν, πάσῃ μηχανῇ ἐχρῆτο ἐπ'αὐτήν (scil. Arcesilaus).

57 Galenus de optima doctrina 1 Vol. I p. 41 K. *Stoicorum vocabula* καταληπτόν, κατάληψις, καταληπτικὴ φαντασία, ἀκατάληπτος, ἀκαταληψία *vituperat, ut parum Attica.*

58 Sextus adv. math. VII 236. ὅταν λέγῃ ὁ Ζήνων φαντασίαν εἶναι τύπωσιν ἐν ψυχῇ, ἀκουστέον etc.

ibid. 230. αὐτὸς οὖν (scil. Chrysippus) τὴν τύπωσιν εἰρῆσθαι ὑπὸ τοῦ Ζήνωνος ὑπενόει ἀντὶ τῆς ἑτεροιώσεως.

59 Cicero Acad. pr. II 18. *cum enim ita negaret quidquam esse quod comprehendi posset — — si illud esset, sicut Zeno definiret, tale visum* (= φαντασία) *— — impressum effictumque ex eo, unde esset, quale esse non posset ex eo unde non esset (id nos a Zenone definitum rectissime dicimus — —) hoc cum infirmat tollitque Philo* etc.

ibid. 77. *quaesivit de Zenone fortasse (scil. Arcesilas), quid futurum esset, si nec percipere quicquam posset sapiens nec opinari sapientis esset. Ille, credo, nihil opinaturum, quoniam esset quod percipi posset. Quid ergo id esset? Visum, credo. Quale igitur visum? Tum illum ita definisse: ex eo quod esset, sicut esset, impressum et signatum et effictum. Post requisitum, etiamne, si eiusmodi esset*

---

29 effictumque *unus cod. Paris. Davisii*, effectumque *ceteri*.   35 opinaturum *Ascensius*, opinatur *libri*.   38 effectum *libri*, corr. *Manutius*. ǁ etiamne si *Davisius*, etiam nisi *libri*. ǁ eiusdem modi *Davisius*.

visum verum, quale vel falsum. Hic Zenonem vidisse acute nullum esse visum, quod percipi posset, si id tale esset ab eo, quod est, ut eiusmodi ab eo, quod non est, posset esse. Recte consensit Arcesilas ad definitionem additum.

Hi loci probant ad ipsum Zenonem redire omnes partes definitionis τῆς καταληπτικῆς φαντασίας quae legitur graeca apud Sextum adv. math. VII 248 φαντασία καταληπτική ἐστιν ἡ ἀπὸ τοῦ ὑπάρχοντος καὶ κατ' αὐτὸ τὸ ὑπάρχον ἐναπομεμαγμένη καὶ ἐναπεσφραγισμένη ὁποία οὐκ ἂν γένοιτο ἀπὸ μὴ ὑπάρχοντος. ibid. 426. Pyrrh. hypot. II 4. Diog. Laërt. VII 50. qui post ἐναπομεμαγμένη addit ἐναποτετυπωμένη. Cf. II n. 60.

August. c. Acad. III 9, 18. *sed videamus quid ait Zeno. Tale scilicet visum comprehendi et percipi posse, quale cum falso non haberet signa communia.*

60 Cicero Acad. Post. I 41. *Visis non omnibus adiungebat fidem (scil. Zeno), sed iis solum, quae propriam quandam haberent declarationem earum rerum quae viderentur; id autem visum cum ipsum per se cerneretur, comprehendibile — (feretis hoc?. — Nos vero, inquam; quonam enim alio modo* καταληπτόν *diceres?) sed cum acceptum iam et approbatum esset, comprehensionem appellabat, similem iis rebus, quae manu prehenderentur; ex quo etiam nomen hoc duxerat, cum eo verbo antea nemo tali in re usus esset; plurimisque idem novis verbis (nova enim dicebat) usus est. quod autem erat sensu comprehensum, id ipsum sensum appellabat, et, si ita erat comprehensum, ut convelli ratione non posset, scientiam, sin aliter inscientiam nominabat; ex qua exsisteret etiam opinio, quae esset imbecilla et cum falso incognitoque communis. — 42. Sed inter scientiam et inscientiam comprehensionem illam quam dixi, collocabat, eamque neque in rectis neque in pravis numerabat, sed soli credendum esse dicebat. E quo sensibus etiam fidem tribuebat, quod, ut supra dixi, comprehensio facta sensibus et vera esse illi et fidelis videbatur, non quod omnia, quae essent in re, comprehenderet, sed quia nihil, quod cadere in eam posset, relinqueret, quodque natura quasi normam scientiae et principium sui dedisset, unde postea notiones rerum in animis imprimerentur, e quibus non principia solum, sed latiores quaedam ad rationem inveniendam viae aperirentur. Errorem autem et temeritatem et ignorantiam et opinationem et suspicionem et uno nomine omnia, quae essent aliena firmae et constantis adsensionis, a virtute sapientiaque removebat.*

2 ut *om.* ABV¹. ‖ eiusdem modi *Davisius.*   18 hoc *Davisius,* hec *libri.* ‖ inquit *libri, corr. Manutius.*   21 cum *Manutius,* at cum *libri.*   35 aperirentur *Davisius,* reperiuntur *libri.*

61 Cicero Acad. post. I 40. *Zeno ad haec quae visa sunt et quasi accepta sensibus assensionem adiungit animorum: quam esse vult in nobis positam et voluntariam.*
62 Cicero Acad. post. I 41. *Quod autem erat sensu comprehensum, id ipsum sensum appellabat.*
(i. e. τὴν δὲ δι' αἰσθητηρίου κατάληψιν αἴσθησιν ἐκάλει) cf. Diog. Laërt. VII 52. αἴσθησις δὲ λέγεται — — καὶ ἡ δι' αὐτῶν κατάληψις.
63 Sextus adv. Math. VIII 355. Ἐπίκουρος δὲ πᾶν αἰσθητὸν ἔλεξε βέβαιον εἶναι, ὁ δὲ Στωικὸς Ζήνων διαιρέσει ἐχρῆτο.
Cicero de nat. deor. I 70. *urgebat Arcesilas Zenonem, cum ipse falsa omnia diceret quae sensibus viderentur; Zeno autem nonnulla visa esse falsa, non omnia.* — Cicero Acad. post. I 41. *visis non omnibus adjungebat fidem.*
64 Chrysippus apud Sext. adv. math. VII 373. (disputans contra Cleanthem qui φαντασίαν esse dixerat τύπωσιν κατ' εἰσοχὴν καὶ ἐξοχήν) ἀλλ' εἰ τοῦτο, ἀναιρεῖται μὲν μνήμη θησαυρισμὸς οὖσα φαντασιῶν. Memoriae definitionem, qua utitur, ad Zenonem probabiliter referri, vidit Pearson p. 67.
65 Stobaeus Ecl. I p. 136, 21 W. Ζήνωνος ⟨καὶ τῶν ἀπ' αὐτοῦ⟩. τὰ ἐννοήματά φασι μήτε τινὰ εἶναι μήτε ποιά, ὡσανεὶ δέ τινα καὶ ὡσανεὶ ποιὰ φαντάσματα ψυχῆς· ταῦτα δὲ ὑπὸ τῶν ἀρχαίων ἰδέας προσαγορεύεσθαι. τῶν γὰρ κατὰ τὰ ἐννοήματα ὑποπιπτόντων εἶναι τὰς ἰδέας, οἷον ἀνθρώπων, ἵππων, κοινότερον εἰπεῖν πάντων τῶν ζῴων καὶ τῶν ἄλλων ὁπόσων λέγουσιν ἰδέας εἶναι. ταύτας δὲ οἱ Στωικοὶ φιλόσοφοί φασιν ἀνυπάρκτους εἶναι, καὶ τῶν μὲν ἐννοημάτων μετέχειν ἡμᾶς, τῶν δὲ πτώσεων, ἃς δὴ προσηγορίας καλοῦσι, τυγχάνειν.
Aët. Plac. I 10, 5. οἱ ἀπὸ Ζήνωνος Στωικοὶ ἐννοήματα ἡμέτερα τὰς ἰδέας ἔφασαν. — Diog. Laërt. VII 61. ἐννόημα δέ ἐστι φάντασμα διανοίας, οὔτε τὶ ὂν οὔτε ποιόν, ὡσανεὶ δέ τι ὂν καὶ ὡσανεὶ ποιόν, οἷον γίνεται ἀνατύπωμα ἵππου καὶ μὴ παρόντος.
66 Cicero Acad. pr. II 144. *Negat enim vos Zeno — scire quicquam. Quo modo? inquies; nos enim defendimus etiam insipientem multa comprehendere. At scire negatis quemquam rem ullam nisi sapientem. Et hoc quidem Zeno gestu conficiebat. Nam, cum extensis digitis adversam manum ostenderat, „visum" inquiebat „huiusmodi est." Deinde, cum paullum digitos contraxerat, „adsensus huiusmodi." Tum*

---

2 assensionem = συγκατάθεσιν.   3 in nobis positam = ἐφ' ἡμῖν εἶναι.
19 καὶ—αὐτοῦ add. Diels.   21 ὡς ἂν εἴποι et priore loco εἴπῃ FD, corr. Jacobs.   23 εἶπε FP, corr. Meineke.   24 ταῦτα FP, corr. Meineke.   26 τὰ ὑπάρχοντα suppl. Pearson post τυγχάνειν. ultimum enuntiatum non intellego.
36 contraxerat *cod. Cantabr.*, contexerat A conxerat B.

cum plane compresserat pugnumque fecerat, comprehensionem illam esse dicebat: qua ex similitudine etiam nomen ei rei, quod antea non fuerat, κατάληψιν imposuit. Cum autem laevam manum admoverat et illum pugnum arte vehementerque compresserat scientiam talem esse dicebat, 5 cuius compotem nisi sapientem esse neminem.

67 Sextus adv. math. VII 151. δόξαν είναι την ασθενή και ψευδή συγκατάθεσιν.

68 Cicero Acad. post. I 41. si ita erat comprehensum, ut convelli ratione non posset, scientiam, sin aliter, inscientiam nominabat (Zeno).
10 Stobaeus Ecl. II p. 73,19 W. είναι την επιστήμην κατάληψιν ασφαλή και αμετάπτωτον υπό λόγου. — ib. p. 111,20. την άγνοιαν μεταπτωτικήν είναι συγκατάθεσιν και ασθενή. — Sextus adv. math. VII 151. επιστήμην είναι την ασφαλή και βεβαίαν και αμετάθετον υπό λόγου κατάληψιν. — Diogenes Laërt. VII 47. αυτήν τε την επι-
15 στήμην φασίν ή κατάληψιν ασφαλή, ή έξιν εν φαντασιών προσδέξει αμετάπτωτον υπό λόγου.

69 Cicero Acad. I 42. inter scientiam et inscientiam comprehensionem collocabat, eamque neque in rectis neque in pravis numerabat.

Sextus adv. math. VII 151. επιστήμην και δόξαν και την εν με-
20 θορία τούτων τεταγμένην κατάληψιν ... κατάληψιν δε την μεταξύ τούτων. ib. 153 ό Αρκεσίλαος ... δεικνύς ότι ουδέν εστι μεταξύ επιστήμης και δόξης κριτήριον ή κατάληψις. Cf. II n. 90.

70 Anonymi variae collectiones mathematicae in Hultschiana Heronis geometricorum et stereometricorum editione p.275. Ταύρου Σιδο-
25 νίου έστιν υπόμνημα εις Πολιτείαν Πλάτωνος εν ώ έστι ταύτα· ωρίσατο ό Πλάτων την γεωμετρίαν ... Αριστοτέλης δ'... Ζήνων δε έξιν εν προσδέξει φαντασιών αμετάπτωτον υπό λόγου.

71 Diogenes Laërt. VII 23. έλεγε δε μηδέν είναι της οιήσεως αλλοτριώτερον προς κατάληψιν των επιστημών.

30 **72** Schol. ad Dionys. Thracis Gramm. ap. Bekk. Anecd. p. 663,16. ως δηλοί και ό Ζήνων λέγων „τέχνη εστίν έξις οδοποιητική", τουτέστι δι'οδού και μεθόδου ποιούσά τι.

Valde similem definitionem Cleanthi tribuunt Olympiodor. in Plat. Gorg. p. 53,54. Quintil. Instit. or. II 17,41. Atque iniuria eam Ze-

---

7 Ad Zenonem hanc definitionem rettulit Pearson p. 68, quia Zenonis sententias enarrans dicit Cic. Acad. post. I 41: ex qua (scil. inscientia) existeret etiam opinio, quae esset imbecilla et cum falso incognitoque communis. Cf. Tusc. IV 15 opinationem autem ... volunt esse imbecillam assensionem. Sed in loco Sexti duae miscentur notiones diversae. Cf. Stob. Ecl. II p. 112,2 W.

16 ή έξιν—λόγου. Cf. Herillum I n. 411. 27 constat hanc esse επιστήμης definitionem, non geometriae. Cf. n. 68. 411. 28 οιήσεως D, ποιήσεως BPL.

noni tribui inde concludas, quod eodem loco alteram illam notissimam Olympiodorus Zenoni tribuit.

73 Olympiodorus in Plat. Gorg. pp. 53, 54 (ed. Jahn nov. ann. philol. supplement. XIV 1848 p. 239, 240). Ζήνων δέ φησιν ότι τέχνη έστι σύστημα εκ καταλήψεων συγγεγυμνασμένων πρός τι τέλος εύχρηστον των εν τω βίω. — Lucianus Paras. c. 4. τέχνη εστίν, ως εγώ διαμνημονεύω σοφού τινος ακούσας, σύστημα εκ καταλήψεων συγγεγυμνασμένων πρός τι τέλος εύχρηστον των εν τω βίω. — Schol. ad. Ar. Nub. 317. ούτω γάρ οριζόμεθα την τέχνην οίον σύστημα εκ καταλήψεων εγγεγυμνασμένων και τα εφεξής. — Sextus adv. math. II 10. πάσα τοίνυν τέχνη σύστημά έστιν εκ καταλήψεων συγγεγυμνασμένων και επί τέλος εύχρηστον τω βίω λαμβανόντων την αναφοράν. — id. Pyrrh. III 188, 241, 251, Math. I 75, VII 109, 373, 182. Schol. Dionys. Thrac. p. 649, 31, ib. p. 721, 25. οι Στωικοί ούτως ορίζονται την τέχνην· τέχνη εστί σύστημα περί ψυχήν γενόμενον εκ καταλήψεων εγγεγυμνασμένων κ. τ. λ.

Quintil. II 17, 41. *ille ab omnibus fere probatus finis artem constare ex perceptionibus consentientibus et coexercitatis ad finem utilem vitae.* — Cicero ap. Diomed. II p. 421 K. *ars est perceptionum exercitarum constructio ad unum exitum utilem vitae pertinentium.* — Acad. pr. II 22. *ars vero quae potest esse nisi quae non ex una aut duabus sed ex multis animi perceptionibus constat.* — de fin. III 18. *artes ... constent ex cognitionibus et contineant quiddam in se ratione constitutum et via.* — de nat. deor. II 148. *ex quibus (perceptis) collatis inter se et comparatis artes quoque efficimus partim ad usum vitae ... necessarias.*

Cf. II n. 93—97.

Rhetorica.

74 Eustath. in Il. Σ 506, p. 1158, 37. ηεροφώνους κήρυκας Όμηρος κανταύθα ειπών τον κατά Ζήνωνα της φωνής όρον προϋπέβαλεν ειπόντα· „φωνή εστιν αήρ πεπληγμένος."

Cf. Diog. Laërt. VII 55. έστι δε φωνή αήρ πεπληγμένος.

75 Sextus adv. math. II 7. ένθεν γούν και Ζήνων ο Κιτιεύς ερωτηθείς ότω διαφέρει διαλεκτική ρητορικής συστρέψας την χείρα και πάλιν εξαπλώσας έφη „τούτω" κατά μεν την συστροφήν το στρογγύλον και βραχύ της διαλεκτικής τάττων ιδίωμα, διά δε της εξαπλώσεως και εκτάσεως των δακτύλων το πλατύ της ρητορικής δυνάμεως αινιττόμενος.

Cicero de fin. II 17. *Zenonis est, inquam, hoc Stoici: omnem vim*

loquendi, ut jam ante Aristoteles, in duas tributam esse partes, rhetoricam palmae, dialecticam pugni similem esse dicebat, quod latius loquerentur rhetores, dialectici autem compressius. — Orat. 32,113. *Zeno quidem ille, a quo disciplina Stoicorum est,—manu demonstrare solebat*
5 *quid inter has artes interesset, nam cum compresserat digitos pugnumque fecerat, dialecticam aiebat eiusmodi esse; cum autem diduxerat et manum dilataverat, palmae illius similem eloquentiam esse dicebat.* — Quint. Inst. Or. II 20, 7. *Itaque cum duo sint genera orationis, altera perpetua, quae rhetorice dicitur, altera concisa, quae dialectice; quas*
10 *quidem Zeno adeo coniunxit ut hanc compressae in pugnum manus, illam explicatae diceret similem etc.*

    76 Cicero de finibus IV 7. (memoratis Peripateticorum thesibus et hypothesibus) *Totum genus hoc Zeno et qui ab eo sunt, aut non potuerunt ⟨tueri⟩ aut noluerunt, certe reliquerunt.*

15   **77** Cicero ad famil. IX 22,1. *Amo verecundiam, ⟨tu autem . . . . .. iam⟩ vel potius libertatem loquendi. Atqui hoc Zenoni placuit — homini mehercule acuto, etsi Academiae nostrae cum eo magna rixa est — sed, ut dico, placet Stoicis suo quamque rem nomine appellare. Sic enim disserunt: nihil esse obscenum, nihil turpe dictu; nam, si quod*
20 *sit in obscenitate flagitium, id aut in re esse aut in verbo; nihil esse tertium. In re non est. Itaque non modo in comoediis res ipsa narratur (secuntur exempla) sed etiam in tragoediis (sec. exempla). Vides igitur cum eadem res sit, quia verba non sint, nihil videri turpe. Ergo in re non est. Multo minus in verbis. Si enim quod verbo signi-*
25 *ficatur, id turpe non est, verbum, quod significat, turpe esse non potest (sec. exempla latina). Non ergo in verbo est; docui autem in re non esse; nusquam igitur est (secuntur plura exempla, deinde § 5). Habes scholam Stoicam:* ὁ σοφὸς εὐθυρρημονήσει. — — *ego servo — verecundiam. Itaque tectis verbis ea ad te scripsi, quae apertissimis*
30 *agunt Stoici; sed illi etiam crepitus aiunt aeque liberos ac ructus esse oportere.*

    idem de offic. I 128. *nec vero audiendi sunt Cynici, aut si qui fuerunt Stoici paene Cynici, qui reprehendunt et inrident, quod ea, quae turpia non sint, verbis flagitiosa ducamus, illa autem, quae turpia sint,*
35 *nominibus appellemus suis. Latrocinari, fraudare, adulterare re turpe est, sed dicitur non obscene; liberis dare operam re honestum est, nomine obscenum; pluraque in eam sententiam ab eisdem contra verecundiam disputantur.*

---

    14 tueri add. Cobet.   16 fortasse in libro περὶ λέξεων hanc quaestionem Zeno tractavit.

78 Plutarchus de Stoic. rep. 8, 1 p. 1034e. πρὸς τὸν εἰπόντα
μηδὲ δίκην δικάσῃς πρὶν ἀμφοῖν μῦθον ἀκούσῃς
ἀντέλεγεν ὁ Ζήνων, τοιούτῳ τινὶ λόγῳ χρώμενος· εἴτ' ἀπέδειξεν ὁ
πρότερος εἰπών, οὐκ ἀκουστέον τοῦ δευτέρου λέγοντος· πέρας γὰρ
ἔχει τὸ ζητούμενον· εἴτ' οὐκ ἀπέδειξεν· ὅμοιον γὰρ ὡς εἰ μηδὲ
ὑπήκουσε κληθεὶς ἢ ὑπακούσας ἐτερέτισεν· ἤτοι δ' ἀπέδειξεν ἢ οὐκ
ἀπέδειξεν· οὐκ ἀκουστέον ἄρα τοῦ δευτέρου λέγοντος. Schol. ad Lucian.
de calumnia cp. 8.

79 Quintilianus Inst. Or. IV 2. 117. *hic expressa (verba) et ut vult Zeno sensu tincta esse debebunt.*

80 Plutarchus vita Phoc. 5. ὡς γὰρ ὁ Ζήνων ἔλεγεν, ὅτι δεῖ
τὸν φιλόσοφον εἰς νοῦν ἀποβάπτοντα προφέρεσθαι τὴν λέξιν etc. (Zen. apophth. 304).

81 Diogenes Laërt. VII 18. ἔφασκε δὲ τοὺς μὲν τῶν ἀσολοίκων
λόγους καὶ ἀπηρτισμένους ὁμοίους εἶναι τῷ ἀργυρίῳ τῷ Ἀλεξανδρίνῳ·
εὐοφθάλμους μὲν καὶ περιγεγραμμένους, καθὰ καὶ τὸ νόμισμα, οὐδὲν
δὲ διὰ ταῦτα βελτίονας. τοὺς δὲ τοὐναντίον ἀφωμοίου τοῖς Ἀττικοῖς
τετραδράχμοις εἰκῇ κεκομμένοις καὶ σολοίκως, καθέλκειν μέντοι πολλάκις τὰς κεκαλλιγραφημένας λέξεις.

82 Zonarae Lex. s. v. σολοικίζειν col. 1662. σολοικίζειν οὐ μόνον
τὸ κατὰ φωνὴν καὶ λόγον χωρικεύεσθαι, ἀλλὰ καὶ ἐπὶ ἐνδυμάτων ὅταν
τις χωρικῶς ἐνδιδύσκηται ἢ ἀτάκτως ἐσθίῃ ἢ ἀκόσμως περιπατῇ, ὥς
φησι Ζήνων. — Cyrilli Lex. ap. Cramer. anecd. Paris. IV p. 190.
σολοικισμός· ὅτε τις ἀτέχνως διαλέγεται· σολοικίζειν οὐ μόνον τὸ
κατὰ λέξιν καὶ φωνὴν ἰδιωτεύειν, ἀλλὰ καὶ ἐπὶ φορημάτων, ὅταν τις
χωρικῶς ἐνδέδυται ἢ ἀτάκτως ἐσθίει ἢ ἀκόσμως περιπατεῖ, ὥς φησι
Ζήνων ὁ Κιτιεύς.

83 Anonymi τέχνη ap. Spengel Rhet. Gr. I 434, 23. Ζήνων δὲ
οὕτω φησί· διήγησίς ἐστι τῶν ἐν τῇ ὑποθέσει πραγμάτων ἔκθεσις εἰς
τὸ ὑπὲρ τοῦ λέγοντος πρόσωπον ῥέουσα.

84 Anonymi τέχνη ap. Spengel Rhet. Gr. I 447, 11. ὡς δὲ Ζήνων·
παράδειγμά ἐστι γενομένου πράγματος ἀπομνημόνευσις εἰς ὁμοίωσιν
τοῦ νῦν ζητουμένου.

Maximus Planudes ap. Walz. Rhet. Gr. V 396. eandem definitionem
Zenoni tribuit.

---

2 de versu cf. Bergk Poët. Lyr. II 4 p. 93. — pendet Zeno ab Antisthene
qui docuerat ὅτι οὐκ ἔστιν ἀντιλέγειν.   10 de narrandi arte Quint. loquitur,
sed confer apophthegma 304.   15 Ἀλεξανδρείῳ Koehler mus. rhen. 39, 297;
ἀλεξανδρινῶ B, ἀλεξανδρηνῶ P.   17 βελτιώνων B. ‖ ἀφομοίου BP.
18 τετράχμοις BP. ‖ κεκομμένους D, Bywater Journ. of Phil. XVII 76.

B. Physica.

I. De principiis. — **De materia et spiritu.** — **De causa.** — **De corporibus quaeque iis accidant.** — **De incorporeis.** — **De tempore.** — **De inani.**

85 Diogenes Laërt. VII 134. δοκεῖ δ' αὐτοῖς ἀρχὰς εἶναι τῶν ὅλων δύο, τὸ ποιοῦν καὶ τὸ πάσχον. τὸ μὲν οὖν πάσχον εἶναι τὴν ἄποιον οὐσίαν τὴν ὕλην· τὸ δὲ ποιοῦν τὸν ἐν αὐτῇ λόγον τὸν θεόν. τοῦτον γὰρ ἀΐδιον ὄντα διὰ πάσης αὐτῆς δημιουργεῖν ἕκαστα. τίθησι δὲ τὸ δόγμα τοῦτο Ζήνων ὁ Κιτιεὺς ἐν τῷ περὶ οὐσίας. — Aëtius I 3, 25 (DDG p. 289). Ζήνων Μνασέου Κιτιεὺς ἀρχὰς μὲν τὸν θεὸν καὶ τὴν ὕλην, ὧν ὁ μέν ἐστι τοῦ ποιεῖν αἴτιος, ἡ δὲ τοῦ πάσχειν, στοιχεῖα δὲ τέσσαρα. — Achilles Tat. p. 124 E. Ζήνων ὁ Κιτιεὺς ἀρχὰς εἶναι λέγει τῶν ὅλων θεὸν καὶ ὕλην, θεὸν μὲν τὸ ποιοῦν, ὕλην δὲ τὸ ποιούμενον, ἀφ' ὧν τὰ τέσσαρα στοιχεῖα γεγονέναι.

Philo. de Provid. I 22. *Zeno Mnaseae filius aerem deum materiam et elementa quatuor.* — Theodoret. Gr. cur. aff. IV 12. Ζήνων δὲ ὁ Κιτιεύς, ὁ Μνασέου, ὁ Κράτητος φοιτητής, ὁ τῆς Στωικῆς ἄρξας αἱρέσεως, τὸν θεὸν καὶ τὴν ὕλην ἀρχὰς ἔφησεν εἶναι.

86 Chalcidius in Tim. c. 290. *Plerique tamen silvam separant ab essentia, ut Zeno et Chrysippus. Silvam quippe dicunt esse id quod subest his omnibus quae habent qualitates, essentiam vero primam rerum omnium silvam vel antiquissimum fundamentum earum, suapte natura sine vultu et informe: ut puta aes, aurum, ferrum, et caetera huius modi silva est eorum, quae ex iisdem fabrefiunt, non tamen essentia. At vero quod tam his quam ceteris ut sint causa est, ipsum esse substantiam.*

87 Stobaeus Ecl. I 11. 5a, p. 132, 26 W. (Arii Didymi fr. 20 Diels). Ζήνωνος· οὐσίαν δὲ εἶναι τὴν τῶν ὄντων πάντων πρώτην ὕλην, ταύτην δὲ πᾶσαν ἀΐδιον καὶ οὔτε πλείω γιγνομένην οὔτε ἐλάττω· τὰ δὲ μέρη ταύτης οὐκ ἀεὶ ταὐτὰ διαμένειν ἀλλὰ διαιρεῖσθαι καὶ συγχεῖσθαι. διὰ ταύτης δὲ διαθεῖν τὸν τοῦ παντὸς λόγον, ὃν ἔνιοι εἱμαρμένην καλοῦσιν, οἷόνπερ καὶ ἐν τῇ γονῇ τὸ σπέρμα. — Epiphan. Haeres. I 5, DDG p. 588. φάσκει οὖν καὶ οὗτος (Ζήνων) τὴν ὕλην σύγχρονον καλῶν τῷ θεῷ ἴσα ταῖς ἄλλαις αἱρέσεσιν. εἱμαρμένην τε εἶναι καὶ γένεσιν ἐξ ἧς τὰ πάντα διοικεῖται καὶ πάσχει. — Diogenes Laërt. VII 150.

---

15 aerem) de hoc errore cf. Diels DG p. 2, qui in graeco exemplari ἀέρα pro ἀρχάς scriptum fuisse putat. — Ad hoc fragmentum et sequentia cf. II n. 300—328.   20 Cf. II n. 316.   28 ὄντων C, πρώτων F.

οὐσίαν δέ φασι τῶν ὄντων ἁπάντων τὴν πρώτην ὕλην ὡς... Ζήνων ... καλεῖται δὲ διχῶς οὐσία τε καὶ ὕλη ἥ τε τῶν πάντων καὶ ἡ τῶν ἐπὶ μέρους. ἡ μὲν οὖν τῶν ὅλων οὔτε πλείων οὔτε ἐλάττων γίνεται· ἡ δὲ τῶν ἐπὶ μέρους καὶ πλείων καὶ ἐλάττων.

Cf. Chalcid. in Tim. c. 294. *Stoici deum scilicet hoc esse quod silva sit vel etiam qualitatem inseparabilem deum silvae, eundemque per silvam meare, velut semen per membra genitalia.*

88 Chalcidius in Tim. c. 292. *Deinde Zeno hanc ipsam essentiam finitam esse dicit unamque eam communem omnium quae sunt esse substantiam, dividuam quoque et usque quaque mutabilem: partes quippe eius verti, sed non interire, ita ut de existentibus consumantur in nihilum. Sed ut innumerabilium diversarum, etiam cerearum figurarum, sic neque formam neque figuram nec ullam omnino qualitatem propriam fore censet fundamenti rerum omnium silvae, coniunctam tamen esse semper et inseparabiliter cohaerere alicui qualitati. Cumque tam sine ortu sit quam sine interitu, quia neque de non existente subsistit neque consumetur in nihilum, non deesse ei spiritum ac vigorem ex aeternitate, qui moveat eam rationabiliter totam interdum, nonnumquam pro portione, quae causa sit tam crebrae tamque vehementis universae rei conversionis; spiritum porro motivum illum fore non naturam, sed animam et quidem rationabilem, quae vivificans sensilem mundum exornaverit eum ad hanc, qua nunc inlustratur, venustatem. Quem quidem beatum animal et deum adpellant.*

89 Stobaeus Ecl. I p. 138,14 W. (Ar. Did. fr. 18 p. 457, Diels). αἴτιον δ' ὁ Ζήνων φησὶν εἶναι δι' ὅ· οὗ δὲ αἴτιον συμβεβηκός· καὶ τὸ μὲν αἴτιον σῶμα, οὗ δὲ αἴτιον κατηγόρημα· ἀδύνατον δ' εἶναι τὸ μὲν αἴτιον παρεῖναι, οὗ δέ ἐστιν αἴτιον μὴ ὑπάρχειν. τὸ δὲ λεγόμενον τοιαύτην ἔχει δύναμιν· αἴτιόν ἐστι δι'ὃ γίγνεταί τι, οἷον διὰ τὴν φρόνησιν γίνεται τὸ φρονεῖν καὶ διὰ τὴν ψυχὴν γίνεται τὸ ζῆν καὶ διὰ τὴν σωφροσύνην γίνεται τὸ σωφρονεῖν. ἀδύνατον γὰρ εἶναι σωφροσύνης περί τινα οὔσης μὴ σωφρονεῖν ἢ ψυχῆς μὴ ζῆν ἢ φρονήσεως μὴ φρονεῖν.

Cf. II n. 336 (Chrysippus) 340. 341.

90 Cicero Acad. Post. I 39. *Discrepabat etiam ab iisdem (scil. Zeno a Peripateticis et Academicis), quod nullo modo arbitrabatur quidquam effici posse ab ea (natura), quae expers esset corporis — — nec vero aut quod efficeret aliquid aut quod efficeretur, posse esse non corpus.*

4 verba καὶ πλείων καὶ ἐλάττων om. BP (add. mg.) L.   9 Ad librum περὶ οὐσίας aut περὶ τοῦ ὅλου hoc fragmentum videtur referendum esse. 36 Cf. II n. 363. 387 (πᾶν γὰρ τὸ δρῶν ἢ καὶ ποιοῦν σῶμά ἐστι).

91 Aëtius I 15, 6 (DDG p. 313). Ζήνων ὁ Στωικὸς τὰ χρώματα πρώτους εἶναι σχηματισμοὺς τῆς ὕλης. — Galen. hist. philos. 27 (DDG p. 616, 2). Ζήνων δὲ ὁ Στωϊκὸς τὰ χρώματα ἐπίχρωσιν τῆς ὕλης ὑπέλαβεν.

92 Galenus comment. in Hippocr. de humoribus I (XVI 32 K.). Ζήνων τε ὁ Κιτιεὺς ὡς τὰς ποιότητας οὕτω καὶ τὰς οὐσίας δι' ὅλου κεράννυσθαι ἐνόμιζεν. — id. de nat. facult. I 2. εἰ δ' ὥσπερ τὰς ποιότητας καὶ τὰς οὐσίας δι' ὅλων κεράννυσθαι χρὴ νομίζειν, ὡς ὕστερον ἀπεφήνατο Ζήνων ὁ Κιτιεύς.

93 Stobaeus Ecl. I 8. 40e p. 104, 7 W. (Arii Didymi fr. 26 Diels). Ζήνων ἔφησε χρόνον εἶναι κινήσεως διάστημα, τοῦτο δὲ καὶ μέτρον καὶ κριτήριον τάχους τε καὶ βραδύτητος ὅπως ἔχει ⟨ἕκαστα⟩. κατὰ τοῦτον δὲ γίγνεσθαι τὰ γινόμενα καὶ τὰ περαινόμενα ἅπαντα καὶ τὰ ὄντα εἶναι. — Simplicius ad Cat. 80 a 4. τῶν δὲ Στωικῶν Ζήνων μὲν πάσης ἁπλῶς κινήσεως διάστημα τὸν χρόνον εἶναι.

94 Themistius in Phys. 40b Speng. II 284, 10. (τὸ κενὸν) κεχωρισμένον καὶ ἀθρόον εἶναι καθ' αὑτό, περιέχον τὸν οὐρανόν, ὡς πρότερον μὲν ᾤοντο τῶν ἀρχαίων τινές, μετὰ δὲ ταῦτα οἱ περὶ Ζήνωνα τὸν Κιτιέα.

95 Aëtius I 18, 5 et 20, 1 (DDG p. 316b 11, 317b 31). Ζήνων καὶ οἱ ἀπ' αὐτοῦ ἐντὸς μὲν τοῦ κόσμου μηδὲν εἶναι κενόν, ἔξω δ' αὐτοῦ ἄπειρον. διαφέρειν δὲ κενόν, τόπον, χώραν· καὶ τὸ μὲν κενὸν εἶναι ἐρημίαν σώματος, τὸν δὲ τόπον τὸ ἐπεχόμενον ὑπὸ σώματος, τὴν δὲ χώραν τὸ ἐκ μέρους ἐπεχόμενον, ὥσπερ ἐπὶ τῆς τοῦ οἴνου πιθάκνης. — Theodoret IV 14. ἐντὸς μὲν τοῦ παντὸς μηδὲν εἶναι κενόν, ἐκτὸς δὲ αὐτοῦ πάμπολύ τε καὶ ἄπειρον.

Cf. Diog. Laërt. VII 140. ἔξωθεν δὲ αὐτοῦ περικεχυμένον εἶναι τὸ κενὸν ἄπειρον· ὅπερ ἀσώματον εἶναι· ἀσώματον δὲ τὸ οἷόν τε κατέχεσθαι ὑπὸ σωμάτων οὐ κατεχόμενον· ἐν δὲ τῷ κόσμῳ μηδὲν εἶναι κενόν.

96 Philoponus in Aristot. Phys. p. 613, 23. μὴ κατεσπάρθαι μὲν ἐν τοῖς σώμασιν (scil. κενόν), ἀλλ' εἶναι συνεχῆ, ἔξω δὲ τοῦ οὐρανοῦ εἶναι κενόν τι καθ' αὑτό, ὥσπερ μάλιστα καὶ ἡ τῶν πολλῶν ἔχει φαντασία, ἄπειρόν τι νομίζουσα εἶναι κενὸν ἔξω τοῦ οὐρανοῦ. καὶ οἱ Πυθαγόρειοι δὲ οὕτως ἔλεγον, ὡς ἤδη εἶπε. φασὶ δὲ καὶ τοὺς περὶ Ζήνωνα τὸν Κιτιέα οὕτω δοξάζειν.

---

3 τὰ τρήματα A, τὰ τρίμματα B. Cf. II n. 419.   6 ὡς scripsi, ὃς vulgo. Cf. II n. 463 sq.   12 ἕκαστα suppl. Wachsmuth; ὅπως ἔχει τὸ ἐπινοούμενον Posidonius, cum repetit definitionem, apud Arium l. l.   13 ἀπαντᾶν Diels, ἀπαρτίζεσθαι Usener. — Cf. II p. 509 sq. (Chrys.)   28 ἀσώματον δέ: sententia postulat κενὸν δὲ. — Cf. II n. 503—505. 535—543.   29 κατεχομένου LD. 33 Cf. II n. 522—524.

Physica II.

De mundo. — Unum esse. — Genitum et interiturum. — Uno loco manere. — Ex 4 elementis. — Ἐκπύρωσις et παλιγγενεσία. — Mundus animal sapiens.

97 Diogenes Laërt. VII 143. ὅτι τε εἷς ἐστιν (ὁ κόσμος) Ζήνων φησὶν ἐν τῷ περὶ τοῦ ὅλου. — Aëtius II 1, 2 (DDG p. 327b 8) Ζήνων ἕνα εἶναι τὸν κόσμον. Theodoret. graec. aff. cur. IV 15. Cf. II n. 530 sq.

98 Aristocles (ἀπὸ τοῦ ζ´ περὶ φιλοσοφίας) apud Eusebium praep. evang. XV p. 816d. (Περὶ τῆς τῶν Στωϊκῶν φιλοσοφίας ὅπως τε ὁ Ζήνων τὸν περὶ ἀρχῶν ἀπεδίδου λόγον). Στοιχεῖον εἶναί φασι τῶν ὄντων τὸ πῦρ, καθάπερ Ἡράκλειτος, τούτου δ᾽ ἀρχὰς ὕλην καὶ θεόν, ὡς Πλάτων. ἀλλ᾽ οὗτος ἄμφω σώματά φησιν εἶναι, καὶ τὸ ποιοῦν καὶ τὸ πάσχον, ἐκείνου τὸ πρῶτον ποιοῦν αἴτιον ἀσώματον εἶναι λέγοντος. ἔπειτα δὲ καὶ κατά τινας εἱμαρμένους χρόνους ἐκπυροῦσθαι τὸν σύμπαντα κόσμον, εἶτ᾽ αὖθις πάλιν διακοσμεῖσθαι. τὸ μέντοι πρῶτον πῦρ εἶναι καθαπερεί τι σπέρμα, τῶν ἁπάντων ἔχον τοὺς λόγους καὶ τὰς αἰτίας τῶν γεγονότων καὶ τῶν γιγνομένων καὶ τῶν ἐσομένων· τὴν δὲ τούτων ἐπιπλοκὴν καὶ ἀκολουθίαν εἱμαρμένην καὶ ἐπιστήμην καὶ ἀλήθειαν καὶ νόμον εἶναι τῶν ὄντων ἀδιάδραστόν τινα καὶ ἄφυκτον. ταύτῃ δὲ πάντα διοικεῖσθαι τὰ κατὰ τὸν κόσμον ὑπέρευ, καθάπερ ἐν εὐνομωτάτῃ τινὶ πολιτείᾳ.

99 Stobaeus Ecl. I 19, 4 p. 166, 4 W. (Arii Didymi fr. phys. 23 Diels). Ζήνωνος. τῶν δ᾽ ἐν τῷ κόσμῳ πάντων τῶν κατ᾽ ἰδίαν ἕξιν συνεστώτων τὰ μέρη τὴν φορὰν ἔχειν εἰς τὸ τοῦ ὅλου μέσον, ὁμοίως δὲ καὶ αὐτοῦ τοῦ κόσμου· διόπερ ὀρθῶς λέγεσθαι πάντα τὰ μέρη τοῦ κόσμου ἐπὶ τὸ μέσον τοῦ κόσμου τὴν φορὰν ἔχειν, μάλιστα δὲ τὰ βάρος ἔχοντα. ταὐτὸν δ᾽ αἴτιον εἶναι καὶ τῆς τοῦ κόσμου μονῆς ἐν ἀπείρῳ κενῷ καὶ τῆς γῆς παραπλησίως ἐν τῷ κόσμῳ, περὶ τὸ τούτου κέντρον καθιδρυμένης ἰσοκρατῶς. οὐ πάντως δὲ σῶμα βάρος ἔχειν, ἀλλ᾽ ἀβαρῆ εἶναι ἀέρα καὶ πῦρ· τείνεσθαι δὲ καὶ ταῦτά πως ἐπὶ τὸ τῆς ὅλης σφαίρας τοῦ κόσμου μέσον, τὴν δὲ σύστασιν πρὸς τὴν περιφέρειαν αὐτοῦ ποιεῖσθαι· φύσει γὰρ ἀνώφοιτα ταῦτ᾽ εἶναι διὰ τὸ μηδενὸς μετέχειν βάρους. παραπλησίως δὲ τούτοις οὐδ᾽ αὐτόν φασι τὸν κόσμον βάρος ἔχειν διὰ τὸ τὴν ὅλην αὐτοῦ σύστασιν ἔκ τε τῶν βάρος

---

13 οὗτος] scil. Zeno. Diels; κινεῖσθαι Meineke.   25 τῶν del. Usener.   32 γίνεσθαι libri, corr. 34 ἀνώφυτα F, corr. Canter. — Cf. II n. 549 sq.

ἐχόντων στοιχείων εἶναι καὶ ἐκ τῶν ἀβαρῶν. τὴν δ᾽ ὅλην γῆν καθ᾽ ἑαυτὴν μὲν ἔχειν ἀρέσκει βάρος, παρὰ δὲ τὴν θέσιν διὰ τὸ τὴν μέσην ἔχειν χώραν, πρὸς δὲ τὸ μέσον εἶναι τὴν φορὰν τοῖς τοιούτοις σώμασιν, ἐπὶ τοῦ τόπου τούτου μένειν.

5   **100** Schol. Hes. Theog. 134 Gaisf. Gr. Poet. Min. II 482. ὁ Ζήνων φησὶ τοὺς Τιτᾶνας διὰ παντὸς εἰρῆσθαι τὰ στοιχεῖα τοῦ κόσμου. Κοῖον γὰρ λέγει τὴν ποιότητα κατὰ τροπὴν Ἀιολικὴν τοῦ π πρὸς τὸ κ, Κρεῖον δὲ τὸ βασιλικὸν καὶ ἡγεμονικόν, Ὑπερίονα δὲ τὴν ἄνω κίνησιν ἀπὸ τοῦ ὑπεράνω ἰέναι. ἐπεὶ δὲ φύσιν ἔχει πάντα τὰ κοῦφα
10 ἀφιέμενα πίπτειν ἄνω, τὸ τοιοῦτον μέρος Ἰάπετον ἐκάλεσε.

101 Aëtius I 14, 6 (DDG p. 313 b 1). Ζήνων ἔφασκε τὸ πῦρ κατ᾽ εὐθεῖαν κινεῖσθαι. — idem I 12, 4 (de Stoicorum placito). καὶ τὸ μὲν περίγειον φῶς κατ᾽ εὐθεῖαν, τὸ δ᾽ αἰθέριον περιφερῶς κινεῖται.

102 Stobaeus Ecl. I 17, 3 p. 152, 19 W. (Arii Didymi fr. 38 Diels).
15 Ζήνωνα δὲ οὕτως ἀποφαίνεσθαι διαρρήδην· τοιαύτην δὲ δεήσει εἶναι ἐν περιόδῳ τὴν τοῦ ὅλου διακόσμησιν ἐκ τῆς οὐσίας, ὅταν ἐκ πυρὸς τροπὴ εἰς ὕδωρ δι᾽ ἀέρος γένηται, τὸ μέν τι ὑφίστασθαι καὶ γῆν συνίστασθαι, [καὶ] ἐκ τοῦ λοιποῦ δὲ τὸ μὲν διαμένειν ὕδωρ, ἐκ δὲ τοῦ ἀτμιζομένου ἀέρα γίνεσθαι, ἐκ τινὸς δὲ τοῦ ἀέρος πῦρ ἐξάπτεσθαι,
20 τὴν δὲ [μῖξιν] κρᾶσιν γίνεσθαι τῇ εἰς ἄλληλα τῶν στοιχείων μεταβολῇ, σώματος ὅλου δι᾽ ὅλου τινὸς ἑτέρου διερχομένου.

Diog. Laërt. VII 135, 136. ἕν τε εἶναι θεὸν καὶ νοῦν καὶ εἱμαρμένην καὶ Δία πολλαῖς τε ἑτέραις ὀνομασίαις προσονομάζεσθαι. κατ᾽ ἀρχὰς μὲν οὖν καθ᾽ αὑτὸν ὄντα τρέπειν τὴν πᾶσαν οὐσίαν δι᾽ ἀέρος
25 εἰς ὕδωρ· καὶ ὥσπερ ἐν τῇ γονῇ τὸ σπέρμα περιέχεται, οὕτω καὶ τοῦτον σπερματικὸν λόγον ὄντα τοῦ κόσμου, τοιόνδε ὑπολείπεσθαι ἐν τῷ ὑγρῷ, εὐεργὸν αὑτῷ ποιοῦντα τὴν ὕλην πρὸς τὴν τῶν ἑξῆς γένεσιν· εἶτα ἀπογεννᾶν πρῶτον τὰ τέσσαρα στοιχεῖα πῦρ, ὕδωρ, ἀέρα, γῆν. λέγει δὲ περὶ αὐτῶν Ζήνων ἐν τῷ περὶ τοῦ ὅλου. — idem VII 142.
30 γίνεσθαι δὲ τὸν κόσμον ὅταν ἐκ πυρὸς ἡ οὐσία τραπῇ δι᾽ ἀέρος εἰς ὑγρότητα, εἶτα τὸ παχυμερὲς αὐτοῦ συστὰν ἀποτελεσθῇ γῆ, τὸ δὲ λεπτομερὲς ἐξαερωθῇ, καὶ τοῦτ᾽ ἐπὶ πλέον λεπτυνθὲν πῦρ ἀπογεννήσῃ· εἶτα κατὰ μῖξιν ἐκ τούτων φυτά τε καὶ ζῷα καὶ τὰ ἄλλα γένη. περὶ

---

6 Non omnia elementa, sed duo tantum quae levia sunt, ignem et aërem, Zeno videtur Titanas dici voluisse.   17 ὑφίσταται FP, corr. Canter.   18 καὶ del. Heeren.   19 ἐκ τινὸς libri, λεπτυνομένου Diels. ∥ ἐξάπτειν libri, corr. Diels.   20 μῖξιν seclusi, μῖξιν ⟨καὶ⟩ κρᾶσιν Diels. ∥ γίνεσθαι—μεταβολῇ vix sana; nam κρᾶσις non potest fieri τῇ εἰς ἄλληλα μεταβολῇ. Fortasse: ἐπιγίνεσθαι.   23 πολλάς τε ἑτέρας ὀνομασίας B, πολλαῖς ἑτέραις ὀνομασίαις (om. τε) P.   24 τρέπειν B.   25 οὕτω δὲ BP.   26 ὑπολιπέσθαι BD.   31 ὑγρόν PL.   32 ἐξαραιωθῇ BL, ἐξαερωθῇ P, sed ερ in litura trium litterarum Ps.   33 καὶ (ante ζῷα) om. BP.

δὴ οὖν τῆς γενέσεως καὶ τῆς φθορᾶς τοῦ κόσμου φησὶ Ζήνων μὲν ἐν τῷ περὶ ὅλου, κ. τ. λ.

Probus ad Verg. p. 10,33 K. *ex his (quatuor elementis) omnia esse postea effigiata Stoici tradunt Zenon Citieus et Chrysippus Solaeus et Cleanthes Assius*. Cf. I n. 496 II n. 579 sq.

103 Valerius Probus in Virg. Ecl. VI 31, p. 21,14 Keil. *sunt qui singulis elementis principia adsignaverunt... Thales Milesius magister eius (scil. Anaximenis) aquam. Hanc quidem Thaletis opinionem ab Hesiodo putant manare qui dixerit:* ἤτοι μὲν πρώτιστα χάος γένετ', αὐτὰρ ἔπειτα. *Nam Zenon Citieus sic interpretatur, aquam* χάος *appellatum* ἀπὸ τοῦ χέεσθαι. *Quamquam eandem opinionem ab Homero possumus intellegere, quod ait* Ὠκεανόν τε θεῶν γένεσιν καὶ μητέρα Τηθύν. „eadem originatio est apud Achill. Tat. Isag. in Arat. phaen. 3, 125 e. Petav." Wachsm. — Cornut. c. 17. ἔστι δὲ χάος μὲν τὸ πρὸ τῆς διακοσμήσεως γενόμενον ὑγρόν, ἀπὸ τῆς χύσεως οὕτως ὠνομασμένον. Cf. II n. 437. 564.

104 Schol. Apoll. Rhod. I 498. καὶ Ζήνων δὲ τὸ παρ' Ἡσιόδῳ χάος ὕδωρ εἶναί φησιν, οὗ συνιζάνοντος ἰλὺν γίνεσθαι, ἧς πηγνυμένης ἡ γῆ στερεμνιοῦται. τρίτον δὲ Ἔρωτα γεγονέναι καθ' Ἡσίοδον, ἵνα τὸ πῦρ παραστήσῃ· πυρωδέστερον γὰρ πάθος Ἔρως.

105 Schol. Hes. Theog. 117. Ζήνων δὲ ὁ Στωικὸς ἐκ τοῦ ὑγροῦ τὴν ὑποστάθμην γῆν γεγενῆσθαί φησιν, τρίτον δὲ Ἔρωτα γεγονέναι, ὅθεν ὁ ἐπαγόμενος ἀθετεῖται στίχος. — Cf. Diog. Laërt. VII 137. ὑποστάθμην δὲ πάντων τὴν γῆν, μέσην ἁπάντων οὖσαν.

106 [Philo] περὶ ἀφθαρσίας κόσμου, cc. 23, 24, p. 264, 3 Bern. p. 35,13 Cum. Θεόφραστος μέντοι φησὶ τοὺς γένεσιν καὶ φθορὰν τοῦ κόσμου κατηγοροῦντας ὑπὸ τεττάρων ἀπατηθῆναι τῶν μεγίστων, γῆς ἀνωμαλίας, θαλάττης ἀναχωρήσεως, ἑκάστου τῶν τοῦ ὅλου μερῶν διαλύσεως, χερσαίων φθορᾶς κατὰ γένη ζώων. κατασκευάζειν δὲ τὸ μὲν πρῶτον οὕτως· „εἰ μὴ γενέσεως ἀρχὴν ἔλαβεν ἡ γῆ, μέρος ὑπανεστὼς οὐδὲν ἂν ἔτι αὐτῆς ἑωρᾶτο, χθαμαλὰ δ' ἤδη τὰ ὄρη πάντ' ἐγεγένητο, καὶ οἱ γεώλοφοι πάντες ἰσόπεδοι τῇ πεδιάδι· τοτούτων γὰρ καθ' ἕκαστον ἐνιαυτὸν ὄμβρων ἐξ ἀϊδίου φερομένων εἰκὸς ἦν τῶν διῃρημένων πρὸς ὕψος τὰ μὲν χειμάρροις ἀπερρῆχθαι, τὰ δ' ὑπονοστήσαντα κεχαλᾶσθαι, πάντα δὲ διὰ πάντων ἤδη λελειάνθαι· νυνὶ δὲ συνεχεῖς ἀνωμαλίαι καὶ παμπόλλων ὀρῶν αἱ πρὸς αἰθέριον ὕψος ὑπερβολαὶ μηνύματ' ἐστὶ τοῦ τὴν γῆν μὴ ἀΐδιον εἶναι· πάλαι γάρ, ὡς

---

1 τῆς om. BP, qui τε καὶ habent.   9 Hesiod. Theog. 116.   12 Π. Ξ 201. 302.   17 Hesiod. Theog. 116. 117. 120.—versus 118. 119 Zenonem aut ignorasse aut damnasse suo iure conclusit Krische.   29 κατασκευάζει libri, corr. Usener.

ἔφην, ἐν ἀπείρῳ χρόνῳ ταῖς ἐπομβρίαις ἀπὸ περάτων ἐπὶ πέρατα πᾶσ'
⟨ἂν⟩ λεωφόρος ἐγεγένητο. πέφυκε γὰρ ἡ ὕδατος φύσις καὶ μάλιστα
ἀφ' ὑψηλοτάτων καταράττουσα τὰ μὲν ἐξωθεῖν τῇ βίᾳ, τὰ δὲ τῷ συν-
εχεῖ τῶν ψεκάδων κολάπτουσα κοιλαίνειν ὑπεργάζεσθαί τε τὴν σκλη-
5 ρόγεων καὶ λιθωδεστάτην ὀρυκτήρων οὐκ ἔλαττον." „καὶ μὴν ἥ γε
θάλασσα," φασίν, „ἤδη μεμείωται· μάρτυρες δ' αἱ νήσων εὐδοκιμώτα-
ται Ῥόδος τε καὶ Δῆλος· αὗται γὰρ τὸ μὲν παλαιὸν ἠφανισμέναι κατὰ
τῆς θαλάττης ἐδεδύκεσαν ἐπικλυζόμεναι, χρόνῳ δ' ὕστερον ἐλαττου-
μένης ἠρέμα κατ' ὀλίγον ἀνίσχουσαι διεφάνησαν, ὡς αἱ περὶ αὐτῶν
10 ἀναγραφεῖσαι μηνύουσιν ἱστορίαι· τὴν δὲ Δῆλον καὶ Ἀνάφην ὠνό-
μασαν δι' ἀμφοτέρων ὀνομάτων πιστούμενοι τὸ λεγόμενον, ἐπειδὴ γὰρ
ἀναφανεῖσα δῆλος ἐγένετο, ἀδηλουμένη καὶ ἀφανὴς οὖσα τὸ πάλαι.
πρὸς δὲ τούτοις μεγάλων πελαγῶν μεγάλους κόλπους καὶ βαθεῖς ἀνα-
ξηρανθέντας ἠπειρῶσθαι καὶ γεγενῆσθαι τῆς παρακειμένης χώρας
15 μοῖραν οὐ λυπρὰν σπειρομένους καὶ φυτευομένους, οἷς σημεῖ' ἄττα
τῆς παλαιᾶς ἐναπολελεῖφθαι θαλαττώσεως ψηφῖδάς τε καὶ κόγχας καὶ
ὅσα ὁμοιότροπα πρὸς αἰγιαλοὺς εἴωθεν ἀποβράττεσθαι. διὸ καὶ Πίν-
δαρος ἐπὶ τῆς Δήλου φησί·
  Χαῖρ', ὦ θεοδμάτα, λιπαροπλοκάμου
20 παίδεσσι Λατοῦς ἱμεροέστατον ἔρνος
  Πόντου θύγατερ, χθονὸς εὐρείας ἀκίνητον τέρας· ἅν τε βροτοὶ
  Δᾶλον κικλήσκουσιν, μάκαρες δ' ἐν Ὀλύμπῳ τηλέφαντον κυανέας
  χθονὸς ἄστρον.
θυγατέρα γὰρ Πόντου τὴν Δῆλον εἴρηκε τὸ λεχθὲν αἰνιττόμενος. εἰ
25 δὴ μειοῦται ἡ θάλαττα, μειωθήσεται μὲν ἡ γῆ, μακραῖς δ' ἐνιαυτῶν
περιόδοις καὶ εἰς ἅπαν ἑκάτερον στοιχεῖον ἀναλωθήσεται, δαπανηθή-
σεται δὲ καὶ ὁ σύμπας ἀὴρ ἐκ τοῦ κατ' ὀλίγον ἐλαττούμενος, ἀποκρι-
θήσεται δὲ τὰ πάντα εἰς μίαν οὐσίαν τὴν πυρός."
  πρὸς δὲ τὴν τοῦ τρίτου κεφαλαίου κατασκευὴν χρῶνται λόγῳ
30 τοιῷδε· „φθείρεται πάντως ἐκεῖνο, οὗ πάντα τὰ μέρη φθαρτά ἐστι,
τοῦ δὲ κόσμου πάντα τὰ μέρη φθαρτά ἐστι, φθαρτὸς ἄρα ὁ κόσμος
ἐστίν." ὃ δ' ὑπερεθέμεθα νῦν ἐπισκεπτέον. ποῖον μέρος τῆς γῆς,
ἵν' ἀπὸ ταύτης ἀρξώμεθα, μεῖζον ἢ ἔλαττον, οὐ χρόνῳ διαλύσεται;
λίθων οἱ κραταιότατοι ἆρ' οὐ μυδῶσι καὶ σήπονται; κατὰ τὴν ἕξεως
35 ἀσθένειαν (ἡ δ' ἔστι πνευματικὸς τόνος, δεσμὸς οὐκ ἄρρηκτος, ἀλλὰ
μόνον δυσδιάλυτος) θρυπτόμενοι καὶ ῥέοντες εἰς λεπτὴν τὸ πρῶτον
ἀναλύονται κόνιν, εἶθ' ὕστερον δαπανηθέντες ἐξαναλοῦνται. τί δέ;
εἰ μὴ πρὸς ἀνέμων ῥιπίζοιτο τὸ ὕδωρ, ἀκίνητον ἐαθὲν οὐχ ὑφ' ἡσυ-

---

2 ἂν addidit Buecheler.   10 ἀναγραφὴν libri, corr. Turneb.   15 σημεῖα
τὰ libri, corr. Bernays.   37 ἐξαναλοῦνται Bern., ἐξαναλύονται libri.

χίας νεκροῦται; μεταβάλλει γοῦν καὶ δυσωδέστατον γίγνεται οἷα ψυχὴν ἀφῃρημένον ζῷον. αἵ γε μὴν ἀέρος φθοραὶ παντί τῳ δῆλαι· νοσεῖν γὰρ καὶ φθίνειν καὶ τρόπον τιν᾽ ἀποθνήσκειν πέφυκεν. ἐπεὶ τί ἄν τις, μὴ στοχαζόμενος ὀνομάτων εὐπρεπείας ἀλλὰ τἀληθοῦς, εἴποι λοιμὸν εἶναι πλὴν ἀέρος θάνατον τὸ οἰκεῖον πάθος ἀναχέοντος ἐπὶ φθορᾷ 5 πάντων ὅσα ψυχῆς μεμοίραται; τί χρὴ μακρηγορεῖν περὶ πυρός; ἀτροφῆσαν γὰρ αὐτίκα σβέννυται χωλόν, ᾗ φασιν οἱ ποιηταί, γεγονὸς ἐξ ἑαυτοῦ. διὸ σκηριπτόμενον ὀρθοῦται κατὰ τὴν τῆς ἀναφθείσης ὕλης νομήν, ἐξαναλωθείσης δ᾽ ἀφανίζεται. τὸ παραπλήσιον μέντοι καὶ τοὺς 106a κατὰ τὴν Ἰνδικὴν δράκοντάς φασι πάσχειν. ἀνέρποντας γὰρ ἐπὶ τὰ 10 μέγιστα τῶν ζῴων ἐλέφαντας περὶ νῶτα καὶ νηδὺν ἅπασαν εἰλεῖσθαι, φλέβα δ᾽ ἣν ἂν τύχῃ διελόντας ἐμπίνειν τοῦ αἵματος, ἀπλήστως ἐπισπωμένους βιαίῳ πνεύματι καὶ συντόνῳ ῥοίζῳ. μέχρι μὲν οὖν τινος ἐξαναλουμένους ἐκείνους ἀντέχειν ὑπ᾽ ἀμηχανίας ἀνασκιρτῶντας καὶ τῇ προνομαίᾳ τὴν πλευρὰν τύπτοντας ὡς καθιξομένους τῶν δρακόν- 15 των, εἶτ᾽ ἀεὶ κενουμένου τοῦ ζωτικοῦ πηδᾶν μὲν μηκέτι δύνασθαι, κραδαινομένους δ᾽ ἑστάναι, μικρὸν δ᾽ ὕστερον καὶ τῶν σκελῶν ἐξασθενησάντων κατασεισθέντας ὑπὸ λιφαιμίας ἀποψύχειν· πεσόντας δὲ τοὺς αἰτίους τοῦ θανάτου συναπολλύναι τρόπῳ τοιῷδε· μηκέτ᾽ ἔχοντες τροφὴν οἱ δράκοντες, ὃν περιέθεσαν δεσμὸν ἐπιχειροῦσιν ἐκλύειν 20 ἀπαλλαγὴν ἤδη ποθοῦντες, ὑπὸ δὲ τοῦ βάρους τῶν ἐλεφάντων θλιβόμενοι πιεζοῦνται καὶ πολὺ μᾶλλον ἐπειδὰν τύχῃ στέριφον ⟨ὂν⟩ καὶ λιθῶδες τὸ ἔδαφος· ἰλυσπώμενοι γὰρ καὶ πάντα ποιοῦντες εἰς διάλυσιν ὑπὸ τῆς τοῦ πιέσαντος βίας πεδηθέντες, ἑαυτοὺς πολυτρόπως ἐν ἀμηχάνοις καὶ ἀπόροις γυμνάσαντες ἐξασθενοῦσι καὶ καθάπερ οἱ 25 καταλευσθέντες ἢ τείχους αἰφνίδιον ἐπενεχθέντος προκαταληφθέντες, οὐδ᾽ ὅσον ἀνακύψαι δυνάμενοι πνιγῇ τελευτῶσιν. εἰ δὴ τῶν μερῶν ἕκαστον τοῦ κόσμου φθορὰν ὑπομένει, δηλονότι καὶ ὁ ἐξ αὐτῶν παγεὶς κόσμος ἄφθαρτος οὐκ ἔσται." τὸν δὲ τέταρτον καὶ λοιπὸν λόγον ἀκριβωτέον ὧδέ φασιν. „εἰ ὁ κόσμος ἀΐδιος ἦν, ἦν ἂν καὶ τὰ 30 ζῷα ἀΐδια καὶ πολύ γε μᾶλλον τὸ τῶν ἀνθρώπων γένος ὅσῳ καὶ τῶν ἄλλων ἄμεινον. ἀλλὰ καὶ ὀψίγονον φανῆναι τοῖς βουλομένοις ἐρευνᾶν τὰ φύσεως. εἰκὸς γάρ, μᾶλλον δ᾽ ἀναγκαῖον ἀνθρώποις συνυπάρξαι τὰς τέχνας ὡς ἂν ἰσήλικας, οὐ μόνον ὅτι λογικῇ φύσει τὸ ἐμμέθοδον οἰκεῖον, ἀλλὰ καὶ ὅτι ζῆν ἄνευ τούτων οὐκ ἔστιν· ἴδωμεν οὖν 35 τοὺς ἑκάστων χρόνους ἀλογήσαντες τῶν ἐπιτραγῳδουμένων θεοῖς μύθων *** εἰ μὴ ἀΐδιος ἄνθρωπος, οὐδ᾽ ἄλλο τι ζῷον, ὥστ᾽ οὐδ᾽ αἱ

---

2 δῆλον libri, corr. Bernays.   9 νομήν Usener, μονήν libri.   22 ὂν add. Diels.   25 γυμνώσαντες libri, corr. Turneb. haec argumenta Zenoni tribuit Zeller, sed cf. Diels DG p. 106 sq. et mea Quellenstudien zu Philo p. 41 sq.

δεδεγμέναι ταῦτα χῶραι, γῆ καὶ ὕδωρ καὶ ἀήρ. ἐξ ὧν τὸ φθαρτὸν εἶναι τὸν κόσμον δῆλόν ἐστιν."

107 Stobaeus Ecl. I 20,1e p. 171,2 W. (Arii Didymi fr. phys. 36 Diels). Ζήνωνι καὶ Κλεάνθει καὶ Χρυσίππῳ ἀρέσκει τὴν οὐσίαν μεταβάλλειν οἷον εἰς σπέρμα τὸ πῦρ, καὶ πάλιν ἐκ τούτου τοιαύτην ἀποτελεῖσθαι τὴν διακόσμησιν οἵα πρότερον ἦν. — Eusebius praep. evang. XV 18,3. ἀρέσκει γὰρ τοῖς Στωικοῖς φιλοσόφοις τὴν ὅλην οὐσίαν εἰς πῦρ μεταβάλλειν οἷον εἰς σπέρμα, καὶ πάλιν ἐκ τούτου αὐτὴν ἀποτελεῖσθαι τὴν διακόσμησιν, οἵα τὸ πρότερον ἦν. καὶ τοῦτο τὸ δόγμα τῶν ἀπὸ τῆς αἱρέσεως οἱ πρῶτοι καὶ πρεσβύτατοι προσήκαντο Ζήνων τε καὶ Κλεάνθης καὶ Χρύσιππος.

Arnob. ad nat. II 9. *qui ignem minatur mundo et venerit cum tempus arsurum, non Panaetio, Chrysippo, Zenoni (credit)?*

Cf. I n. 512 (Cleanthes) II n. 596 sq.

108 Philargyrius ad Verg. Georg. II 336. *Zenon ex hoc mundo quamvis aliqua intereant, tamen ipsum perpetuo manere, quia inhaereant ei elementa, e quibus generantur materiae: ut dixit crescere quidem, sed ad interitum non pervenire, manentibus elementis a quibus revalescat.*

109 Tatianus adv. Graec. c. 5. τὸν Ζήνωνα διὰ τῆς ἐκπυρώσεως ἀποφαινόμενον ἀνίστασθαι πάλιν τοὺς αὐτοὺς ἐπὶ τοῖς αὐτοῖς, λέγω δὲ Ἄνυτον καὶ Μέλητον ἐπὶ τῷ κατηγορεῖν, Βούσιριν δὲ ἐπὶ τῷ ξενοκτονεῖν καὶ Ἡρακλέα πάλιν ἐπὶ τῷ ἀθλεῖν, παραιτητέον.

Cf. Nemesius de nat. hom. c. 38. ἔσεσθαι γὰρ πάλιν Σωκράτη καὶ Πλάτωνα καὶ ἕκαστον τῶν ἀνθρώπων σὺν τοῖς αὐτοῖς καὶ φίλοις καὶ πολίταις καὶ τὰ αὐτὰ πείσεσθαι καὶ τοῖς αὐτοῖς συντεύξεσθαι καὶ τὰ αὐτὰ μεταχειριεῖσθαι καὶ πᾶσαν πόλιν καὶ κώμην καὶ ἀγρὸν ὁμοίως ἀποκαθίστασθαι. Cf. II n. 623—631.

110 Sextus adv. math. IX 107. δυνάμει δὲ τὸν αὐτὸν τῷ Ζήνωνι λόγον ἐξέθετο (scil. Plato). καὶ γὰρ οὗτος τὸ πᾶν κάλλιστον εἶναί φησιν κατὰ φύσιν ἀπειργασμένον ἔργον καὶ κατὰ τὸν εἰκότα λόγον ζῷον ἔμψυχον, νοερόν τε καὶ λογικόν.

111 Sextus adv. math. IX 104. καὶ πάλιν ὁ Ζήνων φησὶν „[εἰ] τὸ λογικὸν τοῦ μὴ λογικοῦ κρεῖττόν ἐστιν· οὐδὲν δέ γε κόσμου κρεῖττόν ἐστιν· λογικὸν ἄρα ὁ κόσμος." καὶ ὡσαύτως ἐπὶ τοῦ νοεροῦ καὶ ἐμψυχίας μετέχοντος. „τὸ γὰρ νοερὸν τοῦ μὴ νοεροῦ καὶ ⟨τὸ⟩ ἔμψυχον τοῦ μὴ ἐμψύχου κρεῖττόν ἐστιν· οὐδὲν δέ γε κόσμου κρεῖττον· νοερὸς ἄρα καὶ ἔμψυχός ἐστιν ὁ κόσμος."

---

17 „elementa" hic sunt qui graece σπερματικοὶ λόγοι vocantur. 30 requiro τῶν κατὰ φύσιν. Cf. II n. 633—644. 35 τὸ add. Bk. 37 Hoc Zenonis argumentum qua ratione impugnaverit Alexinus quoque modo defensum sit a recentioribus Stoicis narrat Sextus ibid. § 108—110.

Cicero de nat. deor. II 21. *Quod ratione utitur, id melius est quam id, quod ratione non utitur. Nihil autem mundo melius: ratione igitur mundus utitur.* Cf. ib. III 22, 23.

112 Cicero de nat. deor. II 22. *Idemque similitudine, ut saepe solet, rationem conclusit hoc modo: „si ex oliva modulate canentes tibiae nascerentur, num dubitares, quin inesset in oliva tibicinii quaedam scientia? quid? si platani fidiculas ferrent numerose sonantes, idem scilicet censeres in platanis inesse musicam. Cur igitur mundus non animans sapiensque judicetur, cum ex se procreet animantes atque sapientes?"*

113 Sextus adv. math. IX 110. Ζήνων δὲ ὁ Κιτιεύς, ἀπὸ Ξενοφῶντος τὴν ἀφορμὴν λαβών, οὑτωσὶ συνερωτᾷ· τὸ προϊέμενον σπέρμα λογικοῦ καὶ αὐτὸ λογικόν ἐστιν· ὁ δὲ κόσμος προΐεται σπέρμα λογικοῦ· λογικὸν ἄρ' ἐστὶν ὁ κόσμος. ᾧ συνεισάγεται καὶ ἡ τούτου ὕπαρξις.

Cicero de nat. deor. II 22. *Nihil quod animi quodque rationis est expers, id generare ex se potest animantem compotemque rationis. Mundus autem generat animantes compotesque rationis. Animans est igitur mundus composque rationis.*

114 Cicero de nat. deor. II 22. *Idemque (Zeno) hoc modo: „Nullius sensu carentis pars aliqua potest esse sentiens. Mundi autem partes sentientes sunt: non igitur caret sensu mundus."*

Cf. Sextus adv. math. IX 85. ἀλλὰ καὶ ἡ τὰς λογικὰς περιέχουσα φύσεις πάντως ἐστὶ λογική· οὐ γὰρ οἷόν τε τὸ ὅλον τοῦ μέρους χεῖρον εἶναι.

Physica III.
De caelo et de caelestibus.

115 Achilles Tat. Isag. in Arat. 5 p. 129 e. Ζήνων ὁ Κιτιεὺς οὕτως αὐτὸν ὡρίσατο· „οὐρανός ἐστιν αἰθέρος τὸ ἔσχατον· ἐξ οὗ καὶ ἐν ᾧ ἐστι πάντα ἐμφανῶς· περιέχει γὰρ πάντα πλὴν αὑτοῦ· οὐδὲν γὰρ ἑαυτὸ περιέχει, ἀλλ' ἑτέρου ἐστὶ περιεκτικόν."

116 Aëtius II 11,4 (DDG p. 340 b 6). Ζήνων πύρινον εἶναι τὸν οὐρανόν.

117 Diogenes Laërt. VII 153. 154. ἀστραπὴν δὲ ἔξαψιν νεφῶν παρατριβομένων ἢ ῥηγνυμένων ὑπὸ πνεύματος, ὡς Ζήνων ἐν τῷ περὶ τοῦ ὅλου· βροντὴν δὲ τὸν τούτων ψόφον ἐκ παρατρίψεως ἢ

---

7 item *Baiter*. 14 in explicatione a recentiore Stoico adiecta haec ita variantur: ὁ δέ γε κόσμος περιέχει σπερματικοὺς (Bk., σπέρματος libri) λόγους λογικῶν ζῴων· λογικὸς ἄρα ἐστὶν ὁ κόσμος.

ῥήξεως· κεραυνὸν δὲ ἔξαψιν σφοδρὰν μετὰ πολλῆς βίας πίπτουσαν ἐπὶ γῆς νεφῶν παρατριβομένων ἢ ῥηγνυμένων.
Cf. Chrys. II n. 703 sq.

118 Schol. Hes. Theog. 139, Gaisf. Gr. Poet. Min. II 484. Κύκλωπας. Ζήνων δὲ πάλιν φυσικωτέρως τὰς ἐγκυκλίους φορὰς εἰρῆσθαί φησι· διὸ καὶ τὰ ὀνόματα τούτων ἐξέθετο Βρόντην τε καὶ Στερόπην· Ἄργην δὲ ἐπειδή φασι τὸν ἀργῆτα κεραυνόν· παῖδας δέ φησιν αὐτοὺς τοῦ Οὐρανοῦ ἐπειδὴ πάντα ταῦτα τὰ πάθη περὶ τὸν οὐρανόν εἰσι.

119 Diogenes Laërt. VII 145 sq. ἐκλείπειν δὲ τὸν μὲν ἥλιον ἐπιπροσθούσης αὐτῷ σελήνης κατὰ τὸ πρὸς ἡμᾶς μέρος, ὡς Ζήνων ἀναγράφει ἐν τῷ περὶ ὅλου. φαίνεται γὰρ ὑπερχομένη ταῖς συνόδοις καὶ ἀποκρύπτουσα αὐτὸν καὶ πάλιν παραλλάττουσα. γνωρίζεται δὲ τοῦτο διὰ λεκάνης ὕδωρ ἐχούσης. τὴν δὲ σελήνην ἐμπίπτουσαν εἰς τὸ τῆς γῆς σκίασμα. ὅθεν καὶ ταῖς πανσελήνοις ἐκλείπειν μόναις, καίπερ κατὰ διάμετρον ἱσταμένην κατὰ μῆνα τῷ ἡλίῳ, ὅτι κατὰ λοξοῦ ὡς πρὸς τὸν ἥλιον κινουμένη παραλλάττει τῷ πλάτει ἢ βορειοτέρα ἢ νοτιωτέρα γινομένη. ὅταν μέντοι τὸ πλάτος αὐτῆς κατὰ τὸν ἡλιακὸν καὶ τὸν διὰ μέσων γένηται, εἶτα διαμετρήσῃ τὸν ἥλιον, τότε ἐκλείπει.
Cf. Cic. de nat. deor. II 103. — De sole, luna, astris cf. II p. 650 —691.

120 Stobaeus Ecl. I 25, 3 p. 213, 15 W. (Arii Didymi fr. phys. 33 Diels). Ζήνων τὸν ἥλιόν φησι καὶ τὴν σελήνην καὶ τῶν ἄλλων ἄστρων ἕκαστον εἶναι νοερὸν καὶ φρόνιμον, πύρινον ⟨δὲ⟩ πυρὸς τεχνικοῦ. δύο γὰρ γένη πυρός, τὸ μὲν ἄτεχνον καὶ μεταβάλλον εἰς ἑαυτὸ τὴν τροφήν, τὸ δὲ τεχνικόν, αὐξητικόν τε καὶ τηρητικόν, οἷον ἐν τοῖς φυτοῖς ἐστι καὶ ζῴοις, ὃ δὴ φύσις ἐστὶ καὶ ψυχή· τοιούτου δὴ πυρὸς εἶναι τὴν τῶν ἄστρων οὐσίαν· τὸν δ' ἥλιον καὶ τὴν σελήνην δύο φορὰς φέρεσθαι, τὴν μὲν ὑπὸ τοῦ κόσμου ἀπ' ἀνατολῆς ἐπ' ἀνατολήν, τὴν δ' ἐναντίαν τῷ κόσμῳ ζῴδιον ἐκ ζῳδίου μεταβαίνοντας. τὰς δ' ἐκλείψεις τούτων γίγνεσθαι διαφόρως, ἡλίου μὲν περὶ τὰς συνόδους, σελήνης δὲ περὶ τὰς πανσελήνους· γίγνεσθαι δ' ἐπ' ἀμφοτέρων τὰς ἐκλείψεις καὶ μείζους καὶ ἐλάττους.

ibid. I 26, 1 p. 219, 12 W. (Arii fr. 34 D). Ζήνων τὴν σελήνην ἔφησεν ἄστρον νοερὸν καὶ φρόνιμον, πύρινον δὲ πυρὸς τεχνικοῦ.

121 Etymol. Gud. s. v. ἥλιος καὶ ὑπὸ τῶν ποιητῶν ἠέλιος, παρὰ

---

1 βίας καὶ BL.   2 ῥηγνυμένων ὑπὸ πνεύματος L.   11 περὶ τοῦ B rasura post περὶ P.   12 ὑποκρύπτουσα B.   14 πανσελήνης B. ‖ μῆνα (pro μόναις) BP, corr. P³, μόνον L, μόναις D.   15 verba ἡλίῳ—νοτιωτέρα γινοδesunt in B.   16 βορεια /// τέρα P.   18 καὶ τὸν μέσον (om. διὰ) P. ‖ γίνεται B, idem fuit in P ante ras.   23 δὲ add. Diels. ‖ πῦρ ὡς libri, corr. Heeren.
30 διαφόρους libri, corr. Usener.

τὴν ἅλα (ms. ἅλαν) ἅλιος καὶ ἥλιος. ἔστι γὰρ κατὰ Ζήνωνα τὸν Στωϊκὸν ἄναμμα νοερὸν (ms. ἄναμμαν τὸν) ἐκ τοῦ θαλάσσης ⟨ἀναθυμιάματος⟩.
Cf. Etymol. Magnum s. v. ἥλιος — — ἢ παρὰ τὸ ἅλς ἁλός ἅλιος καὶ ἥλιος· ἀνιμᾶσθαι γάρ φασιν οἱ φυσικοὶ τὸν ἥλιον τῆς θαλάσσης τὸ ὕδωρ· ἐκ γὰρ τῆς θαλάσσης ἀνιμᾶται τὴν ὑγρότητα· ὅθεν καὶ Ποσειδάων, παρὰ τὸ τὴν πόσιν ἀναπέμπειν τῷ δάει ἤγουν τῷ ἡλίῳ.

122 Seneca Nat. Quaest. VII 19, 1. *Zenon noster in illa sententia est: congruere iudicat stellas, et radios inter se committere: hac societate luminis existere imaginem stellae longioris.*

Physica IV.
Terrestria.

De animalibus et homine. — De ortu animalium. — De materia corporis et mentis. — De semine. — De somno. — De morbis.

123 Varro rerum rustic. lib. II 1, 3. *sive enim aliquod fuit principium generandi animalium, ut putavit Thales Milesius et Zeno Citieus, sive contra principium horum exstitit nullum, ut credidit Pythagoras Samius et Aristoteles Stagirites.*
Cf. II n. 738 sq.

124 Censorinus de die nat. IV 10. *Zenon Citieus, Stoicae sectae conditor, principium humano generi ex novo mundo constitutum putavit, primosque homines ex solo, adminiculo divini ignis id est dei providentia, genitos.*

125 Galenus adv. Julianum 5 Vol. XVIII A p. 269. τὸ μέντοι γε τὴν τοῦ σώματος ἡμῶν φύσιν ἤτοι γε ἐξ ἀέρος καὶ πυρὸς καὶ ὕδατος καὶ γῆς ἢ ἐξ ὑγροῦ καὶ ξηροῦ καὶ θερμοῦ καὶ ψυχροῦ συμμέτρως ἀλλήλοις κεκραμένων γεγονέναι διαπεφώνηται μέν, ἀλλ' οὐκ εἰς τοσοῦτον, ὅσον αἱ Θεσσαλοῦ κοινότητες, εἴ γε καὶ Πλάτων καὶ Ζήνων, Ἀριστοτέλης τε καὶ Θεόφραστος, Εὔδημός τε καὶ Κλεάνθης καὶ Χρύσιππος — ὁμολογοῦσιν ἀμφ' αὐτάς.

126 Varro de lingua lat. V 59. *sive, ut Zenon Citieus, animalium semen ignis is, qui anima ac mens.*

127 Rufus Ephes. de part. hom. p. 44 ed. Clinch. θερμασίαν δὲ καὶ πνεῦμα Ζήνων τὸ αὐτὸ εἶναί φησιν.
Cf. Stein Psychol. d. Stoa. I p. 58 n. 81.

---

3 ἀναθυμιάματος necessario additur.   7 Ποσειδάων scripsi, Ποσειδῶν vulg.
8 Cf. recentiorum Stoicorum inde a Chrysippo de cometis sententiam II n. 692.

128 Eusebius praep. evang. XV 20, 1 (Ar. Did. fr. phys. 39 Diels p. 470). τὸ δὲ σπέρμα φησὶν ὁ Ζήνων εἶναι, ὃ μεθίησιν ἄνθρωπος, πνεῦμα μεθ' ὑγροῦ, ψυχῆς μέρος καὶ ἀπόσπασμα καὶ τοῦ σπέρματος τοῦ τῶν προγόνων κέρασμα καὶ μῖγμα τῶν τῆς ψυχῆς μερῶν συνεληλυθός· ἔχον γὰρ τοὺς λόγους τῷ ὅλῳ τοὺς αὐτοὺς τοῦτο, ὅταν ἀφεθῇ εἰς τὴν μήτραν, συλληφθὲν ὑπ' ἄλλου πνεύματος, μέρους ψυχῆς τῆς τοῦ θήλεος, καὶ συμφυὲς γενόμενον κρυφθέν τε φύει, κινούμενον καὶ ἀναρριπιζόμενον ὑπ' ἐκείνου, προσλαμβάνον ἀεὶ [εἰς] τὸ ὑγρὸν καὶ αὐξόμενον ἐξ αὐτοῦ. — Theodoret. gr. aff. cur. V 25. Ζήνων δὲ ὁ Κιτιεὺς ὁ τῆσδε τῆς αἱρέσεως ἡγησάμενος τοιάδε περὶ ψυχῆς δοξάζειν τοὺς οἰκείους ἐδίδαξε φοιτητάς· τὸν γάρ τοι ἀνθρώπινον θορόν, ὑγρὸν ὄντα καὶ μετέχοντα πνεύματος, τῆς ψυχῆς ἔφησεν εἶναι μέρος τε καὶ ἀπόσπασμα καὶ τοῦ τῶν προγόνων σπέρματος κέρασμά τε καὶ μῖγμα ἐξ ἁπάντων τῶν τῆς ψυχῆς μορίων ξυναθροισθέν. — Plutarchus de cohib. ira 15 p. 462 f. καίτοι καθάπερ ὁ Ζήνων ἔλεγε τὸ σπέρμα σύμμιγμα καὶ κέρασμα τῶν τῆς ψυχῆς δυνάμεων ὑπάρχειν ἀπεσπασμένον, οὕτω κ. τ. λ. — Aëtius plac. V 4, 1 (DDG p. 417). Ζήνων (τὸ σπέρμα) σῶμα· ψυχῆς γὰρ εἶναι ἀπόσπασμα. — Eadem Galen. hist. phil. 108 (DDG p. 640) Galen. ὅροι ἰατρ. 94 (XIX p. 370 K.) σπέρμα ἐστὶν ἀνθρώπου, ὃ μεθίησιν ἄνθρωπος μεθ' ὑγροῦ, ψυχῆς μέρους ἅρπαγμα καὶ σύμμιγμα τοῦ τῶν προγόνων γένους, οἷόν τε αὐτὸ ἦν καὶ αὐτὸ συμμιχθὲν ἀπεκρίθη. — Diogenes Laërt. VII 158. ἀνθρώπου δὲ σπέρμα, ὃ μεθίησιν ὁ ἄνθρωπος μεθ' ὑγροῦ, συγκίρνασθαι (λέγουσιν) τοῖς τῆς ψυχῆς μέρεσι κατὰ μιγμὸν τοῦ τῶν προγόνων λόγου. — Cf. II n. 741—747.

129 Aëtius plac. V 5, 2 (DDG p. 418). Ζήνων (τὰς θηλείας) ὕλην μὲν ὑγρὰν προΐεσθαι, οἱονεὶ ἀπὸ τῆς συγγυμνασίας ἱδρῶτας, οὐ μὴν σπέρμα πεπτικόν. — Galen. hist. phil. 109 (DDG p. 640) Diogenes Laërt. VII 159. τὸ δὲ τῆς θηλείας (σπέρμα) ἄγονον ἀποφαίνονται.

130 Cicero de divin. II 119. *contrahi autem animum Zeno et quasi labi putat atque concidere et ⟨id⟩ ipsum esse dormire.*
Cf. II n. 766 sq.

131 Galenus methodi med. II 5 Vol. X p. 111 K. ὅτι τε γὰρ τῆς νοσώδους δυσκρασίας εἴδη πολλὰ καὶ ὅτι καθ' ἕκαστον ἡ θεραπεία διάφορος οὐχ Ἱπποκράτην μόνον ἢ ἄλλους παμπόλλους ἰατρούς, ἀλλὰ

---

4 συνεληλυθότος CFG; fortasse συνεληλυθότων. 6 μέρους scripsi, μέρος vulgo. 7 κερασθέν τε φύει coni. Diels, κρύφα ἐπισχύει Usener. 8 εἰς del. Diels. 21 καὶ αὐτὸ] fortasse: ἀφ' οὗ τὸ. 23 συγκρίνασθαι B. 24 τοῦ ... προγόνου λόγου P, τοῦ προγόνου λόγου B. 28 σπέρμα πεπτικόν GA, σπέρμα παππικόν B, σπερμαντικήν C. Unde scribendum: σπερματικήν. 31 *id* add. Schuetz.

καὶ Πλάτωνα καὶ Ἀριστοτέλην καὶ Θεόφραστον καὶ Ζήνωνα καὶ Χρύσιππον ἅπαντάς τε τοὺς ἐλλογίμους φιλοσόφους παρεχόμενοι μάρτυρας· ὅτι τε χωρὶς τοῦ τὴν φύσιν εὑρεθῆναι τοῦ σώματος ἀκριβῶς οὐχ οἷόντ' ἐστὶν οὔτε περὶ νοσημάτων διαφορᾶς ἐξευρεῖν οὐδὲν οὔτε ἰαμάτων εὐπορῆσαι προσηκόντως, ἅπαντας πάλιν τοὺς νῦν εἰ- 5
ρημένους μοι φιλοσόφους τε καὶ ἰατροὺς οὐ προστάττοντας — — ἀλλ' ἀποδεικνύντας παρέξονται.

Cf. II n. 771 sq.

132 Galenus adv. Iulianum 4 Vol. XVIII A p. 257. αὗται μὲν οὖν αἱ ῥήσεις τοῦ λαμπροτάτου σοφιστοῦ, Ζήνωνι καὶ Ἀριστοτέλει 10 καὶ Πλάτωνι τοὺς μεθοδικοὺς ἰατροὺς ἕπεσθαι φάσκοντος. ἡμεῖς δ' αὖθις ἀναμνήσομεν αὐτόν, ὡς ἕκαστος τούτων τῶν φιλοσόφων, ἅμα πολλοῖς τοῖς μετ' αὐτόν, εὐκρασίαν μὲν ἡγεῖται τὴν ὑγείαν εἶναι θερμοῦ καὶ ψυχροῦ καὶ ὑγροῦ καὶ ξηροῦ· νοσήματα δὲ γίγνεσθαι τὰ γοῦν κατὰ δίαιταν ὑπερβάλλοντος ἑκάστου τῶν εἰρημένων ἢ ἐλλείποντος· 15 εἶναι δὲ καὶ χυμοὺς ἐν τῷ σώματι τοὺς μὲν ὑγροὺς καὶ ξηροὺς κατὰ δύναμιν, ἐνίους δὲ θερμοὺς ἢ ψυχρούς, ἀναλογίζοντας ⟨τοῖς⟩ νοσήμασιν. οὕτω Πλάτων ἅμα τοῖς ὑπ' αὐτῷ πᾶσιν, οὕτως Ἀριστοτέλης ἅμα τοῖς ἐκ τοῦ Περιπάτου, οὕτω Ζήνων καὶ Χρύσιππος ἅμα τοῖς ἄλλοις Στωϊκοῖς ἐγίνωσκον. — Cf. II n. 771. 20

133 Censorinus de die nat. XVII 2. *quare qui annos triginta saeculum putarunt multum videntur errasse. hoc enim tempus geneam vocari Heraclitus auctor est, quia orbis aetatis in eo sit spatio. orbem autem vocat aetatis dum natura ab sementi humana ad sementim revertitur. hoc quidem geneas tempus alii aliter definierunt. Herodicus an-* 25 *nos quinque et viginti scribit, Zenon triginta.*

Physica V.

De anima humana. — Anima est spiritus. — Anima est corporalis. — Anima est ἀναθυμίασις. — De partibus animae. — Manet post mortem, sed non aeterna est. — De principali. — 30 De voce. — De sensibus.

134 Cicero Acad. post. I 39. *(Zeno) statuebat ignem esse ipsam naturam quae quoique gigneret [et] mentem atque sensus.* — de finibus IV 12. *cum autem quaereretur res admodum difficilis, num quinta quaedam natura videretur esse, ex qua ratio et intellegentia oriretur, in* 35

---

12 αὐτόν scripsi, αὐτῶν ed. 17 τοῖς addidi. 18 αὐτῷ scripsi, αὐτοῦ ed. 23 Heraclit. frg. 87. 88 Byw., B 19 p. 43 Diels. 33 quoique (*vel* cuique) Madvig, quidque *libri*. || et del. idem.

quo etiam de animis cuius generis essent quaereretur, Zeno id dixit esse ignem. — Tusc. disp. I 19. *Zenoni Stoico animus ignis videtur.*

135 Diogenes Laërt. 157. Ζήνων δὲ ὁ Κιτιεύς ... πνεῦμα ἔνθερμον εἶναι τὴν ψυχήν. τούτῳ γὰρ ἡμᾶς εἶναι ἐμπνόους καὶ ὑπὸ τούτου κινεῖσθαι.

136 Galenus Hist. Phil. 24 Diels, p. 613, 12. τὴν δὲ οὐσίαν αὐτῆς (scil. τῆς ψυχῆς) οἱ μὲν ἀσώματον ἔφασαν, ὡς Πλάτων, οἱ δὲ σώματα κινεῖν, ὡς Ζήνων καὶ οἱ ἐξ αὐτοῦ. πνεῦμα γὰρ εἶναι ταύτην ὑπενόησαν καὶ οὗτοι.

137 Tertullianus de anima c. 5. *denique Zeno „consitum spiritum" definiens animam hoc modo instruit, „quo" inquit „digresso animal emoritur, corpus est: consito autem spiritu digresso animal emoritur: ergo consitus spiritus corpus est: consitus autem spiritus anima est: ergo corpus est anima."* — Macrob. in Somn. Sc. I 14, 19. *Zenon (dixit animam) concretum corpori spiritum.*

Cf. Chrysippum ap. Nemes. de nat. hom. c. 2, p. 33. ὁ θάνατός ἐστι χωρισμὸς ψυχῆς ἀπὸ σώματος· οὐδὲν δὲ ἀσώματον ἀπὸ σώματος χωρίζεται· οὐδὲ γὰρ ἐφάπτεται σώματος ἀσώματον· ἡ δὲ ψυχὴ καὶ ἐφάπτεται καὶ χωρίζεται τοῦ σώματος. σῶμα ἄρα ἡ ψυχή.

138 Chalcidius in Tim. c. 220. *Spiritum quippe animam esse Zenon quaerit hactenus: quo recedente a corpore moritur animal, hoc certe anima est. naturali porro spiritu recedente moritur animal: naturalis igitur spiritus anima est.*

139 Longinus ap. Euseb. praep. evang. XV 21, 3. Ζήνωνι μὲν γὰρ καὶ Κλεάνθει νεμεσήσειέ τις ἂν δικαίως οὕτω σφόδρα ὑβριστικῶς περὶ αὐτῆς (scil. ψυχῆς) διαλεχθεῖσι καὶ ταὐτὸν ἄμφω τοῦ στερεοῦ σώματος εἶναι τὴν ψυχὴν ἀναθυμίασιν φήσασι. — Theodoret. gr. aff. cur. V 27 (p. 129 Rae). ἄμφω γὰρ (Ζήνων καὶ Κλεάνθης) τοῦ στερεοῦ σώματος εἶναι τὴν ψυχὴν ἀναθυμίασιν.

140 Galenus de plac. Hippocr. et Plat. II 8 (V 283 K., p. 248 ed. Iu. Mueller). εἰ δέ γε ἕποιτο (Διογένης ὁ Βαβυλώνιος) Κλεάνθει καὶ Χρυσίππῳ καὶ Ζήνωνι τρέφεσθαι μὲν ἐξ αἵματος φήσαντι τὴν ψυχήν, οὐσίαν δ' αὐτῆς ὑπάρχειν τὸ πνεῦμα etc.

---

8 σώματα κινεῖν A, σῶμα συγκινοῦν B, corpus simul secum movens N, fortasse οἱ δὲ ⟨σῶμα, διὰ τὸ⟩ σώματα κινεῖν.   11 H. Gomperz Tertullianea (Vindob. 1895) p. 62 ita hunc syllogismum restituit: „Quo digresso animal emoritur, anima est: consito autem spiritu digresso animal emoritur: ergo consitus spiritus anima est. Consitus autem spiritus corpus est: ergo corpus est anima." Cf. n. 138. Mihi etiam formam syllogismi apud Tertullianum traditam defendi posse persuasum est. Nam verba „consitum spiritum definiens animam" fundamentum indicant, cui Zeno hunc syllogismum superstruxit.   26 αἵματος coni. Stein Psychol. d. Stoa I p. 107; sed de sanguine non dixisset: τοῦ στερεοῦ.

141 Eusebius praep. evang. XV 20, 2 (Ar. Did. fr. phys. 39, Diels p. 470). περὶ δὲ ψυχῆς Κλεάνθης μὲν τὰ Ζήνωνος δόγματα παρατιθέμενος πρὸς σύγκρισιν τὴν πρὸς τοὺς ἄλλους φυσικούς φησιν, ὅτι Ζήνων τὴν ψυχὴν λέγει αἰσθητικὴν ἀναθυμίασιν, καθάπερ Ἡράκλειτος. βουλόμενος γὰρ ἐμφανίσαι, ὅτι αἱ ψυχαὶ ἀναθυμιώμεναι νοεραὶ ἀεὶ γίνονται, εἴκασεν αὐτὰς τοῖς ποταμοῖς λέγων οὕτως „ποταμοῖσι τοῖσιν αὐτοῖσιν ἐμβαίνουσιν ἕτερα καὶ ἕτερα ὕδατα ἐπιρρεῖ." καὶ ψυχαὶ δὲ ἀπὸ τῶν ὑγρῶν ἀναθυμιῶνται. ἀναθυμίασιν μὲν οὖν ὁμοίως τῷ Ἡρακλείτῳ τὴν ψυχὴν ἀποφαίνει Ζήνων, αἰσθητικὴν δὲ αὐτὴν εἶναι διὰ τοῦτο λέγει, ὅτι τυποῦσθαί τε δύναται [τὸ μέγεθος] τὸ μέρος τὸ ἡγούμενον αὐτῆς ἀπὸ τῶν ὄντων καὶ ὑπαρχόντων διὰ τῶν αἰσθητηρίων καὶ παραδέχεσθαι τὰς τυπώσεις· ταῦτα γὰρ ἴδια ψυχῆς ἐστιν.

142 Jamblichus de anima ap. Stob. Ecl. I 49, 33 p. 367, 18 W. ἀλλὰ μὴν οἵ γε ἀπὸ Χρυσίππου καὶ Ζήνωνος φιλόσοφοι καὶ πάντες ὅσοι σῶμα τὴν ψυχὴν νοοῦσι τὰς μὲν δυνάμεις ὡς ἐν τῷ ὑποκειμένῳ ποιότητας συμβιβάζουσι, τὴν δὲ ψυχὴν ὡς οὐσίαν προϋποκειμένην ταῖς δυνάμεσι τιθέασιν, ἐκ δ' ἀμφοτέρων τούτων σύνθετον φύσιν ἐξ ἀνομοίων συνάγουσιν.

143 Nemesius de nat. hom. p. 96. Ζήνων δὲ ὁ Στωικὸς ὀκταμερῆ φησιν εἶναι τὴν ψυχήν, διαιρῶν αὐτὴν εἴς τε τὸ ἡγεμονικὸν καὶ εἰς τὰς πέντε αἰσθήσεις καὶ εἰς τὸ φωνητικὸν καὶ τὸ σπερματικόν. — Jamblichus de anima ap. Stob. Ecl. I 49, 34 p. 369, 6 W. οἱ ἀπὸ Ζήνωνος ὀκταμερῆ τὴν ψυχὴν διαδοξάζουσι περὶ τὰς δυνάμεις εἶναι πλείονας, ὥσπερ ἐν τῷ ἡγεμονικῷ, ἐνυπαρχουσῶν φαντασίας, συγκαταθέσεως, ὁρμῆς, λόγου.

144 Tertullianus de anima c. 14. *dividitur autem in partes nunc in duas a Platone, nunc in tres a Zenone.*

145 Themistius de anima f. 68 II p. 30,17 Spengel. οὐδὲ γὰρ οἱ πνεῦμα τὴν ψυχὴν λέγοντες καὶ τὴν κίνησιν αὐτῇ τὴν κατὰ τόπον διδόντες ἐξελθοῦσαν εἰσιέναι πάλιν συγχωρήσειαν ἄν. κακῶς οὖν, ὦ βέλτιστε — — εἰ γὰρ ὡς σῶμα ἔξεισιν ἐκ τοῦ σώματος, διὰ τί καὶ οὐκ εἴσεισι πάλιν; — — ἀλλ' ὅμως Ζήνωνι μὲν ὑπολείπεταί τις

---

4 αἴσθησιν ἢ ἀναθυμίασιν libri, corr. Wellmann. 6 ἕτεραι ἀεὶ exspectat Diels, sed confert Sext. VII 129. 8 Heracliti fr. 42 Byw.; verba καὶ ψυχαὶ— ἀναθυμιῶνται Zenoni tribuit Byw., mihi videntur alterum Heracliti fragmentum, quod cum priore non cohaereat. 10 τε] γε libri, corr. Diels. || τὸ μέγεθος ut var. lect. seclusit Vigerus. 18 προτιθέασιν libri, corr. Wachsm. 24 verba διαδοξάζουσι—πλείονας corrupta, vel lacunosa; videtur Jamblichus dixisse plures esse δυνάμεις quam μέρη; nam unum μέρος, τὸ ἡγεμονικόν, plures habet facultates. E. gr. τὴν ψυχὴν ⟨εἶ⟩να⟨ι⟩ δοξάζουσι· περὶ ⟨δέ τινα μέρη⟩ τὰς etc. 28 ne credamus Tertulliano, facit Nemesius cf. fr. 143.

ἀπολογία, κεκρᾶσθαι ὅλην δι᾽ ὅλου τοῦ σώματος φάσκοντι τὴν ψυχὴν καὶ τὴν ἔξοδον αὐτῆς ἄνευ φθορᾶς τοῦ συγκρίματος μὴ ποιοῦντι.

146 Epiphanius adv. haeres. III 2, 9 (DDG p. 592, 21). Ζήνων ὁ Κιτιεὺς ὁ Στωικὸς ἔφη μὴ δεῖν θεοῖς οἰκοδομεῖν ἱερά, ἀλλ᾽ ἔχειν τὸ θεῖον ἐν μόνῳ τῷ νῷ, μᾶλλον δὲ θεὸν ἡγεῖσθαι τὸν νοῦν. ἔστι γὰρ ἀθάνατος. — id. 26. ἔλεγε δὲ καὶ μετὰ χωρισμὸν τοῦ σώματος * * * καὶ ἐκάλει τὴν ψυχὴν πολυχρόνιον πνεῦμα, οὐ μὴν δὲ ἄφθαρτον δι᾽ ὅλου ἔλεγεν αὐτὴν εἶναι. ἐκδαπανᾶται γὰρ ὑπὸ τοῦ πολλοῦ χρόνου εἰς τὸ ἀφανές, ὥς φησι.

Augustinus contra Acad. III 17, 38. *quamobrem cum Zeno sua quadam de mundo et maxime de anima, propter quam vera philosophia vigilat, sententia delectaretur, dicens eam esse mortalem, nec quidquam esse praeter hunc sensibilem mundum, nihilque in eo agi nisi corpore; nam et deum ipsum ignem putabat etc.*

147 Lactantius inst. div. VII 7, 20. *Esse inferos Zenon Stoicus docuit et sedes piorum ab impiis esse discretas: et illos quidem quietas et delectabiles incolere regiones, hos vero luere poenas in tenebrosis locis atque in caeni voraginibus horrendis.*

Cf. Tertull. de anima c. 54. *quos quidem miror quod prudentes animas circa terram prosternant, cum illas a sapientibus multo superioribus erudiri adfirment. ubi erit scholae regio in tanta distantia diversoriorum? qua ratione discipulae ad magistros conventabunt, tanto discrimine invicem absentes? quid autem illis postremae eruditionis usus ac fructus iam iam conflagratione perituris? reliquas animas ad inferos deiciunt.*

148 Galenus de Hipp. et Plat. plac. II 5 (V p. 241 K, p. 201 ed Iu. Mueller). ὁ θαυμαζόμενος ὑπὸ τῶν Στωικῶν λόγος ὁ Ζήνωνος ... ἔχει γὰρ ὧδε. „φωνὴ διὰ φάρυγγος χωρεῖ. εἰ δὲ ἦν ἀπὸ τοῦ ἐγκεφάλου χωροῦσα, οὐκ ἂν διὰ φάρυγγος ἐχώρει. ὅθεν δὲ λόγος, καὶ φωνὴ ἐκεῖθεν χωρεῖ. λόγος δὲ ἀπὸ διανοίας χωρεῖ, ὥστ᾽ οὐκ ἐν τῷ ἐγκεφάλῳ ἐστὶν ἡ διάνοια."

149 Schol. ad Plat. Alcib. I p. 121 E. δὶς ἑπτὰ ἐτῶν] τότε γὰρ ὁ τέλειος ἐν ἡμῖν ἀποφαίνεται λόγος, ὡς Ἀριστοτέλης καὶ Ζήνων καὶ Ἀλκμαίων ὁ Πυθαγόρειός φασιν. — Jambl. de anima ap. Stob. Ecl. I 48, 8 p. 317, 21 W. πάλιν τοίνυν περὶ τοῦ νοῦ καὶ πασῶν τῶν κρειττόνων δυνάμεων τῆς ψυχῆς οἱ μὲν Στωικοὶ λέγουσι μὴ εὐθὺς ἐμφύεσθαι τὸν λόγον, ὕστερον δὲ συναθροίζεσθαι ἀπὸ τῶν αἰσθήσεων

---

6 χρόνον τινὰ διαμένειν vel similia excidisse vidit Diels.   19 *prudentes* scripsi, *imprudentes* vulgo.   30 λόγος et φωνή locos inter se mutare non opus est. — Cf. Galen. ibid. p. 204. 205 (huius operis II n. 894).

καὶ φαντασιῶν περὶ δεκατέσσαρα ἔτη. — Cf. Aëtius IV 11, 4 (DDG p. 400). ὁ δὲ λόγος καθ᾽ ὃν προσαγορευόμεθα λογικοὶ ἐκ τῶν προλήψεων συμπληροῦσθαι λέγεται κατὰ τὴν πρώτην ἑβδομάδα.
Cf. etiam Diog. Babyl. frg. 17 (Vol. III p. 212).

150 Aëtius IV 21, 4 p. 411 Diels. τὸ δὲ φωνᾶεν ὑπὸ τοῦ Ζήνωνος εἰρημένον, ὃ καὶ φωνὴν καλοῦσιν, ἔστι πνεῦμα διατεῖνον ἀπὸ τοῦ ἡγεμονικοῦ μέχρι φάρυγγος καὶ γλώττης καὶ τῶν οἰκείων ὀργάνων.

151 Galenus de Hipp. et Plat. plac. II 5 (V p. 247 K., p. 208 ed. Iv. Mueller). καὶ τοῦτο βούλεταί γε Ζήνων καὶ Χρύσιππος ἅμα τῷ σφετέρῳ χορῷ παντί, διαδίδοσθαι τὴν ἐκ τοῦ προσπεσόντος ἔξωθεν ἐγγενομένην τῷ μορίῳ κίνησιν εἰς τὴν ἀρχὴν τῆς ψυχῆς, ἵν᾽ αἴσθηται τὸ ζῷον.

Physica VI.
Theologia.

Esse deos. — Summus deus (aether). — Unus deus et tamen multi. — Φύσις, πρόνοια. — Μαντική. — Εἱμαρμένη.

152 Sextus adv. math. IX 133. Ζήνων δὲ καὶ τοιοῦτον ἠρώτα λόγον· „τοὺς θεοὺς εὐλόγως ἄν τις τιμῴη. τοὺς δὲ μὴ ὄντας οὐκ ἄν τις εὐλόγως τιμῴη· εἰσὶν ἄρα θεοί."
Cf. Diogen. Babyl. fr. 32 (Vol. III p. 216) Zenonem ab adversariis defendentis.

153 Hippolytus Philosoph. 21, 1 (DDG p. 571). Χρύσιππος καὶ Ζήνων, οἳ ὑπέθεντο καὶ αὐτοὶ ἀρχὴν μὲν θεὸν τῶν πάντων, σῶμα ὄντα τὸ καθαρώτατον, διὰ πάντων δὲ διήκειν τὴν πρόνοιαν αὐτοῦ. — Galen. Hist. Philos. 16 (DDG p. 608). Πλάτων μὲν οὖν καὶ Ζήνων ὁ Στωικὸς περὶ τῆς οὐσίας τοῦ θεοῦ διεληλυθότες οὐχ ὁμοίως περὶ ταύτης διενοήθησαν, ἀλλ᾽ ὁ μὲν Πλάτων θεὸν ἀσώματον, Ζήνων δὲ σῶμα, περὶ ⟨τῆς⟩ μορφῆς μηδὲν εἰρηκότες.

154 Cicero de nat. deor. I 36. *hic idem* (scil. Zeno) *alio loco aethera deum dicit.* — Tertullian. adv. Marcion. I 13. *deos pronuntiaverunt ... ut Zeno aerem et aetherem.* — Minuc. Fel. 19, 10. *aethera interdiu omnium esse principium.* — Cicero Acad. pr. II 126. *Zenoni et reliquis fere Stoicis aether videtur summus deus, mente praeditus, qua omnia regantur.*

---

11 ἐγγενομένην MA, ἐγγινομένην L.   26 οὐχ ὁμοίως B, οὐ κόσμου A.
28 περὶ δὲ μορφῆς A, περὶ μορφῆς δὲ B, corr. Diels.

155 Tertullianus ad nat. II 4. *ecce enim Zeno quoque materiam mundialem a deo separat et eum per illam tamquam mel per favos transisse dicit.* — idem adv. Hermog. 44. *Stoici enim volunt deum sic per materiam decucurrisse quomodo mel per favos.*

156 Tertullianus de praes. cup. 7. *et ubi materia cum deo exaequatur, Zenonis disciplina est.*

157 Aëtius I 7, 23 (DDG p. 303, 11). Ζήνων ὁ Στωικὸς νοῦν κόσμου πύρινον (scil. θεὸν ἀπεφήνατο).

Augustinus adv. Acad. III 17, 38. *nam et deum ipsum ignem putavit (Zeno).*

158 Themistius de an. II p. 64, 25 ed. Speng. τάχα δὲ καὶ τοῖς ἀπὸ Ζήνωνος σύμφωνος ἡ δόξα, διὰ πάσης οὐσίας πεφοιτηκέναι τὸν θεὸν τιθεμένοις καὶ ποῦ μὲν εἶναι νοῦν, ποῦ δὲ ψυχήν, ποῦ δὲ φύσιν, ποῦ δὲ ἕξιν.

159 Tatianus ad Graec. c. 3 p. 143 C. καὶ ὁ θεὸς ἀποδειχθήσεται κακῶν κατ᾽ αὐτὸν (scil. Ζήνωνα) ποιητής, ἐν ἁμάραις τε καὶ σκώληξι καὶ ἀρρητουργοῖς καταγινόμενος.

Cf. Clemens Alex. Protrept. p. 58 Pott. οὐδὲ μὴν τοὺς ἀπὸ τῆς Στοᾶς παρελεύσομαι διὰ πάσης ὕλης καὶ διὰ τῆς ἀτιμοτάτης τὸ θεῖον διήκειν λέγοντας· οἳ καταισχύνουσιν ἀτεχνῶς τὴν φιλοσοφίαν. — Sextus Pyrrh. hyotyp. III 218. Στωικοὶ δὲ πνεῦμα διῆκον καὶ διὰ τῶν εἰδεχθῶν.

160 Lactantius de vera sap. c. 9. *Zeno rerum naturae dispositorem atque artificem universitatis* λόγον *praedicat, quem et fatum et necessitatem rerum et deum et animum Iovis nuncupat.* — id. Inst. div. IV 9. — Tertull. Apol. 21. *Apud vestros quoque sapientes* λόγον, *id est sermonem atque rationem, constat artificem videri universitatis. Hunc enim Zeno determinat factitatorem, qui cuncta in dispositione formaverit, eundem et fatum vocari et deum et animum Iovis et necessitatem omnium rerum.* — Minuc. Fel. 19, 10. *rationem deum vocat Zeno.*

161 Cicero de nat. deor. I 36. *rationem quandam per omnem naturam rerum pertinentem vi divina esse affectam putat.*

Cf. Epiphan. adv. Haeres. III 36 (DDG p. 592). ἔλεγε δὲ πάντα διήκειν τὸ θεῖον.

162 Cicero de nat. deor. I 36. *Zeno naturalem legem divinam esse censet eamque vim obtinere recta imperantem prohibentemque contraria.* — Lactant. inst. div. I 5. *Item Zeno (deum nuncupat) divinam naturalemque legem.* — Minuc. Fel. Octav. 19, 10. *Zeno naturalem legem atque divinam ... omnium esse principium.*

8 κόσμον A, corr. Krische.   31 omnem *Glogaviensis*, omnium ABHV.
32 vi *Manutius*, ut ABVH.

Cf. Diogenes Laërt. VII 88. ὁ νόμος ὁ κοινός, ὅσπερ ἐστὶν ὁ ὀρθὸς λόγος, διὰ πάντων ἐρχόμενος, ὁ αὐτὸς ὢν τῷ Διΐ, καθηγεμόνι τούτῳ τῆς τῶν ὄντων διοικήσεως ὄντι.
Schol. Lucan. II 9. *hoc secundum Stoicos dicit, qui adfirmant mundum prudentia ac lege firmatum, ipsumque deum esse sibi legem.*
163 Diogenes Laërt. VII 148. οὐσίαν δὲ θεοῦ Ζήνων μέν φησι τὸν ὅλον κόσμον καὶ τὸν οὐρανόν.
164 Lactantius de ira Dei c. 11. *Antisthenes ... unum esse naturalem Deum dixit, quamvis gentes et urbes suos habeant populares. Eadem fere Zeno cum suis Stoicis.*
Philodemus περὶ εὐσεβ. p. 84 Gomp. πάντες οὖν οἱ ἀπὸ Ζήνωνος, εἰ καὶ ἀπέλειπον τὸ δαιμόνιον ... ἕνα θεὸν λέγουσιν εἶναι.
165 Cicero de nat. deor. I 36. *idem (Zeno) astris hoc idem (i. e. vim divinam) tribuit, tum annis, mensibus, annorumque mutationibus.*
166 Cicero de nat. deor. II 63. *Alia quoque ex ratione et quidem physica magna fluxit multitudo deorum, qui induti specie humana fabulas poetis suppeditaverunt, hominum autem vitam superstitione omni referserunt. Atque hic locus a Zenone tractatus, post a Cleanthe et Chrysippo pluribus verbis explicatus est.*
167 Cicero de nat. deor. I 36. *Cum vero Hesiodi Theogoniam interpretatur, tollit omnino usitatas perceptasque cognitiones deorum; neque enim Iovem neque Iunonem neque Vestam neque quemquam, qui ita appelletur, in deorum habet numero, sed rebus inanimis atque mutis per quandam significationem haec docet tributa nomina.*
168 Philodemus περὶ εὐσεβείας cp. 8 (DDG 542b). — — τὴν Ἀφρο)δείτην, (δ)ύναμιν οὖσαν συνα(κ)τικὴν οἰκε(ί)ως τῶν μερῶ(ν) πρὸ(ς ἄ)λληλα καὶ ἐκ ... ων· τὴν δ' ἀνα ... ν η .. ου καὶ κυ ... ... η περίοδον .....
169 Minucius Felix Octav. 19, 10. *Idem (Zeno) interpretando Iunonem aera, Iovem caelum, Neptunum mare, ignem esse Vulcanum, et ceteros similiter vulgi deos elementa esse monstrando, publicum arguit graviter et revincit errorem.*
170 Philodemus περὶ εὐσεβ. col. 8. τ(οὺ)ς δὲ ὀρθοὺς (λόγ)ους καὶ σπουδαίας διαθέσεις Διοσκούρους.

---

1 ὅπερ BPLD.   2 ὤν] ἐν BPLD.   ‖ δις B διΐ, ΐ in lit. P³.   6 θυσίαν P, corr. P¹.   16 inducti ABHV.   20 Theogoniam id est originem deorum ABHV.   23 appelletur ABEP, appellatur H.   26 locum ad Zenonem probabiliter rettulit Diels l. l.; Venerem ipse induxi.   ‖ συνακτικὴν dedi, συναπτικήν vulgo.   27 fortasse: καὶ ἐκτικήν.   28 τὴν δ' ἀνατολὴν ἡλίου καὶ κύ(κλησιν) ἢ περίοδον Diels.   33 ad Zenonem hoc frustulum esse referendum ex loco quem inter Philodemi fragmenta obtinet suspicatus est Diels Dox. p. 542. 543.

171 Cicero de nat. deor. II 57. *Zeno igitur naturam ita definit, ut eam dicat ignem esse artificiosum ad gignendum progredientem via. Censet enim artis maxime proprium esse creare et gignere, quodque in operibus nostrarum artium manus efficiat, id multo artificiosius naturam efficere, id est, ut dixi, ignem artificiosum, magistrum artium reliquarum.* — Acad. post. I 39. *Zeno statuebat ignem esse ipsam naturam.* — de nat. deor. III 27. *naturae artificiose ambulantis, ut ait Zeno.* — Tertull. ad. nat. II 2. *cuius (ignis) instar vult esse naturam Zeno.*

Diogenes Laërt. VII 156. τὴν μὲν φύσιν εἶναι πῦρ τεχνικὸν ὁδῷ βαδίζον εἰς γένεσιν.

172 Cicero de nat. deor. II 58. *Atque hac quidem ratione omnis natura artificiosa est, quod habet quasi viam quandam et sectam, quam sequatur. Ipsius vero mundi, qui omnia complexu suo coercet et continet, natura non artificiosa solum, sed plane artifex ab eodem Zenone dicitur, consultrix et provida utilitatum opportunitatumque omnium. Atque ut ceterae naturae suis seminibus quaeque gignuntur, augescunt, continentur, sic natura mundi omnis motus habet voluntarios conatusque et adpetitiones, quas* ὁρμάς *Graeci vocant, et his consentaneas actiones sic adhibet, ut nosmet ipsi, qui animis movemur et sensibus. Talis igitur mens mundi cum sit ob eamque causam vel prudentia vel providentia appellari recte possit (Graece enim* πρόνοια *dicitur), haec potissimum providet et in his maxime est occupata, primum ut mundus quam aptissimus sit ad permanendum, deinde ut nulla re egeat, maxume autem ut in eo eximia pulchritudo sit atque omnis ornatus.*

173 Cicero de divin. I 6. *Sed cum Stoici omnia fere illa (scil. divinationis genera) defenderent, quod et Zeno in suis commentariis quasi semina quaedam sparsisset etc.*

174 Diogenes Laërt. VII 149. καὶ μὴν καὶ μαντικὴν ὑφεστάναι πᾶσάν φασιν, εἰ καὶ πρόνοιαν εἶναι· καὶ αὐτὴν καὶ τέχνην ἀποφαίνουσι διά τινας ἐκβάσεις, ὥς φησι Ζήνων.

175 Diogenes Laërt. VII 149. καθ' εἱμαρμένην δέ φασι τὰ πάντα γίγνεσθαι Χρύσιππος ... καὶ Ποσειδώνιος ... καὶ Ζήνων — — (ἔστι δὲ εἱμαρμένη αἰτία τῶν ὄντων εἰρομένη ἢ λόγος καθ' ὃν ὁ κόσμος διεξάγεται).

176 Aëtius I 27,5 (DDG p. 322b 9). Ζήνων ὁ Στωικὸς ἐν τῷ περὶ φύσεως (τὴν εἱμαρμένην) δύναμιν κινητικὴν τῆς ὕλης κατὰ ταὐτὰ καὶ ὡσαύτως, ἥντινα μὴ διαφέρειν πρόνοιαν καὶ φύσιν καλεῖν. — Theodoret. Graec. Aff. Cur. VI 14 p. 153 Ra. Ζήνων δὲ ὁ Κιτιεὺς

---

29 φασὶ πᾶσαν (hoc ord.) BP. ‖ εἰ B, ἢ PLD.   30 ἐμβάσεις P, corr. P¹.
33 ὄντων D, νόμων BPL. ‖ εἰρωμένη P ante ras.

δύναμιν κέκληκε τὴν εἱμαρμένην κινητικὴν τῆς ὕλης· τὴν δὲ αὐτὴν καὶ πρόνοιαν καὶ φύσιν ὠνόμασεν.

Cf. II n. 975.

177 Epiphanius adv. haeres. III 2, 9 (III 36) Diels p. 592. τὰς δὲ αἰτίας τῶν πραγμάτων πῇ μὲν ἐφ' ἡμῖν, πῇ δὲ οὐκ ἐφ' ἡμῖν, τουτ- έστι τὰ μὲν τῶν πραγμάτων ἐφ' ἡμῖν, τὰ δὲ οὐκ ἐφ' ἡμῖν.

C. Ethica.

178 Diogenes Laërt. VII 84. τὸ δὲ ἠθικὸν μέρος τῆς φιλοσοφίας διαιροῦσιν εἴς τε τὸν περὶ ὁρμῆς καὶ εἰς τὸν περὶ ἀγαθῶν καὶ κακῶν τόπον καὶ εἰς τὸν περὶ παθῶν καὶ περὶ ἀρετῆς καὶ περὶ τέλους περί τε τῆς πρώτης ἀξίας καὶ τῶν πράξεων καὶ περὶ τῶν καθηκόντων προτροπῶν τε καὶ ἀποτροπῶν· [καὶ] οὕτω δ' ὑποδιαιροῦσιν οἱ περὶ Χρύσιππον κ.τ.λ. ὁ μὲν γὰρ Κιτιεὺς Ζήνων καὶ ὁ Κλεάνθης ὡς ἂν ἀρχαιότεροι ἀφελέστερον περὶ τῶν πραγμάτων διέλαβον.

I. De fine bonorum.
(Vol. III p. 3 sq.)

Explicatur finis bonorum n. 179—184. — Nihil malum nisi quod turpe n. 185. — Virtutem propter se ipsam expeti n. 186. — Virtutem sufficere ad vitam beatam n. 187—189.

179 Diogenes Laërt. VII 87. διόπερ πρῶτος ὁ Ζήνων ἐν τῷ περὶ ἀνθρώπου φύσεως τέλος εἶπε τὸ ὁμολογουμένως τῇ φύσει ζῆν, ὅπερ ἐστὶ κατ' ἀρετὴν ζῆν· ἄγει γὰρ πρὸς ταύτην ἡμᾶς ἡ φύσις. — Stobaeus Ecl. II p. 75, 11 W. τὸ δὲ τέλος ὁ μὲν Ζήνων οὕτως ἀπέδωκε „τὸ ὁμολογουμένως ζῆν"· τοῦτο δ' ἔστι καθ' ἕνα λόγον καὶ σύμφωνον ζῆν, ὡς τῶν μαχομένως ζώντων κακοδαιμονούντων.

Cic. de fin. IV 14. *hunc ipsum Zenonis aiunt esse finem, declarantem illud, quod a te dictum est, convenienter naturae vivere.* — ibid. III 21. *summum ... bonum, quod cum positum sit in eo, quod* ὁμολογίαν *Stoici, nos appellemus convenientiam, etc.* — Lactant. inst. div. III 7. *Zenonis (summum bonum) cum natura congruenter vivere.* — id. III 8. *audiamus igitur Zenonem; nam is interdum virtutem somniat. Summum, inquit, est bonum cum natura consentanee vivere.*

Philo quod omnis probus liber Vol. II p. 470, 27 Mang. πρὸς τέλος αἴσιον οὐ Ζηνώνειον μᾶλλον ἢ πυθόχρηστον ἀφίξονται τὸ ἀκολούθως τῇ φύσει ζῆν.

4 dubiae fidei testimonium.   10 τόπων B¹.   12 καὶ om. BPL.

180 Clemens Alex. Strom. II 21 p. 496 P. πάλιν δ' αὖ Ζήνων μὲν ὁ Στωϊκὸς τέλος ἡγεῖται τὸ κατ' ἀρετὴν ζῆν.

181 Cicero Acad. Pr. II 131. *Honeste autem vivere, quod ducatur a conciliatione naturae, Zeno statuit finem esse bonorum, qui inventor et princeps Stoicorum fuit.*

182 Arrianus Epict. diss. I 20, 14. καίτοι αὐτὸς μὲν ὁ προηγούμενος λόγος τῶν φιλοσόφων λίαν ἐστὶν ὀλίγος. εἰ θέλεις γνῶναι, ἀνάγνωθι τὰ Ζήνωνος, καὶ ὄψει· τί γὰρ ἔχει μακρὸν εἰπεῖν ὅτι τέλος ἐστὶ τὸ ἕπεσθαι θεοῖς, οὐσία δ' ἀγαθοῦ χρῆσις οἵα δεῖ φαντασιῶν; λέγε „τί οὖν ἐστι θεὸς καὶ τί φαντασία, καὶ τί ἐστι φύσις ἡ ἐπὶ μέρους καὶ τί ἐστι φύσις ἡ τῶν ὅλων"; ἤδη μακρόν.

183 Plutarchus de comm. not. 23,1 p. 1069f. οὐχὶ καὶ Ζήνων τούτοις (scil. Peripateticis) ἠκολούθησεν ὑποτιθεμένοις στοιχεῖα τῆς εὐδαιμονίας τὴν φύσιν καὶ τὸ κατὰ φύσιν;

184 Stobaeus Ecl. II p. 77, 20 W. τὴν δὲ εὐδαιμονίαν ὁ Ζήνων ὡρίσατο τὸν τρόπον τοῦτον· εὐδαιμονία δ' ἐστὶν εὔροια βίου. — Sextus adv. math. XI 30. εὐδαιμονία δέ ἐστιν, ὡς οἵ τε περὶ τὸν Ζήνωνα καὶ Κλεάνθην καὶ Χρύσιππον ἀπέδοσαν, εὔροια βίου. — Cf. Cleanth. n. 554. Diogenes Laërt. VII 88. M. Aurel. II 5 V 9 X 6.

185 Cicero Tusc. disp. II 29. *Nihil est, inquit (Zeno), malum, nisi quod turpe atque vitiosum est ... Numquam quidquam, inquit (scil. doleas necne interest), ad beate quidem vivendum, quod est in una virtute positum, sed est tamen reiciendum. Cur? Asperum est, contra naturam, difficile perpessu, triste, durum.* — ib. V 27. *si Stoicus Zeno diceret qui, nisi quod turpe esset, nihil malum duceret.* — Cf. ib. II 15.

186 Augustinus contra Acad. III 7, 16. *clamat Zenon et tota illa porticus tumultuatur hominem natum ad nihil esse aliud quam honestatem; ipsam suo splendore ad se animos ducere, nullo prorsus commodo extrinsecus posito et quasi lenocinante mercede; voluptatemque illam Epicuri solis inter se pecoribus esse communem; in quorum societatem et hominem et sapientem trudere nefas esse.*

187 Diogenes Laërt. VII 127. αὐτάρκη τε εἶναι αὐτὴν (scil. τὴν ἀρετήν) πρὸς εὐδαιμονίαν, καθά φησι Ζήνων.

Cic. de fin. V 79. *a Zenone hoc magnifice tamquam ex oraculo editur: „virtus ad bene vivendum se ipsa contenta est."* — Cf. Acad. pr. II 134. 135 Paradox. II. August. de trin. XIII 5, 8. *diximus ibi quosque posuisse beatam vitam, quod eos maxime delectavit ... ut virtus Zenonem.*

188 Cicero Acad. Post. I 35. *Zeno igitur nullo modo is erat,* *qui, ut Theophrastus, nervos virtutis incideret, sed contra, qui omnia, quae ad beatam vitam pertinerent, in una virtute poneret nec quidquam aliud numeraret in bonis idque appellaret honestum, quod esset simplex quoddam et solum et unum bonum.* — Cf. ibid. 7. *sive enim Zenonem sequare, magnum est efficere, ut quis intelligat, quid sit illud verum et simplex bonum, quod non possit ab honestate seiungi.*

189 Cicero de fin. IV 47. *errare Zenonem, qui nulla in re nisi in virtute [aut vitio] propensionem ne minimi quidem momenti ad summum bonum adipiscendum esse diceret, et, cum ad beatam vitam nullum momentum eae res haberent, ad appetitionem tamen rerum esse in iis momenta diceret.* — ib. IV 60. *Zeno autem quod suam, quod propriam speciem habeat cur appetendum sit, id solum bonum appellat, beatam autem vitam eam solam, quae cum virtute degatur.* — ib. IV 48. *Quid autem minus consentaneum est, quam· quod aiunt, cognito summo bono reverti se ad naturam, ut ex ea petant agendi principium, id est officii?*

II. De bonis et malis.
(Vol. III p. 17.)

190 Stobaeus Ecl. II p. 57, 18 W. ταῦτ' εἶναί φησιν ὁ Ζήνων ὅσα οὐσίας μετέχει, τῶν δ' ὄντων τὰ μὲν ἀγαθά, τὰ δὲ κακά, τὰ δὲ ἀδιάφορα. ἀγαθὰ μὲν τὰ τοιαῦτα· φρόνησιν, σωφροσύνην, δικαιοσύνην, ἀνδρείαν καὶ πᾶν ὅ ἐστιν ἀρετὴ ἢ μετέχον ἀρετῆς· κακὰ δὲ τὰ τοιαῦτα· ἀφροσύνην, ἀκολασίαν, ἀδικίαν, δειλίαν, καὶ πᾶν ὅ ἐστι κακία ἢ μετέχον κακίας· ἀδιάφορα δὲ τὰ τοιαῦτα· ζωὴν θάνατον, δόξαν ἀδοξίαν, πόνον ἡδονήν, πλοῦτον πενίαν, νόσον ὑγίειαν, καὶ τὰ τούτοις ὅμοια.

III. De indifferentibus.
(Vol. III p. 28.)

De notione indifferentis n. 191. — Προηγμένα et ἀποπροηγμένα n. 192—194. — De singulis indifferentibus n. 195—196.

191 Cicero Acad. post. I 36. *Cetera autem, etsi nec bona nec mala essent, tamen alia secundum naturam dicebat (Zeno), alia naturae esse contraria. His ipsis alia interiecta et media numerabat. Quae autem secundum naturam essent, ea sumenda et quadam aestimatione*

---

1 incideret *Baiter,* inciderit *libri.*   2 quae *Manutius,* quaeque *libri.*
8 aut vitio *seclusit Davisius.*   10 eae res haberent *scripsi,* ea res haberet *libri.* ‖ tamen *Davisius,* autem *libri.*   11 quod propriam *secludit Baiter.*

dignanda dicebat, contraque contraria; neutra autem in mediis relinquebat, in quibus ponebat nihil omnino esse momenti.

192 Stobaeus Ecl. II p. 84, 21 W. τῶν δ' ἀξίαν ἐχόντων τὰ μὲν ἔχειν πολλὴν ἀξίαν, τὰ δὲ βραχεῖαν. ὁμοίως δὲ καὶ τῶν ἀπαξίαν ἐχόντων ἃ μὲν ἔχειν πολλὴν ἀπαξίαν, ἃ δὲ βραχεῖαν. τὰ μὲν οὖν πολλὴν ἔχοντα ἀξίαν προηγμένα λέγεσθαι, τὰ δὲ πολλὴν ἀπαξίαν ἀποπροηγμένα, Ζήνωνος ταύτας τὰς ὀνομασίας θεμένου πρώτου τοῖς πράγμασι. προηγμένον δ' εἶναι λέγουσιν, ὃ ἀδιάφορον ⟨ὂν⟩ ἐκλεγόμεθα κατὰ προηγούμενον λόγον. τὸν δὲ ὅμοιον λόγον ἐπὶ τῷ ἀποπροηγμένῳ εἶναι καὶ τὰ παραδείγματα κατὰ τὴν ἀναλογίαν ταὐτά. οὐδὲν δὲ τῶν ἀγαθῶν εἶναι προηγμένον διὰ τὸ τὴν μεγίστην ἀξίαν αὐτὰ ἔχειν. τὸ δὲ προηγμένον, τὴν δευτέραν χώραν καὶ ἀξίαν ἔχον, συνεγγίζειν πως τῇ τῶν ἀγαθῶν φύσει· οὐδὲ γὰρ ἐν αὐλῇ τῶν προηγμένων εἶναι τὸν βασιλέα, ἀλλὰ τοὺς μετ' αὐτὸν τεταγμένους. προηγμένα δὲ λέγεσθαι οὐ τῷ πρὸς εὐδαιμονίαν τινὰ συμβάλλεσθαι συνεργεῖν τε πρὸς αὐτήν, ἀλλὰ τῷ ἀναγκαῖον εἶναι τούτων τὴν ἐκλογὴν ποιεῖσθαι παρὰ τὰ ἀποπροηγμένα. — Plut. de Sto. Rep. 30, 1.

193 Cicero Acad. Post. I 37. *(de Zenone) Sed quae essent sumenda ex iis alia pluris esse aestimanda, alia minoris. Quae pluris, ea praeposita appellabat, reiecta autem, quae minoris.*

194 Cicero de finibus III 52. *Sed non alienum est, quo facilius vis verbi intellegatur, rationem huius [verbi] faciendi Zenonis exponere. Ut enim, inquit, nemo dicit in regia regem ipsum quasi productum esse ad dignitatem (id est enim* προηγμένον*), sed eos, qui in aliquo honore sunt, quorum ordo proxime accedit, ut secundus sit, ad regium principatum, sic in vita non ea, quae primo loco sunt, sed ea quae secundum locum obtinent,* προηγμένα*, id est producta, nominentur.*

195 Gellius Noct. Att. IX 5, 5. *Zeno censuit voluptatem esse indifferens, id est neutrum, neque bonum neque malum, quod ipse graeco vocabulo* ἀδιάφορον *appellavit.*

196 Senec. Epist. 82, 7. *Zenon noster hac collectione utitur: „Nullum malum gloriosum esse; mors autem gloriosa est; mors ergo non est malum."*

IV. De prima conciliatione.
(Vol. III p. 43.)

197 Porphyrius de Abstin. III 19. οἰκειώσεως πάσης καὶ ἀλλοτριώσεως ἀρχὴ τὸ αἰσθάνεσθαι. τὴν δὲ οἰκείωσιν ἀρχὴν τίθενται δι-

---

2 esse *secludit* Ernestius.   22 verbi *om.* A.   24 idem enim est *libri,* corr. Madvig.   25 sint *libri,* corr. Victorius.   26 primorie *libri, unde* priore Klotz.

καιοσύνης οἱ ἀπὸ Ζήνωνος. Verba οἰκειώσεως — αἰσϑάνεσϑαι quamquam Porphyrii sunt, non Zenonis, adscripsi, quia ex sententia Stoicorum Porphyrius loqui videtur. — Cf. Plut. de Stoic. repugn. cp. 12 p. 1038c. ἡ γὰρ οἰκείωσις αἴσϑησις ἔοικε τοῦ οἰκείου καὶ ἀντίληψις εἶναι.

198 Cicero de finibus IV 45. *Mihi autem aequius videbatur Zenonem cum Polemone disceptantem, a quo quae essent principia naturae acceperat, a communibus initiis progredientem videre, ubi primum insisteret, et unde causa controversiae nasceretur, non stantem cum iis, qui ne dicerent quidem sua summa bona esse a natura profecta, uti isdem argumentis, quibus illi uterentur, isdemque sententiis.*

V. De virtute.
(Vol. III p. 48.)

199 Cicero Acad. Post. I 38. *Cumque superiores non omnem virtutem in ratione esse dicerent, sed quasdam virtutes natura aut more perfectas, hic (scil. Zeno) omnes in ratione ponebat; cumque illi ea genera virtutum, quae supra dixi, seiungi posse arbitrarentur, hic nec id ullo modo fieri posse disserebat, nec virtutis usum modo, ut superiores, sed ipsum habitum per se esse praeclarum, nec tamen virtutem cuiquam adesse, quin ea semper uteretur.*

200 Plutarchus de Stoic. rep. 7 p. 1034c. ἀρετὰς ὁ Ζήνων ἀπολείπει πλείονας κατὰ διαφοράς, ὥσπερ ὁ Πλάτων, οἷον φρόνησιν ἀνδρείαν σωφροσύνην δικαιοσύνην, ὡς ἀχωρίστους μὲν οὔσας, ἑτέρας δὲ καὶ διαφερούσας ἀλλήλων. πάλιν δὲ ὁριζόμενος αὐτῶν ἑκάστην, τὴν μὲν ἀνδρείαν φησὶ φρόνησιν εἶναι ἐν ⟨ὑπομενετέοις· τὴν δὲ .... φρόνησιν ἐν⟩ ἐνεργητέοις· τὴν δὲ δικαιοσύνην φρόνησιν ἐν ἀπονεμητέοις· ὡς μίαν οὖσαν ἀρετήν, ταῖς δὲ πρὸς τὰ πράγματα σχέσεσι κατὰ τὰς ἐνεργείας διαφέρειν δοκοῦσαν. — Diogenes Laërt. VII 161. ἀρετάς τε οὔτε πολλὰς εἰσῆγεν (scil. Aristo) ὡς ὁ Ζήνων. Cf. VII 126.

201 Plutarchus de virt. mor. 2 p. 441a. ἔοικε δὲ καὶ Ζήνων εἰς τοῦτό πως ὑποφέρεσθαι ὁ Κιτιεύς, ὁριζόμενος τὴν φρόνησιν ἐν μὲν ἀπονεμητέοις δικαιοσύνην, ἐν δ᾽ αἱρετέοις σωφροσύνην, ἐν δ᾽ ὑπομενετέοις ἀνδρείαν. ἀπολογούμενοι δ᾽ ἀξιοῦσιν ἐν τούτοις τὴν ἐπιστήμην φρόνησιν ὑπὸ τοῦ Ζήνωνος ὠνομάσθαι.

202 Plutarchus de virt. mor. c. 3 p. 441c. κοινῶς δὲ ἅπαντες

---

10 ad Pyrrhonem et Aristonem referenda.   26 lacunam manifestam supplevi, secutus Hirzelium; sed nomen virtutis, quae est φρόνησις ἐν ἐνεργητέοις (quae certe non est σωφροσύνη cf. 201) non potui supplere. Cf. Cleanth. fr. 563. 32 διαιρετέοις libri, corr. Wy.

οὗτοι (scil. Menedemus, Aristo, Zeno, Chrysippus) τὴν ἀρετὴν τοῦ ἡγεμονικοῦ τῆς ψυχῆς διάθεσίν τινα καὶ δύναμιν γεγενημένην ὑπὸ λόγου, μᾶλλον δὲ λόγον οὖσαν αὐτὴν ὁμολογούμενον καὶ βέβαιον καὶ ἀμετάπτωτον ὑποτίθενται· καὶ νομίζουσιν οὐκ εἶναι τὸ παθητικὸν καὶ ἄλογον διαφορᾷ τινι καὶ φύσει ψυχῆς τοῦ λογικοῦ διακεκριμένον, ἀλλὰ τὸ αὐτὸ τῆς ψυχῆς μέρος, ὃ δὴ καλοῦσι διάνοιαν καὶ ἡγεμονικόν, διόλου τρεπόμενον καὶ μεταβάλλον ἔν τε τοῖς πάθεσι καὶ ταῖς κατὰ ἕξιν ἢ διάθεσιν μεταβολαῖς, κακίαν τε γίνεσθαι καὶ ἀρετήν, καὶ μηδὲν ἔχειν ἄλογον ἐν ἑαυτῷ· λέγεσθαι δὲ ἄλογον, ὅταν τῷ πλεονάζοντι τῆς ὁρμῆς ἰσχυρῷ γενομένῳ καὶ κρατήσαντι πρός τι τῶν ἀτόπων παρὰ τὸν αἱροῦντα λόγον ἐκφέρηται· καὶ γὰρ τὸ πάθος εἶναι λόγον πονηρὸν καὶ ἀκόλαστον, ἐκ φαύλης καὶ διημαρτημένης κρίσεως σφοδρότητα καὶ ῥώμην προσλαβόντα.

203 Stobaeus Ecl. II 7, 1 p. 38, 15 W. οἱ δὲ κατὰ Ζήνωνα τὸν Στωικὸν τροπικῶς· ἦθός ἐστι πηγὴ βίου, ἀφ᾽ ἧς αἱ κατὰ μέρος πράξεις ῥέουσι.

204 Diogenes Laërt. VII 173. κατὰ Ζήνωνα καταληπτὸν εἶναι τὸ ἦθος ἐξ εἴδους. — Aëtius IV 9, 17 (DDG p. 398). οἱ Στωικοὶ τὸν σοφὸν αἰσθήσει καταληπτὸν ἀπὸ τοῦ εἴδους τεκμηριωδῶς.

VI. De affectibus.
(Vol. III p. 92.)

205 Diogenes Laërt. VII 110. ἔστι δὲ αὐτὸ τὸ πάθος κατὰ Ζήνωνα ἡ ἄλογος καὶ παρὰ φύσιν ψυχῆς κίνησις, ἢ ὁρμὴ πλεονάζουσα.

Cicero Tusc. disp. IV 11. *est igitur Zenonis haec definitio ut perturbatio sit, quod* πάθος *ille dicit, aversa a recta ratione contra naturam animi commotio. Quidam brevius, perturbationem esse appetitum vehementiorem.* — ib. 47. *definitio perturbationis, qua recte Zenonem usum puto; ita enim definit, ut perturbatio sit aversa a ratione contra naturam animi commotio, vel brevius, ut perturbatio sit appetitus vehementior, vehementior autem intellegatur is, qui procul absit a naturae constantia.* — Cicero de off. I § 136. *perturbationes, id est, motus animi nimios rationi non obtemperantes.*

Stobaeus Ecl. II 7, 2 p. 44, 4. πᾶν πάθος ὁρμὴ πλεονάζουσα. — ib. 7, 10 p. 88, 8. πάθος δ᾽ εἶναί φασιν ὁρμὴν πλεονάζουσαν καὶ ἀπειθῆ τῷ αἱροῦντι λόγῳ ἢ κίνησιν ψυχῆς ⟨ἄλογον⟩ παρὰ φύσιν. — Plut. in fragm. utr. anim. an corp. libid. et aegrit. c. 7 Andron. περὶ παθῶν c. 1.

206 Stobaeus Ecl. II 7, 1 p. 39, 5 W. ὡς δ᾽ ὁ Στωικὸς ὡρίσατο Ζήνων· πάθος ἐστὶν ὁρμὴ πλεονάζουσα. οὐ λέγει „πεφυκυῖα πλεονά-

---
19 καταληπτικόν Diels.   35 ἄλογον add. Wachsmuth.

ζειν", ἀλλ' ἤδη ἐν πλεονασμῷ οὖσα· οὐ γὰρ δυνάμει, μᾶλλον δ' ἐνεργείᾳ. ὡρίσατο δὲ κἀκείνως· „πάθος ἐστὶ πτοία ψυχῆς", ἀπὸ τῆς τῶν πτηνῶν φορᾶς τὸ εὐκίνητον τοῦ παθητικοῦ παρεικάσας. — Cf. ib. II 7, 10 p. 88, 11. διὸ καὶ πᾶσαν πτοίαν πάθος εἶναι ⟨καὶ⟩ πάλιν ⟨πᾶν⟩ πάθος πτοίαν.

207 Cicero Acad. Post. I 38. *cumque perturbationem animi illi ex homine non tollerent — — sed ea contraherent in angustumque deducerent, hic (scil. Zeno) omnibus his quasi morbis voluit carere sapientem; cumque eas perturbationes antiqui naturales esse dicerent et rationis expertes aliaque in parte animi cupiditatem, alia rationem collocarent, ne his quidem adsentiebatur. nam et perturbationes voluntarias esse putabat opinionisque iudicio suscipi et omnium perturbationum matrem esse arbitrabatur immoderatam quandam intemperantiam.* — Cf. III n. 447. (ubi Zenonis nomen occurrit.)

208 Themistius de An. 90b Spengel II 197, 24. καὶ οὐ κακῶς οἱ ἀπὸ Ζήνωνος τὰ πάθη τῆς ἀνθρωπίνης ψυχῆς τοῦ λόγου διαστροφὰς εἶναι τιθέμενοι καὶ λόγου κρίσεις ἡμαρτημένας.

209 Galenus de Hippocr. et Plat. plac. V I (V 429 K., p. 405 ed. Iu. Müller). Ζήνων οὐ τὰς κρίσεις αὐτὰς ἀλλὰ τὰς ἐπιγιγνομένας αὐταῖς συστολὰς καὶ διαχύσεις ἐπάρσεις τε καὶ [τὰς] πτώσεις τῆς ψυχῆς ἐνόμιζεν εἶναι τὰ πάθη. — ib. IV 3 (V 377 K. p. 348 ed. Iu. Müller). καὶ γὰρ Ζήνωνι κατά γε τοῦτο — καὶ πολλοῖς ἄλλοις μάχεται τῶν Στωϊκῶν, οἳ οὐ τὰς κρίσεις αὐτὰς τῆς ψυχῆς ἀλλὰ [καὶ] τὰς ἐπὶ ταύταις ἀλόγους συστολὰς καὶ ταπεινώσεις καὶ δήξεις ἐπάρσεις τε καὶ διαχύσεις ὑπολαμβάνουσιν εἶναι τὰ τῆς ψυχῆς πάθη.

210 Galenus de Hippocr. et Plat. plac. III 5 (V p. 332 K., p. 299 Iu. Müller). καὶ μηκέτι παρ' ἡμῶν ἑτέραν ἐπιζητεῖν ἀπόδειξιν ὑπὲρ τοῦ τοὺς φόβους καὶ τὰς λύπας καὶ πάνθ' ὅσα τοιαῦτα πάθη κατὰ τὴν καρδίαν συνίστασθαι. ἀλλὰ τοῦτο μὲν καὶ παρ' αὐτῶν ὁμολογούμενον λαμβάνεται τῶν Στωϊκῶν· οὐ μόνον γὰρ Χρύσιππος ἀλλὰ καὶ Κλεάνθης καὶ Ζήνων ἑτοίμως αὐτὸ τιθέασιν.

211 Diogenes Laërt. VII 110. τῶν παθῶν τὰ ἀνωτάτω (καθά φησιν ... Ζήνων ἐν τῷ περὶ παθῶν) εἶναι γένη τέτταρα, λύπην, φόβον, ἐπιθυμίαν, ἡδονήν. — Stob. Ecl. II 7, 10 p. 88, 14. πρῶτα δ' εἶναι τῷ γένει ταῦτα τὰ τέσσαρα, ἐπιθυμίαν, φόβον, λύπην, ἡδονήν.

212 Cicero Tusc. disp. III 74, 75. *Satis dictum esse arbitror aegri-*

---

2 ποιά FP, corr. Wachsm. cf. Chrysipp. fr. eth. 476 Vol. III p. 127, 30. 4 καὶ add. Heeren. ǁ πᾶν add. Meineke. 6 perturbationes *Walker*. 7 eas *Walker*. 10 ⟨in⟩ alia *Lambin*. 20 διαχύσεις Iu. Müller, χύσεις Marcianus, λύσεις ceteri. ǁ τὰς del. Müller. 23 καὶ del. Cornarius. 24 δείξεις libri, δήξεις Cornarius. 31 αὐτὰ libri, corr. Müller.

tudinem esse opinionem mali praesentis, in qua opinione illud insit, ut aegritudinem suscipere oporteat. Additur ad hanc definitionem a Zenone recte, ut illa opinio praesentis mali sit recens.

Galen de Hipp. et Plat. plac. IV 7 (p. 416 K., p. 391 Iu. Müller). „ὁ γοῦν ὅρος οὗτος", φησίν (Posidonius), „ὁ τῆς λύπης, ὥσπερ οὖν καὶ ἄλλοι πολλοὶ τῶν παθῶν ὑπό τε Ζήνωνος εἰρημένοι καὶ πρὸς τοῦ Χρυσίππου γεγραμμένοι σαφῶς ἐξελέγχουσι τὴν γνώμην αὐτοῦ. δόξαν γὰρ εἶναι πρόσφατον τοῦ κακὸν αὐτῷ παρεῖναί φησι τὴν λύπην. ἐν ᾧ καὶ συντομώτερον ἐνίοτε λέγοντες ὧδέ πως προφέρονται· λύπη ἐστὶ δόξα πρόσφατος κακοῦ παρουσίας".

213 Lactantius Inst. div. III 23. *inter vitia et morbos misericordiam ponit (Zeno).* — id. Epist. ad Pentad. 38. *Zeno Stoicorum magister, qui virtutem laudat, misericordiam ... tamquam morbum animi diiudicavit.*

214 Cicero pro Mur. § 61. *sapientem gratia nunquam moveri, nunquam cuiusquam delicto ignoscere; neminem misericordem esse nisi stultum et levem; viri non esse neque exorari neque placari.*

215 Seneca de Ira I 16, 7. *Nam, ut dicit Zenon, in sapientis quoque animo, etiam cum vulnus sanatum est, cicatrix manet. Sentiet itaque suspiciones quasdam et umbras affectuum, ipsis quidem carebit.*

VII. De sapiente et insipiente.
(Vol. III p. 146.)

De sapiente n. 216—223 a. — Peccata esse paria n. 224. — De insipiente n. 225—229.

216 Stobaeus Ecl. II 7, 11g p. 99, 3 W. ἀρέσκει γὰρ τῷ τε Ζήνωνι καὶ τοῖς ἀπ' αὐτοῦ Στωικοῖς φιλοσόφοις δύο γένη τῶν ἀνθρώπων εἶναι, τὸ μὲν τῶν σπουδαίων, τὸ δὲ τῶν φαύλων· καὶ τὸ μὲν τῶν σπουδαίων διὰ παντὸς τοῦ βίου χρῆσθαι ταῖς ἀρεταῖς, τὸ δὲ τῶν φαύλων ταῖς κακίαις· ὅθεν τὸ μὲν ἀεὶ κατορθοῦν ἐν ἅπασιν οἷς προστίθεται, τὸ δὲ ἁμαρτάνειν. καὶ τὸν μὲν σπουδαῖον ταῖς περὶ τὸν βίον ἐμπειρίαις χρώμενον ἐν τοῖς πραττομένοις ὑπ' αὐτοῦ πάντ' εὖ ποιεῖν, καθάπερ φρονίμως καὶ σωφρόνως καὶ κατὰ τὰς ἄλλας ἀρετάς· τὸν δὲ φαῦλον κατὰ τοὐναντίον κακῶς. καὶ τὸν μὲν σπουδαῖον μέγαν καὶ ἁδρὸν καὶ ὑψηλὸν καὶ ἰσχυρόν. μέγαν μὲν ὅτι δύναται ἐφικνεῖσθαι τῶν κατὰ προαίρεσιν ὄντων αὐτῷ καὶ προκειμένων· ἁδρὸν δέ, ὅτι ἐστὶν ηὐξημένος πάντοθεν· ὑψηλὸν δ', ὅτι μετείληφε τοῦ ἐπιβάλλον-

---

.5 λύπης Cornarius, ἄτης libri.   8 τὸ libri, corr. Müller.   9 pro ἐν ᾧ exspectaveris ὄν.

τος ύψους ἀνδρὶ γενναίῳ καὶ σοφῷ. καὶ ἰσχυρὸν δ᾽, ὅτι τὴν ἐπιβάλλουσαν ἰσχὺν περιπεποίηται, ἀήττητος ὢν καὶ ἀκαταγώνιστος. παρ᾽ ὃ καὶ οὔτε ἀναγκάζεται ὑπό τινος οὔτε ἀναγκάζει τινα, οὔτε κωλύεται οὔτε κωλύει, οὔτε βιάζεται ὑπό τινος οὔτ᾽ αὐτὸς βιάζει τινα, οὔτε δεσπόζει οὔτε δεσπόζεται, οὔτε κακοποιεῖ τινα οὔτ᾽ αὐτὸς κακοποιεῖ- 5 ται, οὔτε κακοῖς περιπίπτει ⟨οὔτ᾽ ἄλλον ποιεῖ κακοῖς περιπίπτειν⟩, οὔτε ἐξαπατᾶται οὔτε ἐξαπατᾷ ἄλλον, οὔτε διαψεύδεται οὔτε ἀγνοεῖ οὔτε λανθάνει ἑαυτόν, οὔτε καθόλου ψεῦδος ὑπολαμβάνει· εὐδαίμων δέ ἐστιν μάλιστα καὶ εὐτυχὴς καὶ μακάριος καὶ ὄλβιος καὶ εὐσεβὴς καὶ θεοφιλὴς καὶ ἀξιωματικός, βασιλικός τε καὶ στρατηγικὸς καὶ πο- 10 λιτικὸς καὶ οἰκονομικὸς καὶ χρηματιστικός. τοὺς δὲ φαύλους ἅπαντα τούτοις ἐναντία ἔχειν.

217 Athenaeus IV 158 B. Στωικὸν δὲ δόγμα ἐστίν· ὅτι πάντα τε εὖ ποιήσει ὁ σοφὸς καὶ φακῆν φρονίμως ἀρτύσει· διὸ καὶ Τίμων ὁ Φλιάσιος ἔφη (fr. 22 Wachsm.) [καὶ] 15

„Ζηνώνειόν γε φακῆν ἕψειν ὃς μὴ φρονίμως μεμάθηκεν"
ὡς οὐκ ἄλλως δυναμένης ἑψηθῆναι φακῆς εἰ μὴ κατὰ τὴν Ζηνώνειον ὑφήγησιν ὃς ἔφη

„εἰς δὲ φακῆν ἔμβαλλε δυωδέκατον κοριάννου".

218 Philo περὶ τοῦ πάντα σπουδαῖον ἐλεύθερον εἶναι Vol. II 20 p. 45 Mang. ἄξιον τὸ Ζηνώνειον ἐπιφωνῆσαι ὅτι θᾶττον ἂν ἀσκὸν βαπτίσαις πλήρη πνεύματος ἢ βιάσαιο τὸν σπουδαῖον ὁντινοῦν ἄκοντα δρᾶσαί τι τῶν ἀβουλήτων· ἀνένδοτος γὰρ καὶ ἀήσσητος ψυχή, ἣν ὀρθὸς λόγος δόγμασι παγίοις ἐνεύρωσε.

219 Plutarchus de aud. poët. 12 p. 33d. καὶ ὁ Ζήνων ἐπανορ- 25 θούμενος τὸ τοῦ Σοφοκλέους (Nauck fr. trag. p. 253)

ὅστις δὲ πρὸς τύραννον ἐμπορεύεται,
κείνου 'στὶ δοῦλος, κἂν ἐλεύθερος μόλῃ
μετέγραφεν

οὐκ ἔστι δοῦλος, ἢν ἐλεύθερος μόλῃ, 30
τῷ ἐλευθέρῳ νῦν συνεκφαίνων τὸν ἀδεᾶ καὶ μεγαλόφρονα καὶ ἀταπείνωτον.

220 Cicero de finibus V 84. *Paupertas si malum est, mendicus esse beatus nemo potest, quamvis sit sapiens. At Zeno eum non beatum modo, sed etiam divitem dicere ausus est.* — idem pro Murena § 61. 35 *solos sapientes esse, si mendicissimi, divites.*

221 Cicero pro Mur. § 61. *solos sapientes esse, si distortissimi,*

---

4 οὐ libri (ante δεσπ.), corr. Meineke.   6 κακῶς libri, corr. Gaisford. ‖ οὔτ᾽ – περιπίπτειν suppl. Meineke.   13 πάντα τε Kaibel, τε πάντα libri.
19 hunc quoque versum Timoni tribuit Wachsmuth.

formosos. — de fin. III 75. *recte etiam pulcher appellabitur: animi enim lineamenta sunt pulchriora quam corporis.*

222 Diogenes Laërt. VII 33. πάλιν ἐν τῇ πολιτείᾳ παριστάντα πολίτας καὶ φίλους καὶ οἰκείους καὶ ἐλευθέρους τοὺς σπουδαίους μόνον.

223 Clemens Alex. Strom. V 14, 95 p. 703 P. Ζήνων τε ὁ Στωϊκός, παρὰ Πλάτωνος λαβών, ὁ δὲ ἀπὸ τῆς βαρβάρου φιλοσοφίας, τοὺς ἀγαθοὺς πάντας ἀλλήλων εἶναι φίλους λέγει.

223a Plutarchus vita Arati 18. ὕστερον δὲ λέγεται σχολάζων (scil. Persaeus) πρὸς τὸν εἰπόντα μόνον αὐτῷ δοκεῖν στρατηγὸν εἶναι τὸν σοφόν „ἀλλὰ νὴ θεούς, φάναι, τοῦτο μάλιστα κἀμοί ποτε τῶν Ζήνωνος ἤρεσκε δογμάτων etc." Cf. n. 443.

224 Diogenes Laërt. VII 120. ἀρέσκει τε αὐτοῖς ἴσα ἡγεῖσθαι τὰ ἁμαρτήματα, καθά φησι ... Ζήνων. — Sextus adv. math. VII 422. κἀντεῦθεν ὁρμώμενοι οἱ περὶ τὸν Ζήνωνα ἐδίδασκον ὅτι ἴσα ἐστὶ τὰ ἁμαρτήματα.

Cicero pro Mur. § 61. *omnia peccata esse paria.* — Lactantius Inst. div. III 23. *Zenonis paria peccata quis probat?*

Cf. Cic. Paradox. III. Hor. Sat. I 3, 120 sq.

225 Cicero pro Mur. § 61. *omne delictum scelus esse nefarium, nec minus delinquere eum, qui gallum gallinaceum, cum opus non fuerit, quam eum, qui patrem suffocaverit.*

226 Cassius scepticus ap. Diog. Laërt. VII 32. ἐχθροὺς καὶ πολεμίους καὶ δούλους καὶ ἀλλοτρίους λέγειν αὐτὸν (Ζήνωνα) ἀλλήλων εἶναι πάντας τοὺς μὴ σπουδαίους, καὶ γονεῖς τέκνων καὶ ἀδελφοὺς ἀδελφῶν ⟨καὶ⟩ οἰκείους οἰκείων.

227 Cicero pro Mur. § 61. *nos autem, qui sapientes non sumus, fugitivos, exules, hostes, insanos denique esse dicunt.*

228 Philo quod omnis probus liber Vol. II p. 453, 26 Mang. ὁ δὲ Ζήνων εἰ καί τις ἄλλος ὑπ' ἀρετῆς ἀχθεὶς νεανικώτερον ἀποδείκνυσι περὶ τοῦ μὴ εἶναι τοῖς φαύλοις ἰσηγορίαν πρὸς ἀστείους. φησὶ γάρ· „οὐκ οἰμώξεται ὁ φαῦλος, ἐὰν ἀντιλέγῃ τῷ σπουδαίῳ; οὐκ ἄρ' ἐστὶν ἰσηγορία τῷ φαύλῳ πρὸς σπουδαῖον."

229 Seneca Epist. 83, 9. *Vult nos ab ebrietate deterrere Zenon, vir maximus, huius sectae fortissimae ac sanctissimae conditor, audi ergo, quomodo colligat virum bonum non futurum ebrium. „Ebrio secretum sermonem nemo committit: viro autem bono committit: ergo vir bonus ebrius non erit."*

---

23 πολεμικοὺς BPL.   26 καὶ add. Hübner.   28 occurrit in enumeratione „praeceptorum et sententiarum Zenonis".

Philo de Plantatione Noë II p. 356 Mang., § 176 Wendland. εἰ τῷ μεθύοντι οὐκ ἄν τις εὐλόγως λόγον ἀπόρρητον παρακατάθοιτο, ⟨τῷ δὲ σοφῷ παρακατατίθενται⟩, οὐκ ἄρα μεθύει ὁ ἀστεῖος.

VIII. De mediis officiis.
(Vol. III p. 134.)

230 Diogenes Laërt. VII 107. 108. ἔτι δὲ καθῆκόν φασιν εἶναι ὃ πραχθὲν εὔλογόν [τε] ἴσχει ἀπολογισμόν· οἷον τὸ ἀκόλουθον ἐν τῇ ζωῇ, ὅπερ καὶ ἐπὶ τὰ φυτὰ καὶ ζῷα διατείνει. ὁρᾶσθαι γὰρ κἀπὶ τούτων καθήκοντα. κατωνομάσθαι δὲ οὕτως ὑπὸ πρώτου Ζήνωνος τὸ καθῆκον, ἀπὸ τοῦ κατά τινας ἥκειν τῆς προσονομασίας εἰλημμένης. — Cf. ib. 25. φασὶ δὲ καὶ πρῶτον καθῆκον ὠνομακέναι καὶ λόγον περὶ αὐτοῦ πεποιηκέναι.

Stobaeus Ecl. II 7. 8 p. 85, 13 W. ὁρίζεται δὲ τὸ καθῆκον· τὸ ἀκόλουθον ἐν ζωῇ, ὃ πραχθὲν εὔλογον ἀπολογίαν ἔχει· παρὰ τὸ καθῆκον δὲ τὸ ἐναντίως. τοῦτο διατείνει καὶ εἰς τὰ ἄλογα τῶν ζῴων, ἐνεργεῖ γάρ τι κἀκεῖνα ἀκολούθως τῇ ἑαυτῶν φύσει· ἐπὶ ⟨δὲ⟩ τῶν λογικῶν ζῴων οὕτως ἀποδίδοται· τὸ ἀκόλουθον ἐν βίῳ.

Cicero de fin. III 58. *est autem officium quod ita factum est ut eius facti probabilis ratio reddi possit.*

231 Cicero Acad. Post. I 37. *Atque ut haec non tam rebus quam vocabulis commutaverat (scil. Zeno de bonis et praepositis) sic inter recte factum atque peccatum officium et contra officium media locabat quaedam, recte facta sola in bonis actionibus ponens, prave, id est peccata, in malis; officia autem [et] servata praetermissaque media putabat.*

232 Cicero de finibus IV 56. *Postea tuus ille Poenulus (scis enim Citieos, clientes tuos, e Phoenicia profectos), homo igitur acutus, causam non obtinens repugnante natura verba versare coepit et primum rebus iis, quas nos bonas dicimus, concessit, ut haberentur aestimabiles et ad naturam accomodatae, faterique coepit sapienti, hoc est summe beato, commodius tamen esse, si ea quoque habeat, quae bona non audet appellare, naturae accommodata esse concedit, negatque Platonem, si sapiens non sit, eadem esse in causa, qua tyrannum Dionysium; huic mori optimum esse propter desperationem sapientiae, illi propter spem vivere; peccata autem partim esse tolerabilia, partim nullo modo, propterea quod alia peccata plures, alia pauciores quasi numeros offici praeterirent;*

---

7 προαχθέν BPL, πραχθέν D Pal. 261. ‖ τε seclusi.   10 πρὸς ὀνυμίας B 16 δὲ add. Wachsm. Scripsit Zeno librum περὶ τοῦ καθήκοντος, vide librorum catalogum 41.   24 et del. *Lambin.*   26 citius *libri.* ‖ Phoenicia *Manutius,* poenica B poetica *ceteri.*   28 aestimabiles *O. Heine,* aptae habiles *libri.*

iam insipientes alios ita esse, ut nullo modo ad sapientiam possent pervenire, alios qui possent, si id egissent, sapientiam consequi.

IX. Vitae agendae praecepta.
(Vol. III p. 172.)

Varia praecepta n. 233—246. — De puerorum amore n. 247—249. — Cynica n. 250—257. — De rationali excessu n. 258. — Πολιτεία n. 259—271.

233 Galenus de cogn. animi morbis Vol. V p. 13 Kühn. οὕτω γοῦν καὶ Ζήνων ἠξίου πάντα πράττειν ἡμᾶς ἀσφαλῶς, ὡς ἀπολογησομένους ὀλίγον ὕστερον παιδαγωγοῖς· ὠνόμαζε γὰρ οὕτως ἐκεῖνος ὁ ἀνὴρ τοὺς πολλοὺς τῶν ἀνθρώπων, ἑτοίμους ὄντας τοῖς πέλας ἐπιτιμᾶν κἂν μηδεὶς αὐτοὺς παρακαλῇ.

234 Plutarchus de prof. in virt. 12 p. 82f. ὅρα δὴ καὶ τὸ τοῦ Ζήνωνος ὁποῖόν ἐστιν. ἠξίου γὰρ ἀπὸ τῶν ὀνείρων ἕκαστον αὑτοῦ συναισθάνεσθαι προκόπτοντος, εἰ μήθ᾽ ἡδόμενον αἰσχρῷ τινι ἑαυτὸν μήτε τι προσιέμενον ἢ πράττοντα τῶν δεινῶν καὶ ἀτόπων ὁρᾷ κατὰ τοὺς ὕπνους, ἀλλ᾽ οἷον ἐν βυθῷ γαλήνης ἀκλύστου καταφανεῖ διαλάμπει τῆς ψυχῆς τὸ φανταστικὸν καὶ παθητικὸν διακεχυμένον ὑπὸ τοῦ λόγου.

235 Proclus ad Hesiod. Op. et D. 291 (fortasse ex Plutarcho). Ζήνων ὁ Στωικὸς ἐνήλλαττε τοὺς στίχους λέγων·
κεῖνος μὲν πανάριστος ὃς εὖ εἰπόντι πίθηται·
ἐσθλὸς δ᾽ αὖ κἀκεῖνος ὃς αὐτῷ πάντα νοήσῃ,
τῇ εὐπειθείᾳ τὰ πρωτεῖα διδούς, τῇ φρονήσει δὲ τὰ δευτερεῖα. —
Diogenes Laërt. VII 25, 26. τούς τε Ἡσιόδου στίχους μεταγράφειν οὕτω (seq. versus). κρείττονα γὰρ εἶναι τὸν ἀκοῦσαι καλῶς δυνάμενον τὸ λεγόμενον καὶ χρῆσθαι αὐτῷ τοῦ δι᾽ αὑτοῦ τὸ πᾶν συννοήσαντος. τῷ μὲν γὰρ εἶναι μόνον τὸ συνεῖναι, τῷ δ᾽ εὖ πεισθέντι προσεῖναι καὶ τὴν πρᾶξιν. — Themistius Or. VIII 108 C. ἐμοὶ δὲ καὶ Ζήνων ὁ Κιτιεὺς λίαν ἀρεστὸς τὴν εὐπείθειαν ἀποφηνάμενος τῆς ἀγχινοίας ἀρετὴν εἶναι βασιλικωτέραν καὶ τὴν τάξιν τὴν Ἡσιόδου μεταθεὶς κ. τ. λ. — id. Or. XIII 171 D Hard. ὀρθῶς γὰρ ὑπελάμβανε Ζήνων ὁ Κιτιεὺς βασιλικωτέραν εἶναι τῆς ἀγχινοίας τὴν εὐπείθειαν.

236 Maximus Floril. c. 6 (Mai scriptor. vet. nov. coll. vol. II p. XXVII adn. 1). ὁ μὲν γεωργὸς ἀφ᾽ ὧν ἂν ⟨φυτῶν⟩ πολὺν καὶ καλὸν θέλῃ καρπὸν λαβεῖν, ὠφέλιμον ἑαυτὸν ἐκείνοις παρέχεται καὶ

---

16 optativos requiro: ὁρῴη et mox διαλάμποι.   27 κεχρῆσθαι (pro καὶ χρ.) B.   28 τὸ μὲν B¹.   35 φυτῶν addidi, quia arboribus homines opponuntur.   36 θέλῃ scripsi, θέλοι vulgo; ad sententiam aptius esset: ἐλπίζῃ vel ἐξῇ.

πάντα τρόπον ἐπιμελεῖται καὶ θεραπεύει· πολὺ δὲ μᾶλλον ἄνθρωποι ⟨ἀνθρώποις⟩ τοῖς ὠφελίμοις πεφύκασι χαρίζεσθαι καὶ περὶ τοὺς τοιούτους μάλιστα σπουδάζειν. καὶ θαυμαστὸν οὐδέν. καὶ γὰρ καὶ τῶν μερῶν τοῦ σώματος ἐκείνων ἐπιμελούμεθα μᾶλλον, ἅπερ ὠφελιμώτερα ἑαυτοῖς πρὸς τὴν ὑπηρεσίαν νομίζομεν εἶναι. ὅθεν ὁμοίως, ὑφ' ὧν 5 εὖ πάσχειν ἀξιοῦμεν, ὠφελίμους αὐτοῖς ἔργοις, ἀλλὰ μὴ τοῖς λόγοις εἶναι δεῖ. οὐδὲ γὰρ ἡ ἐλαία τῷ θεραπεύοντι αὐτὴν ἐπαγάλλεται, ἀλλ' ἐκφέρουσα πολλούς τε καὶ καλοὺς καρποὺς ἔπεισεν ἑαυτῆς ἐπιμελεῖσθαι μᾶλλον.

237 Stobaeus Flor. 14,4 (Vol. I p. 469 Hense) = Anton. Meliss. 10
I 52.   ἔλεγχε σαυτόν, ὅστις εἶ, μὴ πρὸς χάριν
       ἄκου', ἀφαιροῦ δὲ κολάκων παρρησίαν.

238 Stobaeus Floril. IV 106 (Vol. I p. 245 Hense). Ζήνων δὲ ἔφη γελοῖον ἑκάστου μὲν τοῖς παραγγέλμασιν ὡς δεῖ ζῆν μὴ προσέχειν, ὡς οὐκ εἰδότων, τὸν δὲ παρὰ πάντων ἔπαινον θαυμάζειν, ὡς ἐχόμενον 15 κρίσεως.

239 Athenaeus VI 233B. C. Ζήνων δὲ ὁ ἀπὸ τῆς Στοᾶς πάντα τἆλλα ⟨φαίνεται⟩ πλὴν τοῦ νομίμως αὐτοῖς (scil. auro et argento) καὶ καλῶς χρῆσθαι νομίσας ἀδιάφορα, τὴν μὲν αἵρεσιν αὐτῶν καὶ φυγὴν ἀπειπών, τὴν χρῆσιν δὲ τῶν λιτῶν καὶ ἀπερίττων προηγουμένως ποι- 20 εῖσθαι προστάσσων· ὅπως ἀδεῆ καὶ ἀθαύμαστον πρὸς τἆλλα τὴν διάθεσιν τῆς ψυχῆς ἔχοντες οἱ ἄνθρωποι, ὅσα μήτε καλά ἐστι μήτε αἰσχρά, τοῖς μὲν κατὰ φύσιν ὡς ἐπὶ πολὺ χρῶνται, τῶν δ' ἐναντίων μηδὲν ὅλως δεδοικότες λόγῳ καὶ μὴ φόβῳ τούτων ἀπέχωνται.

240 Stobaeus Floril. VI 20 (Vol. I p. 285 Hense). ὁ Ζήνων ᾐτιᾶτο 25 τοὺς πλείστους λέγων „ἐξὸν ἀπὸ τῶν πόνων τὰς ἡδονὰς φέρειν, ἀπὸ τῶν μαγειρείων λαμβάνουσιν."

241 Clemens Alex. Strom. II 20 125 P. p. 494, S. p. 178. καλῶς ὁ Ζήνων ἐπὶ τῶν Ἰνδῶν ἔλεγεν ἕνα Ἰνδὸν παροπτώμενον ἐθέλειν ⟨ἂν⟩ ἰδεῖν ἢ πάσας τὰς περὶ πόνου ἀποδείξεις μαθεῖν. 30

242 Athenaeus XIII 565 D. ὁ δὲ σοφὸς ἐκεῖνος Ζήνων, ὥς φησιν Ἀντίγονος ὁ Καρύστιος, προμαντευόμενος ὑμῶν, ὡς τὸ εἰκός, περὶ τοῦ βίου καὶ τῆς προσποιητοῦ ἐπιτηδεύσεως, ἔφη ὡς οἱ παρακούσαντες αὐτοῦ τῶν λόγων καὶ μὴ συνέντες ἔσονται ῥυπαροὶ καὶ

---

2 ἀνθρώποις addendum esse apparet.   11 μὴ Gesner, καὶ μὴ libri.
14 ἑκάστους Gesner, unde vulg. ‖ πράγμασιν libri, corr. Wachsm. et Buecheler.
15 ἐχόμενον Md.: ἐχόμενοι ATr., ἐχόμενων Wachsm.   18 φαίνεται addidi, quia enuntiatum verbo carebat.   19 αἵρεσιν Kaibel, ἀρχήν A.   20 περιττων libri, corr. Casaubonus. ‖ προηγορευμένως A, corr. Casaub.   27 λαμβάνουσιν corr. A, λαμβάνοντας ceteri.   30 ἂν add. Cobet. ‖ ad Antisthenis Herculem maiorem vel Cyrum dubit. refert Pearson p. 215.

ἀνελεύθεροι· καθάπερ οἱ τῆς Ἀριστίππου παρενεχθέντες αἱρέσεως ἄσωτοι καὶ θρασεῖς.
Cf. Cicero de nat. deor. III 77. si verum est quod Aristo Chius dicere solebat, nocere audientibus philosophos iis, qui bene dicta male interpretarentur: posse enim asotos ex Aristippi, acerbos e Zenonis schola exire. (Aristonis fr. n. 348)

243 Musonius περὶ κουρᾶς ap. Stob. Floril. 6,24 (Vol. I p. 289 Hense). εὖ γὰρ εἴρηται, ἔφη, τὸ τοῦ Ζήνωνος ὅτι τούτου ἕνεκα καρτέον, οὗ καὶ κομητέον, τοῦ κατὰ φύσιν, ἵνα μὴ βαρούμενός τις ὑπὸ τῆς κόμης μηδ' ἐνοχλούμενος ᾖ πρὸς μηδεμίαν ἐνέργειαν.

244 Origenes c. Celsum VII 63 p. 739. ἐκκλίνουσι τὸ μοιχεύειν οἱ τὰ τοῦ Κιτιέως Ζήνωνος φιλοσοφοῦντες ... διὰ τὸ κοινωνικόν· καὶ ⟨γὰρ⟩ παρὰ φύσιν εἶναι τῷ λογικῷ ζῴῳ νοθεύειν τὴν ὑπὸ τῶν νόμων ἑτέρῳ προκαταληφθεῖσαν γυναῖκα καὶ φθείρειν τὸν ἄλλου ἀνθρώπου οἶκον.

245 Diogenes Laërt. VII 22. δεῖν τε ἔλεγε τοὺς νέους πάσῃ κοσμιότητι χρῆσθαι ἐν πορείᾳ καὶ σχήματι καὶ περιβολῇ. συνεχές τε προεφέρετο τοὺς ἐπὶ τοῦ Καπανέως Εὐριπίδου στίχους (Suppl. v. 861 sq.)
ὅτι βίος μὲν ἦν αὐτῷ,
   ἥκιστα δ' ὄλβῳ γαῦρος ἦν, φρόνημα δὲ
   οὐδέν τι μεῖζον εἶχεν ἢ πένης ἀνήρ.

246 Clemens Alex. Paedag. III 11, 74 p. 296 P. ὑπογράφειν ὁ Κιτιεὺς ἔοικε Ζήνων εἰκόνα νεανίου καὶ οὕτως αὐτὸν ἀνδριαντουργεῖ· ἔστω, φησί, καθαρὸν τὸ πρόσωπον, ὀφρὺς μὴ καθειμένη, μηδ' ὄμμα ἀναπεπταμένον μηδὲ διακεκλασμένον, μὴ ὕπτιος ὁ τράχηλος, μηδ' ἀνιέμενα τὰ τοῦ σώματος μέλη, ἀλλὰ [τὰ] μετέωρα ἐντόνοις ὅμοια· ὀρθὸς νοῦς πρὸς τὸν λόγον, ὀξύτης καὶ κατοκωχὴ τῶν ὀρθῶς εἰρημένων, καὶ σχηματισμοὶ καὶ κινήσεις μηδὲν ἐνδιδοῦσαι τοῖς ἀκολάστοις ἐλπίδος. αἰδὼς μὲν ἐπανθείτω καὶ ἀρρενωπία· ἀπέστω δὲ καὶ ὁ ἀπὸ τῶν μυροπωλίων καὶ χρυσοχοείων καὶ ἐριοπωλίων ἄλυς καὶ ὁ ἀπὸ τῶν ἄλλων ἐργαστηρίων, ἔνθα καὶ ἑταιρικῶς κεκοσμημένοι, ὥσπερ ἐπὶ τέγους καθεζόμενοι, διημερεύουσιν.

247 Athenaeus XIII 563 E (Stoicos Myrtilus adloquitur). ἐζηλωκότες τὸν ἀρχηγὸν ὑμῶν τῆς σοφίας Ζήνωνα τὸν Φοίνικα, ὃς οὐδεπώποτε γυναικὶ ἐχρήσατο, παιδικοῖς δ' ἀεί, ὡς Ἀντίγονος ὁ Καρύστιος

---

1 παρεξενεχθέντες Kaibel.   13 interpunxi ante καὶ et γὰρ addidi.
17 καὶ (pro ἐν) BPLD. ‖ τῷ pro καὶ BL.   21 οὗτοι B, οὔτι PLD.   25 διακεκλασμένον Cobet, ἀνακεκλασμένον cod.   26 τὰ seclusit Wachsm.   27 ὀρθόνουν cod., corr. Wachsm.   30. 32 nonne ἐπὶ bis scribendum pro ἀπὸ?
33 κεκοσμημέναι — καθεζόμεναι cod., corr. Cobet.

ἱστορεῖ ἐν τῷ περὶ τοῦ βίου αὐτοῦ· θρυλεῖτε γὰρ ὅτι „δεῖ μὴ τῶν σωμάτων ἀλλὰ τῆς ψυχῆς ἐρᾶν," οἵτινες μέχρι ὀκτὼ καὶ εἴκοσι ἐτῶν δεῖν λέγοντες συνέχειν τοὺς ἐρωμένους.

248 Diogenes Laërt. VII 129. καὶ ἐρασθήσεσθαι δὲ τὸν σοφὸν τῶν νέων τῶν ἐμφαινόντων διὰ τοῦ εἴδους τὴν πρὸς ἀρετὴν εὐφυΐαν, ὥς φησι Ζήνων ἐν τῇ πολιτείᾳ.

249 Sextus Pyrrh. hypotyp. III 200. καὶ τί θαυμαστόν, ὅπου γε καὶ οἱ ἀπὸ τῆς κυνικῆς φιλοσοφίας καὶ οἱ περὶ τὸν Κιτιέα Ζήνωνα καὶ Κλεάνθην καὶ Χρύσιππον ἀδιάφορον τοῦτο (i. e. ἀρρενομιξίαν) εἶναί φασιν;

250 Sextus Pyrrh. hypotyp. III 245. οἷον γοῦν ὁ αἱρεσιάρχης αὐτῶν Ζήνων ἐν ταῖς διατριβαῖς φησι περὶ παίδων ἀγωγῆς ἄλλα τε ὅμοια καὶ τάδε· „διαμηρίζειν μηδὲν μᾶλλον μηδὲ ἧσσον παιδικὰ ἢ μὴ παιδικὰ μηδὲ θήλεα ἢ ἄρρενα· οὐ γὰρ παιδικοῖς ἄλλα ἢ μὴ παιδικοῖς οὐδὲ θηλείαις ἢ ἄρρεσιν, ἀλλὰ ταὐτὰ πρέπει τε καὶ πρέποντά ἐστιν." — id. adv. math. XI 190. καὶ μὴν περὶ μὲν παίδων ἀγωγῆς ἐν ταῖς διατριβαῖς ὁ αἱρεσιάρχης Ζήνων τοιαῦτά τινα διέξεισιν (sequuntur eadem verba, sed ἄλλα παιδικοῖς pro παιδικοῖς ἄλλα).

251 Sextus adv. math. XI 190. καὶ πάλιν (ὁ Ζήνων) „διαμεμήρικας τὸν ἐρώμενον; οὐκ ἔγωγε. πότερον οὐκ ἐπεθύμησας αὐτὸν διαμηρίσαι; καὶ μάλα. ἀλλ' ἐπιθυμήσας παρασχεῖν σοι αὐτὸν [ἢ] ἐφοβήθης κελεῦσαι; μὰ Δί'. ἀλλ' ἐκέλευσας; καὶ μάλα. εἶτ' οὐχ ὑπηρέτησέ σοι; οὐ γάρ."

252 Plutarchus quaest. conviv. III 6,1 p. 653 e. ὡς ἔγωγε νὴ τὸν κύνα καὶ τοὺς Ζήνωνος ἂν ἐβουλόμην, ἔφη, διαμηρισμοὺς ἐν συμποσίῳ τινὶ καὶ παιδιᾷ μᾶλλον ἢ σπουδῆς τοσαύτης ἐχομένῳ συγγράμματι, τῇ Πολιτείᾳ, κατατετάχθαι.

253 Epiphanius adv. Haeres. III 36 (DDG p. 592). Ζήνων ὁ Κιτιεύς, ὁ Στωϊκὸς ἔφη .... τοὺς δὲ τελευτῶντας ζῴοις παραβάλλειν χρῆναι ἢ πυρί. καὶ τοῖς παιδικοῖς χρῆσθαι ἀκωλύτως.

254 Theophilus ad Autol. III 5 p. 119 C. τί σοι ἔδοξε τὰ Ζήνωνος ἢ τὰ Διογένους καὶ Κλεάνθους, ὁπόσα περιέχουσιν αἱ βίβλοι αὐτῶν διδάσκουσαι ἀνθρωποβορίας, πατέρας μὲν ὑπὸ ἰδίων τέκνων ἕψεσθαι καὶ βιβρώσκεσθαι καί, εἴ τις οὐ βούλοιτο ἢ μέρος τι τῆς μυσερᾶς τροφῆς ἀπορρίψειεν, αὐτὸν κατεσθίεσθαι τὸν μὴ φαγόντα; Cf. Diogenes Laërt. VII 121. γεύσεσθαί τε καὶ ἀνθρωπίνων σαρκῶν κατὰ περίστασιν. — ib. 188 (Chrysippus). ἐν δὲ τῷ γ' περὶ δι-

---

1 θρυλεῖται A, corr. Mus. 2 οἱ μέχρι Meineke. 20 ἐπιθυμήσας Bekker dubit., ἐπεθύμησας cod. 21 ἢ seclusi, interpolatum, postquam pro ἐπιθυμήσας scriptum est ἐπεθύμησας. 23 ὑπηρετήσουσί σοι CHR. 25 τοὺς scripsi, τοῦ vulg. ‖ διαμερισμοὺς libri, corr. Wyt.

καίου κατὰ τοὺς χιλίους στίχους καὶ τοὺς ἀποθανόντας κατεσθίειν κελεύων. — Sext. Pyrrh. III 207, 247 sq. adv. math. XI 192—194. — Chrys. fr. mor. n. 747 (Vol. III p. 186).

255 Sextus Pyrrh. hypotyp. III 206. τό τε αἰσχρουργεῖν, ἐπάρατον ὂν παρ' ἡμῖν, ὁ Ζήνων οὐκ ἀποδοκιμάζει.

256 Sextus Pyrrh. hypotyp. III 246. περὶ δὲ τῆς εἰς τοὺς γονεῖς ὁσιότητος ὁ αὐτὸς ἀνήρ (Ζήνων) φησιν εἰς τὰ περὶ τὴν Ἰοκάστην καὶ τὸν Οἰδίποδα, ὅτι οὐκ ἦν δεινὸν τρίβειν τὴν μητέρα· καὶ εἰ μὲν ἀσθενοῦσαν ἕτερόν τι μέρος τοῦ σώματος τρίψας ταῖς χερσὶν ὠφέλει, οὐδὲν αἰσχρόν· εἰ δὲ ἕτερα μέρη τρίψας εὔφραινεν, ὀδυνωμένην παύσας, καὶ παῖδας ἐκ τῆς μητρὸς γενναίους ἐποίησεν, αἰσχρόν. — Sextus adv. math. XI 191. καί γε ὁ μὲν Ζήνων, τὰ περὶ τῆς Ἰοκάστης καὶ Οἰδίποδος θεὶς ἱστορούμενα, φησὶν ὅτι οὐκ ἦν δεινὸν τρῖψαι τὴν μητέρα. καί, εἰ μὲν ἀσθενοῦσαν τὸ σῶμα ταῖς χερσὶ τρίψας ὠφέλει, οὐδὲν αἰσχρόν· εἰ δὲ ἑτέρῳ μέρει τρίψας ἐφ' ᾧ εὗρεν ὀδυνωμένην παύσας καὶ παῖδας ἐκ τῆς μητρὸς γενναίους ποιήσας τί ἦν αἰσχρόν; — Pyrrh. hypotyp. III 205. ἀλλὰ καὶ ὁ Κιτιεὺς Ζήνων φησὶ μὴ ἄτοπον εἶναι τὸ μόριον τῆς μητρὸς τῷ ἑαυτοῦ μορίῳ τρῖψαι, καθάπερ οὐδὲ ἄλλο τι μέρος τοῦ σώματος αὐτῆς τῇ χειρὶ τρῖψαι φαῦλον ἂν εἴποι τις εἶναι.

257 Diogenes Laërt. VII 33. καὶ ἐσθῆτι δὲ τῇ αὐτῇ κελεύει χρῆσθαι ἄνδρας καὶ γυναῖκας καὶ μηδὲν μόριον ἀποκεκρύφθαι.

258 Seneca Epist. 104, 21. quod si convivere etiam Graecis juvat, cum Socrate, cum Zenone versare: alter te docebit mori, si necesse erit: alter, antequam necesse erit.

259 Diogenes Laërt. VII 32. ἔνιοι μέντοι (inter quos Cassius scepticus) ἐν πολλοῖς κατηγοροῦντες τοῦ Ζήνωνος, πρῶτον μὲν τὴν ἐγκύκλιον παιδείαν ἄχρηστον ἀποφαίνειν λέγοντα ἐν ἀρχῇ τῆς πολιτείας.

260 Plutarchus de Stoic. repugn. cp. 8 p. 1034f. τοῦτον δὲ τὸν λόγον ἐρωτήσας (scil. Zeno), ἀντέγραψε μὲν πρὸς τὴν Πλάτωνος Πολιτείαν etc.

Antecedit Zenonis fr. n. 78.

261 Plutarchus vita Lycurg. 31. ταύτην (Lycurgi rem publicam) καὶ Πλάτων ἔλαβε τῆς πολιτείας ὑπόθεσιν καὶ Διογένης καὶ Ζήνων καὶ πάντες ὅσοι τι περὶ τούτων ἐπιχειρήσαντες εἰπεῖν ἐπαινοῦνται, γράμματα καὶ λόγους ἀπολιπόντες μόνον.

262 Plutarchus de Alex. virt. I 6 p. 329a. καὶ μὴν ἡ πολὺ θαυ-

---

15 εὔφραινεν scribendum esse (pro ἐφ' ᾧ εὗρεν) ostendit locus Pyrrh. III 246, sed ἑτέρῳ μέρει verum esse patet, non ἕτερα μέρη. 16 τί ἦν corruptum; fortasse τοῦτ' ἦν.

μαζομένη πολιτεία τοῦ τὴν Στωικῶν αἵρεσιν καταβαλομένου Ζήνωνος εἰς ἓν τοῦτο συντείνει κεφάλαιον, ἵνα μὴ κατὰ πόλεις μηδὲ κατὰ δήμους οἰκῶμεν, ἰδίοις ἕκαστοι διωρισμένοι δικαίοις, ἀλλὰ πάντας ἀνθρώπους ἡγώμεθα δημότας καὶ πολίτας, εἷς δὲ βίος ᾖ καὶ κόσμος, ὥσπερ ἀγέλης συννόμου νόμῳ κοινῷ συντρεφομένης. τοῦτο Ζήνων μὲν ἔγραψεν ὥσπερ ὄναρ ἢ εἴδωλον εὐνομίας φιλοσόφου καὶ πολιτείας ἀνατυπωσάμενος: id. de Stoic. rep. cp. 2, 1 p. 1033b. ἐπεὶ τοίνυν πολλὰ μὲν ὡς ἐν λόγοις αὐτῷ Ζήνωνι ... γεγραμμένα τυγχάνει περὶ πολιτείας καὶ τοῦ ἄρχεσθαι καὶ ἄρχειν καὶ δικάζειν καὶ ῥητορεύειν. — Johannes Chrysost. Hom. I in Matth. 4. οὐ γὰρ καθάπερ Πλάτων ὁ τὴν καταγέλαστον ἐκείνην πολιτείαν συνθεὶς καὶ Ζήνων καὶ εἴ τις ἕτερος πολιτείαν ἔγραψεν ἢ νόμους συνέθηκεν.

263 Athenaeus XIII 561 C. Ποντιανὸς δὲ Ζήνωνα ἔφη τὸν Κιτιέα ὑπολαμβάνειν τὸν Ἔρωτα θεὸν εἶναι φιλίας καὶ ἐλευθερίας, ἔτι δὲ καὶ ὁμονοίας παρασκευαστικόν, ἄλλου δ' οὐδενός. διὸ καὶ ἐν τῇ πολιτείᾳ ἔφη „τὸν Ἔρωτα θεὸν εἶναι, συνεργὸν ὑπάρχοντα πρὸς τὴν τῆς πόλεως σωτηρίαν." — Plutarchus vit. Lycurg. 31. οὐ μὴν τοῦτό γε τῷ Λυκούργῳ κεφάλαιον ἦν τότε, πλείστων ἡγουμένην ἀπολιπεῖν τὴν πόλιν, ἀλλ' ὥσπερ ἑνὸς ἀνδρὸς βίῳ καὶ πόλεως ὅλης νομίζων εὐδαιμονίαν ἀπ' ἀρετῆς ἐγγίνεσθαι καὶ ὁμονοίας τῆς πρὸς αὑτήν, πρὸς τοῦτο συνέταξε καὶ συνήρμοσεν, ὅπως ἐλευθέριοι καὶ αὐτάρκεις γενόμενοι καὶ σωφρονοῦντες ἐπὶ πλεῖστον χρόνον διατελῶσι. ταύτην καὶ Πλάτων ἔλαβε τῆς Πολιτείας ὑπόθεσιν καὶ Διογένης καὶ Ζήνων κ. τ. λ.

264 Clemens Alex. Strom. V 12, 76 p. 691 P. λέγει δὲ καὶ Ζήνων, ὁ τῆς Στωικῆς κτίστης αἱρέσεως, ἐν τῷ τῆς πολιτείας βιβλίῳ μήτε ναοὺς δεῖν ποιεῖν μήτε ἀγάλματα· μηδὲν γὰρ εἶναι τῶν θεῶν ἄξιον κατασκεύασμα, καὶ γράφειν οὐ δέδιεν αὐταῖς λέξεσι τάδε· ἱερά τε οἰκοδομεῖν οὐδὲν δεήσει· ἱερὸν γὰρ μὴ πολλοῦ ἄξιον καὶ ἅγιον οὐδὲν χρὴ νομίζειν· οὐδὲν δὲ πολλοῦ ἄξιον καὶ ἅγιον οἰκοδόμων ἔργον καὶ βαναύσων. — Plutarchus de Stoic. rep. cp. 6, 1 p. 1034b. ἔτι δόγμα Ζήνωνος ἔστιν· ἱερὰ θεῶν μὴ οἰκοδομεῖν· ἱερὸν γὰρ μὴ πολλοῦ ἄξιον καὶ ἅγιον οὐκ ἔστιν· οἰκοδόμων δ' ἔργον καὶ βαναύσων οὐδέν ἐστι πολλοῦ ἄξιον. — Theodoretus Gr. Aff. Cur. III 74 p. 89, 7 Ra. ταῦτα συνορῶν καὶ Ζήνων ὁ Κιτιεὺς ἐν τῷ τῆς Πολιτείας ἀπαγορεύει βιβλίῳ καὶ ναοὺς οἰκοδομεῖν καὶ ἀγάλματα τεκταίνειν· οὐδὲν γὰρ εἶναι τούτων φησὶν θεῶν ἄξιον

---

15 φιλίας καὶ ὁμονοίας, ἔτι δὲ καὶ ἐλευθερίας optime coniecit Kaibel, quia statim sequitur p. 561d φιλία τε καὶ ὁμόνοια γεννᾶται, δι' ὧν ἡ καλλίστη ἐλευθερία τοῖς ταῦτα μετιοῦσιν συναύξεται.

κατασκεύασμα. — Epiphanius adv. haeres. III 36. Ζήνων ὁ Κιτιεὺς ὁ Στωικὸς ἔφη μὴ δεῖν θεοῖς οἰκοδομεῖν ἱερά.

265 Origenes c. Celsum I 5 Vol. I p. 59,3 Kö. (p. 324 Del.). προσθήσομεν δὲ καὶ ἡμεῖς ὅτι καὶ ὁ Ζήνων ὁ Κιτιεὺς ἐν τῇ Πολιτείᾳ φησίν· „ἱερά τε οἰκοδομεῖν οὐδὲν δεήσει· ἱερὸν γὰρ οὐδὲν χρὴ νομίζειν οὐδὲ πολλοῦ ἄξιον καὶ ἅγιον οἰκοδόμων τε ἔργον καὶ βαναύσων."

266 Stobaeus Floril. 43, 88 Mein. Ζήνων ἔφη δεῖν τὰς πόλεις κοσμεῖν οὐκ ἀναθήμασιν ἀλλὰ ταῖς τῶν οἰκούντων ἀρεταῖς.

267 Cassius scepticus ap. Diog. Laërt. VII 33. καὶ κατὰ τοὺς διακοσίους ⟨στίχους⟩ μηδ' ἱερὰ μήτε δικαστήρια μήτε γυμνάσια ἐν ταῖς πόλεσιν οἰκοδομεῖσθαι (scil. δογματίζειν τὸν Ζήνωνα).

268 Diogenes Laërt. VII 33. περί τε νομίσματος οὕτως γράφειν „νόμισμα δ' οὔτ' ἀλλαγῆς ἕνεκεν οἴεσθαι δεῖν κατασκευάζειν οὔτ' ἀποδημίας ἕνεκεν."

269 Diogenes Laërt. VII 131. ἀρέσκει δὲ αὐτοῖς καὶ κοινὰς εἶναι τὰς γυναῖκας δεῖν παρὰ τοῖς σοφοῖς, ὥστε τὸν ἐντυχόντα τῇ ἐντυχούσῃ χρῆσθαι, καθά φησι Ζήνων ἐν τῇ πολιτείᾳ. — ib. 33. κοινάς τε τὰς γυναῖκας δογματίζειν, ὁμοίως Πλάτωνι, ἐν τῇ πολιτείᾳ.

270 Diogenes Laërt. VII 121. καὶ γαμήσειν, ὡς ὁ Ζήνων φησὶν ἐν τῇ πολιτείᾳ, (τὸν σοφόν) καὶ παιδοποιήσεσθαι.

271 Seneca de Otio cp. 3,2 Gertz. *Zenon ait: accedet ad rempublicam (sapiens), nisi si quid impedierit.* — id. de Tranq. An. I 7. *Promptus compositus sequor Zenona, Cleanthem, Chrysippum; quorum tamen nemo ad rempublicam accessit, at nemo non misit.*

Cf. Chrysipp. fr. 697 Vol. III p. 175, 3.

X. De Cratete. — De Homero. — De Hesiodo.

272 Diogenes Laërt. VI 91. Ζήνων δ' αὖ ὁ Κιτιεὺς ἐν ταῖς χρείαις καὶ κώδιον αὐτὸν (scil. Cratetem) φησί ποτε προσράψαι τῷ τρίβωνι ἀνεπιστρεπτοῦντα.

273 Stobaeus Floril. 95, 21 Mein. Ζήνων ἔφη Κράτητα ἀναγιγνώσκειν ἐν σκυτείῳ καθήμενον τὸν Ἀριστοτέλους προτρεπτικόν, ὃν ἔγραψε πρὸς Θεμίσωνα τὸν Κυπρίων βασιλέα λέγων, ὅτι οὐδενὶ πλείω ἀγαθὰ ὑπάρχει πρὸς τὸ φιλοσοφῆσαι, πλοῦτόν τε γὰρ πλεῖστον αὐτὸν

---

5 patet ipsa Zenonis verba accuratissime a Clemente referri, breviari eundem locum ab Origene. 11 στίχους add. Menag. ‖ ἐπὶ BPLD. 17 ὡς P, corr. P³. 25 at scripsi, et A. 28 αὖ scripsi, αὖθ' vulgo. 30 ἀνεπιτρεπτοῦντα libri, corr. Rossius. 31 referendum ad Κράτητος ἀπομνημονεύματα.

ἔχειν, ὥστε δαπανᾶν εἰς ταῦτα, ἔτι δὲ δόξαν ὑπάρχειν αὐτῷ. ἀναγιγνώσκοντος δὲ αὐτοῦ τὸν σκυτέα ἔφη προσέχειν ἅμα ῥάπτοντα. καὶ τὸν Κράτητα εἰπεῖν· „ἐγώ μοι δοκῶ, ὦ Φιλίσκε, γράψειν πρὸς σὲ προτρεπτικόν· πλείω γὰρ ὁρῶ σοι ὑπάρχοντα πρὸς τὸ φιλοσοφῆσαι ὧν ἔγραψεν Ἀριστοτέλης"

274 Dio Prus. LIII 4. γέγραφε δὲ καὶ Ζήνων ὁ φιλόσοφος εἴς τε τὴν Ἰλιάδα καὶ τὴν Ὀδύσσειαν, καὶ περὶ τοῦ Μαργίτου δέ· δοκεῖ γὰρ καὶ τοῦτο τὸ ποίημα ὑπὸ Ὁμήρου γεγονέναι νεωτέρου καὶ ἀποπειρωμένου τῆς αὑτοῦ φύσεως πρὸς ποίησιν. ὁ δὲ Ζήνων οὐδὲν τῶν [τοῦ] Ὁμήρου ψέγει, ἅμα διηγούμενος καὶ διδάσκων ὅτι τὰ μὲν κατὰ δόξαν, τὰ δὲ κατὰ ἀλήθειαν γέγραφεν, ὅπως μὴ φαίνηται αὐτὸς αὑτῷ μαχόμενος ἔν τισι δοκοῦσιν ἐναντίως εἰρῆσθαι. ὁ δὲ λόγος οὗτος Ἀντισθένους ἐστὶ πρότερον, ὅτι τὰ μὲν δόξῃ, τὰ δὲ ἀληθείᾳ εἴρηται τῷ ποιητῇ· ἀλλ᾽ ὁ μὲν οὐκ ἐξειργάσατο αὐτόν, ὁ δὲ καθ᾽ ἕκαστον τῶν ἐπὶ μέρους ἐδήλωσεν.

275 Strabo I p. 41. περὶ δὲ τῶν Ἐρεμβῶν πολλὰ μὲν εἴρηται, πιθανώτατοι δ᾽ εἰσὶν οἱ νομίζοντες τοὺς Ἄραβας λέγεσθαι. Ζήνων δ᾽ ὁ ἡμέτερος καὶ γράφει οὕτως· „Αἰθίοπας θ᾽ ἱκόμην καὶ Σιδονίους Ἄραβάς τε." τὴν μὲν οὖν γραφὴν οὐκ ἀνάγκη κινεῖν παλαιὰν οὖσαν etc. Versus est δ 84. eadem Strabo refert VII p. 299. εἰ μὴ Ζήνωνι τῷ φιλοσόφῳ προσεκτέον γράφοντι· (sequitur vs. ut supra) et XVI p. 784. ἀλλὰ μᾶλλον περὶ τῶν Ἐρεμβῶν ἡ ζήτησις, εἴτε τοὺς Τρωγλοδύτας ὑπονοητέον λέγεσθαι — εἴτε τοὺς Ἄραβας· ὁ μὲν οὖν Ζήνων ὁ ἡμέτερος μεταγράφει οὕτως „καὶ Σιδονίους Ἄραβάς τε."

276 Diogenes Laërt. VIII 48. ἀλλὰ μὴν καὶ τὸν οὐρανὸν πρῶτον (scil. Pythagoram) ὀνομάσαι κόσμον καὶ τὴν γῆν στρογγύλην· ὡς δὲ Θεόφραστος Παρμενίδην· ὡς δὲ Ζήνων Ἡσίοδον.

3. Zenonis apophthegmata.

277 Plutarchus de capienda ex inim. utilitate 2 p. 87a. Ζήνων δέ, τῆς ναυκληρίας αὐτῷ συντριβείσης, πυθόμενος εἶπεν, εὖ γε, ὦ τύχη, ποιεῖς εἰς τὸν τρίβωνα συνελαύνουσα ἡμᾶς. — id. de tranq. An. 6

---

7 videtur spectare προβλημάτων Ὁμηρικῶν libros, in catalogo Laërtiano (n. 41) allatos. 10 τοῦ del. Wilam. || ψέγει Emper., λέγει libri. || ἅμα Jacobs, ἀλλὰ libri. 14 ὁ δὲ U, οὐδὲ PHBM. 27 Cf. Theog. 126—128. Γαῖα δέ τοι πρῶτον μὲν ἐγείνατο ἶσον ἑαυτῇ, οὐρανὸν ἀστερόενθ᾽, ἵνα μιν περὶ πάντα καλύπτοι, ὄφρ᾽ εἴη μακάρεσσι θεοῖς ἕδος ἀσφαλὲς αἰεί.

p. 467c. Ζήνωνι τῷ Κιτιεῖ μία ναῦς περιῆν φορτηγός· πυθόμενος δὲ ταύτην αὐτόφορτον ἀπολωλέναι συγκλυσθεῖσαν, εὖ γε, εἶπεν, ὦ τύχη, ποιεῖς, εἰς τὸν τρίβωνα καὶ τὴν στοὰν συνελαύνουσα ἡμᾶς. — id. de Exilio 11 p. 603d. eadem narrat, sed in dicto Zenonis καὶ βίον φιλό-
5 σοφον pro καὶ τὴν στοάν. — Diogenes Laërt. VII 5. ἄλλοι δὲ διατρίβοντα ἐν ταῖς Ἀθήναις ἀκοῦσαι τὴν ναυαγίαν καὶ εἰπεῖν· „εὖ γε ποιεῖ ἡ τύχη προσελαύνουσα ἡμᾶς φιλοσοφίᾳ." — Senec. de tranq. An. 14, 2. Nuntiato naufragio Zeno noster, quum omnia sua audiret submersa, „Iubet" inquit „me fortuna expeditius philosophari."

10   278 Diogenes Laërt. VII 24. φησὶ δ᾽ Ἀπολλώνιος ὁ Τύριος ἕλκοντος αὐτὸν Κράτητος τοῦ ἱματίου ἀπὸ Στίλπωνος εἰπεῖν „ὦ Κράτης, λαβὴ φιλοσόφων ἐστὶν ἐπιδέξιος ἡ διὰ τῶν ὤτων· πείσας οὖν ἕλκε τούτων. εἰ δέ με βιάζῃ, τὸ μὲν σῶμα παρὰ σοὶ ἔσται, ἡ δὲ ψυχὴ παρὰ Στίλπωνι."

15   279 Diogenes Laërt. VII 25. καὶ πρὸς τὸν δείξαντα δὲ αὐτῷ διαλεκτικὸν ἐν τῷ θερίζοντι λόγῳ ἑπτὰ διαλεκτικὰς ἰδέας πυθέσθαι, πόσας εἰσπράττεται μισθοῦ· ἀκούσαντα δὲ ἑκατόν, διακοσίας αὐτῷ δοῦναι.

   280 Plutarchus de prof. in virt. c. 6 p. 78e. ὁ δὲ Ζήνων ὁρῶν
20 τὸν Θεόφραστον ἐπὶ τῷ πολλοὺς ἔχειν μαθητὰς θαυμαζόμενον, „ὁ ἐκείνου μὲν χορός, ἔφη, μείζων, οὑμὸς δὲ συμφωνότερος." — idem περὶ τοῦ ἑαυτὸν ἐπαινεῖν ἀνεπιφθόνως c. 17. p. 545f. οὕτω γὰρ ὁ Ζήνων πρὸς τὸ πλῆθος τῶν Θεοφράστου μαθητῶν „ὁ ἐκείνου χορός, ἔφη, μείζων, ὁ ἐμὸς δὲ συμφωνότερος."

25   281 Gnomologion Monac. 196 (Gnomol. Vatic. ed. Sternb. 295). Ζήνων ὁ φιλόσοφος, λεγόντων τινῶν ὅτι παράδοξα λέγει, εἶπεν „ἀλλ᾽ οὐ παράνομα." Cf. Cleanth. n. 619.

   282 Chrysippus ap. Galen. de Hipp. et Plat. plac. III 5 (V p. 322 K., p. 288 Iu. Mueller). ὅ τε Ζήνων πρὸς τοὺς ἐπιλαμβανομένους, ὅτι
30 πάντα τὰ ζητούμενα εἰς τὸ στόμα φέρει, ἔφησεν „ἀλλ᾽ οὐ πάντα καταπίνεται."

   283 Diogenes Laërt. VII 24. ἐρωτηθεὶς πῶς ἔχει πρὸς λοιδορίαν „καθάπερ, εἶπεν, εἰ πρεσβευτὴς ἀναπόκριτος ἀποστέλλοιτο."

   284 Diogenes Laërt. VII 24. ἐν συμποσίῳ κατακείμενος σιγῇ,
35 τὴν αἰτίαν ἠρωτήθη. ἔφη οὖν τῷ ἐγκαλέσαντι ἀπαγγεῖλαι πρὸς τὸν βασιλέα, ὅτι παρῆν τις σιωπᾶν ἐπιστάμενος. ἦσαν δὲ οἱ ἐρωτήσαντες παρὰ Πτολεμαίου πρέσβεις ἀφικόμενοι καὶ βουλόμενοι μαθεῖν, τί εἰ-

---

13 τούτων BPL, τοῦτον D.   17 πόσας P (scil. δραχμάς), πόσᾶς B.
27 Praestaret longe hic quoque quod in fragmento Cleanthis legitur: παράλογα.
30 φέρειν libri, φέρει Iu. Mueller.   33 πρεσβύτις P, πρεσβῦς B.

ποιεν περὶ αὐτοῦ πρὸς τὸν βασιλέα. — Stob. Floril. 33, 10 (Vol. I p. 680 Hense). Ζήνων, Ἀντιγόνου πρέσβεις Ἀθήναζε πέμψαντος, κληθεὶς ὑπ' αὐτῶν σὺν ἄλλοις φιλοσόφοις ἐπὶ δεῖπνον, κἀκείνων παρὰ πότον σπευδόντων ἐπιδείκνυσθαι τὴν αὐτῶν ἕξιν, αὐτὸς ἐσίγα. τῶν δὲ πρέσβεων ζητούντων τί ἀπαγγείλωσι περὶ αὐτοῦ πρὸς Ἀντίγονον, „τοῦτ' αὐτό," ἔφη, „ὃ βλέπετε." δυσκρατέστατον γὰρ πάντων ὁ λόγος. — Plutarchus de garrul. 4 p. 504 a. Ἀθήνησι δέ τις ἑστιῶν πρέσβεις βασιλικοὺς ἐφιλοτιμήθη σπουδάζουσιν αὐτοῖς συναγαγεῖν εἰς ταὐτὸ τοὺς φιλοσόφους· χρωμένων δὲ τῶν ἄλλων κοινολογίᾳ καὶ τὰς συμβολὰς ἀποδιδόντων, τοῦ δὲ Ζήνωνος ἡσυχίαν ἄγοντος, φιλοφρονησάμενοι καὶ προπιόντες οἱ ξένοι „περὶ σοῦ δὲ τί χρὴ λέγειν, ἔφασαν, ὦ Ζήνων, τῷ βασιλεῖ;" κἀκεῖνος, „ἄλλο μηδέν, εἶπεν, ἢ ὅτι πρεσβύτης ἐστὶν ἐν Ἀθήναις παρὰ πότον σιωπᾶν δυνάμενος" (Theodor. Metoch. p. 334, Kiessling. adfert Pearson).

285 Athenaeus II 55 F. διὸ καὶ Ζήνων ὁ Κιτιεύς, σκληρὸς ὢν καὶ πάνυ θυμικὸς πρὸς τοὺς γνωρίμους, ἐπὶ πλεῖον τοῦ οἴνου σπάσας ἡδὺς ἐγίνετο καὶ μείλιχος· πρὸς τοὺς πυνθανομένους οὖν τοῦ τρόπου τὴν διαφορὰν ἔλεγε τὸ αὐτὸ τοῖς θέρμοις πάσχειν· καὶ γὰρ ἐκείνους πρὶν διαβραχῆναι πικροτάτους εἶναι, ποτισθέντας δὲ γλυκεῖς καὶ προσηνεστάτους. — Galenus de anim. mor. 3 (Vol. IV p. 777 K.). καὶ Ζήνων, ὥς φασιν, ἔλεγεν ὅτι, καθάπερ οἱ πικροὶ θέρμοι βρεχόμενοι τῷ ὕδατι γλυκεῖς γίνονται, οὕτω καὶ αὐτὸν ὑπ' οἴνου διατίθεσθαι. — Eustathius ad Hom. Od. φ 293 p. 1910, 42. Ζήνων οὖν, φασίν, ὁ Κιτιεύς, σκληρὸς ἄλλως ὢν πρὸς τοὺς συνήθεις, ὅμως εἰ πλεῖον οἴνου σπάσειε, ἡδὺς ἐγίνετο καὶ μείλιχος, λέγων ταὐτόν τι τοῖς θέρμοις πάσχειν, οἳ πικρότεροι ὄντες πρὶν διαβραχῆναι, ποτισθέντες γλυκεῖς γίνονται καὶ προσηνέστεροι. — Diogenes Laërt. VII 26. ἐρωτηθεὶς διὰ τί αὐστηρὸς ὢν ἐν τῷ πότῳ διαχεῖται ἔφη „καὶ οἱ θέρμοι πικροὶ ὄντες βρεχόμενοι γλυκαίνονται."

286 Diogenes Laërt. VII 17. ἐρωτικῶς δὲ διακείμενος Χρεμωνίδου, παρακαθιζόντων αὐτοῦ τε καὶ Κλεάνθους, ἀνέστη. θαυμάζοντος δὲ τοῦ Κλεάνθους ἔφη „καὶ τῶν ἰατρῶν ἀκούω τῶν ἀγαθῶν, κράτιστον εἶναι φάρμακον πρὸς τὰ φλεγμαίνοντα ἡσυχίαν."

287 Musonius περὶ τροφῆς ap. Stob. Floril. 17, 42 (Vol. I p. 506 Hense). Ζήνων δὲ ὁ Κιτιεὺς οὐδὲ νοσῶν ᾤετο δεῖν τροφὴν προσφέρεσθαι τρυφερωτέραν, ἀλλ' ἐπεὶ ὁ θεραπεύων ἰατρὸς ἐκέλευεν αὐτὸν φαγεῖν νεοττὸν περιστερᾶς, οὐκ ἀνασχόμενος, „ὡς Μάνην," ἔφη, „με θεράπευε." ἠξίου γὰρ οἶμαι μηδὲν μαλακώτερον ἐν τῇ θεραπείᾳ γίνεσθαι αὐτῷ ἢ τῶν δούλων τινὶ νοσοῦντι.

---

29 οἱ ὄντε B.   30 ἐρωτικὸς P.

288 Diogenes Laërt. VII 28, 29. ἐτελεύτα δὴ οὕτως. ἐκ τῆς σχολῆς ἀπιὼν προσέπταισε καὶ τὸν δάκτυλον περιέρρηξε. παίσας δὲ τὴν γῆν τῇ χειρί, φησὶ τὸ ἐκ τῆς Νιόβης,

ἔρχομαι, τί μ' αὔεις;

καὶ παραχρῆμα ἐτελεύτησεν, ἀποπνίξας ἑαυτόν. — Stobaeus Floril. VII 44 (Vol. I p. 321 Hense). Ζήνων, ὡς ἤδη γέρων ὢν πταίσας κατέπεσεν, „ἔρχομαι," εἶπε, „τί με αὔεις;" καὶ εἰσελθὼν ἑαυτὸν ἐξήγαγεν. — Lucianus Macrob. 19. Ζήνων δέ... ὅν φασιν εἰσερχόμενον εἰς τὴν ἐκκλησίαν καὶ προσπταίσαντα ἀναφθέγξασθαι „τί με βοᾷς;" καὶ ὑποστρέψαντα οἴκαδε καὶ ἀποσχόμενον τροφῆς τελευτῆσαι τὸν βίον.

289 Aelianus Var. Hist. IX 26. Ζήνωνα τὸν Κιτιέα δι' αἰδοῦς ἄγαν καὶ σπουδῆς ἦγεν Ἀντίγονος ὁ βασιλεύς. καί ποτε οὖν ὑπερπλησθεὶς οἴνου ἐπεκώμασε τῷ Ζήνωνι, καὶ φιλῶν αὐτὸν καὶ περιβάλλων ἅτε ἔξοινος ὤν, ἠξίου τι αὐτὸν προστάξαι, ὀμνὺς καὶ νεανιευόμενος σὺν ὅρκῳ, μὴ ἀτυχήσειν τῆς αἰτήσεως. ὁ δὲ λέγει αὐτῷ „πορευθεὶς ἔμεσον" σεμνῶς ἅμα καὶ μεγαλοφρόνως τὴν μέθην ἐλέγξας καὶ φεισάμενος αὐτοῦ, μή ποτε διαρραγῇ ὑπὸ πλησμονῆς.

290 Athenaeus VIII 345 C. Ζήνων δ' ὁ Κιτιεὺς ὁ τῆς Στοᾶς κτίστης, πρὸς τὸν ὀψοφάγον, ᾧ συνέζη ἐπὶ πλείονα χρόνον, καθά φησιν Ἀντίγονος ὁ Καρύστιος ἐν τῷ Ζήνωνος βίῳ (p. 119 Wil.), μεγάλου τινὸς κατὰ τύχην ἰχθύος παρατεθέντος, ἄλλου δ' οὐδενὸς παρεσκευασμένου, λαβὼν ὅλον ὁ Ζήνων ἀπὸ τοῦ πίνακος οἷος ἦν κατεσθίειν. τοῦ δ' ἐμβλέψαντος αὐτῷ· τί οὖν, ἔφη, τοὺς συζῶντάς σοι οἴει πάσχειν, εἰ σὺ μίαν ἡμέραν μὴ δεδύνησαι ἐνεγκεῖν ὀψοφαγίαν; Diog. Laërt. VII 19 eadem minus eleganter narrat.

291 Athenaeus V 186 D. ὁ δὲ Ζήνων, ἐπεί τις τῶν παρόντων ὀψοφάγων ἀπέσυρεν ἅμα τῷ παρατεθῆναι τὸ ἐπάνω τοῦ ἰχθύος, στρέψας καὶ αὐτὸς τὸν ἰχθὺν ἀπέσυρεν ἐπιλέγων· (Eur. Bacch. 1129)

Ἰνὼ δὲ τἀπὶ θάτερ' ἐξειργάζετο.

De Bione eadem narrantur Athen. VIII p. 344a.

292 Diogenes Laërt. VII 17. δυοῖν δ' ὑπανακειμένοιν ἐν πότῳ, καὶ τοῦ ὑπ' αὐτὸν τὸν ὑφ' ἑαυτὸν σκιμαλίζοντος τῷ ποδί, αὐτὸς ἐκεῖνον τῷ γόνατι. ἐπιστραφέντος δέ „τί οὖν οἴει τὸν ὑποκάτω σου πάσχειν ὑπὸ σοῦ;" Suidas s. v. σκιμαλίσω.

293 Diogenes Laërt. VII 16, 17. οἷον ἐπὶ τοῦ καλλωπιζομένου ποτὲ ἔφη. ὀχετίον γάρ τι ὀκνηρῶς αὐτοῦ ὑπερβαίνοντος „δικαίως, εἶπεν, ὑφορᾷ τὸν πηλόν· οὐ γὰρ ἔστιν ἐν αὐτῷ κατοπτρίσασθαι."

---

2 πλήσας B, πλήξας D.   17 verba μή ποτε — πλησμονῆς inepta sunt; nam ea re parcit regi philosophus, quod ebrii promisso non abutitur.   31 ὑπερανακειμένοιν libri, corr. Menag.   32 ὑπ' αὐτὸν L, ὑφ' αὐτὸν BP, ὑπὲρ αὐτὸν D.

294 Stobaeus Floril. 15, 12 (Vol. I p. 479 Hense). Ζήνων πρὸς τοὺς ἀπολογουμένους ὑπὲρ τῆς αὑτῶν ἀσωτίας καὶ λέγοντας ἐκ πολλοῦ τοῦ περιόντος ἀναλίσκειν ἔλεγεν „ἦ που καὶ τοῖς μαγείροις συγγνώσεσθε, ἐὰν ἁλμυρὰ λέγωσι πεποιηκέναι τὰ ὄψα, ὅτι πλῆθος ἁλῶν αὐτοῖς ὑπῆρχεν;"

295 Diogenes Laërt. VII 18. πρὸς δὲ τὸν φιλόπαιδα, οὔτε τοὺς διδασκάλους ἔφη φρένας ἔχειν, ἀεὶ διατρίβοντας ἐν παιδαρίοις, οὔτε ἐκείνους.

296 Diogenes Laërt. VII 17. ὡς δὲ Κυνικός τις, οὐ φήσας ἔλαιον ἔχειν ἐν τῇ ληκύθῳ, προσῄτησεν αὐτόν, οὐκ ἔφη δώσειν. ἀπελθόντα μέντοι ἐκέλευε σκέψασθαι ὁπότερος εἴη ἀναιδέστερος.

297 Origenes contra Cels. VIII 35 p. 768. Ζήνων δὲ πρὸς τὸν εἰπόντα „ἀπολοίμην, ἐὰν μή σε τιμωρήσωμαι" „ἐγὼ δέ, εἶπεν, ἐὰν μή σε φίλον κτήσωμαι."

298 Diogenes Laërt. VII 23 δοῦλον ἐπὶ κλοπῇ, φασίν, ἐμαστίγου· τοῦ δ' εἰπόντος „εἵμαρτό μοι κλέψαι" ἔφη „καὶ δαρῆναι".

299 Plutarchus de virt. mor. 4 p. 443a. καίτοι καὶ Ζήνωνά φασιν εἰς θέατρον ἀνιόντα κιθαρῳδοῦντος Ἀμοιβέως πρὸς τοὺς μαθητάς „ἴωμεν, εἰπεῖν, ὅπως καταμάθωμεν οἵαν ἔντερα καὶ νεῦρα καὶ ξύλα καὶ ὀστᾶ λόγου καὶ ἀριθμοῦ μετασχόντα καὶ τάξεως ἐμμέλειαν καὶ φωνὴν ἀφίησιν." Eadem de an. procreat. in Timaeo p. 1029f.

300 Stobaeus Floril. 36, 26 (Vol. I p. 696 Hense). Ζήνων τῶν μαθητῶν ἔφασκεν τοὺς μὲν φιλολόγους εἶναι, τοὺς δὲ λογοφίλους.

301 Diogenes Laërt. VII 37. Κλεάνθης, ὃν καὶ ἀφωμοίου ταῖς σκληροκήροις δέλτοις, αἳ μόλις μὲν γράφονται, διατηροῦσι δὲ τὰ γραφέντα. Suid. s. v. δέλτος. Cf. Cleanthis apophthegma n. 464.

302 Diogenes Laërt. VII 18. Ἀρίστωνος δὲ τοῦ μαθητοῦ πολλὰ διαλεγομένου οὐκ εὐφυῶς, ἔνια δὲ καὶ προπετῶς καὶ θρασέως „ἀδύνατον, εἰπεῖν (scil. Zenonem), εἰ μή σε ὁ πατὴρ μεθύων ἐγέννησεν." ὅθεν αὐτὸν καὶ λάλον ἀπεκάλει, βραχυλόγος ὤν. — Cf. Plut. de educ. puer. 3 p. 2a, ubi simile dictum Diogeni tribuitur.

303 Diogenes Laërt. VII 23. Διονυσίου δὲ τοῦ Μεταθεμένου εἰπόντος αὐτῷ, διὰ τί αὐτὸν μόνον οὐ διορθοῖ, ἔφη „οὐ γάρ σοι πιστεύω."

304 Stobaeus Floril. 36, 23 (Vol. I p. 696 Hense). τῶν τις ἐν Ἀκαδημίᾳ νεανίσκων περὶ ἐπιτηδευμάτων διελέγετο ἀφρόνως· ὁ δὲ Ζήνων „ἐὰν μὴ τὴν γλῶσσαν, ἔφη, εἰς νοῦν ἀποβρέξας διαλέγῃ, πολὺ πλείω ἔτι καὶ ἐν τοῖς λόγοις πλημμελήσεις." — Plutarchus vita Phoc.

---

11 ἐκέλευσε BL.   16 εἵμαρτο P, ἥμαρτο B. || μοι ἔφη P.   18 Cf. Plut. Arat. c. 17, 2 ᾄδοντος Ἀμοιβέως ἐν τῷ θεάτρῳ.   28 malim: καὶ (pro οὐ) εὐφυῶς.   30 λάλον, λα in ras. B.   36 ἀφρόνως A² Meineke, ἀφρόνων ASM.

c. 5. Ζήνων ἔλεγεν ὅτι δεῖ τὸν φιλόσοφον εἰς νοῦν ἀποβάπτοντα προφέρεσθαι τὴν λέξιν. — Cf. Suidas s. v. Ἀριστοτέλης: τὸν κάλαμον ἀποβρέχων εἰς νοῦν.

305 Diogenes Laërt. VII 19. πρὸς δὲ τὸν φάσκοντα ὡς τὰ πολλὰ αὐτῷ Ἀντισθένης οὐκ ἀρέσκοι, χρείαν Σοφοκλέους προενεγκάμενος, ἠρώτησεν εἴ τινα καὶ καλὰ ἔχειν αὐτῷ δοκεῖ. τοῦ δ᾽ οὐκ εἰδέναι φήσαντος „εἶτ᾽ οὐκ αἰσχύνῃ, ἔφη, εἰ μέν τι κακὸν ἦν εἰρημένον ὑπ᾽ Ἀντισθένους, τοῦτ᾽ ἐκλεγόμενος καὶ μνημονεύων, εἰ δέ τι καλόν, οὐδ᾽ ἐπιβαλλόμενος κατέχειν;"

306 Diogenes Laërt. VII 20. λέγοντος δέ τινος αὐτῷ περὶ Πολέμωνος, ὡς ἄλλα προθέμενος ἄλλα λέγει, σκυθρωπάσας ἔφη „πόσου γὰρ ⟨ἂν⟩ ἠγάπας τὰ διδόμενα;"

307 Diogenes Laërt. VII 21. καὶ προεφέρετο τὰ τοῦ Καφισίου· ὃς ἐπιβαλομένου τινὸς τῶν μαθητῶν μεγάλα φυσᾶν, πατάξας εἶπεν, ὡς οὐκ ἐν τῷ μεγάλῳ τὸ εὖ κείμενον εἴη, ἀλλ᾽ ἐν τῷ εὖ τὸ μέγα.

Cf. Athenaeus XIV 629 A. οὐ κακῶς δὲ καὶ Καφισίας ὁ αὐλητής, ἐπιβαλλομένου τινὸς τῶν μαθητῶν αὐλεῖν μέγα καὶ τοῦτο μελετῶντος, πατάξας εἶπεν οὐκ ἐν τῷ μεγάλῳ τὸ εὖ κείμενον εἶναι, ἀλλὰ ἐν τᾷ εὖ τὸ μέγα.

308 Diogenes Laërt. VII 20. τοῖς εὖ λεγομένοις οὐκ ἔφη δεῖν καταλείπεσθαι τόπον, ὥσπερ τοῖς ἀγαθοῖς τεχνίταις, εἰς τὸ θεάσασθαι· τοὐναντίον δὲ τὸν ἀκούοντα οὕτω πρὸς τοῖς λεγομένοις γίνεσθαι, ὥστε μὴ λαμβάνειν χρόνον εἰς τὴν ἐπισημείωσιν.

priorem partem huius dicti corruptam esse, mihi persuasum est; fortasse: τοῖς ἐλεγχομένοις.

309 Diogenes Laërt. VII 22. μὴ τὰς φωνὰς καὶ τὰς λέξεις δεῖν ἀπομνημονεύειν, ἀλλὰ περὶ τὴν διάθεσιν τῆς χρείας τὸν νοῦν ἀσχολεῖσθαι, μὴ ὥσπερ ἕψησίν τινα ἢ σκευασίαν ἀναλαμβάνοντας.

310 Stobaeus Floril. 36, 19 (Vol. I p. 694 Hense). Ζήνων πρὸς τὸν πλείω λαλεῖν θέλοντα ἢ ἀκούειν „νεανίσκε," εἶπεν, „ἡ φύσις ἡμῖν γλῶτταν μὲν μίαν, δύο δὲ ὦτα παρέσχεν, ἵνα διπλασίονα ὧν λέγομεν ἀκούωμεν." — Diogenes Laërt. VII 23. πρὸς τὸ φλυαροῦν μειράκιον „διὰ τοῦτο, εἶπε, δύο ὦτα ἔχομεν, στόμα δὲ ἕν, ἵνα πλείω μὲν ἀκούωμεν, ἥττονα δὲ λέγωμεν." — cf. Plutarchus de garrul. 1, p. 502 c. κωφότης γὰρ αὐθαίρετός ἐστιν (scil. ἡ ἀσιγησία) ἀνθρώπων, οἶμαι,

---

5 προσενεγκάμενος B. 7 μέντοι B. 8 οὐκ B. 11 λέγεις B. 12 ἂν addidi; significat Zeno philosophi doctrinam non esse mercem, de qua litigare liceat ei qui pecuniam dederit, sed omnem pecuniam pretio superare. ἠγάπα BPL. 13 Καφισίου PL, Καφησίου B. 14 ἐπιβαλλομένου PD. 21 τεχνίταις add. B². 26 initio excidit: ⟨τῶν δὲ παραγγελμάτων⟩ vel ⟨τῶν δὲ παραινέσεων⟩, quod propter νέων, quod antecedit, facile potuit omitti. ‖ δεῖν om. BPL. 28 ὄψησίν B. 33 ἔχωμεν B.

μεμφομένων ὅτι μίαν μὲν γλῶτταν, δύο δ' ὦτα ἔχουσιν. — id. de audiendo 3 p. 39b. καὶ γὰρ τὸν Ἐπαμεινώνδαν ὁ Σπίνθαρος ἐπαινῶν ἔφη μήτε πλείονα γινώσκοντι μήτε ἐλάττονα φθεγγομένῳ ῥᾳδίως ἐντυχεῖν ἑτέρῳ. καὶ τὴν φύσιν ἡμῶν ἑκάστῳ λέγουσι δύο μὲν ὦτα δοῦναι, μίαν δὲ γλῶτταν, ὡς ἐλάττονα λέγειν ἢ ἀκούειν ὀφείλοντι.

311 Diogenes Laërt. VII 21. νεανίσκου πολλὰ λαλοῦντος ἔφη „τὰ ὦτά σου εἰς τὴν γλῶτταν συνερρύηκεν."

312 Stobaeus Floril. 57, 12. Ζήνων ὁ Στωικὸς φιλόσοφος ὁρῶν τινα τῶν γνωρίμων ὑπὸ τοῦ ἀγρίου περισπώμενον εἶπεν· „ἐὰν μὴ σὺ τοῦτον ἀπολέσῃς, οὗτος σὲ ἀπολέσει."

313 Plutarchus de vit. pud. 13 p. 534a. τὸ τοῦ Ζήνωνος, ὃ ἀπαντήσας τινὶ νεανίσκῳ τῶν συνήθων παρὰ τὸ τεῖχος ἡσυχῇ βαδίζοντι καὶ πυθόμενος ὅτι φεύγει φίλον ἀξιοῦντα μαρτυρεῖν αὐτῷ τὰ ψευδῆ· „τί λέγεις, φησίν, ἀβέλτερε; σὲ μὲν ἐκεῖνος ἀγνωμονῶν καὶ ἀδικῶν οὐ δέδιεν οὐδ' αἰσχύνεται· σὺ δ' ἐκεῖνον ὑπὲρ τῶν δικαίων οὐ θαρρεῖς ὑποστῆναι;"

314 Diogenes Laërt. VII 19. μειρακίου δὲ περιεργότερον παρὰ τὴν ἡλικίαν ἐρωτῶντος ζήτημά τι, προσήγαγε πρὸς κάτοπτρον καὶ ἐκέλευσεν ἐμβλέψαι. ἔπειτ' ἠρώτησεν εἰ δοκεῖ αὐτῷ ἁρμόττοντα εἶναι ὄψει τοιαύτῃ τοιαῦτα ζητήματα.

315 Diogenes Laërt. VII 21. νεανίσκου δέ τινος θρασύτερον διαλεγομένου „οὐκ ἂν εἴποιμι, ἔφη, μειράκιον, ἃ ἐπέρχεταί μοι."

316 Diogenes Laërt. VII 21. πρὸς τὸν καλὸν εἰπόντα ὅτι οὐ δοκεῖ αὐτῷ ἐρασθήσεσθαι ὁ σοφός „οὐδέν, ἔφη, ὑμῶν ἀθλιώτερον ἔσεσθαι τῶν καλῶν."

317 Diogenes Laërt. VII 22. πάντων ἔλεγεν ἀπρεπέστερον εἶναι τὸν τῦφον, καὶ μάλιστα ἐπὶ τῶν νέων.

318 Diogenes Laërt. VII 23. πρὸς τὸν κεχρισμένον τῷ μύρῳ, „τίς ἐστιν, ἔφη, ὁ γυναικὸς ὄζων;" cf. Xen. Conv. II 3.

319 Stobaeus Ecl. II 31, 81 p. 215, 13 W. = Exc. e MS. Flor. Iohan. Damasc. p. II c. 13, 81. Ζήνων ἐρωτηθείς, πῶς ἄν τις νέος ἐλάχιστα ἁμαρτάνοι „εἰ πρὸ ὀφθαλμῶν ἔχοι, ἔφη, οὓς μάλιστα τιμᾷ καὶ αἰσχύνεται".

320 Diogenes Laërt. VII 23. τῶν γνωρίμων τινὸς παιδάριον μεμωλωπισμένον θεασάμενος, πρὸς αὐτόν „ὁρῶ σου, ἔφη, τοῦ θυμοῦ τὰ ἴχνη."

321 Diogenes Laërtius VII 23. ἔλεγε δὲ (scil. ὁ Ζήνων) μηδὲν εἶναι τῆς οἰήσεως ἀλλοτριώτερον πρὸς κατάληψιν τῶν ἐπιστημῶν.

9 ἀγρίου scripsi, ἀγροῦ vulg.; cf. Schol. ad Ar. Nub. 348 ἀγρίους ἐκάλουν τοὺς παιδεραστάς.   19 ἁρμόττον BPF.   20 τοιαύτῃ τοιαῦτα scripsi, τοιαύτῃ PD, τοιαῦτα BF.   32 ἔχει L.   38 οἰήσεως D, ποιήσεως BPL.

322 Gnomologion Monacense 198. ὁ αὐτὸς (Ζήνων) ἔφη τὴν μὲν ὅρασιν ἀπὸ τοῦ ἀέρος λαμβάνειν τὸ φῶς, τὴν δὲ ψυχὴν ἀπὸ τῶν μαθημάτων.

323 Stobaeus Floril. 98, 68 Mein. Ζήνων ἔλεγεν οὐδενὸς ἡμᾶς οὕτω πένεσθαι ὡς χρόνου. βραχὺς γὰρ ὄντως ὁ βίος, ἡ δὲ τέχνη μακρή, καὶ μᾶλλον ἡ τὰς τῆς ψυχῆς νόσους ἰάσασθαι δυναμένη. — Diogenes Laërt. VII 23. μηδενός τε ἡμᾶς οὕτως εἶναι ἐνδεεῖς ὡς χρόνου.

324 Gnomologion Monac. 197. ὁ αὐτὸς (Ζήνων) ἐρωτηθεὶς τί ἔστι φίλος „ἄλλος, ⟨ἔφη⟩, οἷος ἐγώ." — Diogenes Laërt. VII 23. ἐρωτηθεὶς τίς ἔστι φίλος; ἄλλος, ἔφη, ἐγώ.

325 Diogenes Laërt. VII 26. τὸ εὖ γίνεσθαι μὲν παρὰ μικρόν, οὐ μὴν μικρὸν εἶναι.

326 Maximus serm. 26 (Boissonade Anecd. Gr. Vol. I p. 450). Ζήνωνος· Ζῆθι, ὦ ἄνθρωπε, μὴ μόνον ἵνα φάγῃς καὶ πίῃς, ἀλλ' ἵνα τὸ ζῆν πρὸς τὸ εὖ ζῆν καταχρήσῃ.

Idem Apostol. VIII 34n, Arsen. XXVII 53.

327 Diogenes Laërt. VII 20. δεῖν δὲ ἔφη τόνῳ διαλεγόμενον, ὥσπερ τοὺς ὑποκριτάς, τὴν μὲν φωνὴν καὶ τὴν δύναμιν μεγάλην ἔχειν· τὸ μέντοι στόμα μὴ διέλκειν· ὃ ποιεῖν τοὺς πολλὰ μὲν λαλοῦντας, ἀδύνατα δέ.

328 Diogenes Laërt. VII 20. εἰπόντος δέ τινος ὅτι μικρὰ αὐτῷ δοκεῖ τὰ λογάρια τῶν φιλοσόφων „λέγεις, εἶπε, τἀληθῆ. δεῖ μέντοι καὶ τὰς συλλαβὰς αὐτῶν, εἰ δυνατόν, βραχείας εἶναι."

329 Diogenes Laërt. VII 26. ἔλεγέ τε κρεῖττον εἶναι τοῖς ποσὶν ὀλισθεῖν ἢ τῇ γλώττῃ.

Cetera huius dicti testimonia, quod etiam Socrati tribuitur, composuit Wachsmuthius in Sauppii Satura philologa p. 29 (Pearson).

330 Diogenes Laërt. VII 23. τὸ κάλλος εἶπε τῆς φωνῆς ἄνθος εἶναι· οἱ δὲ τοῦ κάλλους τὴν φωνήν.

Haec quoque corrupta esse constat. σωφροσύνης pro φωνῆς scripserunt Cobetus et Wilamowitzius, collato Diog. Laërt. VII 130 ὥρα ἄνθος ἀρετῆς. Potest etiam, ni fallor, priore loco ῥώμης scribi, altero φωνήν retineri. Ita origo corruptelae esset apertior.

331 Diogenes Laërt. VII 21. ἔλεγε δὲ καὶ τῶν φιλοσόφων τοὺς πλείστους τὰ μὲν πολλὰ ἀσόφους εἶναι, τὰ δὲ μικρὰ καὶ τυχηρὰ ἀμαθεῖς.

---

10 ἔφη addidi.—Arist. Eth. Nic. IX 4 p. 1166 a 31 ἔστι γὰρ ὁ φίλος ἄλλος αὐτός. Cic. Laelius § 80 verus amicus ... est tamquam alter idem (Pearson).
11 ἔφη om. BPL. 18 τονω B, post τὸν littera erasa in P, τὸν νῶ L.
21 ὃ ποιεῖν—ἀδύνατα δέ vix sunt ipsius Zenonis, sed explicantis; ἀδύνατα corruptum; fortasse ΧΑΥΝΑΔΕ. 35 σόφων B, φιλο add. mg. 35 σοφοὺς L; scribendum videtur: τὰ μὲν μεγάλα σοφούς.

332 [Theodor. Metoch. p. 812 Kiessling. *καὶ ὁ μὲν Ζήνων ἔλεγεν „ἦλθε, παρῆλθεν, οὐδὲν πρὸς ἐμὲ καθόλου," περὶ τῶν ἐνταῦθα πραγμάτων καὶ τοῦ βίου φιλοσοφῶν.*]

Appendix.
Fragmenta Zenonis ad singulos libros relata.

I. *Περὶ Ἀνθρώπου Φύσεως* = n. XIV (ind.).
II. *Ἀπομνημονεύματα Κράτητος Ἠθικά* (ind.)
    fr. 1   n. 273   p. 62, 32.
III. *Διατριβαί*
    fr. 1   n. 250   p. 59, 11.
IV. *Ἔλεγχοι δύο* (ind.).
V. *Περὶ τῆς Ἑλληνικῆς Παιδείας* (ind.).
VI. *Εἰς Ἡσιόδου Θεογονίαν*
    fr. 1   n. 100   p. 28, 5
    fr. 2   n. 103   p. 29, 6
    fr. 3   n. 104   p. 29, 17
    fr. 4   n. 105   p. 29, 21
    fr. 5   n. 167   p. 43, 20
    fr. 6   n. 276   p. 63, 25.
VII. *Καθολικά* (ind.).
VIII. *Περὶ τοῦ Καθήκοντος* (ind.)
    fr. 1   n. 230   p. 55, 6.
IX. *Περὶ Λέξεων* (ind.).
X. *Περὶ Λόγου*
    fr. 1   n. 45   p. 15, 26
    fr. 2   n. 46   p. 16, 1.
XI. *Λύσεις* (ind.).
XII. *Περὶ Νόμου* (ind.).
XIII. *Περὶ τοῦ Ὅλου*
    fr. 1   n. 97   p. 27, 5
    fr. 2   n. 102   p. 28, 14
    fr. 3   n. 117   p. 33, 33
    fr. 4   n. 119   p. 34, 9.
XIV. *Περὶ Ὁρμῆς ἢ περὶ Ἀνθρώπου Φύσεως* (ind.)
    fr. 1   n. 179   p. 45, 20.

---
1 iniuria Zenoni tribuitur.

XV. *Περὶ Οὐσίας*
fr. 1   n. 85   p. 24, 5.
XVI. *Περὶ Ὄψεως* (ind.).
XVII. *Περὶ Παθῶν* (ind.)
fr. 1   n. 211   p. 51, 32.
XVIII. *Περὶ Ποιητικῆς Ἀκροάσεως* (ind.).
XIX. *Πολιτεία* (ind.)
fr. 1   n. 222   p. 54, 3
fr. 2   n. 248   p. 59, 4
fr. 3   n. 252   p. 59, 24
fr. 4   n. 259   p. 60, 26
fr. 5   n. 260   p. 60, 30
fr. 6   n. 261   p. 60, 34
fr. 7   n. 262   p. 60, 38
fr. 8   n. 263   p. 61, 13
fr. 9   n. 264   p. 61, 25
fr. 10   n. 265   p. 62, 3
fr. 11   n. 266   p. 62, 8
fr. 12   n. 267   p. 62, 10
fr. 13   n. 268   p. 62, 13
fr. 14   n. 269   p. 62, 16
fr. 15   n. 270   p. 62, 20.
XX. *Προβλημάτων Ὁμηρικῶν ε'* (ind.)
fr. 1   n. 274   p. 63, 6
fr. 2   n. 275   p. 63, 16.
XXI. *Πυθαγορικά* (ind.).
XXII. *Περὶ Σημείων* (ind.).
XXIII. *Τέχνη* (ind.).
XXIV. *Περὶ Φύσεως*
fr. 1   n. 176   p. 44, 35.
XXV. *Περὶ τοῦ κατὰ Φύσιν Βίου* (ind.).
XXVI. *Χρεῖαι*
fr. 1   n. 272   p. 63, 29.

PARS II
ZENONIS DISCIPULI

1. Aristo Chius.

333 Diogenes Laërt. VII 160. Ἀρίστων ὁ Χῖος ὁ Φάλανθος, ἐπικαλούμενος Σειρήν (secuntur placita). οὕτως δὲ φιλοσοφῶν καὶ ἐν Κυνοσάργει διαλεγόμενος ἴσχυσεν αἱρετιστὴς ἀκοῦσαι. Μιλτιάδης οὖν καὶ Δίφιλος Ἀριστώνειοι προσηγορεύοντο. ἦν δέ τις πειστικὸς καὶ ὄχλῳ πεποιημένος· ὅθεν ὁ Τίμων φησὶ περὶ αὐτοῦ· (fr. 61 W.)
    καί τις Ἀρίστωνος γενεὴν ἄπο αἰμύλου ἕλκων.
παραβαλὼν δὲ Πολέμωνι, φησὶ Διοκλῆς ὁ Μάγνης, μετέθετο, Ζήνωνος ἀρρωστίᾳ μακρᾷ περιπεσόντος· (secuntur narratiunculae de Aristonis cum Persaeo et cum Arcesilao litibus n. 346. 347) Βιβλία δὲ αὐτοῦ φέρεται τάδε·
    Προτρεπτικῶν β'.
    περὶ τῶν Ζήνωνος δογμάτων·
    διάλογοι·
    σχολῶν ς'·
    περὶ σοφίας διατριβῶν ζ'·
    ἐρωτικαὶ διατριβαί·
    ὑπομνήματα ὑπὲρ κενοδοξίας·
    ὑπομνημάτων κε'·
    ἀπομνημονευμάτων γ'·
    χρειῶν ια'·
    πρὸς τοὺς ῥήτορας·
    πρὸς τὰς Ἀλεξίνου ἀντιγραφάς·
    πρὸς τοὺς διαλεκτικούς γ'·
    πρὸς Κλεάνθην· ἐπιστολῶν δ'. (Distinxi epistulas a libro πρ. Κλ.)
Παναίτιος δὲ καὶ Σωσικράτης μόνας αὐτοῦ τὰς ἐπιστολάς φασι, τὰ δὲ ἄλλα τοῦ Περιπατητικοῦ Ἀρίστωνος. τοῦτον λόγος φαλακρὸν ὄντα ἐγκαυθῆναι ὑπὸ ἡλίου καὶ ὧδε τελευτῆσαι.

---

5 Δείφιλος B, Διίφιλος P, corr. P³   7 γενεὴν Meineke, γέννης libri. ‖ ἀπὸ αἰμύλου P (αι ex ε P¹) L, ἀποεμυλον (incertum ν an υ in fine) B.   27 verba: τὰ δὲ ἄλλα τοῦ Περιπατητικοῦ Ἀρίστωνος, si omnino a Panaetio vel Sosicrate profecta sunt, certe non referenda sunt ad catalogum qui antecedit. Qui cum scholas, diatribas, hypomnemata, apomnemoneumata, chrias contineat, valde accommodatus est ei philosopho, qui scribendo fere abstineret. Nam haec omnia

Cf. prooem. 16. καὶ οἱ μὲν αὐτῶν (scil. τῶν φιλοσόφων) κατέλιπον ὑπομνήματα, οἱ δ᾽ ὅλως οὐ συνέγραψαν, ὥσπερ κατά τινας Σωκράτης, Στίλπων, Φίλιππος, Μενέδημος, Πύρρων — — κατά τινας Πυθαγόρας, Ἀρίστων ὁ Χῖος πλὴν ἐπιστολῶν ὀλίγων.

334 Themistius or. 21 p. 255 Hard. ἐκφανέντος δὲ ἐν φιλοσοφίᾳ καὶ ἐκλάμψαντος τοῦ ἀληθοῦς, ἀναιμωτὶ πάντες ἀπολαύουσιν οἱ συλλαβόμενοι τοῦ ἔργου. διὰ τοῦτο ἠσπάζετο Ἀρίστων Κλεάνθην καὶ τῶν ὁμιλητῶν ἐκοινώνει.

335 Ind. Stoic. Herc. col. XXXIII 4. (πε)ρί γε μὴν | Ἀρίστων(ος το)ῦ Χίου | παραμ ... etc.

col. XXXIV. τῆς τραγῳδ(ίας ἡ) μ(ὲν ἀν)|δρωνῖτις τῆς γρα(φῆς)· | τῷ νῷ δὲ ἁρμοσ(τὸ)ν | ἐν μόν(ο)ν κα(ὶ) το(ι)οῦ|τό τι λε(χθ)ὲν οὐ μ(όνο)ν | ἴσω(ς) ὑφ᾽ (ἡ)μῶν δ ... etc.

Nolui omittere, quae ad Aristonem aliquo modo pertinere certum est; sed sententia parum perspicitur. Temptavi: (πρὸς δὲ τὸ πολλαχῶς δύνασθαι ἐξηγεῖσθαι κἂν ἀσάφεια μετὰ) τῆς τραγῳδ(ίας ἅ)μ(α συν)δρῴη τις τῆς γρα(φῆς). Agitur fortasse de loco libri obscuro et tragica dictione fucato. Qui liber aut Aristonis fuit aut de Aristone conscriptus. Supplementa in textu posita sunt Buecheleri.

336 Ind. Stoic. Herc. col. XXXV. συνενέπνει μετ(ὰ) | τῶν λόγων μένος | τι κα(ὶ θυ)μόν, ὥσπερ | φησὶν ὁ (π)οιητὴς τὴ(ν) Ἀθηνᾶν, ὥσθ᾽ ἕκασ|τον καθ(ά)περ ... (ἐν) | μέθαις .... | μετεπι ... etc.

Aristonis admirabilem dicendi vim describi certum est.

337 Aelianus Var. Hist. III 33. Σάτυρος ὁ αὐλητὴς Ἀρίστωνος τοῦ φιλοσόφου πολλάκις ἠκροᾶτο καὶ κηλούμενος ἐκ τῶν λεγομένων ἐπέλεγεν· (E 215)

εἰ μὴ ἐγὼ τάδε τόξα φαεινῷ ἐν πυρὶ θείην,

τοὺς αὐλοὺς αἰνιττόμενος καὶ τρόπον τινὰ τὴν τέχνην ἐκφαυλίζων παραβολῇ τῇ πρὸς φιλοσοφίαν.

338 Strabo I p. 15 (de Eratosthene). „ἐγένοντο γάρ, φησιν, ὡς οὐδέποτε, κατὰ τοῦτον τὸν καιρὸν ὑφ᾽ ἕνα περίβολον καὶ μίαν πόλιν οἱ κατ᾽ Ἀρίστωνα καὶ Ἀρκεσίλαον ἀνθήσαντες φιλόσοφοι." — — ὁ δὲ Ἀρκεσίλαον καὶ Ἀρίστωνα τῶν καθ᾽ αὑτὸν ἀνθησάντων κορυφαίους τίθησιν. — — ἐν αὐταῖς γὰρ ταῖς ἀποφάσεσι ταύταις ἱκανὴν

---

ab aliis probabile est litteris mandata esse. Quod fortasse ad dialogos quoque referri potest. Scilicet colloquia fuerunt ab ipso Aristone cum discipulis habita. Protreptici, de Zenonis placitis liber, cum Alexino et dialecticis pugna Stoico tantum Aristoni conveniunt. 7 Stoicus Aristo certe intelligitur; in sequentibus Themistius etiam Peripateticum commemorat: Ἀρίστων ὁ ἐκ Λυκείου.
8 καὶ—ἐκοινώνει scil. non prohibuit, ne iidem adulescentuli et se audirent et Cleanthem. 12 ΤϡΝΟC . ΔΕ pap. ‖ ΑΡΜΟC .. Η pap. 21 τὴν Ἀθηνᾶν e. gr. Κ 482 τῷ δ᾽ ἔμπνευσε μένος γλαυκῶπις Ἀθήνη.

ἀσθένειαν ἐμφαίνει τῆς ἑαυτοῦ γνώμης, ᾗ τοῦ Ζήνωνος τοῦ Κιτιέως γνώριμος γενόμενος Ἀθήνησι τῶν μὲν ἐκεῖνον διαδεξαμένων οὐδενὸς μέμνηται, τοὺς δ' ἐκείνῳ διενεχθέντας καὶ ὧν διαδοχὴ οὐδεμία σώζεται, τούτους ἀνθῆσαί φησι κατὰ τὸν καιρὸν ἐκεῖνον.

339 Diogenes Laërt. VII 182. οὗτος (scil. Chrysippus) ὀνειδισθεὶς ὑπό τινος ὅτι οὐχὶ παρὰ Ἀρίστωνι μετὰ πολλῶν σχολάζοι· „εἰ τοῖς πολλοῖς, εἶπε, προσεῖχον, οὐκ ἂν ἐφιλοσόφησα."

340 Diogenes Laërt. VII 18. Ἀρίστωνος δὲ τοῦ μαθητοῦ πολλὰ διαλεγομένου οὐκ εὐφυῶς, ἔνια δὲ καὶ προπετῶς καὶ θρασέως „ἀδύνατον, εἰπεῖν (τὸν Ζήνωνα), εἰ μή σε ὁ πατὴρ μεθύων ἐγέννησεν." ὅθεν αὐτὸν καὶ λάλον ἀπεκάλει, βραχυλόγος ὤν.

341 Athenaeus VII 281c. καὶ τῶν Στωϊκῶν δέ τινες συνεφήψαντο ταύτης τῆς ἡδονῆς· Ἐρατοσθένης γοῦν ὁ Κυρηναῖος μαθητὴς γενόμενος Ἀρίστωνος τοῦ Χίου, ὃς ἦν εἷς τῶν ἀπὸ τῆς Στοᾶς, ἐν τῷ ἐπιγραφομένῳ Ἀρίστωνι παρεμφαίνει τὸν διδάσκαλον ὡς ὕστερον ὁρμήσαντα ἐπὶ τρυφήν, λέγων ὧδε· „ἤδη δέ ποτε καὶ τοῦτον πεφώρακα τὸν τῆς ἡδονῆς καὶ ἀρετῆς μεσότοιχον διορύττοντα καὶ ἀναφαινόμενον παρὰ τῇ ἡδονῇ."

342 Athenaeus VI 251b. Τίμων ὁ Φλιάσιος ἐν τῷ τρίτῳ τῶν *σίλλων* (fr. 64 W.) Ἀρίστωνά φησι τὸν Χῖον, Ζήνωνος δὲ τοῦ Κιτιέως γνώριμον, κόλακα γενέσθαι Περσαίου τοῦ φιλοσόφου, ὅτι ἦν ἑταῖρος Ἀντιγόνου τοῦ βασιλέως.

343 Diogenes Laërt. IV 33. καὶ τῆς διαλεκτικῆς εἴχετο (ὁ Ἀρκεσίλαος) καὶ τῶν Ἐρετρικῶν ἥπτετο λόγων· ὅθεν καὶ ἐλέγετο ἐπ' αὐτοῦ ὑπ' Ἀρίστωνος·

πρόσθε Πλάτων, ὄπιθεν Πύρρων, μέσσος Διόδωρος.

344 Sextus hypotyp. I 234. (de Arcesilao locutus) ἔνθεν καὶ τὸν Ἀρίστωνα εἰπεῖν περὶ αὐτοῦ·

πρόσθε Πλάτων, ὄπιθεν Πύρρων, μέσσος Διόδωρος,

διὰ τὸ προσχρῆσθαι τῇ διαλεκτικῇ τῇ κατὰ τὸν Διόδωρον, εἶναι δὲ ἄντικρυς Πλατωνικόν.

345 Diogenes Laërt. IV 40. (ὁ Ἀρκεσίλαος) φιλομειράκιός τε ἦν καὶ καταφερής· ὅθεν οἱ περὶ Ἀρίστωνα τὸν Χῖον Στωϊκοὶ ἐπεκάλουν αὐτῷ, φθορέα τῶν νέων καὶ κιναιδολόγον καὶ θρασὺν ἀποκαλοῦντες. καὶ γὰρ καὶ Δημητρίου τοῦ πλεύσαντος εἰς Κυρήνην ἐπὶ πλέον ἐρασθῆναι λέγεται καὶ Κλεοχάρους τοῦ Μυρλεανοῦ· ἐφ' ᾧ καὶ πρὸς τοὺς

---

3 Scil. Cleanthem nominare debuit, secundum Strabonem. ∥ διενεχθέντας: eodem vocabulo utitur Diog. Laërt. de Aristone, Herillo, Dionysio.   9 desidero: καί (pro οὐκ) εὐφυῶς.   11 λάλον, λα in ras. B.   14 Vix opus est dicere mentionem Aristonis ab Eratosthene factam valde honorificam fuisse.   26 Π. Z 181 πρόσθε λέων, ὄπιθεν δὲ δράκων, μέσση δὲ χίμαιρα.

κωμάσαντας εἶπεν, αὐτὸς μὲν θέλειν ἀνοῖξαι, ἐκεῖνον δὲ διακωλύειν. τούτου δὲ ἥρων καὶ Δημοχάρης ὁ Λάχητος καὶ Πυθοκλῆς ὁ τοῦ Βουγέλου· οὓς καταλαβὼν ὑπ᾽ ἀνεξικακίας παραχωρεῖν ἔφη. διὰ ταῦτα δὴ οὖν ἔδακνόν τε αὐτὸν οἱ προειρημένοι καὶ ἐπέσκωπτον ὡς φι-
5 λόχλον καὶ φιλόδοξον. μάλιστα δὲ ἐπετίθεντο αὐτῷ παρὰ Ἱερωνύμῳ τῷ Περιπατητικῷ, ὁπότε συνάγοι τοὺς φίλους ἐς τὴν Ἀλκυονέως τοῦ Ἀντιγόνου υἱοῦ ἡμέραν, εἰς ἣν ἱκανὰ χρήματα ἀπέστειλεν ὁ Ἀντίγονος πρὸς ἀπόλαυσιν. ἔνθα καὶ παραιτούμενος ἑκάστοτε τὰς ἐπικυλικείους ἐξηγήσεις πρὸς Ἀρίδηλον προτείνοντά τι θεώρημα καὶ ἀξιοῦντα
10 εἰς αὐτὸ λέγειν εἶπεν· „ἀλλ᾽ αὐτὸ τοῦτο μάλιστα φιλοσοφίας ἴδιον, τὸ καιρὸν ἑκάστων ἐπίστασθαι.“

346 Diogenes Laërt. VII 162. ἀπετείνετο δὲ (ὁ *Ἀρίστων*) πρὸς Ἀρκεσίλαον, ὅτε θεασάμενος ταῦρον τερατώδη μήτραν ἔχοντα „οἴμοι, ἔφη, δέδοται Ἀρκεσιλάῳ ἐπιχείρημα κατὰ τῆς ἐναργείας.“
15 πρὸς δὲ τὸν φάμενον Ἀκαδημαϊκὸν οὐδὲν καταλαμβάνειν „ἆρ᾽ οὐδὲ τὸν πλησίον σου καθήμενον ὁρᾷς;“ εἶπεν· ἀρνησαμένου δὲ·
„τίς σ᾽ ἐκτύφλωσεν, ἔφη, τίς ἀφείλετο λαμπάδος αὐγάς;“

347 Diogenes Laërt. VII 162. μάλιστα δὲ προσεῖχε (scil. Aristo) Στωικῷ δόγματι τῷ τὸν σοφὸν ἀδόξαστον εἶναι. πρὸς ὃ Περσαῖος
20 ἐναντιούμενος διδύμων ἀδελφῶν τὸν ἕτερον ἐποίησεν αὐτῷ παρακαταθήκην δοῦναι, ἔπειτα τὸν ἕτερον ἀπολαβεῖν· καὶ οὕτως ἀπορούμενον διήλεγξεν.

348 Cicero de nat. deor. III 77. *si verum est, quod Aristo Chius dicere solebat, nocere audientibus philosophos iis, qui bene dicta male*
25 *interpretarentur; posse enim asotos ex Aristippi, acerbos e Zenonis schola exire.*

349 Diogenes Laërt. II 79. (ὁ *Ἀρίστιππος*) τοὺς τῶν ἐγκυκλίων παιδευμάτων μετασχόντας, φιλοσοφίας δὲ ἀπολειφθέντας ὁμοίους ἔλεγεν εἶναι — — τὸ δ᾽ ὅμοιον καὶ Ἀρίστων· τὸν γὰρ Ὀδυσσέα καταβάντα
30 εἰς ᾅδου τοὺς μὲν νεκροὺς πάντας σχεδὸν ἑωρακέναι καὶ συντετυχηκέναι, τὴν δὲ βασίλισσαν αὐτὴν μὴ τεθεᾶσθαι.

350 Stobaeus Florilegium 4, 109 Vol. I p. 246 Hense (4, 110 Mein.). Ἐκ τῶν Ἀρίστωνος Ὁμοιωμάτων. Ἀρίστων ὁ Χῖος τοὺς περὶ τὰ ἐγκύκλια μαθήματα πονουμένους, ἀμελοῦντας δὲ φιλοσοφίας,
35 ἔλεγεν ὁμοίους εἶναι τοῖς μνηστῆρσι τῆς Πηνελόπης, οἳ ἀποτυγχάνοντες ἐκείνης περὶ τὰς θεραπαίνας ἐγίνοντο.

Cf. Diog. Laërt. II 79. Plut. de lib. educ. p. 7d. Gnomol. Vatic. 166. Crameri Anecd. Paris. IV 411, 15 (Hense).

13 ὅτε] ἵνα BL, ὅτι in litura P³.   14 Ἀρκέσιλαι B.   15 Ἀκαδημικὸν BP. ‖ μηδὲν BPL.   17 τίς δέ σε B. ‖ ἐτύφλωσε B.   19 δοξαστὸν BPL. 23 esset *Madvig*. Cf. simile dictum Zenonis n. 242.

idem 4, 110. ὁ αὐτὸς τοὺς πολλοὺς εἴκαζε τῷ Λαέρτῃ, ὅστις τῶν κατὰ τὸν ἀγρὸν ἐπιμελούμενος πάντων, ὀλιγώρως εἶχεν ἑαυτοῦ· καὶ γὰρ τούτους τῶν κτημάτων πλείστην ἐπιμέλειαν ποιουμένους περιορᾶν τὴν ψυχὴν ἑαυτῶν πλήρη παθῶν ἀγρίων οὖσαν. (Od. ω 249).

Placita.

351 Diogenes Laërt. VII 160. Ἀρίστων ὁ Χῖος — τέλος ἔφησεν εἶναι τὸ ἀδιαφόρως ἔχοντα ζῆν πρὸς τὰ μεταξὺ ἀρετῆς καὶ κακίας, μηδὲ ἡντινοῦν ἐν αὐτοῖς παραλλαγὴν ἀπολείποντα, ἀλλ' ἐπίσης ἐπὶ πάντων ἔχοντα· εἶναι γὰρ ὅμοιον τὸν σοφὸν τῷ ἀγαθῷ ὑποκριτῇ, ὃς ἄν τε Θερσίτου ἄν τε Ἀγαμέμνονος πρόσωπον ἀναλάβῃ, ἑκάτερον ὑποκρίνεται προσηκόντως. τόν τε φυσικὸν τόπον καὶ τὸν λογικὸν ἀνῄρει, λέγων τὸν μὲν εἶναι ὑπὲρ ἡμᾶς, τὸν δ' οὐδὲν πρὸς ἡμᾶς, μόνον δὲ τὸν ἠθικὸν εἶναι πρὸς ἡμᾶς. ἐοικέναι δὲ τοὺς διαλεκτικοὺς λόγους τοῖς ἀραχνίοις, ἃ καίτοι δοκοῦντα τεχνικόν τι ἐμφαίνειν, ἄχρηστά ἐστιν. ἀρετάς τε οὔτε πολλὰς εἰσῆγεν, ὡς ὁ Ζήνων, οὔτε μίαν πολλοῖς ὀνόμασι καλουμένην, ὡς οἱ Μεγαρικοί, ἀλλὰ κατὰ τὸ πρός τί πως ἔχειν.

352 Stobaeus ecl. II 8, 13 W. Ἀρίστωνος· Ἀρίστων ἔφη τῶν ζητουμένων παρὰ τοῖς φιλοσόφοις τὰ μὲν εἶναι πρὸς ἡμᾶς, τὰ δὲ μηδὲν πρὸς ἡμᾶς, τὰ δ' ὑπὲρ ἡμᾶς. πρὸς ἡμᾶς μὲν τὰ ἠθικά, μὴ πρὸς ἡμᾶς δὲ τὰ διαλεκτικά (μὴ γὰρ συμβάλλεσθαι πρὸς ἐπανόρθωσιν βίου)· ὑπὲρ ἡμᾶς δὲ τὰ φυσικά· ἀδύνατα γὰρ ἐγνῶσθαι καὶ οὐδὲ παρέχειν χρείαν.

353 Eusebius praep. evang. XV 62, 7 (p. 854c). ταῦτα μὲν οὖν ὁ Σωκράτης· μετὰ δὲ αὐτὸν οἱ περὶ Ἀρίστιππον τὸν Κυρηναῖον, ἔπειθ' ὕστερον οἱ περὶ Ἀρίστωνα τὸν Χῖον ἐπεχείρησαν λέγειν ὡς δέοι μόνα τὰ ἠθικὰ φιλοσοφεῖν· εἶναι γὰρ δὴ ταῦτα μὲν δυνατὰ καὶ ὠφέλιμα· τοὺς μέντοι περὶ τῆς φύσεως λόγους πᾶν τοὐναντίον μήτε καταληπτοὺς εἶναι μήτ', εἰ καὶ ὀφθεῖεν, ὄφελος ἔχειν τι. μηδὲν γὰρ ἡμῖν ἔσεσθαι πλέον, ἀλλ' οὐδ' εἰ μετεωρότεροι τοῦ Περσέως ἀρθέντες (frg. trag. adesp. 131 N)

ὑπέρ τε πόντου χεῦμ' ὑπέρ τε πλειάδα

αὐτοῖς τοῖς ὄμμασι κατίδοιμεν τὸν πάντα κόσμον καὶ τὴν τῶν ὄντων φύσιν ἥτις δήποτέ ἐστιν. οὐ γὰρ δὴ διά γε τοῦτο φρονιμωτέρους ἢ δικαιοτέρους ἢ ἀνδρειοτέρους ἢ σωφρονεστέρους ἡμᾶς ἔσεσθαι, καὶ μὴν οὐδὲ ἰσχυροὺς ἢ καλοὺς ἢ πλουσίους, ὧν χωρὶς οὐχ οἷόν τε εὐ-

---

7 τι pro τὰ BPLD. 10 ἑκατέρων B. 14 ἄχριστα B¹, corr. B² cf. n. 391.
22 οὔτε libri, corr. Meineke. 32 ad Euripidis Andromedam rettulit Meineke.

δαιμονεῖν. ὅθεν ὀρθῶς εἶπε Σωκράτης ὅτι τῶν ὄντων τὰ μὲν ὑπὲρ ἡμᾶς εἴη, τὰ δὲ οὐδὲν πρὸς ἡμᾶς. εἶναι γὰρ τὰ φυσικὰ μὲν ὑπὲρ ἡμᾶς, τὰ δὲ μετὰ τὸν θάνατον οὐδὲν πρὸς ἡμᾶς, μόνα δὲ πρὸς ἡμᾶς τὰ ἀνθρώπινα. ταύτῃ δὲ καὶ χαίρειν αὐτὸν εἰπόντα τῇ Ἀναξαγόρου καὶ Ἀρχελάου φυσιολογίᾳ ζητεῖν
    ὅττι οἱ ἐν μεγάροισι κακόν τ᾽ ἀγαθόν τε τέτυκται.
Καὶ ἄλλως δὲ εἶναι τοὺς φυσικοὺς λόγους οὐ χαλεποὺς οὐδὲ ἀδυνάτους μόνον, ἀλλὰ καὶ ἀσεβεῖς καὶ τοῖς νόμοις ὑπεναντίους. τοὺς μὲν γὰρ ἀξιοῦν μηδ᾽ εἶναι θεοὺς τὸ παράπαν, τοὺς δὲ τὸ ἄπειρον ἢ τὸ ὂν ἢ τὸ ἕν, καὶ πάντα μᾶλλον ἢ τοὺς νομιζομένους· τήν τ᾽ αὖ διαφωνίαν παμπόλλην οὖσαν· τοὺς μὲν γὰρ ἄπειρον ἀποφαίνειν τὸ πᾶν, τοὺς δὲ πεπερασμένον, καὶ τοὺς μὲν ἀξιοῦν ἅπαντα κινεῖσθαι, τοὺς δὲ καθάπαξ μηδέν.

354 Diogenes Laërt. VI 103. ἀρέσκει οὖν αὐτοῖς (scil. τοῖς Κυνικοῖς) τὸν λογικὸν καὶ τὸν φυσικὸν τόπον περιαιρεῖν, ἐμφερῶς Ἀρίστωνι τῷ Χίῳ, μόνῳ δὲ προσέχειν τῷ ἠθικῷ.

355 Cicero Acad. Pr. II 123. *Liber igitur a tali irrisione Socrates, liber Aristo Chius, qui nihil istorum (scil. physicorum) sciri putat posse.*

356 Sextus adv. math. VII 12. καὶ Ἀρίστων δὲ ὁ Χῖος οὐ μόνον, ὥς φασι, παρῃτεῖτο τήν τε φυσικὴν καὶ λογικὴν θεωρίαν διὰ τὸ ἀνωφελὲς καὶ πρὸς κακοῦ τοῖς φιλοσοφοῦσιν ὑπάρχειν, ἀλλὰ καὶ τοῦ ἠθικοῦ τόπους τινὰς συμπεριέγραψεν, καθάπερ τόν τε παραινετικὸν καὶ τὸν ὑποθετικὸν τόπον· τούτους γὰρ εἰς τίτθας ἂν καὶ παιδαγωγοὺς πίπτειν, ἀρκεῖν δὲ πρὸς τὸ μακαρίως βιῶναι τὸν οἰκειοῦντα μὲν πρὸς ἀρετὴν λόγον, ἀπαλλοτριοῦντα δὲ κακίας, κατατρέχοντα δὲ τῶν μεταξὺ τούτων, περὶ ἃ οἱ πολλοὶ πτοηθέντες κακοδαιμονοῦσιν.

357 Seneca epist. 89, 13. *Ariston Chius non tantum supervacuas esse dixit naturalem et rationalem (scil. partem philosophiae) sed etiam contrarias. moralem quoque, quam solam reliquerat, circumcidit. nam eum locum, qui monitiones continet, sustulit et paedagogi esse dixit, non philosophi, tamquam quicquam aliud sit sapiens quam generis humani paedagogus.*

357a Lactant. div. instit. VII 7. *Ad virtutem capessendam nasci homines, Ariston disseruit.*

358 Seneca epist. 94, 1. *Eam partem philosophiae, quae dat propria cuique personae praecepta nec in universum componit hominem, sed marito suadet, quomodo se gerat adversus uxorem, patri quomodo educet liberos, domino quomodo servos regat, quidam solam receperunt. — —*

---

25 ἀρκεῖσθαι libri.

Sed Ariston Stoicus ⟨e⟩ contrario hanc partem levem existimat et quae non descendat in pectus usque. ad illam habentem praecepta plurimum ait proficere ipsa decreta philosophiae constitutionemque summi boni, quam qui bene intellexit ac didicit, quid in quaque re faciendum sit, sibi ipse praecepit.

359 Seneca epist. 94,5. *Qui hanc partem (scil. eam quae dat propria cuique personae praecepta) videri volunt supervacuam, hoc aiunt: Si quid oculis oppositum moratur aciem, removendum est. illo quidem obiecto operam perdidit, qui praecipit: „sic ambulabis, illo manum porriges." Eodem modo ubi aliqua res obcaecat animum et ad officiorum dispiciendum ordinem impedit, nihil agit, qui praecipit: „sic vives cum patre, sic cum uxore." nihil enim proficient praecepta, quamdiu menti error obfusus est; si ille discutitur, adparebit, quid cuique debeatur officio; alioquin doces illum, quid sano faciendum sit, non efficis sanum. Pauperi ut agat divitem monstras: hoc quomodo manente paupertate fieri potest? ostendis esurienti, quid tamquam satur faciat: fixam potius medullis famem detrahe. Idem tibi de omnibus vitiis dico: ipsa removenda sunt, non praecipiendum, quod fieri illis manentibus non potest. nisi opiniones falsas, quibus laboramus, expuleris, nec avarus, quomodo pecunia utendum sit, exaudiet, nec timidus, quomodo periculosa contemnat. efficias oportet, ut sciat pecuniam nec bonum nec malum esse; ostendas illi miserrimos divites; efficias ut, quicquid publice expavimus, sciat non esse tam timendum quam fama circumfert, nec dolere [quemquam] nec mori. saepe in morte, quam pati lex est, magnum esse solatium, quod ad neminem redit; in dolore pro remedio futuram obstinationem animi, qui levius sibi facit, quicquid contumaciter passus est. optimam doloris esse naturam, quod non potest nec qui extenditur magnus esse nec qui est magnus extendi. omnia fortiter excipienda, quae nobis mundi necessitas imperat. His decretis cum illum in conspectum suae condicionis adduxeris et cognoverit beatam esse vitam non quae secundum voluptatem est, sed secundum naturam, cum virtutem unicum bonum hominis adamaverit, turpitudinem solum malum fugerit, reliqua omnia, divitias, honores, bonam valetudinem, vires, imperia scierit esse mediam partem, nec bonis adnumerandam nec malis: monitorem non desiderabit ad singula, qui dicat: „sic incede, sic coena. hoc viro, hoc feminae, hoc marito, hoc caelibi convenit." ista enim qui diligentissime monent, ipsi facere non possunt. haec paedagogus puero, haec avia nepoti praecipit, et irascendum non esse magister iracundissimus disputat. si ludum litterarium intraveris, scies ista, quae ingenti supercilio philosophi iactant in puerili esse praescripto.*

23 quemquam *delevi*.   28 Cf. Epicuri fr. 446 Us.

Utrum deinde manifesta an dubia praecipies? non desiderant manifesta monitorem. praecipienti dubia non creditur. supervacuum est ergo praecipere. id adeo sic disce: si id mones, quod obscurum est et ambiguum, probationibus adiuvandum erit. si probatarus es, illa per quae probas, plus valent satisque per se sunt. „Sic amico utere, sic cive, sic socio." Quare? „quia iustum est." Omnia ista mihi de iustitia locus tradit. illic invenio aequitatem per se expetendam; nec metu nos ad illam cogi nec mercede conduci; non esse iustum, cui quicquam in hac virtute placet praeter ipsam. hoc cum persuasi mihi et perbibi, quid ista praecepta proficiunt, quae eruditum docent? praecepta dare scienti supervacuum est, nescienti parum. audire enim debet non tantum, quid sibi praecipiatur, sed etiam quare. Utrum, inquam, veras opiniones habenti de bonis malisque sunt necessaria an non habenti? qui non habet, nihil a te adiuvabitur. aures eius contraria monitionibus tuis fama possedit. qui habet exactum iudicium de fugiendis petendisque, scit, quid sibi faciendum sit, etiam te tacente. tota ergo pars ista philosophiae submoveri potest.

Duo sunt, propter quae delinquimus: aut inest animo pravis opinionibus malitia contracta, aut etiamsi non est falsis occupatus, ad falsa proclivis est et cito specie quo non oportet trahente corrumpitur. itaque debemus aut percurare mentem aegram et vitiis liberare, aut vacantem quidem, sed ad peiora pronam praeoccupare. utrumque decreta philosophiae faciunt. ergo tale praecipiendi genus nil agit.

Praeterea si praecepta singulis damus, incomprehensibile opus est. alia enim dare debemus feneranti, alia colenti agrum, alia negotianti, alia regum amicitias sequenti, alia pares, alia inferiores amaturo. In matrimonio praecipias, quomodo vivat cum uxore aliquis, quam virginem duxit, quomodo cum ea, quae alicuius ante matrimonium experta est, quemadmodum cum locuplete, quemadmodum cum indotata. an non putas aliquid esse discriminis inter sterilem et fecundam, inter provectiorem et puellam, inter matrem et novercam? Omnes species complecti non possumus; atqui singulae propria exigunt. leges autem philosophiae breves sunt et omnia adligant. Adice nunc, quod sapientiae praecepta finita debent esse et certa; si qua finiri non possunt, extra sapientiam sunt. sapientia rerum terminos novit. ergo ista praeceptiva pars submovenda est, quia quod paucis promittit, praestare omnibus non potest, sapientia autem omnes tenet.

Inter insaniam publicam et hanc, quae medicis traditur, nihil interest, nisi quod haec morbo laborat, illa opinionibus falsis; altera causas furoris traxit ex valitudine, altera animi mala valitudo est. si quis furioso praecepta det, quomodo loqui debeat, quomodo procedere, quomodo in publico se gerere, quomodo in privato, erit ipso, quem monebit, insanior; bilis nigra curanda est et ipsa furoris causa removenda. idem in hoc alio animi furore faciendum est. ipse discuti debet; alioquin abibunt in vanum monentium verba. Haec ab Aristone dicuntur.

360 Clemens Alex. Stromat. II p. 179 Sylb., Vol. I p. 497 Pott. τί δή σοι Ἀρίστωνα καταλέγοιμι; τέλος οὗτος εἶναι τὴν ἀδιαφορίαν ἔφη· τὸ δὲ ἀδιάφορον ἁπλῶς ἀδιάφορον ἀπολείπει.

361 Sextus adv. math. XI 63. μὴ εἶναι δὲ προηγμένον ἀδιάφορον τὴν ὑγείαν καὶ πᾶν τὸ κατ᾿ αὐτὴν παραπλήσιον ἔφησεν Ἀρίστων ὁ Χῖος. ἴσον γάρ ἐστι τὸ προηγμένον αὐτὴν λέγειν ἀδιάφορον τῷ ἀγαθὸν ἀξιοῦν, καὶ σχεδὸν ὀνόματι μόνον διαφέρον. καθόλου γὰρ τὰ μεταξὺ ἀρετῆς καὶ κακίας ἀδιάφορα μὴ ἔχειν μηδεμίαν παραλλαγήν, μηδὲ τινὰ μὲν εἶναι φύσει προηγμένα, τινὰ δὲ ἀποπροηγμένα, ἀλλὰ παρὰ τὰς διαφόρους τῶν καιρῶν περιστάσεις μήτε τὰ λεγόμενα προῆχθαι πάντως γίνεσθαι προηγμένα, μήτε τὰ λεγόμενα ἀποπροῆχθαι κατ᾿ ἀνάγκην ὑπάρχειν ἀποπροηγμένα. ἐὰν γοῦν δέῃ τοὺς μὲν ὑγιαίνοντας ὑπηρετεῖν τῷ τυράννῳ καὶ διὰ τοῦτο ἀναιρεῖσθαι, τοὺς δὲ νοσοῦντας ἀπολυομένους τῆς ὑπηρεσίας συναπολύεσθαι καὶ τῆς ἀναιρέσεως, ἕλοιτ᾿ ἂν μᾶλλον ὁ σοφὸς τὸ νοσεῖν κατὰ τοῦτον τὸν καιρὸν ἢ [ὅτι] τὸ ὑγιαίνειν. καὶ ταύτῃ οὔτε ἡ ὑγεία προηγμένον ἐστὶ πάντως οὔτε ἡ νόσος ἀποπροηγμένον. ὥσπερ οὖν ἐν ταῖς ὀνοματογραφίαις ἄλλοτ᾿ ἄλλα προτάττομεν στοιχεῖα, πρὸς τὰς διαφόρους περιστάσεις ἀρτιζόμενοι, καὶ τὸ μὲν δέλτα ὅτε τὸ τοῦ Δίωνος ὄνομα γράφομεν, τὸ δὲ ἰῶτα ὅτε τὸ τοῦ Ἴωνος, τὸ δὲ ὦ ὅτε τὸ τοῦ Ὠρίωνος, οὐ τῇ φύσει ἑτέρων παρὰ τὰ ἕτερα γράμματα προκρινομένων, τῶν δὲ καιρῶν τοῦτο ποιεῖν ἀναγκαζόντων, οὕτω κἂν τοῖς μεταξὺ ἀρετῆς καὶ κακίας πράγμασιν οὐ φυσική τις γίνεται ἑτέρων παρ᾿ ἕτερα πρόκρισις, κατὰ περίστασιν δὲ μᾶλλον.

362 Cicero Acad. Pr. II 130. *Aristonem, qui cum Zenonis fuisset auditor, re probavit ea, quae ille verbis, nihil esse bonum nisi virtutem, nec malum nisi quod virtuti esset contrarium; in mediis ea momenta, quae Zeno voluit, nulla esse censuit. huic summum bonum est, in his rebus neutram in partem moveri, quae ἀδιαφορία ab ipso dicitur.*

Tusc. disp. V 27. *Aristo Chius — qui nisi quod turpe esset, nihil malum diceret.*

363 Cicero de finibus II 35. *Nam Pyrrho, Aristo, Erillus iam diu abiecti.*

ibid. V 23. *Iam explosae eiectaeque sententiae Pyrrhonis, Aristo-*

---

8 ἁπλῶς ἀδιάφορον] cf. Zenonis fr. n. 191.   21 ὅτι seclusi.

nis, Erilli, quod in hunc orbem, quem circumscripsimus, incidere non possunt, adhibendae omnino non fuerunt.

Cicero Tuscul. disput. V 85. *Hae sunt sententiae, quae stabilitatis aliquid habeant; nam Aristonis, Pyrrhonis, Erilli nonnullorumque aliorum evanuerunt.*

Cicero de officiis I 6. *quoniam Aristonis, Pyrrhonis, Erilli iam pridem explosa sententia est; qui tamen haberent ius suum disputandi de officio, si rerum aliquem dilectum · reliquissent, ut ad officii inventionem aditus esset.*

364 Cicero de fin. II 43. *Quae (scil. prima naturae) quod Aristoni et Pyrrhoni omnino visa sunt pro nihilo, ut inter optime valere et gravissime aegrotare nihil prorsus dicerent interesse, recte iam pridem contra eos desitum est disputari. Dum enim in una virtute sic omnia esse voluerunt, ut eam rerum selectione exspoliarent nec ei quicquam aut unde oreretur darent, aut ubi niteretur, virtutem ipsam, quam amplexabantur, sustulerunt.*

Cf. III 11 et 12.

IV 47. *ut Aristonis esset explosa sententia dicentis nihil differre aliud ab alio, nec esse res ullas praeter virtutes et vitia, inter quas quicquam omnino interesset.*

V 23. *ii — qui in rebus .iis, in quibus nihil aut honestum aut turpe sit, negant esse ullam causam, cur aliud alii anteponatur, nec inter eas res quicquam omnino putant interesse.*

365 Cicero de finibus III 15, 50. *Deinceps explicatur differentia rerum: quam si non ullam esse diceremus, confunderetur omnis vita, ut ab Aristone, neque ullum sapientiae munus aut opus inveniretur, cum inter res eas, quae ad vitam degendam pertinerent, nihil omnino interesset neque ullum delectum adhiberi oporteret.*

366 Cicero de finibus V 73. *Multa dicta sunt ab antiquis de contemnendis ac despiciendis rebus humanis; hoc unum Aristo tenuit: praeter vitia atque virtutes negavit rem esse ullam aut fugiendam aut expetendam.*

367 Cicero de legibus I 38. *sive etiam Aristonis difficilem atque arduam, sed iam tamen fractam et convictam sectam secuti sunt, ut virtutibus exceptis atque vitiis cetera in summa aequalitate ponerent.*

— 55. *si, ut Chius Aristo dixit solum bonum esse, quod honestum esset, malumque, quod turpe, ceteras res omnis plane paris ac ne minimum quidem, utrum adessent an abessent, interesse etc.*

---

10 quod *Madvig*, cum *libri*.   21 nihil quod non aut *libri*, quod non *del. Lambin*.

368 Cicero de finibus IV 79. *Roges enim Aristonem, bonane ei videantur haec: vacuitas doloris, divitiae, valetudo; neget. Quid? quae contraria sunt his, malane? Nihilo magis. — Admirantes quaeramus — quonam modo vitam agere possimus, si nihil interesse nostra putemus, valeamus aegrine simus, vacemus an cruciemur dolore, frigus, famem propulsare possimus necne possimus. "Vives, inquit Aristo, magnifice atque praeclare, quod erit cumque visum, ages, numquam angere, numquam cupies, numquam timebis."*

369 Cicero de finibus IV 43. *Itaque mihi videntur omnes quidem illi errasse, qui finem bonorum esse dixerunt honeste vivere, sed alius alio magis, Pyrrho scilicet maxime — deinde Aristo, qui nihil relinquere (scil. quod praeter virtutem appetendum esset) non est ausus, introduxit autem, quibus commotus sapiens appeteret aliquid, quodcumque in mentem incideret et quodcumque tamquam occurreret. Is hoc melior quam Pyrrho, quod aliquod genus appetendi dedit, deterior quam ceteri, quod penitus a natura recessit.*

370 Clemens Alex. Stromat. II 20 p. 195 Sylb., Vol. I p. 486 Pott. ὅθεν, ὡς ἔλεγεν Ἀρίστων, πρὸς ὅλον τὸ τετράχορδον, ἡδονὴν λύπην φόβον ἐπιθυμίαν, πολλῆς δεῖ τῆς ἀσκήσεως καὶ μάχης.

371 Plutarchus de exilio 5 p. 600e. οἷόν ἐστιν ἡ νῦν σοι παροῦσα μετάστασις ἐκ τῆς νομιζομένης πατρίδος. φύσει γὰρ οὐκ ἔστι πατρίς, ὥσπερ οὐδ' οἶκος οὐδ' ἀγρὸς οὐδὲ χαλκεῖον, ὡς Ἀρίστων ἔλεγεν, οὐδ' ἰατρεῖον· ἀλλὰ γίγνεται, μᾶλλον δ' ὀνομάζεται καὶ καλεῖται τούτων ἕκαστον ἀεὶ πρὸς τὸν οἰκοῦντα καὶ χρώμενον.

372 Seneca epist. 115, 8. *Tunc intellegere nobis licebit, quam contemnenda miremur, simillimi pueris, quibus omne ludicrum in pretio est; parentibus quippe nec minus fratribus praeferunt parvo aere empta monilia. quid ergo inter nos et illos interest, ut Ariston ait, nisi quod nos circa tabulas et statuas insanimus, carius inepti? illos reperti in litore calculi leves et aliquid habentes varietatis delectant, nos ingentium maculae columnarum etc.*

373 Plutarchus de Stoic. repugn. 8 p. 1034d. Χρύσιππος Ἀρίστωνι μὲν ἐγκαλῶν ὅτι μιᾶς ἀρετῆς σχέσεις ἔλεγε τὰς ἄλλας εἶναι.

374 Galenus de Hipp. et Plat. decr. VII 2 (208. 591 M.). νομίσας γοῦν ὁ Ἀρίστων μίαν εἶναι τῆς ψυχῆς δύναμιν, ᾗ λογιζόμεθα, καὶ τὴν ἀρετὴν τῆς ψυχῆς ἔθετο μίαν, ἐπιστήμην ἀγαθῶν καὶ κακῶν. ὅταν μὲν οὖν αἱρεῖσθαί τε δέῃ τἀγαθὰ καὶ φεύγειν τὰ κακά, τὴν ἐπιστήμην τήνδε καλεῖ σωφροσύνην· ὅταν δὲ πράττειν μὲν τἀγαθά, μὴ πράτ-

---

13 quodcunque in *Manutius*, quod cuique in *libri*. Cf. ἐπελεύσεις illas, contra quas disputat Chrysippus Vol. II n. 973 (p. 282).

τειν δὲ τὰ κακά, φρόνησιν· ἀνδρείαν δὲ ὅταν τὰ μὲν θαρρῇ, τὰ δὲ φεύγῃ. ὅταν δὲ τὸ κατὰ ἀξίαν ἑκάστῳ νέμῃ, δικαιοσύνην. ἑνὶ δὲ λόγῳ γινώσκουσα μὲν ἡ ψυχὴ χωρὶς τοῦ πράττειν τἀγαθά τε καὶ κακὰ σοφία τέ ἐστι καὶ ἐπιστήμη, πρὸς δὲ τὰς πράξεις ἀφικνουμένη τὰς
5 κατὰ τὸν βίον ὀνόματα πλείω λαμβάνει τὰ προειρημένα, φρόνησίς τε καὶ σωφροσύνη καὶ δικαιοσύνη καὶ ἀνδρεία καλουμένη. τοιαύτη μέν τις ἡ Ἀρίστωνος δόξα περὶ τῶν τῆς ψυχῆς ἀρετῶν.

375 Plutarchus de virtute morali 2 p. 440f. Ἀρίστων δ᾿ ὁ Χῖος τῇ μὲν οὐσίᾳ μίαν καὶ αὐτὸς ἀρετὴν ἐποίει καὶ ὑγίειαν ὠνόμαζε· τῷ
10 δὲ πρός τί πως διαφόρους καὶ πλείονας, ὡς εἴ τις ἐθέλοι τὴν ὅρασιν ἡμῶν λευκῶν μὲν ἀντιλαμβανομένην λευκοθέαν καλεῖν, μελάνων δὲ μελανθέαν ἤ τι τοιοῦτον ἕτερον. καὶ γὰρ ἡ ἀρετὴ ποιητέα μὲν ἐπισκοποῦσα καὶ μὴ ποιητέα κέκληται φρόνησις, ἐπιθυμίαν δὲ κοσμοῦσα καὶ τὸ μέτριον καὶ τὸ εὔκαιρον ἐν ἡδοναῖς ὁρίζουσα σωφροσύνη, κοι-
15 νωνήμασι δὲ καὶ συμβολαίοις ὁμιλοῦσα τοῖς πρὸς ἑτέρους δικαιοσύνη· καθάπερ τὸ μαχαίριον ἓν μέν ἐστιν, ἄλλοτε δ᾿ ἄλλο διαιρεῖ, καὶ τὸ πῦρ ἐνεργεῖ περὶ ὕλας διαφόρους μιᾷ φύσει χρώμενον.

376 Clemens Al. Strom. I p. 376 Pott. Εἰ γοῦν σκοποῖμεν, μία κατὰ δύναμίν ἐστιν ἡ ἀρετή· ταύτην δὲ συμβέβηκεν τούτοις μὲν τοῖς
20 πράγμασιν ἐγγενομένην λέγεσθαι φρόνησιν· ἐν τούτοις δὲ σωφροσύνην· ἐν τούτοις δὲ ἀνδρείαν ἢ δικαιοσύνην. — — τοῦτον φαμὲν τὸν τρόπον μιᾶς καὶ τῆς αὐτῆς δραχμῆς τῷ μὲν ναυκλήρῳ δοθείσης λέγεσθαι ναῦλον· τῷ δὲ τελώνῃ τέλος· καὶ ἐνοίκιον μὲν τῷ σταθμούχῳ· μισθὸν δὲ τῷ διδασκάλῳ· καὶ τῷ πιπράσκοντι ἀρραβῶνα. Ἑκάστη δὲ
25 — ἀρετὴ — συνωνύμως καλουμένη μόνον τοῦ καθ᾿ ἑαυτὴν ἀποτελέσματός ἐστιν αἰτία· κατὰ σύγχρησιν δὲ τούτων γίγνεται τὸ εὐδαιμόνως ζῆν· μὴ γὰρ δὴ εὐδαιμονῶμεν πρὸς τὰ ὀνόματα, ὅταν τὸν ὀρθὸν βίον εὐδαιμονίαν λέγωμεν καὶ εὐδαίμονα τὸν κεκοσμημένον τὴν ψυχὴν ἐναρέτως.

30 **377** Porphyrius de animae facultatibus apud Stobaeum ecl. I p. 347,21 W. τὰς τῆς ψυχῆς δυνάμεις ὑπογράψαι πρόκειται· καὶ πρότερόν γε ἐπεξελθὼν τῇ ἱστορίᾳ τῇ τε παρὰ τοῖς παλαιοῖς καὶ τῇ ὕστερον ἐπικριθείσῃ παρὰ τοῖς διδασκάλοις, Ἀρίστων ἀντιληπτικὴν δύναμιν τῆς ψυχῆς θέμενος ταύτην διαιρεῖ εἰς δύο, τὸ μέν τι μέρος
35 φάσκων μετά τινος τῶν αἰσθητηρίων ὡς τὰ πολλὰ κινεῖσθαι, ὃ αἰσθητικὸν καλεῖ, ἀρχὴν καὶ πηγὴν ὑπάρχον τῶν κατὰ μέρος αἰσθήσεων, τὸ δὲ ἀεὶ καθ᾿ ἑαυτὸ καὶ χωρὶς ὀργάνων, ὃ ἐπὶ μὲν τῶν ἀλόγων οὐκ ὠνομάσθαι (ἢ γὰρ ὅλως οὐκ εἶναι ἐν αὐτοῖς ἢ τελέως ἀσθενὲς καὶ

---

33 nihil mutandum est.   37 ἀλόγων Heeren, ἄλλων FP.   38 ὠνομάσθαι Heeren, ὠνόμασται FP.

ἀμυδρὸν ἄγαν), ἐν δὲ τοῖς λογικοῖς, ἐν οἷς δὴ μάλιστα ⟨ἢ⟩ μόνοις φαίνεται, νοῦν προσαγορεύεσθαι.

378 Cicero de nat. deor. I 37. *cuius (scil. Zenonis) discipuli Aristonis non minus magno in errore sententiast, qui neque formam dei intellegi posse censeat neque in deis sensum esse dicat dubitetque omnino, deus animans necne sit.*

379 Jamblichus de anima apud Stobaeum ecl. II 382, 18 W. περὶ τῆς κοινωνίας τῆς πρὸς τοὺς θεοὺς τῶν ψυχῶν γέγονέ τις διαμφισβήτησις, τῶν μὲν λεγόντων ἀδύνατον μίγνυσθαι θεοὺς ταῖς κατεχομέναις ψυχαῖς ἐν τῷ σώματι, τῶν δὲ διατεινομένων μίαν εἶναι κοινὴν πολιτείαν τῶν καθαρῶν ψυχῶν πρὸς τοὺς θεοὺς καὶ εἰ ὅτι μάλιστα ἐν τοῖς σώμασι διατρίβουσιν· οἳ δὲ μόνοις δαίμοσιν ἢ καὶ ἥρωσιν ὑποτιθέασιν αὐτὴν εἰς κοινὴν συνουσίαν· ⟨ὧν⟩ ἄλλοι μὲν οἱ βελτίονες, κρινόμενοι κατὰ Πλάτωνα καθάρσει καὶ ἀναγωγῇ καὶ τελειώσει τῆς ψυχῆς, ἄλλοι δὲ οἱ χείρονες, τοῖς ἐναντίοις τούτων διαστελλόμενοι· κατὰ δὲ τοὺς Στωϊκοὺς τῇ κοινωνίᾳ καὶ τῷ καλῷ τῷ τῆς φύσεως ἐξηρτημένῳ· κατὰ δὲ τοὺς Περιπατητικοὺς τῇ κατὰ φύσιν τε συμμετρίᾳ καὶ τῇ ὑπὲρ τὴν ἀνθρωπίνην φύσιν νοερᾷ ζωῇ προτιμώμενοι· κατὰ δὲ Ἥριλλον ἐπιστήμῃ· κατὰ δὲ Ἀρίστωνα ἀδιαφορίᾳ· κατὰ δὲ Δημόκριτον εὐσχημοσύνῃ· κατὰ δὲ τοὺς ἄλλους μέρει τινὶ τοῦ καλοῦ· ἢ τῇ ἀοχλησίᾳ καθ᾽ Ἱερώνυμον· ἢ ἄλλοις τισὶ τρόποις διαγωγῆς τὸ αἱρετὸν ἔχοντες, ἀφ᾽ ὧν οἱ κατὰ μέρος φύονται βίοι ἄπειροι περὶ τὴν γένεσιν διαιρούμενοι etc.

380 Plutarchus vita Demosthenis 30 (de morte Demosthenis). τὸ δὲ φάρμακον Ἀρίστων μὲν ἐκ τοῦ καλάμου λαβεῖν φησιν αὐτόν, ὡς εἴρηται.

381 Plutarchus vita Demosthenis 10. Ἀρίστων δ᾽ ὁ Χῖος καὶ Θεοφράστου τινὰ δόξαν ἱστόρηκε περὶ τῶν ῥητόρων. ἐρωτηθέντα γάρ, ὁποῖός τις αὐτῷ φαίνεται ῥήτωρ ὁ Δημοσθένης, εἰπεῖν· „ἄξιος τῆς πόλεως", ὁποῖος δὲ Δημάδης· „ὑπὲρ τὴν πόλιν". Ὁ δ᾽ αὐτὸς φιλόσοφος Πολύευκτον ἱστορεῖ τὸν Σφήττιον, ἕνα τῶν τότε πολιτευομένων Ἀθήνησιν, ἀποφαίνεσθαι, μέγιστον μὲν εἶναι ῥήτορα Δημοσθένην, δυνατώτατον δὲ εἰπεῖν Φωκίωνα· πλεῖστον γὰρ ἐν βραχυτάτῃ λέξει νοῦν ἐκφέρειν.

382 Plutarchus ὅτι μάλιστα τοῖς ἡγεμόσι δεῖ τὸν φιλόσοφον διαλέγεσθαι 1 p. 776 c. καὶ Ἀρίστων μὲν ὁ Χῖος ἐπὶ τῷ πᾶσι δια-

---

1 ἢ add. Heeren.   2 νοῦν φαίνεται (hoc. ord.) libri, transpos. Heeren.
12 post διατρίβουσιν clausula in P.   13 αὐτὴν FP, αὐτὰς Wachsm. ∥ post συνουσίαν clausula in F; novam hinc eclogam constituit Wachsm. ὧν ego supplevi.   15 ἐναντίως FP, corr. Wachsm.   22 ἔχοντες vix sanum (Wachsm.).

λέγεσθαι τοῖς βουλομένοις ὑπὸ τῶν σοφιστῶν κακῶς ἀκούων· „ὤφελεν, εἶπε, καὶ τὰ θηρία λόγων συνιέναι κινητικῶν πρὸς ἀρετήν."

383 Stobaeus Florileg. 13,40 Vol. I p. 462 Hense (13,22 Mein.). Ἐκ τῶν Ἀρίστωνος Ὁμοιωμάτων. Ὅμοιον ἀψινθίου τὸ δριμὺ καὶ λόγου παρρησίαν ἐκκόψαι.

384 Stobaeus Florileg. 13,57 Vol. I p. 465 Hense (13,39 Mein.). Ἐκ τῶν Ἀρίστωνος Ὁμοιωμάτων. Φήσαντός τινος „λίαν μοι ἐπισκώπτεις" ἔφη „καὶ γὰρ τοῖς σπληνικοῖς τὰ μὲν δριμέα καὶ πικρὰ ὠφέλιμα, τὰ δὲ γλυκέα βλαβερά."

385 Plutarchus de recta ratione audiendi 8 p. 42b. οὔτε γὰρ βαλανείου, φησὶν ὁ Ἀρίστων, οὔτε λόγου μὴ καθαίροντος ὄφελός ἐστιν.

386 Stobaeus Florileg. 79,44 Mein. Ἐκ τῶν Ἀρίστωνος Ὁμοιωμάτων. Οἱ ἄρτι ἐκ φιλοσοφίας, πάντας ἐλέγχοντες καὶ ἀπὸ τῶν γονέων ἀρχόμενοι, πάσχουσιν ὅπερ καὶ οἱ νεώνητοι κύνες, οἳ οὐ μόνον τοὺς ἄλλους ὑλακτοῦσιν, ἀλλὰ καὶ τοὺς ἔνδον.

387 Stobaeus ecl. II p. 215,20 W. Ἐκ τῶν Ἀρίστωνος Ὁμοιωμάτων. Τὸ κύμινον, φασί, δεῖ σπείρειν βλασφημοῦντας, οὕτω γὰρ καλὸν φύεσθαι· καὶ τοὺς νέους χρὴ παιδεύειν ἐπισκώπτοντας, οὕτω γὰρ χρήσιμοι ἔσονται.

388 Seneca epist. 36,3. *Ariston aiebat malle ⟨se⟩ adulescentem tristem quam hilarem et amabilem turbae. vinum enim bonum fieri, quod recens durum et asperum visum est; non pati aetatem, quod in dolio placuit.*

389 Plutarchus de tuenda sanitate praecepta 20 p. 133c. ἀλειπτῶν δὲ φωνὰς καὶ παιδοτριβῶν λόγους, ἑκάστοτε λεγόντων ὡς τὸ παρὰ δεῖπνον φιλολογεῖν τὴν τροφὴν διαφθείρει καὶ βαρύνει τὴν κεφαλήν, τότε φοβητέον, ὅταν τὸν Ἰνδὸν ἀναλύειν ἢ διαλέγεσθαι περὶ τοῦ Κυριεύοντος ἐν δείπνῳ μέλλωμεν. — — ἂν δ' ἡμᾶς μὴ ἄλλο τι ζητεῖν ἢ φιλοσοφεῖν ἢ ἀναγιγνώσκειν παρὰ δεῖπνον ἐῶσι τῶν ἐν τῷ καλῷ καὶ ὠφελίμῳ τὸ ἐπαγωγὸν ὑφ' ἡδονῆς καὶ γλυκὺ μόριον ἐχόντων, κελεύσομεν αὐτοὺς μὴ ἐνοχλεῖν, ἀλλ' ἀπιόντας ἐν τῷ ξυστῷ ταῦτα καὶ ταῖς παλαίστραις διαλέγεσθαι τοῖς ἀθληταῖς, οὓς τῶν βιβλίων ἐξελόντες ἀεὶ διημερεύειν ἐν σκώμμασι καὶ βωμολοχίαις ἐθίζοντες, ὡς ὁ κομψὸς Ἀρίστων ἔλεγε, τοῖς ἐν γυμνασίῳ κίοσιν ὁμοίως λιπαροὺς πεποιήκασι καὶ λιθίνους.

390 Plutarchus Amatorius 21 p. 766f. ὅταν ἦθος ἁγνὸν καὶ

---

5 τὴν παρρησίαν concinnius Max. 31 p. 620 Combef.   14 οἱ ἄρτι ἐκ φιλοσοφίας i. e. adulescentes cum ex schola philosophi domum redierunt.   29 fortasse μηδ'.

κόσμιον ἐν ὥρᾳ καὶ χάριτι μορφῆς διαφανὲς γένηται, καθάπερ ὄρθιον ὑπόδημα δείκνυσι ποδὸς εὐφυΐαν, ὡς Ἀρίστων ἔλεγεν.

391 Stobaeus ecl. II p. 24, 8 W. *Ἀρίστωνος*. Ἀρίστων τοὺς λόγους τῶν διαλεκτικῶν εἴκαζεν τοῖς τῶν ἀραχνίων ὑφάσμασιν οὐδὲν μὲν χρησίμοις, λίαν δὲ τεχνικοῖς ⟨οὖσι⟩.

392 Stobaeus ecl. II p. 22, 22 W. *Ἐκ τῶν Ἀρίστωνος Ὁμοιωμάτων·* οἱ ἐν διαλεκτικῇ βαθύνοντες ἐοίκασι καρκίνους μασωμένοις, οἳ δι' ὀλίγον τρόφιμον περὶ πολλὰ ὀστᾶ ἀσχολοῦνται.

393 Stobaeus ecl. II p. 23, 15 W. *Ἀρίστωνος*. Ἀρίστων ἔλεγεν ἐοικέναι τὴν διαλεκτικὴν τῷ ἐν ταῖς ὁδοῖς πηλῷ· πρὸς οὐδὲν γὰρ οὐδ' ἐκεῖνον χρήσιμον ὄντα καταβάλλειν τοὺς βαδίζοντας.

394 Stobaeus ecl. II 24, 12 W. *Ἐκ τῶν Ἀρίστωνος Ὁμοιωμάτων*. ὁ ἑλλέβορος ὁλοσχερέστερος μὲν ληφθεὶς καθαίρει, εἰς δὲ πάνυ σμικρὰ τριφθεὶς πνίγει· οὕτω καὶ ἡ κατὰ φιλοσοφίαν λεπτολογία.

395 Stobaeus Florileg. 20, 69 (Vol. I p, 554 Hense). *Ἀρίστωνος·* τὴν κακολογίαν ἡ ὀργὴ φαίνεται ἀπογεννῶσα· ὥστε ἡ μήτηρ οὐκ ἀστεία.

396 Stobaeus ecl. II p. 218, 7 W. *Ἐκ τῶν Ἀρίστωνος Ὁμοιωμάτων*. Κυβερνήτης μὲν οὔτε ἐν μεγάλῳ πλοίῳ οὔτε ἐν μικρῷ ναυτιάσει, οἱ δὲ ἄπειροι ἐν ἀμφοῖν· οὕτως ὁ μὲν πεπαιδευμένος καὶ ἐν πλούτῳ καὶ ἐν πενίᾳ οὐ ταράττεται, ὁ δ' ἀπαίδευτος ἐν ἀμφοῖν.

397 Stobaeus Florileg. 94, 15 Mein. *Ἐκ τῶν Ἀρίστωνος Ὁμοιωμάτων*. ὡς τὸν αὐτὸν οἶνον πίνοντες οἱ μὲν παροινοῦσιν, οἱ δὲ πραΰνονται, οὕτω καὶ πλοῦτον . . . . .

398 Plutarchus vita Catonis 18. πλούτου γὰρ ἀφαίρεσιν οἱ πολλοὶ νομίζουσι τὴν κώλυσιν αὐτοῦ τῆς ἐπιδείξεως, ἐπιδείκνυσθαι δὲ τοῖς περιττοῖς, οὐ τοῖς ἀναγκαίοις. ὃ δὴ καὶ μάλιστά φασι τὸν φιλόσοφον Ἀρίστωνα θαυμάζειν, ὅτι τοὺς τὰ περιττὰ κεκτημένους μᾶλλον ἡγοῦνται μακαρίους ἢ τοὺς τῶν ἀναγκαίων καὶ χρησίμων εὐποροῦντας.

399 Stobaeus Florileg. 119, 18 Mein. *Ἐκ τῶν Ἀρίστωνος Ὁμοιωμάτων*. πολλοὶ σοφοὶ γηραιοὶ φιλοζωοῦσι. καὶ γὰρ οἱ ὀψὲ γήμαντες φιλοζωοῦσιν, ἵν' ἐκθρέψωσι τὰ τέκνα, καὶ οὗτοι ὀψὲ ἀρετῆς ἐπήβολοι γενόμενοι ἐφίενται αὐτὴν ἐκθρέψαι.

400 Stobaeus Florileg. 67, 16 (Mein.). *Ἐκ τῶν Ἀρίστωνος·* Σπαρτιατῶν νόμος τάττει ζημίας τὴν μὲν πρώτην ἀγαμίου, τὴν δευτέραν ὀψιγαμίου, τὴν τρίτην καὶ μεγίστην κακογαμίου.

401 Plutarchus de curiositate 4 p. 516 f. καίτοι καὶ τῶν ἀνέμων

---

5 χρησίμοις Usener, χρησίμους libri. ‖ τεχνικοῖς οὖσι scripsi, τεχνικούς libri. Cf. vitam Aristonis Laërtianam n. 351.   16 ὡς τέ⟨κνα⟩ Buecheler.   17 ἀστεῖα libri.

μάλιστα δυσχεραίνομεν, ώς Αρίστων φησίν, όσοι τὰς περιβολὰς ἀναστέλλουσιν ἡμῶν. ὁ δὲ πολυπράγμων οὐ τὰ ἱμάτια τῶν πέλας οὐδὲ τοὺς χιτῶνας, ἀλλὰ τοὺς τοίχους ἀπαμφιέννυσι, τὰς θύρας ἀναπετάννυσι etc.

402 Plutarchus πολιτικὰ παραγγέλματα 10 p. 804e. οὔτε γὰρ πῦρ φησιν ὁ Ἀρίστων καπνὸν ποιεῖν οὔτε δόξαν φθόνον, ἢν εὐθὺς ἐκλάμψῃ καὶ ταχέως, ἀλλὰ τῶν κατὰ μικρὸν αὐξανομένων καὶ σχολαίως ἄλλον ἀλλαχόθεν ἐπιλαμβάνεσθαι.

403 Plutarchus aqua an ignis utilior 12 p. 958d. καὶ μὴν ὀλίγου χρόνου καὶ βίου τοῖς ἀνθρώποις δεδομένου ὁ μὲν Ἀρίστων φησὶν ὅτι ὁ ὕπνος οἷον τελώνης τὸ ἥμισυ ἀφαιρεῖ τούτου· ἐγὼ δ' etc.

1a. Apollophanes.

404 Diogenes Laërt. VII 140. φησὶ δὲ περὶ τοῦ κενοῦ Χρύσιππος μὲν ἐν τῷ περὶ κενοῦ καὶ ἐν τῇ πρώτῃ τῶν φυσικῶν τεχνῶν καὶ Ἀπολλοφάνης ἐν τῇ φυσικῇ (placitum vide Chrys. II n. 543).

405 Tertullianus de anima 14. *Dividitur autem in partes (scil. anima) nunc in duas a Platone — — etiam in octo penes Chrysippum, etiam in novem penes Apollophanem.*

406 Diogenes Laërt. VII 92. ὁ μὲν γὰρ Ἀπολλοφάνης μίαν λέγει (scil. ἀρετήν), τὴν φρόνησιν.

407 Fragmenta Herculanensia ed. Scott p. 271 (Pap. 19—698 Scriptor incertus περὶ αἰσθήσεως col. 15) — — χρόνοις, τὴν δ' αἴσθη|σιν τὰ καθ' ἕνα κ(ρι)νεῖν | ἢ μνήμης μεθέξειν. (ὁ δ') | Ἀπολλοφάνης, ὑπὸ τοῦ | πιθανοῦ ἀπατηθείς, τὸ | μὲν καὶ μνήμην αὐ|ταῖς περιάπτειν κατη|δέσθη, τὸ δ' ἀναλογίας | μετέχειν προσ(ε)δέξα|το, ὅπως καὶ τοῦ μηκέ|τ' ὄντος ἀποδῷ διαίσ|θησιν αὐτ(αῖς, ὥ)σπερ ἵνα| σώσωμεν ἐνάργειαν | ἄλλας δέον ἐπιβάλλειν | ἐναργείας.

408 Athenaeus VII 281d. καὶ Ἀπολλοφάνης δὲ (γνώριμος δ' ἦν καὶ οὗτος τοῦ Ἀρίστωνος) ἐν τῷ Ἀρίστωνι, καὶ αὐτὸς οὕτως ἐπιγράψας τὸ σύγγραμμα, ἐμφανίζει τὴν τοῦ διδασκάλου φιληδονίαν.

---

2 quae de curioso dicuntur, Plutarchi sunt, non Aristonis.   23 καὶ pro ἢ exspectaveris.   27 fortasse: *ἐκβάλλειν.*

2. Herillus Carthaginiensis.

409 Diogenes Laërt. VII 165. Ἥριλλος δὲ ὁ Καρχηδόνιος (secuntur placita). ἔστι δὲ τὰ βιβλία αὐτοῦ ὀλιγόστιχα μέν, δυνάμεως δὲ μεστὰ καὶ περιέχοντα ἀντιρρήσεις πρὸς Ζήνωνα.

λέγεται δὲ ὅτι παιδὸς ὄντος αὐτοῦ ἠράσθησαν ἱκανοί, οὓς ἀποτρέψαι βουλόμενος ὁ Ζήνων ἠνάγκασε ξυρᾶσθαι Ἥριλλον, οἱ δὲ ἀπετράποντο.

τὰ δὲ βιβλία ἐστὶ τάδε·
περὶ ἀσκήσεως·
περὶ παθῶν·
περὶ ὑπολήψεως·
νομοθέτης·
μαιευτικός·
ἀντιφέρων·
διδάσκαλος·
διασκευάζων·
εὐθύνων·
Ἑρμῆς·
Μήδεια·
διάλογοι·
θέσεων ἠθικῶν.

410 Ind. Stoic. Herc. col. XXXVI. (Ἥ)ριλλο(ς) δ', ὧ(ς) φη(σιν Ἀ)|πολλ(ών)ιος, (ἐπισῃ) | μότα(τ)ο(ς ...

411 Diogenes Laërt. VII 165. Ἥριλλος δὲ ὁ Καρχηδόνιος τέλος εἶπε τὴν ἐπιστήμην, ὅπερ ἐστὶ ζῆν ἀεὶ πάντα ἀναφέροντα πρὸς τὸ μετ' ἐπιστήμης ζῆν καὶ μὴ τῇ ἀγνοίᾳ διαβεβλημένον. εἶναι δὲ τὴν ἐπιστήμην ἕξιν ἐν φαντασιῶν προσδέξει ἀνυπόπτωτον ὑπὸ λόγου. ποτὲ δὲ ἔλεγε μηδὲν εἶναι τέλος, ἀλλὰ κατὰ τὰς περιστάσεις καὶ τὰ πράγματα ἀλλάττεσθαι αὐτό, ὡς καὶ τὸν αὐτὸν χαλκὸν ἢ Ἀλεξάνδρου γινόμενον ἀνδριάντα ἢ Σωκράτους. διαφέρειν δὲ τέλος καὶ ὑποτελίδα· τῆς μὲν γὰρ καὶ τοὺς μὴ σοφοὺς στοχάζεσθαι, τοῦ δὲ μόνον τὸν σοφόν. τὰ δὲ μεταξὺ ἀρετῆς καὶ κακίας ἀδιάφορα εἶναι.

412 Cicero de finibus IV 40. *Introduci enim virtus nullo modo potest, nisi omnia, quae leget quaeque reiciet, unam referentur ad summam. Nam si omnino ⟨ea⟩ nos neglegemus, in Aristonea vitia incidemus et peccata obliviscemurque, quae virtuti ipsi principia dederimus;*

---

2 χαλκηδόνιος PL. 3 αὐτοῦ τὰ βιβλία (hoc ord.) PL. 19 μίδια B. 27 πρὸς δεξιὰν ὑπόπτωτον BL. ‖ λόγων B¹PL. 30 καὶ pro ἢ B, ἢ in litura P³. 35 *ea* add. Baiter.

sin ea non neglegemus neque tamen ad finem summi boni referemus, non multum ab Erilli levitate aberrabimus. Duarum enim vitarum nobis erunt instituta capienda. Facit enim ille duo seiuncta ultima bonorum, quae ut essent vera, coniungi debuerunt; nunc ita separantur, ut diiuncta sint, quo nihil potest esse perversius.

413 Cicero Acad. Pr. II 129. *Omitto illa, quae relicta iam videntur, Erillum, qui in cognitione et scientia summum bonum ponit; qui cum Zenonis auditor esset, vides quantum ab eo dissenserit et quam non multum a Platone.*

414 Cicero de fin. II 43. *Erillus autem ad scientiam omnia revocans unum quoddam bonum vidit, sed nec optimum, nec quo vita gubernari possit. Itaque hic ipse iam pridem est reiectus; post enim Chrysippum non sane est disputatum.*

Cicero de oratore III 62. *fuerunt etiam alia genera philosophorum, qui se omnes fere Socraticos esse dicebant, Eretricorum, Erilliorum, Megaricorum, Pyrrhoneorum. sed ea horum vi et disputationibus sunt iam diu fracta et exstincta.*

415 Cicero de finibus III 9, 31. *Sed sunt tamen perabsurdi et ii qui cum scientia vivere ultimum bonorum, et qui nullam rerum differentiam esse dixerunt atque ita sapientem beatum fore, nihil aliud alii ullo momento anteponentem (Herillus et Aristo).*

416 Cicero de finibus IV 36. *aut ipsius animi, ut fecit Erillus, cognitionem amplexarentur, actionem relinquerent.*

417 Cicero de finibus V 23. *et Erillus, si ita sensit, nihil esse bonum praeter scientiam, omnem consilii capiendi causam inventionemque officii sustulit.*

ibid. V 73. *hoc uno captus Erillus scientiam summum bonum esse defendit nec rem ullam aliam per se expetendam.*

418 Cicero de officiis I 6. *quoniam Aristonis, Pyrrhonis, Erilli iam pridem explosa sententia est; qui tamen haberent ius suum disputandi de officio, si rerum aliquem dilectum reliquissent, ut ad officii inventionem aditus esset.*

419 Clemens Alex. Stromat. II p. 179 Sylb., Vol. I p. 497 Pott. ἢ τὰ Ἡρίλλου εἰς μέσον παράγοιμι; τὸ κατ' ἐπιστήμην ζῆν τέλος εἶναι τίθησιν Ἥριλλος.

420 Jamblichus de anima apud Stobaeum ecl. II 382,18 W. (τῶν δαιμόνων) ἄλλοι μὲν οἱ βελτίονες, κρινόμενοι κατὰ Πλάτωνα καθάρσει καὶ ἀναγωγῇ καὶ τελειώσει τῆς ψυχῆς, ἄλλοι δὲ οἱ χείρονες, τοῖς ἐναντίοις τούτων διαστελλόμενοι· κατὰ δὲ τοὺς Στωϊκοὺς τῇ κοινωνίᾳ

---

37 Cf. Aristo n. 379.

καὶ τῷ καλῷ τῷ τῆς φύσεως ἐξηρτημένῳ· — — κατὰ δὲ Ἥριλλον ἐπιστήμῃ.

421 Lactantius instit. div. III 7. *Herilli summum bonum est scientia, Zenonis cum natura congruenter vivere, quorundam Stoicorum virtutem sequi.*

---

3. Dionysius Heracleota
qui vocatur ὁ Μεταθέμενος.

422 Diogenes Laërt. VII 166. Διονύσιος δὲ ὁ Μεταθέμενος τέλος εἶπε τὴν ἡδονὴν διὰ περίστασιν ὀφθαλμίας· ἀλγήσας γὰρ ἐπιπόνως ὤκνησεν εἰπεῖν τὸν πόνον ἀδιάφορον. ἦν δὲ παῖς μὲν Θεοφάντου, πόλεως δὲ Ἡρακλείας. ἤκουσε δέ, καθά φησι Διοκλῆς, πρῶτον μὲν Ἡρακλείδου τοῦ πολίτου, ἔπειτα Ἀλεξίνου καὶ Μενεδήμου, τελευταῖον δὲ Ζήνωνος. καὶ κατ' ἀρχὰς μὲν φιλογράμματος ὢν παντοδαποῖς ἐπεχείρει ποιήμασιν, ἔπειτα δὲ καὶ Ἄρατον ἀπεδέχετο, ζηλῶν αὐτόν. ἀποστὰς δὲ τοῦ Ζήνωνος πρὸς τοὺς Κυρηναϊκοὺς ἀπετράπη καὶ εἴς τε τὰ χαμαιτυπεῖα εἰσῄει καὶ τἆλλα ἀπαρακαλύπτως ἡδυπάθει. βιοὺς δὲ πρὸς τὰ ὀγδοήκοντα ἀσιτίᾳ κατέστρεψε. Βιβλία δὲ αὐτοῦ φέρεται τάδε·

περὶ ἀπαθείας β΄ (n. 434)·
περὶ ἀσκήσεως β΄·
περὶ ἡδονῆς δ΄·
περὶ πλούτου καὶ χάριτος καὶ τιμωρίας·
περὶ ἀνθρώπων χρήσεως·
περὶ εὐτυχίας·
περὶ ἀρχαίων βασιλέων·
περὶ τῶν ἐπαινουμένων·
περὶ βαρβαρικῶν ἐθῶν.

423 Diogenes Laërt. VII 23 (de Zenone). Διονυσίου δὲ τοῦ Μεταθεμένου εἰπόντος αὐτῷ, διὰ τί αὐτὸν μόνον οὐ κατορθοῖ, ἔφη „οὐ γάρ σοι πιστεύω."

424 Vita Arati: ἦν δὲ ἐπὶ Πτολεμαίου τοῦ Φιλαδέλφου καὶ ἐσχόλασε Διονυσίῳ τῷ Ἡρακλεώτῃ etc.

425 Diogenes Laërt. V 92. ἔτι καὶ Διονύσιος ὁ Μεταθέμενος (ἢ Σπίνθαρος, ὥς ἔνιοι) γράψας τὸν Παρθενοπαῖον ἐπέγραψε Σοφοκλέους. ὁ δὲ (scil. Heraclides Ponticus) πιστεύσας εἴς τι τῶν ἰδίων

---

22 Duo libri videntur περὶ πλούτου et περὶ χάριτος καὶ τιμωρίας. 32 Cf. n. 422, 14 καὶ Ἄρατον ἀπεδέχετο ζηλῶν αὐτόν.

συγγραμμάτων ἐχρῆτο μαρτυρίοις ὡς Σοφοκλέους. αἰσθόμενος δ᾽ ὁ
Διονύσιος ἐμήνυσεν αὐτῷ τὸ γεγονός· τοῦ δ᾽ ἀρνουμένου καὶ ἀπιστοῦντος ἐπέστειλεν ἰδεῖν τὴν παραστιχίδα· καὶ εἶχε Πάγκαλον. οὗτος δ᾽ ἦν ἐρώμενος Διονυσίου. ὡς δ᾽ ἔτι ἀπιστῶν ἔλεγε κατὰ τὴν
5 τύχην ἐνδέχεσθαι οὕτως ἔχειν, πάλιν ἀντεπέστειλεν ὁ Διονύσιος ὅτι
„καὶ ταῦτα εὑρήσεις·
   Α. Γέρων πίθηκος οὐχ ἁλίσκεται πάγῃ.
   Β. Ἁλίσκεται μέν· μετὰ χρόνον δ᾽ ἁλίσκεται.“
Καὶ πρὸς τούτοις „Ἡρακλείδης γράμματα οὐκ ἐπίσταται.“ ὁ δ᾽ ᾐσχύνθη.
10   **426** Ind. Stoic. Herc. col. XXIX. (Δ)ιο(ν)ύσ(ιος) | τοίν(υν ὁ
Μεταθέμενος ...
   col. XXX. εἰς) μέσον μεγάλῃ τῇ | φωνῇ, καὶ μάλισθ᾽ ὅτε | σιωπῶντας ἴδοι τοὺς | ἄλλους καὶ διοχνοῦν|τας. Τὸν αὐτὸν δὲ τρό|πον
μὴ πανομένων | καὶ ταραχμένων etc.
15   *Videtur depingi Dionysius acerrimis doloribus cruciatus et fortasse
ab amicis, ut se interficiant, magna voce postulans vel alias voces cum
philosophia Zenonis pugnantes edens.* Cf. etiam Persaei dictum de Dionysio n. 446.
   427 Ind. Stoic. Herc. col. XXXII. (τὸν) πόνον φευκτὸ(ν | εἶν)αι,
20 τὴν δ᾽ ἡδονὴ(ν | σκο)πὸν καὶ τέλος. Ἐγέ|(ν)ετο δ᾽ οὖν καὶ πολυ|(γ)ράφος, προαγαγὼν | σχεδὸν εἰς τὰς ὀκτὼ | (μυ)ριά(δα)ς. Ἐδόκει τε |
(πολ)λοῖς οὔτ᾽ ἄστοχος | (οὔτ᾽ ἀδύν)ατος εἶναι | (κατὰ τ)ὴν λ(έξ)ιν
καὶ | .... τοις συνι .. etc.
   428 Athenaeus X 437e. Ἀντίγονος δ᾽ ὁ Καρύστιος ἐν τῷ περὶ
25 τοῦ Διονυσίου βίου τοῦ Ἡρακλεώτου τοῦ ἐπικληθέντος Μεταθεμένου
φησὶ (p. 126 Wil.) τὸν Διονύσιον τοῖς οἰκέταις συνεορτάζοντα ἐν τῇ
τῶν Χοῶν ἑορτῇ καὶ μὴ δυνάμενον διὰ γῆρας χρῆσθαι ᾖ παρειλήφεσαν ἑταίρᾳ ὑποστρέψαντα εἰπεῖν πρὸς τοὺς συνδειπνοῦντας (φ 152)
οὐ δύναμαι τανύσαι, λαβέτω δὲ καὶ ἄλλος.
30   **429** Ind. Stoic. Herc. col. XXXIII. (τοὺς) φίλο(υ)ς ἀσπ(α)σάμε|νος κα(ὶ) κα(θεὶς) ἑαυτὸν | εἰς τὴν μάχ(τ)ραν ἐτε|λεύτησεν.
   Mors narratur Dionysii Metathemeni.
   430 Athenaeus VII 281d. περὶ δὲ Διονυσίου τοῦ Ἡρακλεώτου
τί δεῖ καὶ λέγειν; ὃς ἄντικρυς ἀποδὺς τὸν τῆς ἀρετῆς χιτῶνα ἀνθινὰ
35 μετημφιάσατο καὶ Μεταθέμενος καλούμενος ἔχαιρε, καίτοι γηραιὸς
ἀποστὰς τῶν τῆς Στοᾶς λόγων καὶ ἐπὶ τὸν Ἐπίκουρον μεταπηδήσας·
περὶ οὗ οὐκ ἀχαρίτως ὁ Τίμων ἔφη· (fr. 59 W.)
      ἡνίκ᾽ ἐχρῆν δύνειν, νῦν ἄρχεται ἡδύνεσθαι·
      ὥρη ἐρᾶν, ὥρη δὲ γαμεῖν, ὥρη δὲ πεπαῦσθαι.

---

9 οὐδ᾽ ᾐσχύνθη vulgo.   20 Intelligitur sine dubio Dionysius Heracleota.
39 παύεσθαι AC.

DIONYSIUS HERACLEOTA.

Lucianus Bis accus. 20. 21: μέχρι μὲν τῆς νόσου ἤλπιζεν ὠφελήσειν τι αὐτὸν τοὺς περὶ τῆς καρτερίας λόγους, ἐπεὶ δὲ ἤλγησε καὶ ἐνόσησε καὶ ὁ πόνος ἀληθέστερον αὐτοῦ καθίκετο, ἰδὼν τὸ σῶμα τὸ ἑαυτοῦ ἀντιφιλοσοφοῦν τῇ Στοᾷ καὶ τἀναντία δογματίζον, αὐτῷ μᾶλλον ἢ τούτοις ἐπίστευσε etc.

431 Cicero de finibus V 94. *Nobis Heracleotes ille Dionysius flagitiose descivisse videtur a Stoicis propter oculorum dolorem. Quasi vero hoc didicisset a Zenone, non dolere, cum doleret! Illud audierat nec tamen didicerat, malum illud non esse, quia turpe non esset, et esse ferendum viro.*

432 Cicero Tuscul. disput. II 60. — *homo sane levis, Heracleotes Dionysius, cum a Zenone fortis esse didicisset, a dolore deductus est. Nam cum ex renibus laboraret, ipso in eiulatu clamitabat falsa esse illa, quae antea de dolore ipse sensisset. Quem cum Cleanthes condiscipulus rogaret, quaenam ratio eum de sententia deduxisset, respondit: "Quia si, cum tantum operae philosophiae dedissem, dolorem tamen ferre non possem, satis esset argumenti malum esse dolorem. Plurimos autem annos in philosophia consumpsi nec ferre possum; malum est igitur dolor."*

433 Cicero Acad. Pr. II 71. *Dionysius ille Heracleotes utrum comprehendisset — — quod multos annos tenuisset Zenonique magistro credidisset, honestum quod esset, id bonum solum esse, an quod postea defensitavisset, honesti inane nomen esse, voluptatem esse summum bonum.*

434 Cicero Tuscul. disp. III 18. *Itaque non inscite Heracleotes Dionysius ad ea disputat, quae apud Homerum Achilles queritur hoc, ut opinor modo (I 646)*
Corque meum penitus turgescit tristibus iris,
Cum decore atque omni me orbatum laude recordor.
19. Num manus adfecta recte est, cum in tumore est, aut num aliud quodpiam membrum tumidum ac turgidum non vitiose se habet? Sic igitur inflatus et tumens animus in vitio est. Sapientis autem animus semper vacat vitio, numquam turgescit, numquam tumet; at iratus animus eius modi est; numquam igitur sapiens irascitur. Nam si irascitur, etiam concupiscit; proprium est enim irati cupere, a quo laesus videatur, ei quam maxumum dolorem inurere; qui autem id concupierit, eum necesse est, si id consecutus sit, magno opere laetari, ex quo fit, ut alieno malo gaudeat; quod quoniam non cadit in sapi-

---

30 aliud quodpiam *Turnebus*, aliquod quippiam *libri*.   35 Ira: cf. Vol. III n. 397 (p. 96, 37) ὀργή ἐστιν ἐπιθυμία τιμωρίας τοῦ ἠδικηκέναι δοκοῦντος.
37 Vol. III n. 401 (p. 98, 3) ἐπιχαιρεκακία δὲ ἡδονὴ ἐπὶ τοῖς τῶν πέλας ἀτυχήμασιν.

entem, ne ut irascatur quidem cadit. Sin autem caderet in sapientem aegritudo, caderet etiam iracundia, qua quoniam vacat, aegritudine etiam vacabit. 20. *Etenim si sapiens in aegritudinem incidere posset, posset etiam in misericordiam, posset in invidentiam.* 21. *Nam qui dolet rebus alicuius adversis, idem alicuius etiam secundis dolet, ut Theophrastus interitum deplorans Callisthenis, sodalis sui, rebus Alexandri prosperis angitur, itaque dicit Callisthenem incidisse in hominem summa potentia summaque fortuna, sed ignarum, quem ad modum rebus secundis uti conveniret. Atqui quem ad modum* **misericordia aegritudo est ex alterius rebus adversis,** *sic* **invidentia aegritudo est ex alterius rebus secundis.** *In quem igitur cadit misereri, in eundem etiam invidere; non cadit autem invidere in sapientem; ergo ne misereri quidem. Quodsi aegre ferre sapiens soleret, misereri etiam soleret. Abest ergo a sapiente aegritudo.*

(Hoc fragmentum e libris περὶ ἀπαθείας sumptum videtur)

4. Persaeus Citieus.

435 Diogenes Laërt. VII 36. Μαθηταὶ δὲ Ζήνωνος πολλοὶ μέν, ἔνδοξοι δὲ Περσαῖος Δημητρίου Κιτιεύς, ὃν οἱ μὲν γνώριμον αὐτοῦ, οἱ δὲ οἰκέτην ἕνα τῶν εἰς βιβλιογραφίαν πεμπομένων αὐτῷ παρὰ Ἀντιγόνου, οὗ καὶ τροφεὺς ἦν τοῦ παιδὸς Ἁλκυονέως.

διάπειραν δή ποτε βουληθεὶς λαβεῖν αὐτοῦ ὁ Ἀντίγονος ἐποίησεν αὐτῷ πλαστῶς ἀγγελθῆναι, ὡς εἴη τὰ χωρία αὐτοῦ πρὸς τῶν πολεμίων ἀφῃρημένα. καὶ σκυθρωπάσαντος „Ὁρᾷς, ἔφη, ὅτι οὐκ ἔστιν ὁ πλοῦτος ἀδιάφορον."

βιβλία δ' αὐτοῦ φέρεται τάδε·
περὶ βασιλείας·
πολιτεία Λακωνική n. 454. 455.
περὶ γάμου·
περὶ ἀσεβείας·
Θυέστης·
περὶ ἐρώτων·
προτρεπτικοί·

---

10 misericordia: cf. Vol. III n. 414 (p. 100, 43) οἶκτος δὲ λύπη ἐπ' ἀλλοτρίοις κακοῖς. n. 416 (p. 101, 21) ἔλεος δὲ λύπη ἐπ' ἀλλοτρίοις κακοῖς. 11 invidentia: cf. Vol. III n. 412 (p. 99, 38) n. 413 (p. 100, 3) n. 414 (p. 100, 16) n. 416 (p. 101, 21) φθόνος δὲ λύπη ἐπ' ἀλλοτρίοις ἀγαθοῖς. 22 ἀγγελῆναι BPF.

διατριβῶν·
χρειῶν δ'·
ἀπομνημονεύματα·
πρὸς τοὺς Πλάτωνος νόμους ζ'.

436 Suidas s. v. Περσαῖος, Κιτιεύς, φιλόσοφος Στωϊκός· ἐπεκλήθη δὲ καὶ Δωρόθεος. ἦν δὲ ἐπὶ τῶν χρόνων Ἀντιγόνου τοῦ Γονατᾶ υἱοῦ Δημητρίου, μαθητὴς καὶ θρεπτὸς Ζήνωνος τοῦ φιλοσόφου. Ἱστορίαν.

437 Ind. Stoic. Herc. col. XII 3. μάλ(ι)στα μὲν | οὖν τῶν μαθητῶ(ν) | ὑπὸ τοῦ Ζή(ν)ωνος ἠ|γαπᾶ(τ)ο ὁ Περσ(αῖ)ος, ἀλλὰ | (δ)ὴ κ(αὶ) συνεβίου· καὶ (τέθ)ραπται δ'ὑπ'αὐτοῦ, | (ὡς λέγετ)αι πρὸς ἐνίων | (δοῦλος ὢν) οἰκογενής | .... Διογένης

438 Gellius Noct. Att. II 18,8. sed et Theophrasti Peripatetici servus Pompylus et Zenonis Stoici servus, qui Persaeus vocatus est — — philosophi non incelebres vixerunt.

439 Diogenes Laërt. VII 6. ἀπεδέχετο δ'αὐτὸν (scil. Ζήνωνα) καὶ Ἀντίγονος καὶ εἴ ποτε Ἀθήναζε ἥκοι, ἤκουεν αὐτοῦ πολλά τε παρεκάλει ἀφικέσθαι ὡς αὐτόν. ὁ δὲ τοῦτο μὲν παρῃτήσατο, Περσαῖον δὲ ἕνα τῶν γνωρίμων ἀπέστειλεν, ὃς ἦν Δημητρίου μὲν υἱός, Κιτιεὺς δὲ τὸ γένος, καὶ ἤκμαζε κατὰ τὴν τριακοστὴν καὶ ἑκατοστὴν Ὀλυμπιάδα, ἤδη γέροντος ὄντος Ζήνωνος. — 9. ἀπέστειλε δὲ Περσαῖον καὶ Φιλωνίδην τὸν Θηβαῖον, ὧν ἀμφοτέρων Ἐπίκουρος μνημονεύει ὡς συνόντων Ἀντιγόνῳ ἐν τῇ πρὸς Ἀριστόβουλον τὸν ἀδελφὸν ἐπιστολῇ. — 13. σύν τε Περσαίῳ τὴν αὐτὴν οἰκίαν ᾤκει· καὶ αὐτοῦ αὐλητρίδιον εἰσαγαγόντος πρὸς αὐτόν, σπάσας πρὸς τὸν Περσαῖον αὐτὸ ἀπήγαγεν.

Aelian. Var. Hist. III 17. ἐγὼ δὲ πολιτείαν φαίην ἂν καὶ τὸ Περσαίου, εἴ γε Ἀντίγονον ἐπαίδευσε.

440 Vita Arati: σχολάσας δὲ ὁ Ἄρατος Περσαίῳ τῷ φιλοσόφῳ Ἀθήνησι καὶ συνελθὼν αὐτῷ εἰς Μακεδονίαν μεταπεμφθέντι ὑπ' Ἀντιγόνου καὶ παρελθὼν εἰς τὸν Ἀντιγόνου καὶ Φίλας γάμον etc.

441 Ind. Stoic. Herc. col. XIII. αἴ)τιο(ν ἐγ)ένετο τούτου | καὶ τὸ χωρισθῆναι Ζή|νωνος ὄντος ἔτι πολ|λο(ῦ σ)ὺν (Ἀ)ντιγόνῳ καὶ | (ἅ)μα περ(ι)πλανᾶσθαι, τὸ(ν) | αὐλικόν, οὐ τὸν φιλό(σ)ο|φον ᾑρημένον βίον· | (ἐ)ξ οὗ καὶ (τῶν ἀν)θρώ|πων αὐ(τῶν καὶ τῶν) | πόλεων ..
Ad Persaeum haec spectant.

col. XIV. Ἀν)τίγονον ἀποδ(η)μή (σ)αντος αὐτοῦ ..... | καὶ(πε)ρ Ἀριστ(ο)φῶν|τα παραιτουμένου | συγγνώμην etc.

---

8 ἱστορίαν Paris. A, ἱστορία edit. pr.   12 τέθραπται et quae secuntur suppl. Buecheler.   33 exspecto ὄντα γ' ἔτη πολλά.

Haec quoque ad Persaeum aliquo modo referri certum est, sed sententia non intelligitur.

442 Pausanias II 8, 4 (de Arato Sicyonio). Κόρινθον δὲ ἔχοντος Ἀντιγόνου καὶ φρουρᾶς Μακεδόνων ἐνούσης, τοὺς Μακεδόνας τῷ αἰφνιδίῳ τῆς ἐπιθέσεως κατέπληξε, καὶ ἄλλους τε κρατήσας μάχῃ διέφθειρε καὶ Περσαῖον ἐπὶ τῇ φρουρᾷ τεταγμένον, ὃς παρὰ Ζήνωνα τὸν Μνασέου κατὰ μάθησιν σοφίας ἐφοίτησεν.

Idem VII 8, 3. Ἄρατος καὶ Σικυώνιοι φρουρὰν ἐκ τοῦ Ἀκροκορίνθου ἐξήλασαν καὶ ἀπέκτειναν Περσαῖον ὑπὸ Ἀντιγόνου ταχθέντα ἐπὶ τῇ φρουρᾷ.

443 Plutarchus vita Arati 18. Ἀλλὰ γὰρ Ἀντίγονος μέν — κτησάμενος τὸν Ἀκροκόρινθον ἐφύλαττε μετὰ τῶν ἄλλων, οἷς ἐπίστευε μάλιστα, καὶ Περσαῖον ἐπιστήσας ἄρχοντα τὸν φιλόσοφον.

23. τῶν δὲ Ἀντιγόνου στρατηγῶν Ἀρχέλαον μὲν ἀφῆκεν — — Περσαῖος δὲ τῆς ἄκρας ἁλισκομένης εἰς Κεγχρεὰς διεξέπεσεν. ὕστερον δὲ λέγεται σχολάζων πρὸς τὸν εἰπόντα μόνον αὐτῷ δοκεῖν στρατηγὸν εἶναι τὸν σοφόν· „ἀλλὰ νὴ θεούς, φάναι, τοῦτο μάλιστα κἀμοί ποτε τῶν Ζήνωνος ἤρεσκε δογμάτων· νῦν δὲ μεταβάλλομαι νουθετηθεὶς ὑπὸ τοῦ Σικυωνίου νεανίσκου."

ταῦτα μὲν περὶ Περσαίου πλείονες ἱστοροῦσιν.

444 Polyaenus VI 5. Ἄρατος ἐκράτησεν Ἀκροκορίνθου φρουρὰν ἔχοντος, ἣν ἐγκατέστησεν Ἀντίγονος φύλακα τάξας ἐπ' αὐτοῦ Περσαῖον τὸν φιλόσοφον καὶ Ἀρχέλαον τὸν στρατηγόν. — — Περσαῖος δὲ ὁ φιλόσοφος τῆς ἄκρας ἁλισκομένης εἰς Κεγχρεὰς διαφυγὼν ἐκεῖθεν πρὸς Ἀντίγονον ᾤχετο.

445 Ind. Stoic. Herc. col. XV. ταύ(τ)α(ι)ς ἀμυ|(νόμ)ενος τοὺς Θρᾷκας | (ἐξέβ)αλεν. Πλειόνων | δ' ἐπεισελθόντων καὶ | πανταχόθεν αὐτῷ | περισ(τ)άντων π(ο)λλὰ | τραύματα λαβὼν . . . . | ρη . ε . ἑαυτὸν καὶ (τὸν) | βίον ἐξέ(λ)ειπεν. (ἔλε)|ξαν δέ τ(ι)ν(ες ὅτ)ι τ(ῆς χώ)|ρας ἐπὶ πλ(οίου . . . . | π(ρ)ὸς ἐν . . .

narratur *Persaeum in expugnatione Acrocorinthi occidisse*.

446 Ind. Stoic. Herc. col. XXXI. ὑπο)μένων ἀκούειν καὶ | μετατίθεσθαι. Διὸ καὶ | ποτε Περσαίου πρός τι|νας εἰπόντος, ὡς ἐπύ|-θετ' ἐπὶ τὴν ἡδονὴν | αὐτὸν (scil. Dionysium) μεταβε(βληκέ)|ναι, διότι ἠβού(λετο | ἀκοῦσα(ι) πρότε(ρον ὑ)|πὸ τῆς ἀκρότ(ητος) | αὐτόν, κατ(ὰ τὸ λεγό)|μενο(ν, τῶν ὀδυνῶν ἀποθανεῖν etc.

---

13 cf. Dio Chrysost. LXXIII § 2 (V. II 189, 20) Περσαῖος δὲ παρὰ Ἀντιγόνου τὸν Ἀκροκόρινθον (scil. παρέλαβεν). 28 διέῤ(ῥη(ξ)εν Comp. διεχρήσατο Buecheler. 30 Fortasse: ἐπὶ πλοίου ἐκπεσὼν πρὸς Ἀντίγονον ἦλθεν. cf. n. 444. 35 ἀκοῦσαι scripsi, ἀκούσας legit Comparetti.

447 Epiphanius adv. haeres. III 38 (DG p. 592,34). Περσαίος τὰ αὐτὰ Ζήνωνι ἐδογμάτισε.

448 Philodemus de pietate 9 (DG p. 544b 28). Περσα(ῖος δὲ) δῆλός ἐστιν — — (ἀφανί)ζω(ν) τὸ (δ)αιμόνιο(ν) ἢ μηθὲ(ν ὑπ)ὲρ αὐτοῦ γινώσκων, ὅταν ἐν τῷ Περὶ θεῶν μὴ (ἀπί)θανα λέγῃ φαίνεσθαι τὰ περὶ (τοῦ) τὰ τρέφοντα καὶ ὠφελοῦν(τ)α θεοὺς νενομίσ(θα)ι καὶ τετειμῆσθ(αι) πρῶτ(ο)ν ὑπὸ (Προ)δίκου γεγραμμένα, μ(ε)τὰ δὲ ταῦτα τοὺ(ς εὑρ)όντας ἢ τροφὰς ἢ (σ)κέπας ἢ τὰς ἄλλας τέχνας (ὡς Δ)ήμητρα (κ)αὶ Δι(όνυσον) καὶ τοὺ(ς etc.

Cicero de nat. deor. I 38. *At Persaeus, eiusdem Zenonis auditor, eos ⟨dicit⟩ esse habitos deos, a quibus magna utilitas ad vitae cultum esset inventa, ipsasque res utiles et salutares deorum esse vocabulis nuncupatas, ut ne hoc quidem diceret, illa inventa esse deorum, sed ipsa divina. quo quid absurdius quam aut res sordidas atque deformis deorum honore adficere aut homines iam morte deletos reponere in deos, quorum omnis cultus esset futurus in luctu.*

Cf. Minuc. Fel. 21,3.

449 Themistius or. 32 p. 358 Hard. γέλωτα — ὦφλέ ποτε Ἀντιγόνῳ Περσαῖος ὁ Κιτιεύς. Ἀντιγόνῳ γὰρ τῷ βασιλεῖ συνδιῃτᾶτο Περσαῖος ὁ τοῦ Ζήνωνος ἑταῖρος. ἀκούων δὲ αὐτοῦ συνεχῶς ἐξογκουμένου τε καὶ θρυλλοῦντος θαμὰ τὰ κομψὰ δὴ ταῦτα τῆς Ποικίλης νεανιεύματα, ὅτι ὁ σοφὸς ὑπὸ τῆς τύχης ἀήττητός ἐστι καὶ ἀδούλωτος καὶ ἀκέραιος καὶ ἀπαθής, πᾶσαν ἐπεχείρησεν ἔργῳ ἐλέγξαι τὴν τούτου ἀλαζονείαν. ποιεῖται δή τινας ἥκειν ἐμπόρους ἀπὸ Κύπρου τε καὶ Φοινίκης, ἃ χρὴ λέγειν ἐπὶ τοῦ Περσαίου προεκδιδάξας. κἄπειτα ἀνηρώτα πυνθανόμενος πρῶτον μὲν περὶ τῶν νεῶν καὶ τοῦ ναυτικοῦ καὶ τῶν ἐν Κύπρῳ στρατιωτῶν καὶ ὅσα δὴ βασιλικὰ ἐρωτήματα, ἔπειτα ἀτρέμα δὴ κατιὼν τῷ λόγῳ καὶ ὅπως ἔχει καὶ τῷ Περσαίῳ τὰ οἴκοι τὰ ἐν Κιτίῳ. ὡς δὲ τοῦ Περσαίου ἀκούσαντες οἱ ἔμποροι οὗτοι σκυθρωπάσαντες εὐθὺς κατέβαλον τὰς κεφαλὰς καὶ δῆλοι ἦσαν οὐ χρηστὰ ἀποκρινούμενοι, ἀπέρρει τε ἡ θρασύτης ἅπασα τοῦ ἀνδρός, καὶ ἐπειδὴ ἐγκειμένου τε καὶ ἐκλιπαροῦντος ἀπεκρίναντο μόλις οἱ ἔμποροι δῆθεν ἐξηνδραποδίσθαι μέν οἱ τὴν γυναῖκα εἰς Ἄργος βαδίζουσαν σὺν ταῖς αὔραις ὑπὸ δή τινων λῃστῶν Αἰγυπτίων, ἀπεσφάχθαι δὲ τὸν ἀγαπητὸν νεανίσκον, καὶ τὰ χρήματα δὲ ἔρρειν καὶ τὰ ἀνδράποδα· τοὐντεῦθεν δὲ φροῦδος μὲν τῷ Περσαίῳ ὁ Ζήνων, φροῦδος δὲ ὁ Κλεάνθης· ἤλεγξε δὲ ἡ φύσις τὰ λογάρια,

---

11 dicit om. ABHV. De Prodico cf. Diels Fragm. der Vorsokr. p. 540. Persaei περὶ θεῶν liber deest in librorum indice Laërtiano n. 435.   34 fortasse εἰς ἀγρούς. ‖ αὔραις corruptum.

ὅτι τῷ ὄντι λογάρια ἦν κενὰ καὶ ἀσθενῆ καὶ οὐ μαρτυρούμενα ὑπὸ τῶν ἔργων.

450 Diogenes Laërt. VII 120. ἀρέσκει τε αὐτοῖς ἴσα ἡγεῖσθαι τὰ ἁμαρτήματα, καθά φησι Χρύσιππος — — καὶ Περσαῖος καὶ Ζήνων.

451 Athenaeus XIII 607a. καίτοι Περσαίου τοῦ Κιτιέως ἐν τοῖς Συμποτικοῖς Ὑπομνήμασιν βοῶντος καὶ λέγοντος περὶ ἀφροδισίων ἁρμοστὸν εἶναι ἐν τῷ οἴνῳ μνείαν ποιεῖσθαι· καὶ γὰρ πρὸς ταῦτα ἡμᾶς ὅταν ὑποπίωμεν ἐπιρρεπεῖς εἶναι. καὶ „ἐνταῦθα τοὺς μὲν ἡμέρως τε καὶ μετρίως αὐτοῖς χρωμένους ἐπαινεῖν δεῖ, τοὺς δὲ θηριωδῶς καὶ ἀπλήστως ψέγειν." καὶ „εἰ διαλεκτικοὶ συνελθόντες εἰς πότον περὶ συλλογισμῶν διαλέγοιντο, ἀλλοτρίως ἂν αὐτοὺς ὑπολάβοι τις ποιεῖν τοῦ παρόντος καιροῦ" καὶ „ὁ καλὸς κἀγαθὸς ἀνὴρ μεθυσθείη ἄν· οἱ δὲ βουλόμενοι σωφρονικοὶ εἶναι σφόδρα μέχρι τινὸς διατηροῦσιν ἐν τοῖς πότοις τὸ τοιοῦτον· εἶθ' ὅταν παραρυῇ τὸ οἰνάριον, τὴν πᾶσαν ἀσχημοσύνην ἐπιδείκνυνται. ὃ καὶ πρώην ἐγένετο ἐπὶ τῶν ἐξ Ἀρκαδίας θεωρῶν πρὸς Ἀντίγονον παραγενομένων. ἐκεῖνοι [τε] γὰρ ἠρίστων σφόδρα σκυθρωπῶς καὶ εὐσχημόνως, ὡς ᾤοντο, οὐχ ὅτι ἡμῶν τινα προσβλέποντες, ἀλλ' οὐδὲ ἀλλήλους. ὡς δὲ ὁ πότος προέβαινεν καὶ εἰσῆλθεν ἄλλα τε ἀκροάματα καὶ αἱ Θετταλαὶ αὗται ὀρχηστρίδες, καθάπερ αὐταῖς ἔθος ἐστίν, ἐν ταῖς διαζώστραις γυμναὶ ὠρχοῦντο, οὐκ ἔτι κατεῖχον αὐτοὺς οἱ ἄνδρες, ἀλλὰ ἐκ τῶν κλινῶν ἀνώρμων καὶ ἐβόων ὡς θαυμαστόν τι θέαμα θεώμενοι· καὶ μακάριον τὸν βασιλέα ἀπεκάλουν, ὅτι ἔξεστιν αὐτῷ τούτων ἀπολαύειν, καὶ ἕτερα τούτοις παραπλήσια πάνυ πολλὰ τῶν φορτικῶν ἐποίουν. τῶν φιλοσόφων δέ τις συμπίνων ἡμῖν, εἰσελθούσης αὐλητρίδος καὶ οὔσης εὐρυχωρίας παρ' αὐτῷ, βουλομένης τῆς παιδίσκης παρακαθίσαι οὐκ ἐπέτρεψεν, ἀλλὰ σκληρὸν αὐτὸν εἰσῆγεν. εἶθ' ὕστερον πωλουμένης τῆς αὐλητρίδος, καθάπερ ἔθος ἐστὶν ἐν τοῖς πότοις γίγνεσθαι, ἔν τε τῷ ἀγοράζειν πάνυ νεανικὸς ἦν καὶ τῷ πωλοῦντι, ἄλλῳ τινὶ θᾶττον προσθέντι, ἠμφισβήτει καὶ οὐκ ἔφη αὐτὸν πεπρακέναι· καὶ τέλος εἰς πυγμὰς ἦλθεν ὁ σκληρὸς ἐκεῖνος φιλόσοφος καὶ ἐν ἀρχῇ οὐδ' ἂν παρακαθίσαι ἐπιτρέπων τῇ αὐλητρίδι."

μήποτε αὐτός ἐστιν ὁ Περσαῖος ὁ περὶ τῆς αὐλητρίδος διαπυκτεύσας· φησὶν γὰρ Ἀντίγονος ὁ Καρύστιος ἐν τῷ περὶ Ζήνωνος γράφων ὧδε· „Ζήνων ὁ Κιτιεὺς Περσαίου παρὰ πότον αὐλητρίδιον πριαμένου καὶ διοκνοῦντος εἰσαγαγεῖν πρὸς αὐτὸν διὰ τὸ τὴν αὐτὴν οἰκεῖν οἰκίαν, συναισθόμενος εἰσείλκυσε τὴν παιδίσκην καὶ συγκατέκλεισε τῷ Περσαίῳ."

---

14 παραρυῇ scripsi, παραδυῇ AE. 17 τε del. Mus. 29 νεανίσκος ἦν A, corr. Coraes. 30 προσθέντος A, corr. Cas. 37 εἰσείλκυσε Kaibel, συνείλκυσε A.

452 Athenaeus IV 162b (Cynulcus cynicus cum alios libros probare dicitur, tum:) Περσαίου τε τοῦ καλοῦ φιλοσόφου συμποτικοὺς διαλόγους, συντεθέντας ἐκ τῶν Στίλπωνος καὶ Ζήνωνος ἀπομνημονευμάτων, ἐν οἷς ζητεῖ, ὅπως ἂν μὴ κατακοιμηθῶσιν οἱ συμπόται, [καὶ] πῶς ταῖς ἐπιχύσεσι χρηστέον πηνίκα τε εἰσακτέον 5 τοὺς ὡραίους καὶ τὰς ὡραίας εἰς τὸ συμπόσιον καὶ πότε αὐτοὺς προσδεκτέον ὡραϊζομένους καὶ πότε παραπεμπτέον ὡς ὑπερορῶντας, καὶ περὶ προσοψημάτων καὶ περὶ ἄρτων καὶ περὶ τῶν ἄλλων, ὅσα τε περιεργότερον περὶ φιλημάτων εἴρηκεν ὁ σωφρονικὸς φιλόσοφος, ὃς περὶ ταῦτα τὴν διάνοιαν ἀεὶ στρέφων, πιστευθείς, ὥς φησιν Ἕρμιπ- 10 πος, ὑπ' Ἀντιγόνου τὸν Ἀκροκόρινθον, κωθωνιζόμενος ἐξέπεσεν καὶ αὐτῆς τῆς Κορίνθου, καταστρατηγηθεὶς ὑπὸ τοῦ Σικυωνίου Ἀράτου, ὁ πρότερον ἐν τοῖς διαλόγοις πρὸς Ζήνωνα διαμιλλώμενος ὡς ὁ σοφὸς πάντως ἂν εἴη καὶ στρατηγὸς ἀγαθός, μόνον τοῦτο διὰ τῶν ἔργων διαβεβαιωσάμενος, ὁ καλὸς τοῦ Ζήνωνος οἰκετιεύς. χαρι- 15 έντως γὰρ ἔφη Βίων ὁ Βορυσθενίτης, θεασάμενος αὐτοῦ χαλκῆν εἰκόνα, ἐφ' ἧς ἐπεγέγραπτο „Περσαῖον Ζήνωνος Κιτιᾶ" πεπλανῆσθαι τὸν ἐπιγράψαντα· δεῖν γὰρ οὕτως ἔχειν „Περσαῖον Ζήνωνος οἰκετιᾶ." ἦν γὰρ ὄντως οἰκέτης γεγονὼς τοῦ Ζήνωνος, ὡς Νικίας ὁ Νικαεὺς ἱστορεῖ ἐν τῇ περὶ τῶν φιλοσόφων ἱστορίᾳ καὶ Σωτίων ὁ Ἀλεξαν- 20 δρεὺς ἐν ταῖς Διαδοχαῖς. δύο δὲ συγγράμμασι τοῦ Περσαίου ἀπηντήκαμεν τῆς σοφῆς ταύτης πραγματείας, τοιοῦτον ἔχουσι τὸ ἐπίγραμμα „Συμποτικῶν Διαλόγων."

453 Diogenes Laërt. VII 1. καὶ ἀσθενής (scil. ἦν ὁ Ζήνων). διὸ καί φησι Περσαῖος ἐν ὑπομνήμασι συμποτικοῖς τὰ πλεῖστα 25 αὐτὸν δεῖπνα παραιτεῖσθαι.

454 Athenaeus IV 140e. περὶ δὲ τῶν ἐπαΐκλων Περσαῖος ἐν τῇ Λακωνικῇ πολιτείᾳ οὑτωσὶ γράφει· „καὶ εὐθὺς τοὺς μὲν εὐπόρους ζημιοῖ εἰς ἐπάικλα· ταῦτα δέ ἐστιν μετὰ δεῖπνον τραγήματα· τοῖς δ' ἀπόροις ἐπιτάττει κάλαμον ἢ στιβάδα ἢ φύλλα δάφνης φέρειν, 30 ὅπως ἔχωσι τὰ ἐπάικλα κάπτειν μετὰ δεῖπνον· γίνεται γὰρ ἄλφιτα ἐλαίῳ ἐρραμένα. τὸ δ' ὅλον ὥσπερ πολίτευμά τι τοῦτο δὴ συνίσταται μικρόν. καὶ γὰρ ὅντινα δεῖ πρῶτον κατακεῖσθαι ἢ δεύτερον ἢ ἐπὶ τοῦ σκιμποδίου καθῆσθαι, πάντα τοιαῦτα ποιοῦσιν εἰς ἐπάικλα." τὰ ὅμοια ἱστορεῖ καὶ Διοσκουρίδης. 35

455 Athenaeus IV 140b. ἀλλὰ μὴν οὐδ' ὀρθαγορίσκοι λέγονται,

---

5 καὶ del. Kaibel.   9 σωφρονικὸς scripsi, Σωφρονίσκου libri.   14 μόνον vix sanum, fortasse: οὐ μήν vel οὐ μὲν οὖν.   15 ὁ κιτιεύς A, corr. Kaibel.
18 οἰκετιαια A.   23 Deest hic liber in indice librorum Laërtiano n. 435.
27 περσεὺς A, corr. Cas.   32 τοῦτον A, corr. Mus.   34 mutila haec dicit Kaibel.

ὥς φησιν ὁ Πολέμων, οἱ γαλαθηνοὶ χοῖροι, ἀλλ᾽ ὀρθραγορίσκοι, ἐπεὶ πρὸς τὸν ὄρθρον πιπράσκονται, ὡς Περσαῖος ἱστορεῖ ἐν τῇ Λακωνικῇ πολιτείᾳ καὶ Διοσκουρίδης ἐν β᾽ πολιτείας καὶ Ἀριστοκλῆς ἐν τῷ προτέρῳ καὶ οὗτος τῆς Λακώνων πολιτείας.

456 Dio Chrysostomus or. LIII § 4 (Vol. II p. 101 Arn.). γέγραφε δὲ καὶ Ζήνων ὁ φιλόσοφος εἴς τε τὴν Ἰλιάδα καὶ τὴν Ὀδύσσειαν — — διδάσκων ὅτι τὰ μὲν κατὰ δόξαν, τὰ δὲ κατὰ ἀλήθειαν γέγραφεν (scil. Ὅμηρος), ὅπως μὴ φαίνηται αὐτὸς αὑτῷ μαχόμενος — —. ἔτι δὲ καὶ Περσαῖος ὁ τοῦ Ζήνωνος κατὰ τὴν αὐτὴν ὑπόθεσιν γέγραφε καὶ ἄλλοι πλείους.

457 Diogenes Laërt. II 61. καὶ τῶν ἑπτὰ δὲ (scil. Aeschinis Socratici dialogorum) τοὺς πλείστους Περσαῖός φησι Πασιφῶντος εἶναι τοῦ Ἐρετρικοῦ, εἰς τοὺς Αἰσχίνου δὲ κατατάξαι.

458 Diogenes Laërt. VII 28. Περσαῖος δέ φησιν ἐν ταῖς ἠθικαῖς σχολαῖς δύο καὶ ἑβδομήκοντα ἐτῶν τελευτῆσαι αὐτόν (scil. τὸν Ζήνωνα), ἐλθεῖν δὲ Ἀθήναζε δύο καὶ εἴκοσι ἐτῶν.

459 Bio apud Diog. Laërt. IV 46. 47 (Antigono regi, apud quem Philonidem et Persaeum sibi obtrectare comperit, narrato humili genere suo scribit:) ταῦτά ἐστι τὰ κατ᾽ ἐμέ. ὥστε παυσάσθωσαν Περσαῖός τε καὶ Φιλωνίδης ἱστοροῦντες αὐτά· σκόπει δέ με ἐξ ἐμαυτοῦ.

460 Diogenes Laërt. II 143. (de Menedemo) μόνῳ δὲ Περσαίῳ διαπρύσιον εἶχε πόλεμον· ἐδόκει γὰρ Ἀντιγόνου βουλομένου τὴν δημοκρατίαν ἀποκαταστῆσαι τοῖς Ἐρετριεῦσι χάριν Μενεδήμου, κωλῦσαι. διὸ καί ποτε παρὰ πότον ὁ Μενέδημος ἐλέγξας αὐτὸν τοῖς λόγοις τά τε ἄλλα ἔφη καὶ δή· „Φιλόσοφος μὲν [τοι] τοιοῦτος, ἀνὴρ δὲ καὶ τῶν ὄντων καὶ τῶν γενησομένων κάκιστος."

461 Diogenes Laërt. VII 162. μάλιστα δὲ προσεῖχε (scil. ὁ Ἀρίστων) στωϊκῷ δόγματι τῷ τὸν σοφὸν ἀδόξαστον εἶναι. πρὸς ὃ Περσαῖος ἐναντιούμενος διδύμων ἀδελφῶν τὸν ἕτερον ἐποίησεν αὐτῷ παρακαταθήκην δοῦναι, ἔπειτα τὸν ἕτερον ἀπολαβεῖν· καὶ οὕτως ἀπορούμενον διήλεγξεν.

462 Suidas s. v. Ἑρμαγόρας Ἀμφιπολίτης, φιλόσοφος, μαθητὴς Περσαίου. διάλογοι αὐτοῦ· Μισοκύων ἢ περὶ ἀτυχημάτων. Ἔκχυτον· ἔστι δὲ φοσκοπία. Περὶ σοφιστείας πρὸς τοὺς Ἀκαδημαϊκούς.

---

15 *ἠθικαὶ σχολαί*: ne hic quidem liber in indice Laërtiano n. 435 memoratur. 28 *δοξαστὸν* BPL.

5. Cleanthis Assii fragmenta et apophthegmata.

Vita et mores.

463 Diogenes Laërt. VII 168. Κλεάνθης Φανίου Άσσιος. οὗτος πρῶτον ἦν πύκτης, ὥς φησιν Ἀντισθένης ἐν Διαδοχαῖς. ἀφικόμενος δὲ εἰς Ἀθήνας τέσσαρας ἔχων δραχμάς, καθά φασί τινες, καὶ Ζήνωνι παραβαλὼν ἐφιλοσόφησε γενναιότατα καὶ ἐπὶ τῶν αὐτῶν ἔμεινε δογμάτων. διεβοήθη δὲ ἐπὶ φιλοπονίᾳ, ὅς γε, πένης ὢν ἄγαν, ὥρμησε μισθοφορεῖν· καὶ νύκτωρ μὲν ἐν τοῖς κήποις ἤντλει, μεθ᾽ ἡμέραν δὲ ἐν τοῖς λόγοις ἐγυμνάζετο· ὅθεν καὶ Φρεάντλης ἐκλήθη. φασὶ δὲ αὐτὸν καὶ εἰς δικαστήριον ἀχθῆναι, λόγους δώσοντα πόθεν ἐς τοσοῦτον εὐέκτης ὢν διαζῇ, ἔπειτα ἀποφυγεῖν τόν τε κηπουρὸν μάρτυρα παρασχόντα, παρ᾽ ὃν ἤντλει, καὶ τὴν ἀλφιτόπωλιν, παρ᾽ ᾗ τὰ ἄλφιτα ἔπεττεν. ἀποδεξαμένους δὲ αὐτὸν τοὺς Ἀρεωπαγίτας ψηφίσασθαι δέκα μνᾶς δοθῆναι, Ζήνωνα δὲ κωλῦσαι λαβεῖν. φασὶ δὲ καὶ Ἀντίγονον αὐτῷ τρισχιλίας δοῦναι. ἡγούμενόν τε τῶν ἐφήβων ἐπί τινα θέαν ὑπ᾽ ἀνέμου παραγυμνωθῆναι καὶ ὀφθῆναι ἀχίτωνα· ἐφ᾽ ᾧ κρότῳ τιμηθῆναι ὑπὸ Ἀθηναίων, καθά φησι Δημήτριος ὁ Μάγνης ἐν τοῖς Ὁμωνύμοις. ἐθαυμάσθη οὖν δὴ καὶ διὰ τόδε. φασὶ δὲ καὶ Ἀντίγονον αὐτοῦ πυθέσθαι ὄντα ἀκροατήν, διὰ τί ἀντλεῖ· τὸν δ᾽ εἰπεῖν· „ἀντλῶ γὰρ μόνον; τί δ᾽ οὐχὶ σκάπτω; τί δ᾽ οὐκ ἄρδω καὶ πάντα ποιῶ φιλοσοφίας ἕνεκα;" καὶ γὰρ ὁ Ζήνων αὐτὸν συνεγύμναζεν εἰς τοῦτο καὶ ἐκέλευεν ὀβολὸν φέρειν ἀποφορᾶς. καί ποτε ἀθροισθὲν τὸ κέρμα ἐκόμισεν εἰς μέσον τῶν γνωρίμων καί φησι· „Κλεάνθης μὲν καὶ ἄλλον Κλεάνθην δύναιτ᾽ ἂν τρέφειν, εἰ βούλοιτο· οἱ δὲ ἔχοντες ὅθεν τραφήσονται παρ᾽ ἑτέρων ἐπιζητοῦσι τὰ ἐπιτήδεια, καίπερ ἀνειμένως φιλοσοφοῦντες." ὅθεν δὴ καὶ δεύτερος Ἡρακλῆς ὁ Κλεάνθης ἐκαλεῖτο. ἦν δὴ πονικὸς μέν, ἀφύσικος δὲ καὶ βραδὺς ὑπερβαλλόντως· διὸ καὶ Τίμων περὶ αὐτοῦ φησιν οὕτως· (fr. 24 W.)

τίς δ᾽ οὗτος κτίλος ὣς ἐπιπωλεῖται στίχας ἀνδρῶν,
μωλυτὴς ἐπέων φίλος Ἄσσιος, ὅλμος ἄτολμος.

καὶ σκωπτόμενος ὑπὸ τῶν συμμαθητῶν ἠνέσχετο καὶ ὄνος ἀκούων προσεδέχετο, λέγων αὐτὸς μόνος δύνασθαι βαστάζειν τὸ Ζήνωνος φορτίον (secuntur apophthegmata). — **174** τοῦτόν φασιν εἰς ὄστρακα καὶ βοῶν ὠμοπλάτας γράφειν ἅπερ ἤκουε παρὰ τοῦ Ζήνωνος, ἀπορίᾳ κερμάτων ὥστε ὠνήσασθαι χαρτία. τοιοῦτος δὲ ὢν ἐξίσχυσε, πολλῶν

---

7 ὅς γε BPL.   9 φρεάντης P.   16 κροκότῳ B, κροκωτῷ L.   25 τρέφωνται B, idem aut τρέφονται P ante corr., τρέφονται L.   27 δὲ (pro δὴ) BL.   29 ὅς P. ‖ ἐπιπολεῖται BL.   30 ὅλμος BPL.   31 ἠνείχετο PL.   34 ἤκουεν ἀπ᾽ αὐτοῦ Z. LD.   35 δὴ BPD.

καὶ ἄλλων ὄντων ἀξιολόγων Ζήνωνος μαθητῶν, αὐτὸς διαδέξασθαι τὴν σχολήν.

464 Plutarchus de audiendo 18 p. 47e. ὥσπερ ὁ Κλεάνθης καὶ ὁ Ξενοκράτης βραδύτεροι δοκοῦντες εἶναι τῶν συσχολαστῶν οὐκ ἀπεδίδρασκον ἐκ τοῦ μανθάνειν οὐδ᾽ ἀπέκαμνον, ἀλλὰ φθάνοντες εἰς ἑαυτοὺς ἔπαιζον, ἀγγείοις τε βραχυστόμοις καὶ πινακίσι χαλκαῖς ἀπεικάζοντες, ὡς μόλις μὲν παραδεχόμενοι τοὺς λόγους, ἀσφαλῶς δὲ καὶ βεβαίως τηροῦντες.

465 Plutarchus de vitando aere alieno 7 p. 830d. ὅσον τὸ φρόνημα τἀνδρός, ἀπὸ τοῦ μύλου καὶ τῆς μάκτρας πεττούσῃ χειρὶ καὶ ἀλούσῃ γράφειν περὶ θεῶν καὶ σελήνης καὶ ἄστρων καὶ ἡλίου.

466 Seneca epist. 44, 3. *Cleanthes aquam traxit et rigando horto locavit manus.* — epist. 6, 6. *Zenonem Cleanthes non expressisset, si tantummodo audisset; vitae eius interfuit, secreta perspexit, observavit illum, an ex formula sua viveret.*

467 Quintilianus Instit. orat. XII 7, 9. *cum et Socrati collatum sit ad victum et Zenon, Cleanthes, Chrysippus mercedes a discipulis acceptaverint.*

468 Ind. Stoic. Herc. col. XIX. „οὐκ ἐκόμισας, ἔφη, τὸ πρσ- | ταχθέν" καὶ προσό(μοια) | διε(λ)έχθη καὶ τῇ κατό|πιν, ἕως παρέσ(χεν αὐτὸν) | φέρειν καὶ τὸ ὅ(λον, εἶτ᾽) | ἀποδοὺς ἐκέλε(υσεν τοῖς) | γονεῦσι ἐκπέμψαι. (Δι)|ὸ καί τινες τοῦτον (οὐκ) | ὄντα πλούσιο(ν) ὡς (φι|-λ)άργυρον ἐμέμφ(ον)|το ..

Philosophus, qui mercedem a discipulo exigit, Cleanthes est.

469 Stobaeus Floril. XVII 28 (Vol. I p. 496 Hense). *Αἰλιανοῦ· ἐκ τῆς συμμίκτου ἱστορίας· Χρύσιππος ὁ Σολεὺς ἐποιεῖτο τὸν βίον ἐκ πάνυ ὀλίγων, Κλεάνθης δὲ καὶ ἀπὸ ἐλαττόνων.*

470 Plutarchus de adul. et amico 11 p. 55c. καὶ Βάτωνι τὴν σχολὴν ἀπεῖπεν Ἀρκεσίλαος, ὅτε πρὸς Κλεάνθην στίχον ἐποίησεν ἐν κωμῳδίᾳ, πείσαντος δὲ τὸν Κλεάνθην καὶ μεταμελομένου διηλλάγη.

471 Ind. Stoic. Herc. col XXII. (αὐτὸν παραιτεῖσθαι, .ὥστε τῇ σχολῇ πάλιν ἐ)|πιτρέπειν χρῆ(σθ)αι· | (δι)αλέξ(ασθ)αι δὲ (π)ρὸς | (Ἀρ)-κεσίλαν καὶ (φάναι „πρῶ|το)ν μέρος εὐημ(ερ)ία(ς τοῦ|τ᾽) εἶναι, σκοπεῖν (τι)νχ (τὰ | κα)θ᾽ αὐτόν." καὶ συν(ή)κον|(τα) δὲ Ἀρκεσίλα τὴ(ν .. | ...)ν ὑποδεῖξαι. Καὶ μ(ηδ|ὲ)ν ἀμφοτέρους (μηδὲ) | περὶ τὸ(ν) Σωσίθε(ο)ν πο|λυπρα(γμ)ονεῖν. Ἦν δὲ ... etc.

Agitur de Batone comico (Plut. de adul. et am. 11); *qui cum Cleanthi in comoedia maledixisset, Arcesilaus schola ei interdixit, ipso autem Cleanthe intercedente, cum contumeliam excusavisset, rursus admisit. Similis est causa Sosithei* (Diog. Laërt. VII 173).

10 scil. Cleanthis.   34 .. αν pap. ‖ fortasse: συνειπόντι.

472 Ind. Stoic. Herc. col. XXIV. καὶ διὰ τ(οῦτ)ο πλείοσιν | ὁμιλῶν. (ὡ)ς δέ τις εἰρηκὼς ἀνηγγέλη·

„τοῦτ' ἦν
ὁ Κλεάνθης, ὡς περὶ τὰς σπονδὰς
ἑκάστῳ μικρὸν ἀπα(ρ)χόμενος,
πλατῦναι δὲ τὸν λόγον
οὐδέποτ' ἐθέλων
ἢ οὐ (δυ)νάμενος"

ἐπεὶ παρατ(υγ)χά | νοντ' εἶδεν αὐτόν, (εἰ)πών τι πρὸς τὸ πρῶτ(ο)ν τε|(θέ)ν, συμ.... etc.

Haec quoque ad Arcesilanum refero, malum carmen in Cleanthem factum ulciscentem.

473 Ind. Stoic. Herc. col. XX. ... ροιτ ...... τὸν ὁμο|(ει)δῆ μά(χεσθαι τρό)πον, | (εἴ)ρηται μ(ὲ)ν κα(ὶ) Ζή|(ν)ωνι περὶ τῶν (τοι|-ού)των καὶ γέ(γραπται | μὲ)ν καὶ Ζήνων(ι, ἀσ)|τεῖα δ' εὐφημ(οῦντος) | πρὸς τοὺς π(ρο)γεν(εσ|τέ)ρους τῶ(ν φιλ)οσό|(φ)ων· καὶ τι ... χαρισ | (α)μένων

Cleanthi videtur opprobrio verti, quod in scholis vel libris antiquis philosophis maledixerit; neque enim Zenonis magistri exemplo hoc defendi.

474 Diogenes Laërt. VII 176. καὶ τελευτᾷ (ὁ Κλεάνθης) τόνδε τὸν τρόπον. διῴδησεν αὐτῷ τὸ οὖλον· ἀπαγορευσάντων δὲ τῶν ἰατρῶν, δύο ἡμέρας ἀπέσχετο τροφῆς. καί πως ἔσχε καλῶς, ὥστε τοὺς ἰατροὺς αὐτῷ πάντα τὰ συνήθη συγχωρεῖν· τὸν δὲ μὴ ἀνασχέσθαι, ἀλλ' εἰπόντα ἤδη αὐτῷ προωδοποιῆσθαι καὶ τὰς λοιπὰς ἀποσχόμενον τελευτῆσαι ταὐτὰ Ζήνωνι, καθά φασί τινες, [ὀγδοήκοντα] ἔτη βιώσαντα καὶ ἀκούσαντα Ζήνωνος ἔτη ἐννεακαίδεκα.

475 Lucianus Macrob. 19. Κλεάνθης δὲ ὁ Ζήνωνος μαθητὴς καὶ διάδοχος ἐννέα καὶ ἐνενήκοντα οὗτος γεγονὼς ἔτη φῦμα ἔσχεν ἐπὶ τοῦ χείλους, καὶ ἀποκαρτερῶν, ἐπελθόντων αὐτῷ παρ' ἑταίρων τινῶν γραμμάτων προσενεγκάμενος τροφὴν καὶ πράξας περὶ ὧν ἠξίουν οἱ φίλοι, ἀποσχόμενος αὖθις τροφῆς ἐξέλιπε τὸν βίον.

476 Ind. Stoic. Herc. col. XXVI. (ἐπεὶ — — —)σαν, ἔτυχεν δ' αὐ|(τ)ῷ μ(ικρὸ)ν πρὸ τῆς τε|λευτ(ῆ)ς ἐξάνθημα γε|νόμενον περὶ τὸ χεῖλος, | ὃ τοῖς ἰατρο(ῖς ἐδόκει κα)|κόηθες εἶν(αι) .. δι....|βουν τό

---

4 ὡς περὶ scripsi, ὥσπερεὶ pap.   10 hinc agnoscitur Arcesilaus qui contra theses auditorum disputare solebat.   14 ΜΝΑ...... ΓΟΝ pap.   21 τοῦτον BD.   23 ἀπέσχε P.   24 πάντας BPD, πάντα L. ‖ τῶν B.   25 προοδοιπορεῖσθαι PLD, προοδο/ποιεῖσθαι B. ‖ ἀνασχόμενον BP.   26 ταῦτα Ζήνωνι BD, ταὐτὰ Ζήνων\\\ P, corr. a P³, ταῦτα Ζήνων L.   numerum om. BP.
27 Ζήνωνος om. BD

τ' ἄσχ(ημον ὑποφέ)|ρειν, Διονυ(σίῳ εἶπε καὶ)|ρὸν εἶναι τὴ(ν ζωὴν ἐκτε)|λεῖν· συνήθε(ις δ' οὖν καὶ) | γνωρίμου(ς .... | (πε)ρὶ τῶν κ..... — col. XXVII. ζητεῖν, μήποτ' οὐκ ἄ|ξιον αὐτοῦ, φιλόζωον | δ' ἢ ταπεινόν. καὶ ταῦτ' εἰ|πὼν καὶ μείνας εὐδαί|(μων) etc.

De Cleanthis morbo extremo cf. Luc. Macrob. 19. Diog. Laërt. VII 176. Ad col. XXVII adnotat Buecheler: „mandat Cleanthes ut successorem quaerant non vitae cupidum sectantemque humilia, sed suis moribus dignum." mihi videtur Cleanthes de se ipso loqui, e. gr. δεδοικέναι δ' ἔφη τὸ ἐπιβιῶναι ζητεῖν etc.

477 Ind. Stoic. Herc col. XXVIII 8. ἀλγήσας) | δ' οὐ μικρ(ὸν τοῦ βίου) | ἀπηλλάγ(η ἐπ' ἄρχοντος 'Ι)|άσονος.

col. XXIX. (γεγονέναι Κλε)|άνθην ἐπ' ἄρχον(τος) | Ἀριστοφάνους κα(ὶ) | τὴν σχολὴν δια(κατα)|σχεῖν ἐπ' ἔτη (τ)ριάκ(ον)|τα καὶ (δύο).

Col. XXVIII. quae posui, recte a Comparettio suppleta esse puto; cetera huius columnae, quia incertiora sunt, exscribere nolui.

Col. XXIX. Aristophanes archon fuit 331/0; δύο in fine scriptum esse, Gomperzius probavit.

478 Galenus ὅτι αἱ ποιότητες ἀσώματοι 2 Vol. XIX p. 467 K. οὔ φημι δεῖν ἓν καὶ ταὐτὸν εἶναι νομίζειν τὸ ἔχον τῷ ἐχομένῳ· οὔτε γὰρ Κλεάνθης ἦν φῦμα, ἐπεὶ συμβεβήκει τοῦτ' αὐτῷ κατὰ τὸ νόσημα, οὔτε Χρύσιππος ἔτι δ' Ἐπίκουρος στραγγουρία, ἐπειδὴ ἐκ τούτου τοῦ πάθους αὐτοῖς συνέβη καταστρέψαι τὸν βίον. οὔκουν οὐδὲ πληγὴ τοῦ ἀέρος ἀήρ ἐστιν etc.

479 Strabo XIII p. 610. ἐντεῦθεν (scil. ex Asso) ἦν Κλεάνθης, ὁ Στωϊκὸς φιλόσοφος, ὁ διαδεξάμενος τὴν Ζήνωνος τοῦ Κιτιέως σχολήν, καταλιπὼν δὲ Χρυσίππῳ τῷ Σολεῖ.

480 Cicero Acad. Pr. II 73. Quis hunc philosophum (scil. Democritum) non anteponit Cleanthi, Chrysippo, reliquis inferioris aetatis? qui mihi cum illo collati quintae classis videntur.

Scripta.

481 Diogenes Laërt. VII 174. Βιβλία δὲ κάλλιστα καταλέλοιπεν, ἅ ἐστι τάδε·
περὶ χρόνου
περὶ τῆς [τοῦ] Ζήνωνος φυσιολογίας δύο
τῶν Ἡρακλείτου ἐξηγήσεις τέσσαρα
περὶ αἰσθήσεως
περὶ τέχνης

---

19 ἔχον scripsi, ἔχειν ed.   20 κατὰ τὸ scripsi, κατ' αὐτὸ ed.   22 spectant haec vocis definitionem Stoicam.   34 τοῦ om. BPLD.

πρὸς Δημόκριτον
πρὸς Ἀρίσταρχον (n. 500)
πρὸς Ἥριλλον
περὶ ὁρμῆς δύο
ἀρχαιολογία
περὶ θεῶν (n. 543)
περὶ γιγάντων
περὶ ὑμεναίου
περὶ τοῦ ποιητοῦ (n. 526. 535. 549. 592)
περὶ τοῦ καθήκοντος τρία
περὶ εὐβουλίας
περὶ χάριτος (n. 578—580)
προτρεπτικός (n. 567?)
περὶ ἀρετῶν
περὶ εὐφυΐας
περὶ Γοργίππου
περὶ φθονερίας
περὶ ἔρωτος
περὶ ἐλευθερίας
ἐρωτικὴ τέχνη
περὶ τιμῆς
περὶ δόξης
πολιτικός
περὶ βουλῆς
περὶ νόμων
περὶ τοῦ δικάζειν
περὶ ἀγωγῆς
περὶ τοῦ λόγου τρία
περὶ τέλους
περὶ καλῶν
περὶ πράξεως
περὶ ἐπιστήμης
περὶ βασιλείας
περὶ φιλίας
περὶ συμποσίου
περὶ τοῦ ὅτι ἡ αὐτὴ ἀρετὴ [καὶ] ἀνδρὸς καὶ γυναικός
περὶ τοῦ τὸν σοφὸν σοφιστεύειν
περὶ χρειῶν
διατριβῶν δύο

---

3 ἡρίαλον B.   8 ὑμεναίου BPLD.   31 πράξεων LD.   36 καὶ om. BPD.

περὶ ἡδονῆς (n. 558. 530. 552)
περὶ ἰδίων
περὶ τῶν ἀπόρων
περὶ διαλεκτικῆς
5 περὶ τρόπων
περὶ κατηγορημάτων
Ταῦτα αὐτῷ τὰ βιβλία.

Placita.

482 Diogenes Laërt. VII 41. ὁ δὲ Κλεάνθης ἓξ μέρη φησί (scil. τοῦ κατὰ φιλοσοφίαν λόγου) διαλεκτικόν, ῥητορικόν, ἠθικόν, πολιτικόν, φυσικόν, θεολογικόν.

A. Fragmenta logica et rhetorica.

Utilitas Logicae.

483 Arrianus Epict. Diss. I 17,11. ἐκεῖνο ἀπαρκεῖ ὅτι τῶν ἄλλων ἐστὶ διακριτικὰ καὶ ἐπισκεπτικὰ καί, ὡς ἄν τις εἴποι, μετρητικὰ καὶ στατικά (scil. τὰ λογικά). τίς λέγει ταῦτα; μόνος Χρύσιππος καὶ Ζήνων καὶ Κλεάνθης; Ἀντισθένης δ' οὐ λέγει;

De Visis.

484 Sextus adv. math. VII 228. φαντασία οὖν ἐστὶ κατ' αὐτοὺς τύπωσις ἐν ψυχῇ. περὶ ἧς εὐθὺς καὶ διέστησαν· Κλεάνθης μὲν γὰρ ἤκουσε τὴν τύπωσιν κατὰ εἰσοχήν τε καὶ ἐξοχήν, ὥσπερ καὶ ⟨τὴν⟩ διὰ τῶν δακτυλίων γιγνομένην τοῦ κηροῦ τύπωσιν. — ib. 372. εἰ γὰρ τύπωσίς ἐστιν ἐν ψυχῇ ἡ φαντασία, ἤτοι κατ' ἐξοχὴν καὶ εἰσοχὴν τύπωσίς ἐστιν, ὡς οἱ περὶ τὸν Κλεάνθην νομίζουσιν, ἢ κατὰ ψιλὴν ἑτεροίωσιν γίνεται κ.τ.λ. — ib. VIII 400. Κλεάνθους μὲν κυρίως ἀκούοντος τὴν μετὰ εἰσοχῆς καὶ ἐξοχῆς νοουμένην (τύπωσιν). — id. Pyrrh. hypotyp. II 70. ἐπεὶ οὖν ἡ ψυχὴ καὶ τὸ ἡγεμονικὸν πνεῦμά ἐστιν ἢ λεπτομερέστερόν τι πνεύματος, ὥς φασιν, οὐ δυνήσεταί τις τύπωσιν ἐπινοεῖν ἐν αὐτῷ οὔτε κατ' εἰσοχὴν καὶ ἐξοχήν, ὡς ἐπὶ τῶν σφραγίδων ὁρῶμεν, οὔτε [κατὰ] τὴν τερατολογουμένην ἑτεροιωτικήν.

---

5 τροπῶν B   10 sex partes philosophiae subdivisione ortae ex tribus, quas plerique Stoici statuerunt; neque igitur ab usitata partitione recedit.
22 τὴν addi oportet.   30 κατὰ delevi. ‖ ἑτεροιωτικήν: Chrysippi doctrinam spectat (Vol. II n. 56).

Περὶ Σημαινόντων.
(Vol. II p. 43 sq.)

485 Varro de lingua lat. V 9. *quod si summum gradum non attigero, tamen secundum praeteribo, quod non solum ad Aristophanis sed etiam ad Cleanthis lucubravi.*

Secundus gradus explanatur § 7. *quo grammatica escendit antiqua, quae ostendit quemadmodum quodque poeta finxerit verbum, confinxerit, declinarit.*

486 Philodem. de musica col. 28, 1 p. 79 Kemke: εἰ μ(ὴ τὸ π)αρὰ Κλεάν(θ)ει λέ|γειν (τάχ)α θελήσουσ(ι)ν, ὅς φησιν (ἁ|μείνο(νά) τε εἶναι τὰ ποιητικὰ | καὶ μ(ουσ)ικὰ παραδείγματα | καί, τοῦ (λόγ)ου τοῦ τῆς φιλοσο|φίας ἱκανῶ(ς) μὲν ἐξαγ(γ)έλ|λεῖν δυναμένου τὰ θε(ῖ)α καὶ | ἁ(ν)θ(ρ)ώ(πινα), μὴ ἔχον(τ)ος δὲ | ψειλοῦ τῶν θείων μεγεθῶν | λέξεις οἰκείας, τὰ μέτρ(α) καὶ | τὰ μέλη καὶ τοὺς ῥυθμοὺς | ὡς μάλιστα προσικνεῖσθαι | πρὸς τὴν ἀλήθειαν τῆς τῶν | θείων θ(ε)ωρίας.

Nomen Cleanthis etiam p. 57, 3 Kemke agnoscitur, sed sententia nulla.

487 Seneca Epist. 108, 10. *Nam, ut dicebat Cleanthes, quemadmodum spiritus noster clariorem sonum reddit, cum illum tuba, per longi canalis angustias tractum, patentiore novissimo exitu effudit; sic sensus nostros clariores carminis arta necessitas efficit.*

Περὶ Σημαινομένων.
(Vol. II p. 48.)

488 Clemens Alex. Strom. VIII 9, 26 p. 930 P. λεκτὰ γὰρ τὰ κατηγορήματα καλοῦσι Κλεάνθης καὶ Ἀρχέδημος.

489 Arrianus Epict. Diss. II 19, 1—4. ὁ κυριεύων λόγος ἀπὸ τοιούτων τινῶν ἀφορμῶν ἠρωτῆσθαι φαίνεται· κοινῆς γὰρ οὔσης μάχης τοῖς τρισὶ τούτοις πρὸς ἄλληλα, τῷ [τὸ] „πᾶν παρεληλυθὸς ἀληθὲς ἀναγκαῖον εἶναι," καὶ τῷ „δυνατῷ ἀδύνατον μὴ ἀκολουθεῖν," καὶ τῷ „[μὴ] δυνατὸν εἶναι ὃ οὔτ' ἔστιν ἀληθὲς οὔτ' ἔσται·" συνιδὼν τὴν μάχην ταύτην ὁ Διόδωρος τῇ τῶν πρώτων δυοῖν πιθανότητι συνεχρήσατο πρὸς παράστασιν τοῦ „μηδὲν εἶναι δυνατὸν ὃ οὔτ' ἔστιν ἀληθὲς οὔτ' ἔσται." λοιπὸν ὁ μέν τις ταῦτα τηρήσει τῶν δυοῖν ὅτι „ἔστι τέ τι δυνατόν, ὃ οὔτ' ἔστιν ἀληθὲς οὔτ' ἔσται·" καὶ „δυνατῷ ἀδύνατον οὐκ ἀκολουθεῖ·" „οὐ πᾶν δὲ παρεληλυθὸς ἀληθὲς ἀναγκαῖόν ἐστι·" καθάπερ οἱ περὶ Κλεάνθην φέρεσθαι δοκοῦσιν, οἷς ἐπὶ πολὺ συνηγό-

---

25 περὶ κατηγορημάτων scripsit Cleanthes; cf. ind. Laërt. n. 481. || Archedemi fr. 8 Vol. III p. 262.   28 τὸ del. Upt.   30 μὴ del. Upt.; etiam in S a rec. corr. deletum est.   36 cf. ibid. 9 καὶ Κλεάνθης δ' ἰδίᾳ γέγραφεν περὶ τούτου (scil. περὶ τοῦ κυριεύοντος). Cf. Vol. II n. 283 (Chrysippus).

ρησεν Ἀντίπατρος. οἱ δὲ τἆλλα δύο, ὅτι „δυνατόν τ᾽ ἐστὶν ὃ οὔτ᾽ ἔστιν ἀληθὲς οὔτ᾽ ἔσται"' καὶ „πᾶν παρεληλυθὸς ἀληθὲς ἀναγκαῖόν ἐστιν" „δυνατῷ δ᾽ ἀδύνατον ἀκολουθεῖ." τὰ τρία δ᾽ ἐκεῖνα τηρῆσαι ἀμήχανον, διὰ τὸ κοινὴν εἶναι αὐτῶν μάχην.

Cic. de Fato 7, 14. *omnia enim vera in praeteritis necessaria sunt, ut Chrysippo placet, dissentienti a magistro Cleanthe, quia sunt immutabilia nec in falsum e vero praeterita possunt convertere.*

490 Olympiodorus in Plat. Gorg. p. 53 (ed. Jahn nov. ann. philol. suppl. XIV p. 239, 240). Κλεάνθης τοίνυν λέγει ὅτι τέχνη ἐστὶν ἕξις ὁδῷ πάντα ἀνύουσα.

Quintil. Inst. Or. II 17, 41. *nam sive, ut Cleanthes voluit, ars est potestas viam, id est ordinem efficiens.* — Cf. Zeno n. 72 sq.

De Rhetorica.

491 Quintilianus Inst. Or. II 15, 34—35. *huic eius substantiae maxime conveniet finitio „rhetoricen esse bene dicendi scientiam." nam et orationis omnes virtutes semel complectitur, et protinus etiam mores oratoris, cum bene dicere non possit nisi bonus. idem valet Chrysippi finis ille ductus a Cleanthe „scientia recte dicendi."*

492 Cicero de finibus IV 7. *Quamquam scripsit artem rhetoricam Cleanthes — sed sic ut siquis obmutescere concupierit, nihil aliud legere debeat.*

B. Fragmenta physica et theologica.

Physicae Fundamenta.
(Vol. II p. 111.)

493 Diogenes Laërt. VII 134. δοκεῖ δ᾽ αὐτοῖς ἀρχὰς εἶναι τῶν ὅλων δύο, τὸ ποιοῦν καὶ τὸ πάσχον. τὸ μὲν οὖν πάσχον εἶναι τὴν ἄποιον οὐσίαν, τὴν ὕλην, τὸ δὲ ποιοῦν τὸν ἐν αὐτῇ λόγον, τὸν θεόν. τοῦτον γὰρ ἀΐδιον ὄντα διὰ πάσης αὐτῆς δημιουργεῖν ἕκαστα. τίθησι δὲ τὸ δόγμα τοῦτο ... Κλεάνθης ἐν τῷ περὶ τῶν ἀτόμων.

494 Syrianus ad Ar. Metaph. (Aristot. Berol. Vol. V) 892 b 14—23. ὡς ἄρα τὰ εἴδη παρὰ τοῖς θείοις τούτοις ἀνδράσιν οὔτε πρὸς τὴν χρῆσιν τῆς τῶν ὀνομάτων συνηθείας παρήγετο, ὡς Χρύσιππος καὶ

---

12 viam ... ordinem A, via ... ordine B.   14 substantiae ⟨Cleanthis⟩ Kiderlin ann. philol. vol. 131 p. 123, ut Cleanthis fuerit definitio „ἐπιστήμη τοῦ εὖ λέγειν." Chrysippi „ἐπιστήμη τοῦ ὀρθῶς λέγειν."   29 liber περὶ τῶν ἀτόμων deest in indice Laërtiano n. 481, nisi idem est, qui πρὸς Δημόκριτον vocatur.   31 Socratem dicit Platonem Parmenidem Pythagoreos. De re cf. Vol. II p. 123 n. 360—365.

Ἀρχέδημος καὶ οἱ πλείους τῶν Στωικῶν ὕστερον ᾠήθησαν... οὐ μὴν οὐδ' ἐννοήματά εἰσι παρ' αὐτοῖς αἱ ἰδέαι, ὡς Κλεάνθης ὕστερον εἴρηκεν.

495 Hermiae Irris. Gent. Phil. 14 (DDG p. 654). ἀλλ' ὁ Κλεάνθης ἀπὸ τοῦ φρέατος ἐπάρας τὴν κεφαλὴν καταγελᾷ σου τοῦ δόγματος καὶ αὐτὸς ἀνιμᾷ τὰς ἀληθεῖς ἀρχάς, θεὸν καὶ ὕλην. καὶ τὴν μὲν γῆν μεταβάλλειν εἰς ὕδωρ, τὸ δὲ ὕδωρ εἰς ἀέρα, τὸν δὲ ἀέρα ⟨ἄνω⟩ φέρεσθαι, τὸ δὲ πῦρ εἰς τὰ περίγεια χωρεῖν, τὴν δὲ ψυχὴν δι' ὅλου τοῦ κόσμου διήκειν, ἧς μέρος μετέχοντας ἡμᾶς ἐμψυχοῦσθαι.

496 Probus ad Verg. Ecl. 6, 31 p. 10 Keil. *Omnem igitur hanc rerum naturae formam tenui primum et inani mole dispersam refert (scil. Vergilius) in quattuor elementa concretam et ex his omnia esse postea effigiata.* ⟨*Ita*⟩ *Stoici tradunt Zenon Citiaeus et Speusippus (leg. Chrysippus) Soleus et Cleanthes Thasius (leg. Assius).*

497 Stobaeus Ecl. I 17, 3 p. 153, 7 W. (Arii Did. fr. 38 Diels). Κλεάνθης δὲ οὕτω πώς φησιν· ἐκφλογισθέντος τοῦ παντὸς συνίζειν τὸ μέσον αὐτοῦ πρῶτον, εἶτα ⟨κατὰ⟩ τὰ ἐχόμενα ἀποσβέννυσθαι δι' ὅλου. τοῦ δὲ παντὸς ἐξυγρανθέντος, τὸ ἔσχατον τοῦ πυρός, ἀντιτυπήσαντος αὐτῷ τοῦ μέσου, τρέπεσθαι πάλιν ⟨ποιεῖν⟩ εἰς τοὐναντίον, εἶθ' οὕτω τρεπομένου ἄνωθέν φησιν αὔξεσθαι καὶ ἄρχεσθαι διακοσμεῖν τὸ ὅλον· καὶ τοιαύτην περίοδον αἰεὶ καὶ διακόσμησιν ποιουμένου τὸν ἐν τῇ τῶν ὅλων οὐσίᾳ τόνον μὴ παύεσθαι. ὥσπερ γὰρ ἑνός τινος τὰ μέρη πάντα φύεται ἐκ σπερμάτων ἐν τοῖς καθήκουσι χρόνοις, οὕτω καὶ τοῦ ὅλου τὰ μέρη, ὧν καὶ τὰ ζῷα καὶ τὰ φυτὰ ὄντα τυγχάνει, ἐν τοῖς καθήκουσι χρόνοις φύεται. καὶ ὥσπερ τινὲς λόγοι τῶν μερῶν εἰς σπέρμα συνιόντες μίγνυνται καὶ αὖθις διακρίνονται γινομένων τῶν μερῶν, οὕτως ἐξ ἑνός τε πάντα γίνεσθαι καὶ ἐκ πάντων [εἰς] ἓν συγκρίνεσθαι, ὁδῷ καὶ συμφώνως διεξιούσης τῆς περιόδου.

498 Aëtius I 14, 5 (DDG p. 312 b). Κλεάνθης μόνος τῶν Στωικῶν τὸ πῦρ ἀπεφήνατο κωνοειδές.

499 Eusebius praep. evang. XV 15, 7 (Ar. Did. fr. 29 Diels p. 465).

---

7 μεταβαλεῖν vulgo, corr. Diels. || ἄνω add. Diels, εἰς πῦρ mavult Pearson, quod ad φέρεσθαι non accommodatum est. Fortasse plura exciderunt: τὸν δὲ ἀέρα ⟨εἰς πῦρ· καὶ τὸ μὲν πῦρ ἄνω⟩ φέρεσθαι, τὸν δὲ ἀέρα εἰς τὰ περίγεια χωρεῖν. 13 ⟨Ita⟩ add. Keil. 17 κατὰ addidi; subiectum esse τὸ πᾶν probant v. δι' ὅλου. 19 ποιεῖν addidi; ignis non ipse nunc convertitur in contrarium, sed mediam partem globi, quae adhuc paulatim in aquam vertebatur, rursus contrariam mutationem subire cogit. 20 τρεπομένου FP, τρεπόμενον Canter; illud praefero, quia non ignem converti, sed aquosam globi partem constat. || ἄνωθεν scripsi, ἄνω vulgo; ignis in altissima tantum caeli parte relictus nunc ad inferiores regiones paulatim descendens crescit et omnia format atque disponit. 21 τοσαύτην FP, corr. Meineke, 21. 22 τοῦ—τόνον FP, corr. Meineke. 22 requiro: τινος ⟨ζῴου⟩. 26 γενομένων Meineke. 27 εἰς del. Diels.

ἡγεμονικὸν δὲ τοῦ κόσμου Κλεάνθει μὲν ἤρεσε τὸν ἥλιον εἶναι διὰ τὸ μέγιστον τῶν ἄστρων ὑπάρχειν καὶ πλεῖστα συμβάλλεσθαι πρὸς τὴν τῶν ὅλων διοίκησιν, ἡμέραν καὶ ἐνιαυτὸν ποιοῦντα καὶ τὰς ἄλλας ὥρας. Ps. Censorin. I 4 p. 75, 14 Jahn. *et constat quidem (mundus) quattuor elementis terra aqua igne aere. cuius principalem solem quidam putant, ut Cleanthes.* — Diogenes Laërt. VII 139. Aëtius II 4, 16 (DDG p. 332 b). Κλεάνθης ὁ Στωικὸς ἐν ἡλίῳ ἔφησεν εἶναι τὸ ἡγεμονικὸν τοῦ κόσμου. — Cicero Acad. pr. II 126. *Cleanthes, qui quasi maiorum est gentium Stoicus, Zenonis auditor, solem dominari et rerum potiri putat.*

500 Plutarchus de facie in orbe lunae c. 6, 3 p. 923 a. Ἀρίσταρχον ᾤετο δεῖν Κλεάνθης τὸν Σάμιον ἀσεβείας προσκαλεῖσθαι τοὺς Ἕλληνας, ὡς κινοῦντα τοῦ κόσμου τὴν ἑστίαν, ὅτι ⟨τὰ⟩ φαινόμενα σῴζειν ἀνὴρ ἐπειρᾶτο, μένειν τὸν οὐρανὸν ὑποτιθέμενος, ἐξελίττεσθαι δὲ κατὰ λοξοῦ κύκλου τὴν γῆν, ἅμα καὶ περὶ τὸν αὑτῆς ἄξονα δινουμένην.

501 Aëtius II 20, 4 (DDG p. 349 b). Κλεάνθης ἄναμμα νοερὸν τὸ ἐκ θαλάττης τὸν ἥλιον.

Cicero de nat. deor. III 37. *Quid enim? non eisdem vobis placet omnem ignem pastus indigere nec permanere ullo modo posse, nisi alitur: ali autem solem, lunam, reliqua astra aquis, alia dulcibus, alia marinis? eamque causam Cleanthes adfert cur se sol referat nec longius progrediatur solstitiali orbi itemque brumali, ne longius discedat a cibo.* — Macrobius Sat. I 23, 2. *ideo enim, sicut et Posidonius et Cleanthes affirmant, solis meatus a plaga, quae usta dicitur, non recedit, quia sub ipsa currit Oceanus, qui terram ambit et dividit.*

Aëtius II 23, 5 (DDG p. 353 a). Οἱ Στωϊκοὶ κατὰ τὸ διάστημα τῆς ὑποκειμένης τροφῆς διέρχεσθαι τὸν ἥλιον· ὠκεανὸς δέ ἐστιν ἢ γῆ, ἧς τὴν ἀναθυμίασιν ἐπινέμεται.

502 Clemens Alex. Strom. V 8, 48 p. 674 P. οὐκ ἀνέγνωσαν δ' οὗτοι Κλεάνθην τὸν φιλόσοφον, ὃς ἄντικρυς πλῆκτρον τὸν ἥλιον καλεῖ· ἐν γὰρ ταῖς ἀνατολαῖς, ἐρείδων τὰς αὐγάς, οἷον πλήσσων τὸν κόσμον εἰς τὴν ἐναρμόνιον πορείαν [τὸ φῶς] ἄγει.

Cf. Plut. de Pyth. orac. c. 16 fin. ὕστερον μέντοι πλῆκτρον ἀνέθηκαν τῷ θεῷ χρυσοῦν, ἐπιστήσαντες, ὡς ἔοικε, Σκυθίνῳ λέγοντι περὶ τῆς λύρας,

ἣν ἁρμόζεται
Ζηνὸς εὐειδὴς Ἀπόλλων, πᾶσαν ἀρχὴν καὶ τέλος
συλλαβών· ἔχει δὲ λαμπρὸν πλῆκτρον ἡλίου φάος.

---

12 τὰ add. Pearson; librum Cleanthis πρὸς Ἀρίσταρχον habet index Laërtianus n. 481.   32 τὸ φῶς seclusi; nam mundus est, qui agitur εἰς τὴν ἐναρμόνιον πορείαν.

PHYSICA. 113

503 Cornutus cp. 32 (de Apolline i. e. de Sole locutus). μουσικὸς δὲ καὶ κιθαριστὴς παρεισῆκται τῷ κρούειν ἐναρμονίως πᾶν μέρος τοῦ κόσμου καὶ συνῳδὸν αὐτὸν πᾶσι τοῖς [ἄλλοις] μέρεσι ποιεῖν, μηδεμιᾶς αὐτῶν ἐκμελείας ἐν τοῖς οὖσι θεωρουμένης, ἀλλὰ καὶ τὴν τῶν χρόνων πρὸς ἀλλήλους συμμετρίαν ἐπ' ἄκρον ὡς ἐν ῥυθμοῖς τηροῦντος αὐτοῦ καὶ τὰς τῶν ζῴων φωνάς, ὡς αὖ τοὺς τῶν ἄλλων σωμάτων ψόφους, ἰδίᾳ ⟨διὰ⟩ τὸ ξηραίνεσθαι χρησίμως ὑπ' ⟨αὐτοῦ⟩ τὸν ἀέρα ἀποδιδόντος καὶ δαιμονίως ἡρμόσθαι πρὸς τὰς ἀκοὰς ποιοῦντος.

504 Cicero de nat. deor. II 40. *atque ea (sidera) quidem tota esse ignea duorum sensuum testimonio confirmari Cleanthes putat, tactus et oculorum. nam solis et candor illustrior est quam ullius ignis, quippe qui immenso mundo tam longe lateque colluceat, et is eius tactus est, non ut tepefaciat solum, sed etiam saepe comburat. quorum neutrum faceret, nisi esset igneus. „ergo", inquit „cum sol igneus sit Oceanique alatur humoribus, quia nullus ignis sine pastu aliquo posset permanere, necesse est aut ei similis sit igni, quem adhibemus ad usum atque victum, aut ei, qui corporibus animantium continetur. — 41. atqui hic noster ignis, quem usus vitae requirit, confector est et consumptor omnium idemque, quocumque invasit, cuncta disturbat ac dissipat. contra ille corporeus vitalis et salutaris omnia conservat, alit, auget, sustinet sensuque adficit." negat ergo esse dubium, horum ignium sol utri similis sit, cum is quoque efficiat, ut omnia floreant et in suo quaeque genere pubescant. quare cum solis ignis similis eorum ignium sit, qui sunt in corporibus animantium, solem quoque animantem esse oportet, et quidem reliqua astra, quae oriantur in ardore caelesti, qui aether vel caelum nominatur.*

De mundo et de meteoris.
(Vol. II p. 167 et p. 195.)

505 Geminus elem. astron. Petav. Uranolog. p. 53. ὑπὸ τὴν διακεκαυμένην ζώνην τινὲς τῶν ἀρχαίων ἀπεφήναντο, ὧν ἐστι καὶ Κλεάνθης ὁ Στωικὸς φιλόσοφος, ὑποκεχύσθαι μεταξὺ τῶν τροπικῶν τὸν ὠκεανόν.

506 Stobaeus Ecl. I 26,1i p. 219,14 W. (Arii Did. fr. 34 Diels). Κλεάνθης πυροειδῆ τὴν σελήνην, πιλοειδῆ δὲ τῷ σχήματι.

507 Aëtius II 16,1 (DDG p. 345a 16). Ἀναξαγόρας Δημόκριτος

---

3 συνῳδὸν Osann, σύνοδον libri. || ἄλλοις seclusi. 6 ὡς αὖ τοὺς scripsi, ὧν αὐτὸς libri. 7 διὰ addidi. || ὑπ' αὐτοῦ scripsi, ὑπὸ libri. 11 solis et candor Klotz, solis calor et candor libri. 15 possit codd., corr. C. F. W. Mueller. 17 atqui cod. Rehdig., atque ceteri. 25 atque item Orellius. 34 πηλοειδῆ libri, corr. Heeren.

Κλεάνθης ἀπὸ ἀνατολῶν ἐπὶ δυσμὰς φέρεσθαι πάντας τοὺς ἀστέρας.
— Galen. hist. phil. 58 (DDG p. 625,9). *Ἀ. καὶ Δ. καὶ Κλεάνθης ἀπὸ ἀνατολῶν εἰς δυσμὰς φέρεσθαι τοὺς ἀστέρας νομίζουσιν.*

508 Aëtius II 14, 2 (DDG p. 343). *οἱ μὲν ἄλλοι ⟨Στωικοὶ⟩ σφαιρικοὺς αὐτούς, Κλεάνθης δὲ κωνοειδεῖς* (scil. *τοὺς ἀστέρας*). — Galenus hist. phil. 56a (DDG p. 624,22). *Κλεάνθης κωνοειδεῖς* (*τοὺς ἀστέρας*). — Achilles Tat. p. 133c. *Κλεάνθης αὐτοὺς* (sc. *τοὺς ἀστέρας*) *κωνοειδὲς ἔχειν σχῆμά φησι.* — Theodoretus Gr. aff. cur. IV 20. (p. 105, 15 Ra.) *κωνοειδεῖς δὲ Κλεάνθης ὁ Στωικός.*

509 Philo de provid. II 48 (p. 79 Aucher). *Age interim ponamus inter nos universum ingenitum ac sempiternum, iuxta illud quod suggerit sermo celeberrimorum philosophantium, sicut conscribunt Parmenides, Empedocles, Zeno, Cleanthes aliique divi homines ac velut verus quidam proprieque sacer coetus. Atqui ex ingenita materia quid miramur si pars aliqua generetur aut corrumpatur, partim per providentiam dei, partim ob rerum ordinem? Namque et ceterorum artificum unus quisque materiem generare haud solet, sed quam sibi sumit, eam figurat formatque et artis ordinem ei imponit. — — Quare iuxta huiusmodi hypothesin deus materiam primam non generavit sempiterne, sed materia ad usum sumpta, per eam caelum et terram atque species animalium plantarumque et omnia fecit — —. Quod nihilominus nullatenus impedit esse providentiam, etsi una cum materia mundus ingenitus supponatur. — 49. Quomodo? Quia non solum creare et edere materiam proprium est providentiae, verum etiam conservare moderarique, quod est factum.*

510 Plutarchus de comm. not. 31 p. 1075 d. *ἔτι τοίνυν ἐπαγωνιζόμενος ὁ Κλεάνθης τῇ ἐκπυρώσει λέγει τὴν σελήνην καὶ τὰ λοιπὰ ἄστρα τὸν ἥλιον ἐξομοιώσειν πάντα ἑαυτῷ καὶ μεταβαλεῖν εἰς ἑαυτόν. ἀλλ' ὅτι ⟨καὶ⟩ οἱ ἀστέρες, θεοὶ ὄντες, πρὸς τὴν ἑαυτῶν φθορὰν συνεργοῦσι τῷ ἡλίῳ, συνεργοῦντές τι πρὸς τὴν ἐκπύρωσιν. πολὺς ἂν ⟨οὖν⟩ εἴη γέλως ἡμᾶς περὶ σωτηρίας αὐτοῖς προσεύχεσθαι καὶ σωτῆρας ἀνθρώπων νομίζειν, οἷς κατὰ φύσιν ἐστὶ τὸ σπεύδειν ἐπὶ τὴν αὐτῶν φθορὰν καὶ ἀναίρεσιν.*

511 Philo de Incorr. Mundi cp. 18 (p. 28 Cumont, p. 505 Mang.). *μεταβάλλειν δὲ ἢ εἰς φλόγα ἢ εἰς αὐγὴν ἀναγκαῖον* (scil. *τὸν κόσμον ἐκπυρωθέντα*), *εἰς μὲν φλόγα, ὡς ᾤετο Κλεάνθης, εἰς δ' αὐγήν, ὡς ὁ Χρύσιππος.*

512 Stobaeus Ecl. I 20, 1e p. 171,2 W. (Arii Didymi fr. 36 Diels).

---

28 ἐξομοιῶσαι libri, corr. Zeller.   29 καὶ addidi.   30 συνεργοῦντες post συνεργοῦσι offendit; fortasse ἡλίῳ καὶ πρὸς τὴν ἐκπύρωσιν.   31 οὖν addidi; sunt verba Plutarchi Cleanthis sententiam refellentis.

Ζήνωνι καὶ Κλεάνθει καὶ Χρυσίππῳ ἀρέσκει τὴν οὐσίαν μεταβάλλειν οἷον εἰς σπέρμα τὸ πῦρ, καὶ πάλιν ἐκ τούτου τοιαύτην ἀποτελεῖσθαι τὴν διακόσμησιν, οἵα πρότερον ἦν.

513 Cicero de nat. deor. II 24. *quod quidem Cleanthes his etiam argumentis docet, quanta vis insit caloris in omni corpore: negat enim esse ullum cibum tam gravem, quin is nocte et die concoquatur; cuius etiam in reliquiis inest calor iis, quas natura respuerit.* (Fortasse etiam quae antecedunt verba ibid. § 23 ex Cleanthe expressa sunt a Posidonio:) *Sic enim res se habet, ut omnia, quae alantur et quae crescant contineant in se vim caloris, sine qua neque ali possent nec crescere. Nam omne, quod est calidum et igneum, cietur et agitur motu suo; quod autem alitur et crescit, motu quodam utitur certo et aequabili; qui quam diu remanet in nobis, tam diu sensus et vita remanet; refrigerato autem et extincto calore occidimus ipsi et extinguimur* (secuntur verba supra exscripta).

514 Cornutus cp. 31. Ἡρακλῆς δ᾽ ἐστὶν ὁ ἐν τοῖς ὅλοις τόνος, καθ᾽ ὃν ἡ φύσις ἰσχυρὰ καὶ κραταιά ἐστιν, ἀνίκητος καὶ ἀπεριγένητος οὖσα, μεταδοτικὸς ἰσχύος καὶ τοῖς κατὰ μέρος καὶ ἀλκῆς ὑπάρχων. (deinde de Alcumenae et Amphitryonis filio disputat, cuius facta a recentioribus cum dei factis permixta sint, ὥστε δυσδιάκριτα γεγονέναι τὰ τοῦ θεοῦ ἴδια ἀπὸ τῶν περὶ τοῦ ἥρωος ἱστορουμένων) τάχα δ᾽ ἂν ἡ λεοντῆ καὶ τὸ ῥόπαλον ἐκ τῆς παλαιᾶς θεολογίας ἐπὶ τοῦτον μετενηνεγμένα εἴη. — σύμβολον δ᾽ ἂν ἑκάτερον εἴη ῥώμης καὶ γενναιότητος· ὁ μὲν γὰρ λέων τὸ ἀλκιμώτατον τῶν θηρίων ἐστί, τὸ δὲ ῥόπαλον τὸ καρτερώτατον τῶν ὅπλων. καὶ τοξότης δ᾽ ἂν ὁ θεὸς παρεισάγοιτο κατά τε τὸ πανταχοῦ διϊκνεῖσθαι καὶ κατὰ τὸ ἔντονόν τι ἔχειν καὶ τὴν τῶν βελῶν φοράν. — οἰκείως δὲ παρέδοσαν αὐτὸν Κῷοι τῇ Ἥβῃ συνοικοῦντα, ὡς ὁλοσχερέστερον αὖ τὸ ⟨σῶμα ἢ⟩ τὴν διάνοιαν ὄντα. ὡς γάρ ⟨φησιν ὁ Εὐριπίδης⟩

νέων τι δρᾶν μὲν εὐτονώτεραι χέρες,
ψυχαὶ δ᾽ ἀμείνους τῶν γεραιτέρων πολύ.

ὑπονοῶ δὲ καὶ τὴν παρ᾽ Ὀμφάλῃ λατρείαν ἐκείνῳ πιθανώτερον εἶναι προσήκειν, ἐμφαινόντων πάλιν διὰ τούτου τῶν παλαιῶν ὅτι καὶ τοὺς ἰσχυροτάτους ὑποτάττειν δεῖ ἑαυτοὺς τῷ λόγῳ καὶ τὰ ὑπὸ τούτου προσταττόμενα ποιεῖν, εἰ καὶ θηλύτερόν τι κατὰ τὴν θεωρίαν καὶ τὴν λογικὴν σκέψιν προσπίπτει, τῆς ὀμφῆς, ἣν οὐκ ἀτόπως ἂν δόξαιεν

---

16 τόνος scribitur necessario, λόγος libri. 18 ἀνίκητος—οὖσα verba a Langio iniuria proscripta. 28 αὖ τὸ ⟨σῶμα ἢ⟩ scripsi, αὐτὸν libri. 29 φησιν ὁ Εὐριπίδης supplevi; frg. est Bellerophontis Eur. 293 N. 32 πιθανώτερον V², πιθανωτέραν vulgo. 36 genit. τῆς ὀμφῆς recte se habet; opponitur ad τούτου (scil. τοῦ λόγου). — Totum fere caput adscripsi, quia omnia ex Cleanthe sumpta

Ὀμφάλην προσηγορευκέναι. Τοὺς δὲ δώδεκα ἄθλους ἐνδέχεται μὲν ἀναγαγεῖν οὐκ ἀλλοτρίως ἐπὶ τὸν θεόν, ὡς καὶ Κλεάνθης ἐποίησεν· οὐ δεῖ δὲ δοκεῖν πανταχοῦ τὸ εὑρεσίλογον πρεσβεύειν.

De animalibus.

515 Plutarchus πότερα τῶν ζῴων φρονιμώτερα cp. 11 p. 967 e. ὁ μὲν οὖν Κλεάνθης ἔλεγε, καίπερ οὐ φάσκων μετέχειν λόγου τὰ ζῷα, τοιαύτῃ θεωρίᾳ παρατυχεῖν· μύρμηκας ἐλθεῖν ἐπὶ μυρμηκιὰν ἑτέραν μύρμηκα νεκρὸν φέροντας· ἀνιόντας οὖν ἐκ τῆς μυρμηκιᾶς ἑτέρους οἷον ἐντυγχάνειν αὐτοῖς καὶ πάλιν κατέρχεσθαι· καὶ τοῦτο δὶς ἢ τρὶς γενέσθαι· τέλος δὲ τοὺς μὲν κάτωθεν ἀνενεγκεῖν ὥσπερ λύτρα τοῦ νεκροῦ σκώληκα, τοὺς δ᾽ ἐκεῖνον ἀραμένους, ἀποδόντας δὲ τὸν νεκρὸν οἴχεσθαι. — Aelianus Nat. An. VI 50. Κλεάνθην τὸν Ἄσσιον κατηνάγκασε καὶ ἄκοντα εἶξαι καὶ ἀποστῆναι τοῖς ζῴοις τοῦ καὶ ἐκεῖνα λογισμοῦ μὴ διαμαρτάνειν, ἀντιλέγοντα ἰσχυρῶς καὶ κατὰ κράτος, ἱστορία τοιαύτη, φασίν. ἔτυχεν ὁ Κλεάνθης καθήμενος καὶ μέντοι καὶ σχολὴν ἄγων μακροτέραν ἄλλως· οὐκοῦν μύρμηκες παρὰ τοῖς ποσὶν ἦσαν αὐτῷ πολλοί· ὁ δὲ ἄρα ὁρᾷ ἐξ ἀτραποῦ τινος ἑτέρας νεκρὸν μύρμηκα μύρμηκας ἄλλους κομίζοντας εἰς οἶκον ἑτέρων καὶ ἑαυτοῖς οὐ συντρόφων, καὶ ἐπί. γε τῷ χείλει τῆς μυρμηκιᾶς ἑστῶτας αὐτῷ νεκρῷ, καὶ ἀνιόντας κάτωθεν ἑτέρους καὶ συνόντας τοῖς ξένοις ὡς ἐπί τινι, εἶτα κατιόντας τοὺς αὐτούς, καὶ πλεονάκις τοῦτο· καὶ τελευτῶντας σκώληκα, οἱονεὶ λύτρα, κομίσαι· τοὺς δὲ ἐκεῖνον μὲν λαβεῖν, προέσθαι δὲ ὅνπερ οὖν ἐπήγοντο νεκρόν· καὶ ἐκείνους ὑποδέξασθαι ἀσμένως, ὡς υἱὸν κομιζομένους ἢ ἀδελφόν.

516 Clem. Alex. Strom. VII 6, 33 p. 849 P. διὸ καὶ Κλεάνθης φησὶν ἀνθ᾽ ἁλῶν αὐτοὺς (scil. τοὺς ὗς) ἔχειν τὴν ψυχήν, ἵνα μὴ σαπῇ τὰ κρέα. Cf. Vol. II p. 206.

517 Stobaeus Floril. 4, 90 Vol. I p. 240 Hense. Κλεάνθης ἔφη τοὺς ἀπαιδεύτους μόνῃ τῇ μορφῇ τῶν θηρίων διαφέρειν.

Idem Stob. Ecl. II 31, 64 p. 212, 22 W.

De anima hominis.

518 Tertullianus de An. c. 5. *vult et Cleanthes non solum corporis lineamentis, sed et animae notis similitudinem parentibus in filios respondere de speculo, scilicet morum et ingeniorum et adfectuum: corporis autem similitudinem et dissimilitudinem capere: et animam ita-*

---

esse probabile est, cuius de tensione (τόνος) doctrina Herculis fabula illustratur. Nam iure me τόνος pro λόγος scripsisse in capitis initio, tota oratio clamat.
35 ante „et" interpunxit Pearson, sublata interpunctione post „animam".

que corpus, similitudini vel dissimilitudini obnoxiam. item corporalium et incorporalium passiones inter se non communicare. porro et animam compati corpori, cui laeso ictibus, vulneribus, ulceribus condolescit, et corpus animae, cui adflictae cura, angore, amore coaegrescit, per detrimentum socii vigoris, cuius pudorem et pavorem rubore atque pallore testetur. igitur anima corpus ex corporalium passionum communicatione.

Nemesius de nat. hom. p. 32. ὁ Κλεάνθης τοιόνδε πλέκει συλλογισμόν· οὐ μόνον, φησίν, ὅμοιοι τοῖς γονεῦσι γινόμεθα κατὰ τὸ σῶμα ἀλλὰ καὶ κατὰ τὴν ψυχὴν τοῖς πάθεσι, τοῖς ἤθεσι, ταῖς διαθέσεσι. σώματος δὲ τὸ ὅμοιον καὶ τὸ ἀνόμοιον, οὐχὶ δὲ ἀσωμάτου, σῶμα ἄρα ἡ ψυχή ... ἔτι δὲ ὁ Κλεάνθης φησίν· οὐδὲν ἀσώματον συμπάσχει σώματι, οὐδὲ ἀσωμάτῳ σῶμα, ἀλλὰ σῶμα σώματι· συμπάσχει δὲ ἡ ψυχὴ τῷ σώματι νοσοῦντι καὶ τεμνομένῳ· καὶ τὸ σῶμα τῇ ψυχῇ· αἰσχυνομένης γοῦν ἐρυθρὸν γίνεται καὶ φοβουμένης ὠχρόν· σῶμα ἄρα ἡ ψυχή.

Tertullianus de An. c. 25. *unde oro te similitudine animae quoque parentibus de ingeniis respondemus secundum Cleanthis testimonium, si non ex animae semine educimur?* Cf. Panaetium ap. Cic. Tusc. I 79.

519 Eusebius praep. evang. XV 20, 2 (Ar. Did. fr. 39 Diels). περὶ δὲ ψυχῆς Κλεάνθης μὲν τὰ Ζήνωνος δόγματα παρατιθέμενος πρὸς σύγκρισιν τὴν πρὸς τοὺς ἄλλους φυσικούς φησιν, ὅτι Ζήνων τὴν ψυχὴν λέγει αἰσθητικὴν ἀναθυμίασιν, καθάπερ Ἡράκλειτος. βουλόμενος γὰρ ἐμφανίσαι, ὅτι αἱ ψυχαὶ ἀναθυμιώμεναι νοεραὶ ἀεὶ γίνονται, εἴκασεν αὐτὰς τοῖς ποταμοῖς λέγων οὕτως „ποταμοῖσι τοῖσιν αὐτοῖσιν ἐμβαίνουσιν ἕτερα καὶ ἕτερα ὕδατα ἐπιρρεῖ." καὶ „ψυχαὶ δὲ ἀπὸ τῶν ὑγρῶν ἀναθυμιῶνται." ἀναθυμίασιν μὲν οὖν ὁμοίως τῷ Ἡρακλείτῳ τὴν ψυχὴν ἀποφαίνει Ζήνων· αἰσθητικὴν δὲ αὐτὴν εἶναι διὰ τοῦτο λέγει etc. — Cf. Zeno n. 141.

520 Longinus ap. Euseb. praep. evang. XV 21, 3. Ζήνωνι μὲν γὰρ καὶ Κλεάνθει νεμεσήσειέ τις ἂν δικαίως οὕτω σφόδρα ὑβριστικῶς περὶ αὐτῆς (scil. ψυχῆς) διαλεχθεῖσι καὶ ταὐτὸν ἄμφω τοῦ στερεοῦ σώματος εἶναι τὴν ψυχὴν ἀναθυμίασιν φήσασι. — Theodoret. gr. aff. cur. V 27 p. 130, 2 Ra. ἄμφω γὰρ (Ζήνων καὶ Κλεάνθης) τοῦ στερεοῦ σώματος εἶναι τὴν ψυχὴν ἀναθυμίασιν.

521 Galenus de Hippocr. et Plat. plac. II 8 (V p. 283 K., p. 248 ed. Iu. Mueller). εἰ δέ γε ἔποιτο (scil. Διογένης ὁ Βαβυλώνιος) Κλε-

---

1 obnoxiam *Hicks,* obnoxium *libri.*   4 coaegrescit *Latinius,* cohaerescit *libri.*   5 socii *libri,* scilicet *Ursinus.*   6 communicatione *scripsi,* commutatione *libri.*   21 αἴσθησιν ἢ ἀναθυμίασιν libri, corr. Wellmann.   22 ἕτεραι ἀεὶ exspectat Diels, iure ni fallor.   24 Heracliti fr. 42 Byw.; de verbis ψυχαὶ —ἀναθυμιῶνται cf. Zeno fr. 141 adn.   31 αἵματος coni. Stein Psychol. d. Stoa I p. 107, quod propter στερεοῦ probabile non est.

ἄνθει καὶ Χρυσίππῳ καὶ Ζήνωνι τρέφεσθαι μὲν ἐξ αἵματος φήσαντι τὴν ψυχήν, οὐσίαν δ᾽ αὐτῆς ὑπάρχειν τὸ πνεῦμα etc.
522 Diogenes Laërt. VII 157. Κλεάνθης μὲν οὖν πάσας ἐπιδιαμένειν (scil. τὰς ψυχὰς) μέχρι τῆς ἐκπυρώσεως, Χρύσιππος δὲ τὰς τῶν σοφῶν μόνον.
523 Aëtius IV 5, 11 (DDG p. 392b 1). Πυθαγόρας, Ἀναξαγόρας, Πλάτων, Ξενοκράτης, Κλεάνθης θύραθεν εἰσκρίνεσθαι τὸν νοῦν. qui hoc de Cleanthe dixit, philosophum male intellexisse videtur.
524 Scholiasta ad. Nic. Ther. 447, p. 36, 12 Keil. κραντῆρες λέγονται οἱ ὕστερον ἀναβαίνοντες ὀδόντες παρὰ τὸ κραίνειν καὶ ἀποπληροῦν τὴν ἡλικίαν. νεωτέρων γὰρ ἤδη ἡμῶν γενομένων φύονται οἱ ὀδόντες οὗτοι. Κλεάνθης δὲ σωφρονιστῆρας αὐτοὺς καλεῖ. νῦν ἁπλῶς τοὺς ὀδόντας. σωφρονιστῆρες δὲ διὰ τὸ ἅμα τῷ ἀνιέναι αὐτοὺς καὶ τὸ σῶφρον τοῦ νοῦ λαμβάνειν ἡμᾶς.
525 Seneca Epist. 113, 18. *inter Cleanthem et discipulum eius Chrysippum non convenit quid sit ambulatio: Cleanthes ait spiritum esse a principali usque in pedes permissum; Chrysippus ipsum principale.*
526 Apollonius soph. lex. Homer. p. 114 ed Bekk. s. v. μῶλυ (κ 305) Κλεάνθης δὲ ὁ φιλόσοφος ἀλληγορικῶς φησι δηλοῦσθαι τὸν λόγον, δι᾽ οὗ μωλύονται αἱ ὁρμαὶ καὶ τὰ πάθη.

De Fato.
(Cf. n. 551. Vol. II p. 264.)

527 Epictet. Man. c. 53.

ἄγου δέ μ᾽, ὦ Ζεῦ, καὶ σύ γ᾽ ἡ πεπρωμένη,
ὅποι ποθ᾽ ὑμῖν εἰμὶ διατεταγμένος,
ὡς ἕψομαί γ᾽ ἄοκνος· ἢν δέ γε μὴ θέλω
κακὸς γενόμενος, οὐδὲν ἧττον ἕψομαι.

Vs. 1 affert Arrian. Epict. diss. II 23, 42 III 22, 95 IV 4, 34. Vs. 1. 2 idem IV 1, 131. Seneca Epist. 107, 10. *et sic adloquamur Iovem cuius gubernaculo moles ista dirigitur, quemadmodum Cleanthes noster versibus disertissimis adloquitur; quos mihi in nostrum sermonem mu-*

---

4 τὰς μέχρι τῆς P, τὰς μέχρι (om. τῆς) BL. 5 μόνων BP. 11 fortasse: τελεωτέρων. 20 μωλύονται scripsi, μωλύνονται vulgo. 24 γ᾽ neque in Dissertationum codice Saibantino neque in Enchiridii codicibus a prima manu scriptum est, sed aut σὺ ἡ aut σὺ καὶ ἡ; γε habent correctores et apogr. codicis S, habet Vettius Valens Anthol. astrol. VI 8 (in cod. Hamburg. „Math. Gr. III 40" saec. XVII f. 116v). 26 γε om. Vettius. 27 κακὸς γενόμενος αὐτὸ τοῦτο πείσομαι Vettius (De loco Vettii me certiorem fecit Usener, qui lectionem eius in vs. 4 praeferendam putat).

tare permittitur Ciceronis disertissimi viri exemplo. si placuerint, boni consules; si displicuerint, scies me in hoc secutum Ciceronis exemplum.

duc, o parens celsique dominator poli,
quocumque placuit; nulla parendi mora est.
adsum impiger. fac nolle, comitabor gemens,
malusque patiar, quod pati licuit bono.
ducunt volentem fata, nolentem trahunt.

De Natura Deorum.
(Vol. II p. 299.)

528 Cicero de nat. deor. II 13—15. *Cleanthes quidem noster quattuor de causis dixit in animis hominum informatas deorum esse notiones. primam posuit eam, de qua modo dixi, quae orta esset ex praesensione rerum futurarum; alteram, quam ceperimus ex magnitudine commodorum, quae percipiuntur caeli temperatione, fecunditate terrarum, aliarumque commoditatum complurium copia;* 14. *tertiam quae terreret animos fulminibus, tempestatibus, nimbis, nivibus, grandinibus, vastitate, pestilentia, terrae motibus et saepe fremitibus, lapideisque imbribus et guttis imbrium quasi cruentis, tum labibus aut repentinis terrarum hiatibus, tum praeter naturam hominum pecudumque portentis, tum facibus visis caelestibus, tum stellis iis, quas Graeci cometas, nostri cincinnatas vocant ... tum sole geminato ... quibus exterriti homines vim quandam esse caelestem et divinam suspicati sunt.* 15. *quartam causam esse, eamque vel maximam, aequabilitatem motus conversionum-⟨que⟩ caeli, solis, lunae, siderumque omnium distinctionem, varietatem, pulchritudinem, ordinem, quarum rerum aspectus ipse satis indicaret non esse ea fortuita.* — Cic. de nat. deor. III 16. *nam Cleanthes, ut dicebas, quattuor modis formatas in animis hominum putat deorum esse notiones. unus is modus est ... qui est susceptus ex praesensione rerum futurarum. alter ex perturbationibus tempestatum et reliquis motibus. tertius ex commoditate rerum quas percipimus et copia. quartus ex astrorum ordine caelique constantia.*

529 Sextus adv. math. IX 88. ὁ δὲ Κλεάνθης οὕτως συνηρώτα· εἰ φύσις φύσεώς ἐστι κρείττων, εἴη ἄν τις ἀρίστη φύσις· εἰ ψυχὴ ψυχῆς ἐστι κρείττων, εἴη ἄν τις ἀρίστη ψυχή· καὶ εἰ ζῷον τοίνυν κρεῖττόν ἐστι ζῴου, εἴη ἄν τι κράτιστον ζῷον. οὐ γὰρ εἰς ἄπειρον ἐκπίπτειν πέφυκε τὰ τοιαῦτα. ὥσπερ οὖν οὔτε ἡ φύσις ἐδύνατο ἐπ᾽

---

18 labibus *Gulielmius*, lapidibus *libri*. 23 conversionumque *Vahlen*, conversionem *cod.* 36 οὐδὲ libri, corr. Bekker.

ἄπειρον αὔξεσθαι κατὰ τὸ κρεῖττον οὔθ᾽ ἡ ψυχή, οὐδὲ τὸ ζῷον. (89) ἀλλὰ μὴν ζῷον ζῴου κρεῖττόν ἐστιν, ὡς ἵππος χελώνης, εἰ τύχοι, καὶ ταῦρος ὄνου καὶ λέων ταύρου· πάντων δὲ σχεδὸν τῶν ἐπιγείων ζῴων καὶ σωματικῇ καὶ ψυχικῇ διαθέσει προέχει τε καὶ κρατιστεύει
5 ὁ ἄνθρωπος. τοίνυν κράτιστον ἂν εἴη ζῷον καὶ ἄριστον. (90) καί⟨τοι⟩ οὐ πάνυ τι ὁ ἄνθρωπος κράτιστον εἶναι δύναται ζῷον, οἷον εὐθέως ὅτι διὰ κακίας πορεύεται τὸν πάντα χρόνον, εἰ δὲ μή γε, τὸν πλεῖστον (καὶ γὰρ εἴ ποτε περιγένοιτο ἀρετῆς, ὀψὲ καὶ πρὸς ταῖς τοῦ βίου δυσμαῖς περιγίγνεται), ἐπίκηρόν τ᾽ ἐστὶ καὶ ἀσθενὲς καὶ μυρίων
10 δεόμενον βοηθημάτων, καθάπερ τροφῆς καὶ σκεπασμάτων καὶ τῆς ἄλλης τοῦ σώματος ἐπιμελείας, πικροῦ τινος τυράννου τρόπον ἐφεστῶτος ἡμῖν καὶ τὸν πρὸς ἡμέραν δασμὸν ἀπαιτοῦντος, καὶ εἰ μὴ παρέχοιμεν ὥστε λούειν αὐτὸ καὶ ἀλείφειν καὶ περιβάλλειν καὶ τρέφειν, νόσους καὶ θάνατον ἀπειλοῦντος. ὥστε οὐ τέλειον ζῷον ὁ ἄνθρωπος,
15 ἀτελὲς δὲ καὶ πολὺ κεχωρισμένον τοῦ τελείου. (91) τὸ δὲ τέλειον καὶ ἄριστον κρεῖττον μὲν ἂν ὑπάρχοι ἀνθρώπου καὶ πάσαις ταῖς ἀρεταῖς συμπεπληρωμένον καὶ παντὸς κακοῦ ἀνεπίδεκτον· τοῦτο δὲ οὐ διοίσει θεοῦ. ἔστιν ἄρα θεός. — cf. Cic. de nat. deor. II 33—36.

530 Cicero de nat. deor. I 37. *Cleanthes autem, qui Zenonem*
20 *audivit una cum eo, quem proxime nominavi (scil. Aristone), tum ipsum mundum deum dicit esse,*

tum totius naturae menti atque animo tribuit hoc nomen,

tum ultimum et altissimum atque undique circumfusum et extremum omnia cingentem atque complexum ardorem, qui aether nominetur,
25 *certissimum deum iudicat;*

idemque quasi delirans in iis libris, quos scripsit contra voluptatem,

tum fingit formam quandam et speciem deorum,

tum divinitatem omnem tribuit astris,
30 *tum nihil ratione censet divinius.*

531 Philodemus περὶ εὐσεβ. c. 9 (DDG p. 544). λόγον ἡγούμ⟨ενον τῶν⟩ ἐν ⟨τ⟩ῷ κόσ⟨μῳ⟩.

Cicero de nat. deor. I 37. *tum nihil ratione censet esse divinius.*

Philodemi frustulum ad Cleanthem probabiliter refertur, cum
35 propter locum, quem inter fragmenta obtinet (p. 75 Gomp.) tum propter Ciceronis similitudinem; qui hunc locum libris κατὰ τῆς ἡδονῆς tribuit.

532 Aëtius I 7, 17 (DDG p. 302b 15). Διογένης καὶ Κλεάνθης καὶ Οἰνοπίδης ⟨τὸν θεὸν⟩ τὴν τοῦ κόσμου ψυχήν.

---

1 οὐδὲ necessario scribitur, οὔτε libri.   5 καί⟨τοι⟩ Wachsm.; καὶ libri; ἀλλὰ Bk.

Cicero de nat. deor. I 37. *tum totius naturae menti atque animo tribuit hoc nomen.* — Minucius Octav. XIX 10. *Theoprastus et Zeno et Chrysippus et Cleanthes sunt et ipsi multiformes, sed ad unitatem providentiae omnes revolvuntur. Cleanthes enim mentem, modo animum, modo aethera, plerumque rationem Deum disseruit.*

533 Tertullianus Apol. 21. *haec Cleanthes in spiritum congerit quem permeatorem universitatis affirmat.*

534 Cicero de nat. deor. I 37. *tum ultimum et altissimum atque undique circumfusum et extremum omnia cingentem atque complexum ardorem, qui aether nominetur, certissimum deum iudicat.* — Lactantius Inst. I 5. *Cleanthes et Anaximenes aethera dicunt esse summum Deum.*

535 Plutarchus de aud. poët. 11 p. 31 d. δεῖ δὲ μηδὲ τῶν ὀνομάτων ἀμελῶς ἀκούειν, ἀλλὰ τὴν μὲν Κλεάνθους παιδιὰν παραιτεῖσθαι. κατειρωνεύεται γὰρ ἔστιν ὅτε προσποιούμενος ἐξηγεῖσθαι τὸ (Γ 320)

        Ζεῦ πάτερ Ἴδηθεν μεδέων

καὶ τὸ (Π 233)

        Ζεῦ ἄνα Δωδωναῖε

κελεύων ἀναγιγνώσκειν ὑφ᾽ ἕν, ὡς τὸν ἐκ τῆς γῆς ἀναθυμιώμενον ἀέρα διὰ τὴν ἀνάδοσιν ἀναδωδωναῖον ὄντα.

Schol. BL Hom. Π 233

        Ζεῦ ἄνα Δωδωναῖε]

τινὲς δὲ ἀναδωδωναῖε ὑφ᾽ ἕν παρὰ τὴν ἀνάδοσιν τῶν ἀγαθῶν.

536 Plutarchus de comm. not. 31 p. 1066 a. ἀλλὰ Χρύσιππος καὶ Κλεάνθης ἐμπεπληκότες, ὡς ἔπος εἰπεῖν, τῷ λόγῳ θεῶν τὸν οὐρανόν, τὴν γῆν, τὸν ἀέρα, τὴν θάλατταν, οὐδένα τῶν τοσούτων ἄφθαρτον οὐδ᾽ ἀΐδιον ἀπολελοίπασι, πλὴν μόνου τοῦ Διός, εἰς ὂν πάντας καταναλίσκουσι τοὺς ἄλλους ... ταῦτα δὲ οὐ ... τοῖς δόγμασιν ἕπεται, ἀλλ᾽ αὐτοὶ μέγα βοῶντες ἐν τοῖς περὶ θεῶν καὶ προνοίας εἱμαρμένης τε καὶ φύσεως γράμμασι διαρρήδην λέγουσι, τοὺς ἄλλους θεοὺς ἅπαντας εἶναι γεγονότας καὶ φθαρησομένους ὑπὸ πυρός, τηκτοὺς κατ᾽ αὐτοὺς ὥσπερ κηρίνους ἢ καττιτερίνους ὄντας.

537 Stobaeus Ecl. I 1, 12 p. 25, 3. Κλεάνθους.

    Κύδιστ᾽ ἀθανάτων, πολυώνυμε, παγκρατὲς αἰεί,
    Ζεῦ, φύσεως ἀρχηγέ, νόμου μέτα πάντα κυβερνῶν,
    χαῖρε· σὲ γὰρ πάντεσσι θέμις θνητοῖσι προσαυδᾶν.
    ἐκ σοῦ γὰρ γένος εἴσ᾽ ἤχου μίμημα λαχόντες

---

6 antecedunt verba in Zenonis frg. n. 160 posita.   35 Ζεὺς F, corr. Brunck.   36 πᾶσι F, corr. Scaliger.   37 εἴσ᾽ scripsi, ut metrum sanarem; ἐσμέν F, quod ex Arati versu: τοῦ γὰρ καὶ γένος εἰμέν facile potuit irrepere. ἤχου μίμημα multis illud coniecturis temptatum recte dici puto de musica vel

μοῦνοι, ὅσα ζώει τε καὶ ἕρπει θνήτ' ἐπὶ γαῖαν·
τῷ σε καθυμνήσω καὶ σὸν κράτος αἰὲν ἀείσω.
σοὶ δὴ πᾶς ὅδε κόσμος, ἑλισσόμενος περὶ γαῖαν,
πείθεται, ᾗ κεν ἄγῃς, καὶ ἑκὼν ὑπὸ σεῖο κρατεῖται·
5 τοῖον ἔχεις ὑποεργὸν ἀνικήτοις ὑπὸ χερσὶν
ἀμφήκη, πυρόεντα, ἀειζώοντα κεραυνόν·
τοῦ γὰρ ὑπὸ πληγῆς φύσεως πάντ' ἔργα ⟨τελεῖται⟩·
ᾧ σὺ κατευθύνεις κοινὸν λόγον, ὃς διὰ πάντων
φοιτᾷ, μιγνύμενος μεγάλοις μικροῖς τε φάεσσι·
10 ᾧ σὺ τόσος γεγαὼς ὕπατος βασιλεὺς διὰ παντός.
οὐδέ τι γίγνεται ἔργον ἐπὶ χθονὶ σοῦ δίχα, δαῖμον,
οὔτε κατ' αἰθέριον θεῖον πόλον οὔτ' ἐνὶ πόντῳ,
πλὴν ὁπόσα ῥέζουσι κακοὶ σφετέραισιν ἀνοίαις·
ἀλλὰ σὺ καὶ τὰ περισσὰ ἐπίστασαι ἄρτια θεῖναι,
15 καὶ κοσμεῖν τἄκοσμα καὶ οὐ φίλα σοὶ φίλα ἐστίν.
ὧδε γὰρ εἰς ἓν πάντα συνήρμοκας ἐσθλὰ κακοῖσιν,
ὥσθ' ἕνα γίγνεσθαι πάντων λόγον αἰὲν ἐόντα,
ὃν φεύγοντες ἐῶσιν ὅσοι θνητῶν κακοί εἰσι,
δύσμοροι, οἵ τ' ἀγαθῶν μὲν ἀεὶ κτῆσιν ποθέοντες
20 οὔτ' ἐσορῶσι θεοῦ κοινὸν νόμον, οὔτε κλύουσιν,
ᾧ κεν πειθόμενοι σὺν νῷ βίον ἐσθλὸν ἔχοιεν.
αὐτοὶ δ' αὖθ' ὁρμῶσιν ἄνοι κακὸν ἄλλος ἐπ' ἄλλο,
οἱ μὲν ὑπὲρ δόξης σπουδὴν δυσέριστον ἔχοντες,
οἱ δ' ἐπὶ κερδοσύνας τετραμμένοι οὐδενὶ κόσμῳ,
25 ἄλλοι δ' εἰς ἄνεσιν καὶ σώματος ἡδέα ἔργα.
⟨ἀλλὰ κακοῖς ἐπέκυρσαν⟩, ἐπ' ἄλλοτε δ' ἄλλα φέρονται
σπεύδοντες μάλα πάμπαν ἐναντία τῶνδε γενέσθαι.
ἀλλὰ Ζεῦ πάνδωρε, κελαινεφές, ἀργικέραυνε,
ἀνθρώπους ⟨μὲν⟩ ῥύου ἀπειροσύνης ἀπὸ λυγρῆς,
30 ἣν σύ, πάτερ, σκέδασον ψυχῆς ἄπο, δὸς δὲ κυρῆσαι

---

cantu, qui sonis aliquid imitatur; eo refertur τῷ v. 6. 2 ἀίδω F, ἀείσω vulgo. 3 δὲ F, corr. Scaliger. 4 σοῖο F, corr. Ursinus. 5 ἐνὶ χερσὶν Brunck. 7 ἔργα ⟨τελεῖται⟩ scripsi, ἔρηγα F, unde Ursinus scripsit ἐρρίγασιν; sed πάντα substantivum desiderat. Cum de fulmine loquitur Cleanthes, de toto igni divino cogitat. 8 λόγον κοινὸν F, corr. Ursinus. 9 μεγάλων μικροῖσι F, corr. Brunck. 10 ᾧ σὺ τόσος scripsi, ὡς τόσσος F; damnat versum 14 Pearson, ante eum lacunam statuit Wachsm. 12 ἐνὶ Brunck, ἐπὶ F. 14 περισσά ⟨τ'⟩ Sauppe. 15 τἄκοσμα Sauppe, τὰ ἄκοσμα F. 16 ἅπαντα Brunck. 17 λόγων F, corr. Ursinus. ǁ ἐόντων F, corr. Brunck. 21 οἵ F, corr. Ursinus. 22 ἄνοι Wachsm. (ut oppositum sit verbis σὺν νῷ v. 25), ἄνευ F. ǁ κακοῦ F, corr. Sauppe. ǁ ἄλλα F, corr. Sauppe. 26 ⟨ἀλλὰ κακοῖς ἐπέκυρσαν⟩ exempli causa lacunam supplevi. ǁ φέροντες F, corr. Meineke. 28 ἀρχικέραυνε F, corr. Meineke. 29 μὲν add. Scaliger, εἰρύσσαι maluit Petersen.

γνώμης, ἧ πίσυνος σὺ δίκης μέτα πάντα κυβερνᾷς,
ὄφρ᾽ ἂν τιμηθέντες ἀμειβώμεσθά σε τιμῇ,
ὑμνοῦντες τὰ σὰ ἔργα διηνεκές, ὡς ἐπέοικε
θνητὸν ἐόντ᾽, ἐπεὶ οὔτε βροτοῖς γέρας ἄλλο τι μεῖζον,
οὔτε θεοῖς, ἢ κοινὸν ἀεὶ νόμον ἐν δίκῃ ὑμνεῖν.

538 Epiphanius adv. Haeres. III 2, 9 (III 37) DDG p. 592, 30.
Κλεάνθης τὸ ἀγαθὸν καὶ καλὸν λέγει εἶναι τὰς ἡδονάς, καὶ ἄνθρωπον ἐκάλει μόνην τὴν ψυχήν, καὶ τοὺς θεοὺς μυστικὰ σχήματα ἔλεγεν εἶναι καὶ κλήσεις ἱεράς, καὶ δᾳδοῦχον ἔφασκεν εἶναι τὸν ἥλιον, καὶ τὸν κόσμον μυστήριον καὶ τοὺς κατόχους τῶν θείων τελεστὰς ἔλεγε.

539 Philodemus περὶ εὐσεβ. cp. 13 (DDG p. 547b). ἐν δὲ τῷ δευτέ(ρῳ) (scil. περὶ θεῶν Χρύσιππος) τά τ(ε) εἰς Ὀρφέα (καὶ Μ)ουσαῖον ἀναφε(ρόμ)ε(ν)α καὶ (τ)ὰ παρ᾽ (Ὁ)μήρῳ καὶ Ἡσιόδ(ῳ) καὶ Εὐρι(π)ίδῃ καὶ ποιηταῖς ἄλλοις, (ὥ)ς κα(ὶ) Κλεάνθης, (π)ειρᾶτα(ι συν)οικειοῦ(ν) ταῖς δόξαις αὐτῶ(ν).

540 Macrobius Sat. I 17, 8. *Cleanthes (Apollinem) ὡς ἀπ᾽ ἄλλων καὶ ἄλλων τόπων τὰς ἀνατολὰς ποιούμενον, quod ab aliis atque aliis locorum declinationibus faciat ortus.*

541 Macrobius Sat. I 17, 36. *Cleanthes Lycium Apollinem appellatum notat quod, veluti lupi pecora rapiunt, ita ipse quoque humorem eripit radiis.*

542 Macrobius Sat. I 17, 31. *Λοξίας cognominatur, ut ait Oenopides, ὅτι ἐκπορεύεται τὸν λοξὸν κύκλον ἀπὸ δυσμῶν ἐπ᾽ ἀνατολὰς κινούμενος, id est quod obliquum circulum ab occasu ad orientem pergit: aut, ut Cleanthes scribit, ἐπειδὴ καθ᾽ ἕλικας κινεῖται, λοξαὶ γάρ εἰσι καὶ αὗται, quod flectuosum iter pergit.*

Cf. Achilles Tat. Isag. 169 A. ὁ ζῳδιακὸς καὶ λοξίας ὑπό τινων καλεῖται, ἐπειδὴ ἥλιος τὰς ὁδοὺς ἐν αὐτῷ πορεύεται λοξός. ἐν δὲ τῷ ἡλίῳ ὁ Ἀπόλλων, ὃς καλεῖται Λοξίας ὑπὸ τῶν ποιητῶν, εἶναι πιστεύεται. — Cornutus c. 32: λοξῶν δὲ καὶ περισκελῶν ὄντων τῶν χρησμῶν οὓς δίδωσι, Λοξίας ὠνόμασται· ἢ ἀπὸ τῆς λοξότητος τῆς πορείας ἣν ποιεῖται διὰ τοῦ ζῳδιακοῦ κύκλου.

543 Photius s. v. λέσχαι. Κλεάνθης δέ φησιν ἀπονενεμῆσθαι τῷ Ἀπόλλωνι τὰς λέσχας, ἐξέδραις δὲ ὁμοίας γίνεσθαι, καὶ αὐτὸν δὲ τὸν Ἀπόλλω παρ᾽ ἐνίοις Λεσχηνόριον ἐπικαλεῖσθαι. — Eadem Suidas s. v. λέσχαι. — Harpocration s. v. in libro περὶ θεῶν haec tradita esse testatur. — Causam cognominis accuratius explicat Cornutus c. 32.

---

2 ἀμειβώμεθα F. 4 οὔτε Cudworth, οὗτοι F. ∥ ἄλλοτε F, corr. Brunck.
10 μυστήριον Diels in adn., μύστας vulgo. ∥ τελεστὰς A. Jahn, τελετὰς vulgo.
Cf. Dio Prus. XII § 34. Plut. de tranq. an. 20 p. 477c d.   12 Cf. Vol. II p. 316 n. 1078.

καὶ λεσχηνόριον δ᾽ αὐτὸν (Ἀπόλλωνα) προσηγόρευσαν διὰ τὸ τὰς ἡμέρας ταῖς λέσχαις καὶ τῷ ὁμιλεῖν ἀλλήλοις συνέχεσθαι τοὺς ἀνθρώπους, τὰς δὲ νύκτας καθ᾽ ἑαυτοὺς ἀναπαύεσθαι. — Cf. Plut. de Ei apud Delphos cp. 2.

544 Schol. in Hom. Il. Γ 64. Κλεάνθης δὲ ἐν Λέσβῳ οὕτω τιμᾶσθαι χρυσῆν Ἀφροδίτην.

545 [Athenaeus XIII 572f. πόρνης δὲ Ἀφροδίτης ἱερόν ἐστι παρὰ Ἀβυδηνοῖς, ὥς φησι Πάμφιλος· κατεχομένης γὰρ τῆς πόλεως δουλείᾳ τοὺς φρουροὺς τοὺς ἐν αὐτῇ ποτε θύσαντας, ὡς ἱστορεῖ Κλεάνθης ἐν τοῖς Μυθικοῖς, καὶ μεθυσθέντας ἑταίρας πλείονας προσλαβεῖν· ὧν μίαν, κατακοιμηθέντας αὐτοὺς ἰδοῦσαν, ἀνελομένην τὰς κλεῖς καὶ τὸ τεῖχος ὑπερβᾶσαν, ἀπαγγεῖλαι τοῖς Ἀβυδηνοῖς. τοὺς δ᾽ αὐτίκα μεθ᾽ ὅπλων ἀφικομένους, ἀνελεῖν μὲν τοὺς φύλακας, κρατήσαντας δὲ τῶν τειχῶν καὶ γενομένους ἐγκρατεῖς τῆς ἐλευθερίας χαριστήρια τῇ πόρνῃ ἀποδιδόντας Ἀφροδίτης Πόρνης ναὸν ἱδρύσασθαι.]

[*A Cleanthe Stoico haec aliena sunt. Νεάνθης scripsit pro Κλεάνθης, Cyzicenum intellegens, Mueller Frg. Hist. Gr. II p. 5. 9. 11. Eum secuti sunt Kaibelius in editione Athenaei et Zeller.*]

546 Macrobius Sat. I 18, 14. *unde Cleanthes ita cognominatum scribit (Dionysum)* ἀπὸ τοῦ διανύσαι, *quia cotidiano impetu ab oriente ad occasum diem noctemque faciendo caeli conficit cursum.*

547 Plutarchus de Is. et Osir. 66 p. 377d. Φερσεφόνην δὲ φησί που Κλεάνθης τὸ διὰ τῶν καρπῶν φερόμενον καὶ φονευόμενον πνεῦμα.

De Providentia et Divinatione.
(Vol. II p. 322 et 342.)

548 Philo de provid. II 74 p. 94 Aucher: *Numerus autem planetarum prodest universo; verum hominum est otio praeditorum dinumerare singulorum utilitatem. Haec autem nota sunt non solum ratione, verum etiam sensu, ita movente providentia, quae, ut dicit* Chrysippus *et* Cleanthes, *nihil praetermisit pertinentium ad certiorem utilioremque dispensationem. quod si aliter melius esset dispensari res mundi, eo modo sumpsisset compositionem, qua tenus nihil occurreret ad impediendum deum.*

549 Schol. in Hom. Od. α 52 (Cramer Anecd. Oxon. III 416). ὀλοόφρονος] Κλεάνθης δασύνει· τοῦ περὶ τῶν ὅλων φρονοῦντος. — Eustath. in Hom. p. 1389, 55. τὸν Ἄτλαντα ... οἱ μὲν ἀλληγοροῦσιν

---

3 Cornutum fuisse Cleanthis inprimis studiosum testatur Pers. Sat. 5, 63 (Pearson).

εἰς τὴν ἀκάματον καὶ ἀκοπίατον πρόνοιαν, τὴν πάντων αἰτίαν, καὶ ὁλοόφρονα τὸν τοιοῦτον Ἄτλαντα νοοῦσιν, ὡς τὸν ὑπὲρ ὅλων φρονοῦντα ἤγουν τῶν ὅλων φροντιστικόν. διὸ καὶ ὁ Κλεάνθης, ὥς φασιν, ἐδάσυνε τὸ ὁ τῆς ἀρχούσης. — Cornutus c. 26. ὁλοόφρονα δ' αὐτὸν (Ἄτλαντα) εἰρῆσθαι διὰ τὸ περὶ τῶν ὅλων φροντίζειν καὶ προνοεῖσθαι τῆς πάντων αὐτοῦ τῶν μερῶν σωτηρίας.

550 Cicero de divin. I 6. *Sed cum Stoici omnia fere illa defenderent, quod et Zeno in suis commentariis quasi semina quaedam sparsisset et ea Cleanthes paulo uberiora fecisset etc.*

551 Chalcidius in Tim. c. 144. *ex quo fieri ut, quae secundum fatum sunt, etiam ex providentia sint, eodemque modo quae secundum providentiam, ex fato, ut Chrysippus putat. alii vero quae quidem ex providentiae auctoritate, fataliter quoque provenire, nec tamen quae fataliter, ex providentia, ut Cleanthes.*

C. Fragmenta moralia.

De Fine Bonorum.
(Vol. III p. 3 sq.)

552 Stobaeus Ecl. II 7, 6 a, p. 76, 3. Κλεάνθης ... οὕτως ἀπέδωκε· τέλος ἐστὶ τὸ ὁμολογουμένως τῇ φύσει ζῆν. — Cf. Diog. Laërt. VII 87. ὁ Ζήνων — τέλος εἶπε τὸ ὁμολογουμένως τῇ φύσει ζῆν· ὅπερ ἐστὶ κατ' ἀρετὴν ζῆν· ἄγει γὰρ πρὸς ταύτην ἡμᾶς ἡ φύσις· ὁμοίως δὲ καὶ Κλεάνθης ἐν τῷ περὶ ἡδονῆς. — Clemens Alex. Strom. II 21, 129 p. 497 P. Κλεάνθης δὲ (scil. τέλος ἡγεῖται) τὸ ὁμολογουμένως τῇ φύσει ζῆν * ἐν τῷ εὐλογιστεῖν, ὃ ἐν τῇ τῶν κατὰ φύσιν ἐκλογῇ κεῖσθαι διελάμβανεν.

553 Cicero de fin. II 69. *pudebit te illius tabulae, quam Cleanthes sane commode verbis depingere solebat. iubebat eos, qui audiebant, secum ipsos cogitare pictam in tabula Voluptatem, pulcherrimo vestitu et ornatu regali in solio sedentem; praesto esse Virtutes ut ancillulas, quae nihil aliud agerent, nullum suum officium ducerent, nisi ut Voluptati ministrarent et eam tantum ad aurem admonerent, si modo id pictura intellegi posset, ut caveret, ne quid faceret imprudens, quod offenderet animos hominum, aut quicquam, e quo oreretur aliquis dolor. „nos quidem Virtutes sic natae sumus, ut tibi serviremus; aliud negotii nihil habemus."*

Cf. Aug. de civit. dei V 20. *solent philosophi, qui finem boni humani in ipsa virtute constituunt, ad ingerendum pudorem quibusdam*

---

7 illa] scil. divinationis genera.   24 verba ἐν τῷ—διελάμβανεν nihil ad Cleanthem pertinent. Cf. Diog. Babyl. fr. 44—46 Vol. III p. 219.

philosophis, qui virtutes quidem probant, sed eas voluptatis corporalis fine metiuntur et illam per se ipsam putant adpetendam, istas propter ipsam, tabulam quandam verbis pingere, ubi voluptas in sella regali quasi delicata quaedam regina considat, eique virtutes famulae subician-
5 *tur, observantes eius nutum, ut faciant quod illa imperaverit; quae prudentiae iubeat, ut vigilanter inquirat, quo modo voluptas regnet et salva sit; iustitiae iubeat, ut praestet beneficia, quae potest, ad comparandas amicitias corporalibus commodis necessarias, ⟨et⟩ nulli faciat iniuriam, ne offensis legibus voluptas vivere secura non possit; fortitudini iubeat,*
10 *ut si dolor corpori acciderit, qui non compellat in mortem, teneat dominam suam, id est voluptatem, fortiter in animi cogitatione, ut per pristinarum deliciarum suarum recordationem mitiget praesentis doloris aculeos; temperantiae iubeat, ut tantum capiat alimentorum et si qua delectant, ne per immoderationem noxium aliquid valetudinem turbet et*
15 *voluptas, quam etiam in corporis sanitate Epicurei maximam ponunt, graviter offendatur. ita virtutes cum tota suae gloria dignitatis tanquam imperiosae cuidam et inhonestae mulierculae servient voluptati; nihil hac pictura dicunt esse ignominiosius et deformius et quod minus ferre bonorum possit aspectus; et verum dicunt.*

20 **554** Stobaeus Ecl. II 7, 6e, p. 77, 21 W. εὐδαιμονία δ' ἐστὶν εὔροια βίου. κέχρηται δὲ καὶ Κλεάνθης τῷ ὅρῳ τούτῳ ἐν τοῖς ἑαυτοῦ συγγράμμασι καὶ ὁ Χρύσιππος καὶ οἱ ἀπὸ τούτων πάντες, τὴν εὐδαιμονίαν εἶναι λέγοντες οὐχ ἑτέραν τοῦ εὐδαίμονος βίου, καίτοι γε λέγοντες τὴν μὲν εὐδαιμονίαν σκοπὸν ἐκκεῖσθαι, τέλος δ' εἶναι τὸ τυχεῖν
25 τῆς εὐδαιμονίας, ὅπερ ταὐτὸν εἶναι τῷ εὐδαιμονεῖν. — Sextus adv. math. XI 30. εὐδαιμονία δέ ἐστιν, ὡς οἱ περὶ τὸν Κλεάνθην, εὔροια βίου.

555 Diogenes Laërt. VII 89. φύσιν δὲ Χρύσιππος μὲν ἐξακούει, ᾗ ἀκολούθως δεῖ ζῆν, τήν τε κοινὴν καὶ ἰδίως τὴν ἀνθρωπίνην· ὁ δὲ
30 Κλεάνθης τὴν κοινὴν μόνην ἐκδέχεται φύσιν, ᾗ ἀκολουθεῖν δεῖ, οὐκέτι δὲ καὶ τὴν ἐπὶ μέρους.

556 Stobaeus Floril. 6, 66 Vol. I p. 304 Hense, 6, 37 Mein. Κλεάνθης ἔλεγεν, εἰ τέλος ἐστὶν ἡ ἡδονή, πρὸς κακοῦ τοῖς ἀνθρώποις τὴν φρόνησιν δεδόσθαι.

De Bono et Honesto.

35 **557** Clemens Alex. Protrept. VI 72 p. 61 P. Κλεάνθης δὲ ὁ Ἀσσεύς, ὁ ἀπὸ τῆς Στοᾶς φιλόσοφος, ὃς οὐ θεογονίαν ποιητικήν,

---

8 et *inserui*. 20 nihil in hoc loco ad Cleanthem referri potest praeter ipsam definitionem beatitudinis. 31 ad ea, quae porro secuntur ap. Diog., Cleanthis nomen non pertinere certum est. 34 δίδοσθαι libri, corr. Meineke.

θεολογίαν δὲ ἀληθινὴν ἐνδείκνυται, οὐκ ἀπεκρύψατο τοῦ θεοῦ πέρι
ὅτι περ εἶχεν φρονῶν·
  τἀγαθὸν ἐρωτᾷς μ᾽ οἷον ἔστ᾽; ἄκουε δή·
  τεταγμένον, δίκαιον, ὅσιον, εὐσεβές,
  κρατοῦν ἑαυτοῦ, χρήσιμον, καλόν, δέον,
  αὐστηρόν, αὐθέκαστον, αἰεὶ συμφέρον,
  ἄφοβον, ἄλυπον, λυσιτελές, ἀνώδυνον,
  ὠφέλιμον, εὐάρεστον, ἀσφαλές, φίλον,
  ἔντιμον, ⟨εὐχάριστον⟩, ὁμολογούμενον,
  εὐκλεές, ἄτυφον, ἐπιμελές, πρᾷον, σφοδρόν,
  χρονιζόμενον, ἄμεμπτον, αἰεὶ διαμένον.

Idem Strom. V 14, 110 p. 715 P. Κλεάνθους τε τοῦ Στωϊκοῦ ἔν τινι ποιήματι περὶ τοῦ θεοῦ ταῦτα γεγραφότος ἄκουε· (secuntur idem versus, sed omittuntur in codice verba ἀσφαλές, φίλον, ἔντιμον, ut ὁμολογούμενον sequatur illud εὐάρεστον). Hunc locum exscribit Euseb. praep. evang. XIII 13 p. 679, versus 6, 7 eadem forma praebet, qua locus Protreptici, unde colligitur ipsum Clementem Strom. V eandem versuum formam exhibuisse quam in Protreptico, verba ἀσφαλὲς — ἔντιμον omisisse librarium.

558 Clemens Alex. Strom. II 22, 131 p. 499 P. διὸ καὶ Κλεάνθης ἐν τῷ δευτέρῳ περὶ ἡδονῆς τὸν Σωκράτην φησὶ παρ᾽ ἕκαστα διδάσκειν, ὡς ὁ αὐτὸς δίκαιός τε καὶ εὐδαίμων ἀνήρ, καὶ τῷ πρώτῳ διελόντι τὸ δίκαιον ἀπὸ τοῦ συμφέροντος καταρᾶσθαι, ὡς ἀσεβές τι πρᾶγμα δεδρακότι· ἀσεβεῖς γὰρ τῷ ὄντι οἱ τὸ συμφέρον ἀπὸ τοῦ δικαίου τοῦ κατὰ νόμον χωρίζοντες.

Cf. Cicero de off. III 11. *itaque accepimus Socratem exsecrari solitum eos, qui primum haec natura cohaerentia opinione distraxissent. cui quidem ita sunt Stoici assensi, ut et quidquid honestum esset, id utile esse censerent, nec utile quicquam, quod non honestum.* — id. de leg. I 33. *recte Socrates exsecrari eum solebat, qui primus utilitatem a iure seiunxisset: id enim querebatur caput esse exitiorum omnium.*

De Indifferentibus.
(Vol. III p. 28.)

559 Clemens Alex. Strom. V 3, 17 p. 655 P. καὶ ἡ Κλεάνθους δὲ τοῦ Στωικοῦ φιλοσόφου ποιητικὴ ὡδέ πως τὰ ὅμοια γράφει
  μὴ πρὸς δόξαν ὅρα, ἐθέλων σοφὸς αἶψα γενέσθαι,
  μηδὲ φοβοῦ πολλῶν ἄκριτον καὶ ἀναιδέα βάξιν·

1 errat Clemens, cum ad deum refert, quae de honesto dicuntur.   9 εὐχάριστον supplevi.   31 a iure *C. F. W. Mueller*, naturae *libri*.   37 βάξιν Meineke, δόξαν cod., quod neque potuit mutata significatione repeti (vs. 1) ne-

οὐ γὰρ πλῆθος ἔχει συνετὴν κρίσιν, οὔτε δικαίαν
οὔτε καλήν, ὀλίγοις δὲ παρ᾽ ἀνδράσι τοῦτό κεν εὕροις.

560 Clemens Alex. Strom. V 14,110 p. 715 P. ὁ δὲ αὐτὸς (Κλεάνθης) κατὰ τὸ σιωπώμενον τὴν τῶν πολλῶν διαβάλλων εἰδωλολατρίαν ἐπιφέρει·

ἀνελεύθερος πᾶς ὅστις εἰς δόξαν βλέπει,
ὡς δὴ παρ᾽ ἐκείνης τευξόμενος καλοῦ τινος.

idem Protrept. VI 72 p. 61 P. hos versus adiungit versibus de bono fr. 557, a quibus alieni sunt.

561 Mantiss. proverb. (in paroemiogr. Gr. vol. II p. 757) cent. I 85.

κακῶς ἀκούειν κρεῖσσον ἢ λέγειν κακῶς.

Κλεάνθους. — „Inter ecclesiasticorum scriptorum sententias hic trimeter laudatur ab Antonio Meliss. I 53 et a Maximo 10, vid. Gregor. Nazianz. carm. p. 157d." (Wachsm. Comm. II p. 8).

562 Plutarchus de Aud. Poet. c. 12 p. 33c. ὅθεν οὐδ᾽ αἱ παραδιορθώσεις φαύλως ἔχουσιν, αἷς καὶ Κλεάνθης ἐχρήσατο καὶ Ἀντισθένης· ὁ μέν κ. τ. λ. ... ὁ δὲ Κλεάνθης περὶ τοῦ πλούτου (Eur. El. 428)

φίλοις τε δοῦναι σῶμά τ᾽ εἰς νόσους πεσὸν
δαπάναισι σῶσαι,

μεταγράφων οὕτω·

πόρναις τε δοῦναι σῶμά τ᾽ εἰς νόσους πεσὸν
δαπάναις ἐπιτρῖψαι.

Dio Chrysost. or. VII § 103 (Vol. I p. 208, 9 Arn.). ἐπεὶ καὶ αὐτοῖς τούτοις τοῖς ἔπεσιν (scil. Eur. El. 428) ἀντείρηκε τῶν πάνυ φιλοσόφων τις, ὃν οὐδείς, ἐμοὶ δοκεῖν, φαίη ἄν ποτε φιλονικοῦντα τούτοις τε ἀντειρηκέναι καὶ τοῖς ὑπὸ Σοφοκλέους εἰς τὸν πλοῦτον εἰρημένοις, ἐκείνοις μὲν ἐπ᾽ ὀλίγον, τοῖς δὲ τοῦ Σοφοκλέους ἐπὶ πλέον, οὐ μήν, ὥσπερ νῦν ἡμεῖς, διὰ μακρῶν, ἅτε οὐ παραχρῆμα κατὰ πολλὴν ἐξουσίαν διεξιών, ἀλλ᾽ ἐν βίβλοις γράφων.

De Virtute.
(Vol. III p. 48.)

563 Plutarchus de Sto. Rep. cp. 7 p. 1034d. ὁ δὲ Κλεάνθης ἐν ὑπομνήμασι φυσικοῖς εἰπὼν ὅτι „πληγὴ πυρὸς ὁ τόνος ἐστί, κἂν ἱκανὸς ἐν τῇ ψυχῇ γένηται πρὸς τὸ ἐπιτελεῖν τὰ ἐπιβάλλοντα, ἰσχὺς καλεῖται καὶ κράτος," ἐπιφέρει κατὰ λέξιν, „ἡ δ᾽ ἰσχὺς αὕτη καὶ τὸ κράτος, ὅταν μὲν ἐν τοῖς φανεῖσιν ἐμμενετέοις ἐγγένηται, ἐγκρά-

---

que cum ἀναιδέα coniungi, quia ἀναίδεια non nisi in factis dictisve conspicitur.   36 ἐν scripsi, ἐπὶ vulgo. ‖ φανεῖσιν Hirzel, ἐπιφανέσιν libri. Cf. Zenonis fr. n. 200.

τειά ἐστιν· ὅταν δ' ἐν τοῖς ὑπομενετέοις, ἀνδρεία· περὶ τὰς ἀξίας δὲ δικαιοσύνη· περὶ τὰς αἱρέσεις καὶ ἐκκλίσεις σωφροσύνη."
Cf. Stobaeus Ecl. II 7, 5 b4, p. 62, 24 W. καὶ ὁμοίως ὥσπερ ἰσχὺς τοῦ σώματος τόνος ἐστὶν ἱκανὸς ἐν νεύροις, οὕτω καὶ ἡ τῆς ψυχῆς· ἰσχὺς τόνος ἐστὶν ἱκανὸς ἐν τῷ κρίνειν καὶ πράττειν ἢ μή.

564 Themistius Or. II 27 C. εἰ δὲ αὖ φήσειέ τις κολακείαν εἶναι τῷ Πυθίῳ παραβάλλειν τὸν βασιλέα, Χρύσιππος μὲν ὑμῖν καὶ Κλεάνθης οὐ συγχωρήσει καὶ ὅλον ἔθνος φιλοσοφίας [ἢ] ὁ ἐκ τῆς ποικίλης χορός, οἱ φάσκοντες εἶναι τὴν αὐτὴν ἀρετὴν καὶ ἀλήθειαν ἀνδρὸς καὶ θεοῦ.
Cf. Proclus in Plat. Tim. II 106 f. οἱ δὲ ἀπὸ τῆς Στοᾶς καὶ τὴν αὐτὴν ἀρετὴν εἶναι θεῶν καὶ ἀνθρώπων εἰρήκασιν. — Cic. de leg. I 25. *iam vero virtus eadem in homine ac deo est neque alio ullo ingenio praeterea.*

565 Diogenes Laërt. VII 92. πλείονας (εἶναι ἀρετὰς ἢ τέτταρας) οἱ περὶ Κλεάνθην καὶ Χρύσιππον καὶ Ἀντίπατρον.

566 Stobaeus ecl. II 65, 7 W. ἀρετῆς δὲ καὶ κακίας οὐδὲν εἶναι μεταξύ. πάντας γὰρ ἀνθρώπους ἀφορμὰς ἔχειν ἐκ φύσεως πρὸς ἀρετήν, καὶ οἱονεὶ τὸν τῶν ἡμιαμβείων λόγον ἔχειν, κατὰ Κλεάνθην· ὅθεν ἀτελεῖς μὲν ὄντας εἶναι φαύλους, τελειωθέντας δὲ σπουδαίους.

567 Diogenes Laërt. VII 91. διδακτήν τε εἶναι αὐτὴν (λέγω δὲ τὴν ἀρετὴν) καὶ Χρύσιππος ἐν τῷ πρώτῳ περὶ τέλους φησὶ καὶ Κλεάνθης, καὶ Ποσειδώνιος ἐν τοῖς προτρεπτικοῖς.

568 Diogenes Laërt. VII 127. καὶ μὴν τὴν ἀρετὴν Χρύσιππος μὲν ἀποβλητήν, Κλεάνθης δὲ ἀναπόβλητον, ὁ μὲν ἀποβλητὴν διὰ μέθην καὶ μελαγχολίαν, ὁ δὲ ἀναπόβλητον διὰ βεβαίους καταλήψεις.

569 Diogenes Laërt. VII 128. ἀρέσκει δὲ αὐτοῖς καὶ διὰ παντὸς χρῆσθαι τῇ ἀρετῇ, ὡς οἱ περὶ Κλεάνθην φασίν. ἀναπόβλητος γάρ ἐστι· καὶ πάντοτε τῇ ψυχῇ χρῆται οὔσῃ τελείᾳ ὁ σπουδαῖος.

De Affectibus.
(Vol. III p. 92.)

570 Galenus de Hipp. et Plat. plac. V 6 (Vol. V p. 476 K., p. 456 Iu. Mueller.). τὴν μὲν οὖν τοῦ Κλεάνθους γνώμην ὑπὲρ τοῦ παθητικοῦ τῆς ψυχῆς ἐκ τῶνδε φαίνεσθαί φησι τῶν ἐπῶν.
Λογισμός. τί ποτ' ἔσθ' ὃ βούλει, θυμέ; τοῦτό μοι φράσον.
Θυμός. ⟨σ⟩έ γ', ὦ λογισμέ, πᾶν ὃ βούλομαι ποιεῖν.

---

8 ἢ seclusi. 19 τὸν Zeller, τὸ libri. || ἡμιαμβειαίων libri, corr. Wachsm. 22 Cf. III n. 223. 26 μελανχυλίαν B. || κατάληψις B¹, καταλήψεις B². 35 ὃ L, ὅ, τι AB, ὅτε M. 36 σέ γ', ὦ scripsi, ἐγὼ libri; ἔχω H. Stephanus, ἔχειν Wyttenb.

Λ. βασιλικὸν ⟨εἶ⟩πε⟨ς⟩· πλὴν ὅμως εἰπὸν πάλιν.
Θ. ὧν ἂν ἐπιθυμῶ, ταῦθ᾽ ὅπως γενήσεται.

ταυτὶ τὰ ἀμοιβαῖα Κλεάνθους φησὶν εἶναι Ποσειδώνιος ἐναργῶς ἐνδεικνύμενα τὴν περὶ τοῦ παθητικοῦ τῆς ψυχῆς γνώμην αὐτοῦ, εἴ γε δὴ πεποίηκε τὸν Λογισμὸν τῷ Θυμῷ διαλεγόμενον ὡς ἕτερον ἑτέρῳ.

571 Galenus de Hipp. et Plat. plac. IX 1 (Vol. V p. 653 K. p. 653 Iu. Mueller). Ποσειδώνιος ... δείκνυσιν ἐν τῇ περὶ παθῶν πραγματείᾳ διοικουμένους ἡμᾶς ὑπὸ τριῶν δυνάμεων, ἐπιθυμητικῆς τε καὶ θυμοειδοῦς καὶ λογιστικῆς· τῆς δὲ αὐτῆς δόξης ὁ Ποσειδώνιος ἔδειξεν εἶναι καὶ τὸν Κλεάνθην.

572 Galenus de Hipp. et Plat. plac. III 5 (Vol. V 332 K. p. 299 Iu. Mueller). οὐ μόνον γὰρ Χρύσιππος ἀλλὰ καὶ Κλεάνθης καὶ Ζήνων ἑτοίμως αὐτὸ τιθέασιν (scil. τοὺς φόβους καὶ τὰς λύπας καὶ πάνθ᾽ ὅσα τοιαῦτα πάθη κατὰ τὴν καρδίαν συνίστασθαι).

573 Stobaeus Floril. 6,3 Vol. I p. 281 Hense (6, 19 Mein.)
ὅστις ἐπιθυμῶν ἀνέχετ᾽ αἰσχροῦ πράγματος,
οὗτος ποιήσει τοῦτ᾽, ἐὰν καιρὸν λάβῃ.

574 Sextus adv. math. XI 74. ἀλλὰ Κλεάνθης μὲν μήτε κατὰ φύσιν αὐτὴν (scil. τὴν ἡδονὴν) εἶναι μήτ᾽ ἀξίαν ἔχειν αὐτὴν ἐν τῷ βίῳ, καθάπερ δὲ τὸ κάλλυντρον κατὰ φύσιν μὴ εἶναι.

575 Stobaeus Floril. 108,59 Mein. ὁ δὲ Κλεάνθης ἔλεγε τὴν λύπην ψυχῆς παράλυσιν.

De Consolatione.

576 Cicero Tusc. disp. III 76. *sunt qui unum officium consolantis putent „malum illud omnino non esse,“ ut Cleanthi placet.*

577 Cicero Tusc. disp. III 77. *nam Cleanthes quidem sapientem consolatur, qui consolatione non eget. nihil enim esse malum, quod turpe non sit, si lugenti persuaseris, non tu illi luctum, sed stultitiam detraxeris; alienum autem tempus docendi. et tamen non satis mihi videtur vidisse hoc Cleanthes, suscipi aliquando aegritudinem posse ex eo ipso, quod esse summum malum [Cleanthes] ipse fatebatur.*

De Officiis.
(Vol. III p. 134 et 172.)

576 Seneca de Benef. VI 12,2. *Ille, qui totus ad se spectat et nobis prodest, quia aliter prodesse sibi non potest, eo mihi loco est, quo*

---

1 βασιλικὸν εἶπες scripsi, βασιλικόν γε libri; βασιλικόν· εὖ γε Scaliger, ναὶ βασιλικόν γε Meineke. 2 ὧν ἂν Cornarius, ὡς ἂν libri; ὅσ᾽ ἂν Wyttenb.
13 αὐτὸ Mueller, αὐτὰ libri. — Cf. I n. 210 (Zeno). 25 putent ⟨docere⟩ Lambin. 31 Cleanthes *seclusit* Bake.

—— *qui captivos suos, ut commodius veneant, pascit* —— *multum, ut ait Cleanthes, a beneficio distat negotiatio.* — cf. ib. II 31,2. *non enim in vicem aliquid sibi reddi voluit (qui beneficium dat), aut non fuit beneficium, sed negotiatio.*

579 Seneca de Benef. VI 10,2. *beneficium voluntas nuda non efficit: sed quod beneficium non esset, si optimae ac plenissimae voluntati fortuna defuisset, id aeque beneficium non est, nisi fortunam voluntas antecessit; non enim profuisse te mihi oportet, ut ob hoc tibi obliger, sed ex destinato profuisse. Cleanthes exemplo eiusmodi utitur: „ad quaerendum," inquit, „et accersendum ex Academia Platonem duos pueros misi; alter totam porticum perscrutatus est, alia quoque loca, in quibus illum inveniri posse sperabat, percucurrit, et domum non minus lassus quam irritus redit: alter apud proximum circulatorem resedit, et, dum vagus atque erro vernaculis congregatur et ludit, transeuntem Platonem, quem non quaesierat, invenit. illum, inquit, laudabimus puerum, qui, quantum in se erat, quod iussus est fecit: hunc feliciter inertem castigabimus."*

580 Seneca de Benef. V 14,1. *Cleanthes vehementius agit: „licet," inquit, „beneficium non sit, quod accepit, ipse tamen ingratus est, quia non fuit redditurus, etiam si accepisset. sic latro est, etiam antequam manus inquinet: quia ad occidendum iam armatus est et habet spoliandi atque interficiendi voluntatem. exercetur et aperitur opere nequitia, non incipit. sacrilegi dant poenas, quamvis nemo usque ad deos manus porrigat."*

Ex libro περὶ χάριτος.

581 Stobaeus Floril. 28, 17 Vol. I p. 621 Hense (28, 14 Mein.). Κλεάνθης ἔφη τὸν ὀμνύοντα ἤτοι εὐορκεῖν ἢ ἐπιορκεῖν, καθ᾽ ὃν ὄμνυσι χρόνον. ἐὰν μὲν γὰρ οὕτως ὀμνύῃ ὡς ἐπιτελέσων τὰ κατὰ τὸν ὅρκον, εὐορκεῖν, ἐὰν δὲ πρόθεσιν ἔχων μὴ ἐπιτελεῖν, ἐπιορκεῖν.

582 Seneca Epist. 94,4. *Cleanthes utilem quidem iudicat et hanc partem (scil. philosophiae, quae dat propria cuique personae praecepta, nec in universum componit hominem, sed marito suadet quomodo se gerat adversus uxorem, patri quomodo educet liberos, domino quomodo servos regat), sed imbecillam nisi ab universo fluit, nisi decreta ipsa philosophiae et capita cognovit.*

---

12 invenire N¹G, *unde* posse⟨se⟩ *Gertz*. 13 rediit RGP. 14 error *plerique codices*, erroneus *Guelferbyt*. 23 Post „incipit" in omnibus libris secuntur verba: „ipsum quod accepit, beneficium non erat, sed vocabatur", quae del. Feldmann, alio transposuit Gertz. 29 εὐορκεῖν] Cf. Vol. II p. 63, 27 (Chrys. fr. log. n. 197).

583 Stobaeus Floril. 6,4 Vol. I p. 281 Hense (6,20 Mein.)
πόθεν ποτ' ἄρα γίνεται μοιχῶν γένος;
ἐκ κριθιῶντος ἀνδρὸς ἐν ἀφροδισίοις.

584 Theophilus ad Autol. III 5 p. 119c. τί σοι ἔδοξε τὰ Ζήνωνος ἢ τὰ Διογένους καὶ Κλεάνθους, ὁπόσα περιέχουσιν αἱ βίβλοι αὐτῶν διδάσκουσαι ἀνθρωποβορίας, πατέρας μὲν ὑπὸ ἰδίων τέκνων ἕψεσθαι καὶ βιβρώσκεσθαι καί, εἴ τις οὐ βούλοιτο ἢ μέρος τι τῆς μυσαρᾶς τροφῆς ἀποῤῥίψειεν, αὐτὸν κατεσθίεσθαι τὸν μὴ φαγόντα;

585 Sextus Pyrrh. hypot. III 199. 200. παρ' ἡμῖν μὲν αἰσχρόν, μᾶλλον δὲ καὶ παράνομον νενόμισται τὸ τῆς ἀῤῥενομιξίας, παρὰ Γερμανοῖς δέ, ὥς φασίν, οὐκ αἰσχρόν — — καὶ τί θαυμαστόν, ὅπου γε καὶ οἱ ἀπὸ τῆς κυνικῆς φιλοσοφίας καὶ οἱ περὶ τὸν Κιτιέα Ζήνωνα καὶ Κλεάνθην καὶ Χρύσιππον ἀδιάφορον τοῦτο εἶναι φασίν;

586 Stobaeus Floril. 42,2 (Vol. I p. 760 Hense)
κακουργότερον οὐδὲν διαβολῆς ἔστι πω·
λάθρα γὰρ ἀπατήσασα τὸν πεπεισμένον
μῖσος ἀναπλάττει πρὸς τὸν οὐδὲν αἴτιον.

De Civitate.

587 Stobaeus Ecl. II 7,111, p. 103,12 W. ἱκανῶς δὲ καὶ Κλεάνθης περὶ τὸ σπουδαῖον εἶναι τὴν πόλιν λόγον ἠρώτησε τοιοῦτον. πόλις μὲν ⟨εἰ⟩ ἔστιν οἰκητήριον κατασκεύασμα, εἰς ὃ καταφεύγοντας ἔστι δίκην δοῦναι καὶ λαβεῖν, οὐκ ἀστεῖον δὴ πόλις ἐστίν; ἀλλὰ μὴν τοιοῦτόν ἐστιν ἡ πόλις οἰκητήριον· ἀστεῖον ἄρ' ἔστιν ἡ πόλις.

588 Seneca de Tranq. An. I 7. *promptus compositus sequor Zenona, Cleanthem, Chrysippum, quorum tamen nemo ad rem publicam accessit, at nemo non misit.*

Varia.

589 Diogenes Laërt. VII 14. ἐνίοτε δὲ καὶ χαλκὸν εἰσέπραττε τοὺς περιϊσταμένους (ὁ Ζήνων) * * * * * * * τὸ διδόναι μὴ ἐνοχλεῖν, καθά φησι Κλεάνθης ἐν τῷ περὶ χαλκοῦ.

590 Philodemus περὶ φιλοσόφων Vol. Hercul. VIII col. 13, 18. κ(αὶ Κλ)εάνθης ἐν (τῶ)ι περὶ στ(ήλη)ς (ὡ)ς Διογένους αὐτῆ(ς) μνη(μονεύ)ει καὶ ἐπαιν(εῖ) καὶ (μικρὸν) ὕστε(ρ)ον ἐν αὐτ(ῶι

---

2 fortasse: πόθεν ⟨δέ⟩ ποτ' ἄρα. 4 n. 584 = Zeno fr. n. 254. 21 εἰ add. Heeren. 26 at *scripsi*, et A. Cf. Zeno fr. n. 271. 28 ἐνίους vulgo, corr. Wachsm. 29 lacunam significavi, ⟨ὥστε δεδιότας⟩ suppl. Cobetus. 33 αὐτῆς scil. τῆς πολιτείας. Librum Cleanthis puto adhiberi τὸν περὶ ⟨ἐπι⟩στήμης. Cf. ind. Laërt. n. 481.

τού)τ(ωι καθά)π(ερ ἐτ)έρ(ω)θ᾽ ἐνίων (ἔ)χθεσι(ν) [l. ἔκθεσιν] (ποι)-
ε(ῖτ)αι.

591 Athenaeus XI 467 d. Κλεάνθης δὲ ὁ φιλόσοφος ἐν τῷ περὶ μεταλήψεως ἀπὸ τῶν κατασκευασάντων φησὶν ὀνομασθῆναι τήν τε Θηρίκλειον κύλικα καὶ τὴν Δεινιάδα. — ib. 471 b. Κλεάνθης δ᾽ ἐν τῷ περὶ μεταλήψεως συγγράμματί φησι „τὰ τοίνυν εὑρήματα καὶ ὅσα τοιαῦτα, ἔτι κατάλοιπά ἐστι, οἷον Θηρίκλειος, Δεινιάς, Ἰφικρατίς. ταῦτα γὰρ πρότερον συνιστόρει τοὺς εὑρόντας, φαίνεται δ᾽ ἔτι καὶ νῦν. εἰ δὲ μὴ ποιεῖ τοῦτο, μεταβεβληκὸς ἂν εἴη μικρὸν τοὔνομα. ἀλλά, καθάπερ εἴρηται, οὐκ ἔστιν πιστεῦσαι τῷ τυχόντι."

Spuria.

592 Certamen Homer. et Hesiod. p. 4,18 ed. Nietzsch (in act. societ. philol. Lips. tom. I fasc. 1). Ἑλλάνικος μὲν γὰρ καὶ Κλεάνθης Μαίονα λέγουσι (πατέρα Ὁμήρου).

Cf. Procl. vit. Hom. ap. Gaisford. Hephaestion p. 516: οἱ μὲν οὖν Σμυρναῖον αὐτὸν ἀποφαινόμενοι Μαίονος μὲν πατρὸς λέγουσιν εἶναι. — ib. p. 517. Μαίονα γάρ φασι (scil. Ἑλλάνικος καὶ Δαμάστης καὶ Φερεκύδης) τὸν Ὁμήρου πατέρα.

593 [Porphyrius vit. Pythag. 1, 2. Κλεάνθης ἐν τῷ πέμπτῳ τῶν μυθικῶν Σύρον, ἐκ Τύρου τῆς Συρίας (scil. Mnesarchum, patrem Pythagorae). σιτοδείας δὲ καταλαβούσης τοὺς Σαμίους προσπλεύσαντα τὸν Μνήσαρχον κατ᾽ ἐμπορίαν μετὰ σίτου τῇ νήσῳ ἀποδόμενον τιμηθῆναι πολιτείᾳ. Πυθαγόρου δ᾽ ἐκ παίδων εἰς πᾶσαν μάθησιν ὄντος εὐφυοῦς, τὸν Μνήσαρχον ἀπαγαγεῖν αὐτὸν εἰς Τύρον, ἐκεῖ δὲ τοῖς Χαλδαίοις συστάντα μετασχεῖν τούτων ἐπὶ πλεῖον ποιῆσαι, ἐπανελθόντα δ᾽ εἰς τὴν Ἰωνίαν ἐντεῦθεν τὸν Πυθαγόραν πρῶτον μὲν Φερεκύδῃ τῷ Συρίῳ ὁμιλῆσαι, δεύτερον δ᾽ Ἑρμοδάμαντι τῷ Κρεωφυλείῳ ἐν Σάμῳ ἤδη γηράσκοντι. λέγει δ᾽ ὁ Κλεάνθης ἄλλους εἶναι οἵ τὸν πατέρα αὐτοῦ Τυρρηνὸν ἀποφαίνονται τῶν τὴν Λῆμνον ἐποικησάντων, ἐντεῦθεν δὲ κατὰ πρᾶξιν εἰς Σάμον ἐλθόντα καταμεῖναι καὶ ἀστὸν γενέσθαι. πλέοντος δὲ τοῦ Μνησάρχου εἰς τὴν Ἰταλίαν συμπλεύσαντα τὸν Πυθαγόραν νέον ὄντα κομιδῇ σφόδρα οὖσαν εὐδαίμονα καὶ τόθ᾽ ὕστερον εἰς αὐτὴν ἀποπλεῦσαι. καταλέγει δ᾽ αὐτοῦ καὶ ἀδελφοὺς δύο, Εὔνοστον καὶ Τυρρηνὸν πρεσβυτέρους. — Clemens

---

5 Hesych. s. Δεινιάδες affert Kaibel. 7 κατάλοιπά ἐστι scripsi, καὶ τὰ λοιπὰ ἐστι cod. 8 συνιστόρει Casaubon., συνιστορεῖν cod. 10 τῷ τυχόντι scil. ὀνόματι. 14 Βίονα libri, corr. Sturz et Welcker. Num hoc quoque fragm. Neanthi tribuendum est? 19 Κλεάνθης libri hic et v. 28, Νεάνθης Menagius recte ex loco Clementis. 20 Τύρον Holstenius, πύρρον libri. 24 Τύρον Holstenius, πύρραν libri. 29 Τυρρηνόν Holstenius, πύρρινον libri. 34 Εὔνομον Diog. Laërt. VIII 2.

Alex. Strom. I p. 129 S. ὡς δὲ Νεάνθης Σύριος ἢ Τύριος (fuit Pythagoras). — Theodoret. Graec. aff. cur. I 24 p. 11, 13 Ra. ὁ δὲ Νεάνθης Τύριον (Πυθαγόραν) ὀνομάζει.]

594 [Pseudo-Plut. de Fluviorum nominibus V. 3. παράκειται δ᾽ [αὐτῷ] τὸ Καυκάσιον ὄρος· ἐκαλεῖτο δὲ τὸ πρότερον Βορέου κοίτη δι᾽ αἰτίαν τοιαύτην. Βορέας δι᾽ ἐρωτικὴν ἐπιθυμίαν Χιόνην ἁρπάσας, τὴν Ἀρκτούρου θυγατέρα, κατήνεγκεν εἴς τινα λόφον, Νιφάντην καλούμενον, καὶ ἐγέννησεν ἐκ τῆς προειρημένης υἱὸν Ὕρπακα, τὸν διαδεξάμενον Ἡνιόχου τὴν βασιλείαν. μετωνομάσθη δὲ τὸ ὄρος κοίτη Βορέου. προσηγορεύθη δὲ Καύκασος διὰ περίστασιν τοιαύτην. μετὰ τὴν γιγαντομαχίαν Κρόνος, ἐκκλίνων τὰς Διὸς ἀπειλάς, ἔφυγεν εἰς τὴν ἀκρώρειαν Βορέου κοίτης, καὶ εἰς κροκόδειλον μεταμορφωθεὶς ⟨ἔλαθεν· ὁ δὲ Προμηθεὺς⟩ ἕνα τῶν ἐγχωρίων ποιμένα, Καύκασον, ἀναταμών, καὶ κατανοήσας αὐτοῦ τὴν διάθεσιν τῶν σπλάγχνων, εἶπεν οὐ μακρὰν εἶναι τοὺς πολεμίους. ὁ δὲ Ζεὺς ἐπιφανεὶς τὸν μὲν πατέρα δήσας πλεκτῷ ἐρίῳ κατεταρτάρωσε· τὸ δ᾽ ὄρος εἰς τιμὴν τοῦ ποιμένος Καύκασον μετονομάσας, προσέδησεν αὐτῷ τὸν Προμηθέα καὶ ἠνάγκασεν αὐτὸν ὑπὸ σπλαγχνοφάγου ἀετοῦ βασανίζεσθαι, ὅτι παρηνόμησεν εἰς τὰ σπλάγχνα, ὡς ἱστορεῖ Κλεάνθης ἐν γ΄ θεομαχίας.]

595 [Pseudo-Plut. de Fluv. V. 4. γεννᾶται δ᾽ ἐν αὐτῷ (Caucaso) βοτάνη Προμήθειος καλουμένη, ἣν Μήδεια συλλέγουσα καὶ λειοτριβοῦσα πρὸς ἀντιπαθείας τοῦ πατρὸς ἐχρήσατο, καθὼς ἱστορεῖ ὁ αὐτός (scil. Cleanthes).]

596 [Pseudo-Plut. de Fluv. XVII 4. γεννᾶται δ᾽ ἐν αὐτῷ (Taygeto) βοτάνη καλουμένη Χαρισία ἣν ⟨αἱ⟩ γυναῖκες ἔαρος ἀρχομένου τοῖς τραχήλοις περιάπτουσι καὶ ὑπὸ τῶν ἀνδρῶν συμπαθέστερον ἀγαπῶνται· καθὼς ἱστορεῖ Κλεάνθης ἐν α΄ περὶ ὀρῶν.]

Cleanthis apophthegmata.

597 Diogenes Laërt. VII 169. φασὶ δὲ καὶ Ἀντίγονον αὐτοῦ πυθέσθαι ὄντα ἀκροατήν, διὰ τί ἀντλεῖ; τὸν δ᾽ εἰπεῖν „ἀντλῶ γὰρ μόνον; τί δ᾽; οὐχὶ σκάπτω; τί δ᾽; οὐκ ἄρδω; καὶ πάντα ποιῶ φιλοσοφίας ἕνεκα." καὶ γὰρ ὁ Ζήνων αὐτὸν συνεγύμναζεν εἰς τοῦτο, καὶ ἐκέλευεν ὀβολὸν φέρειν ἀποφορᾶς. — Plut. de vitand. aere alieno 7, 5 p. 830 c. Κλεάνθην δὲ ὁ βασιλεὺς Ἀντίγονος ἠρώτα, διὰ χρόνου θεασάμενος ἐν ταῖς Ἀθήναις „ἀλεῖς ἔτι, Κλεάνθες"; „ἀλῶ, φησίν, ὦ βασιλεῦ, ὃ ποιῶ ἕνεκα τοῦ Ζήνωνος μὴ ἀποστῆναι μηδὲ φιλοσοφίας."

598 Diogenes Laërt. VII 171. προκρίνων δὲ τὸν ἑαυτοῦ βίον

---

13 ἔλαθεν—Προμηθεὺς suppl. Wyt.   14 ἀναταμών Wyt., ἀναπαύων libri.
26 καὶ libri, fort. ἵνα.   36 Ζήνωνος μὴ scripsi, ζῆν μόνος δὲ libri.

τοῦ τῶν πλουσίων, ἔλεγεν, ἐν ᾧ σφαιρίζουσιν ἐκεῖνοι τὴν σκληρὰν καὶ ἄκαρπον αὐτὸς ἐργάζεσθαι, σκάπτων.

599 Diogenes Laërt. VII 170. καὶ σκωπτόμενος ὑπὸ τῶν συμμαθητῶν ἠνέσχετο, καὶ ὄνος ἀκούων προσεδέχετο, λέγων αὐτὸς μόνος δύνασθαι βαστάζειν τὸ Ζήνωνος φορτίον.

600 Diogenes Laërt. VII 171. καί ποτε ὀνειδιζόμενος ὡς δειλός „διὰ τοῦτο, εἶπεν, ὀλίγα ἁμαρτάνω."

601 Diogenes Laërt. VII 174. ὀνειδίσαντος αὐτῷ τινος εἰς τὸ γῆρας „κἀγώ, ἔφη, ἀπιέναι βούλομαι· ὅταν δὲ πανταχόθεν ἐμαυτὸν ὑγιαίνοντα περινοῶ καὶ γράφοντα καὶ ἀναγινώσκοντα, πάλιν μένω."

602 Diogenes Laërt. VII 171. πολλάκις δὲ καὶ ἑαυτῷ ἐπέπληττεν· ὧν ἀκούσας Ἀρίστων „τίνι, ἔφη, ἐπιπλήττεις;" καὶ ὃς γελάσας „πρεσβύτῃ, φησί, πολιὰς μὲν ἔχοντι, νοῦν δὲ μή."

603 Diogenes Laërt. VII 173. Σωσιθέου τοῦ ποιητοῦ ἐν θεάτρῳ εἰπόντος πρὸς αὐτὸν παρόντα,

οὓς ἡ Κλεάνθους μωρία βοηλατεῖ,

ἔμεινεν ἐπὶ ταὐτοῦ σχήματος. ἐφ᾽ ᾧ ἀγασθέντες οἱ ἀκροαταί, τὸν μὲν ἐκρότησαν, τὸν δὲ Σωσίθεον ἐξέβαλον. μεταγινώσκοντα δὲ αὐτὸν ἐπὶ τῇ λοιδορίᾳ προσήκατο, εἰπὼν ἄτοπον εἶναι, τὸν μὲν Διόνυσον καὶ τὸν Ἡρακλέα φλυαρουμένους ὑπὸ τῶν ποιητῶν μὴ ὀργίζεσθαι, αὐτὸν δὲ ἐπὶ τῇ τυχούσῃ βλασφημίᾳ δυσχεραίνειν.

604 Stobaeus Floril. 7,54 Vol. I p. 325 Hense. Κλεάνθης ὑπὸ γλώττης ἕλκους αὐτῷ γενομένου τὴν τροφὴν οὐκ ἐδύνατο παραπέμπειν· ὡς δὲ ῥᾷον ἔσχε καὶ ὁ ἰατρὸς αὐτῷ τροφὴν προσήγαγεν „σὺ δέ με, ἔφη, βούλει ἤδη τὸ πλέον τῆς ὁδοῦ κατανύσαντα ἀναστρέφειν, εἶτα πάλιν ἐξ ὑπαρχῆς τὴν αὐτὴν ἔρχεσθαι"; καὶ ἐξῆλθεν τοῦ βίου.

605 Diogenes Laërt. VII 171. εἰπόντος δέ τινος Ἀρκεσίλαον μὴ ποιεῖν τὰ δέοντα „παῦσαι, ἔφη, καὶ μὴ ψέγε. εἰ γὰρ καὶ λόγῳ τὸ καθῆκον ἀναιρεῖ, τοῖς γοῦν ἔργοις αὐτὸ τιθεῖ." καὶ ὁ Ἀρκεσίλαος „οὐ κολακεύομαι", φησί. πρὸς ὃν ὁ Κλεάνθης „ναί, ἔφη, σὲ κολακεύω, φάμενος ἄλλα μὲν λέγειν, ἕτερα δὲ ποιεῖν."

606 Diogenes Laërt. VII 173. ἔλεγε δὲ καὶ τοὺς ἐκ τοῦ περιπάτου ὅμοιόν τι πάσχειν ταῖς λύραις, αἳ καλῶς φθεγξάμεναι αὐτῶν οὐκ ἀκούουσι.

607 Cicero Tusc. disp. II 60. *e quibus (scil. philosophis) homo sane levis, Heracleotes Dionysius, cum a Zenone fortis esse didicisset, a*

---

2 τὴν ἄκαρπον B, ἄκαρπον in litura a P³; αὐτὸς om. LD. 4 ἠνείχετο PL. 10 ἀπογιγνώσκοντα B. 16 ὡς ἡ Κλεάνθου B. 17 τὸν] τὸ B, τῷ fortasse P ante lituram, τῷ L. — Cf. similes narratiunculas n. 470—472. 24 προσήνεγκεν Cobetus. 26 ἄρχεσθαι libri, corr. Gesner. Cf. n. 474—476. 30 ναί PL, καὶ BD; fortasse: ⟨ἦ⟩ καὶ. ‖ ἔφησε P.

dolore dedoctus est. nam cum ex renibus laboraret, ipso in eiulatu clamitabat falsa esse illa, quae antea de dolore ipse sensisset. quem cum Cleanthes condiscipulus rogaret, quaenam ratio eum de sententia deduxisset, respondit: „quia si, cum tantum operae philosophiae dedissem, 5 *dolorem tamen ferre non possem, satis esset argumenti malum esse dolorem. plurimos autem annos in philosophia consumpsi nec ferre possum: malum est igitur dolor." tum Cleanthem, cum pede terram percussisset, versum ex Epigonis ferunt dixisse:*

Audisne haec, Amphiaraë, sub terram abdite?
10 *Zenonem significabat a quo illum degenerare dolebat.*

608 Stobaeus Floril. 82,9 Mein. = Ecl. II 2,16. Κλεάνθης ἐρωτώμενος διὰ τί παρὰ τοῖς ἀρχαίοις οὐ πολλῶν φιλοσοφησάντων ὅμως πλείους διέλαμψαν ἢ νῦν „ὅτι, εἶπε, τότε μὲν ἔργον ἠσκεῖτο, νῦν δὲ λόγος."

15 **609** Diogenes Laërt. VII 172. μειρακίῳ ποτὲ διαλεγόμενος ἐπύθετο, εἰ αἰσθάνεται· τοῦ δ᾽ ἐπινεύσαντος „διὰ τί οὖν, εἶπεν, ἐγὼ οὐκ αἰσθάνομαι ὅτι αἰσθάνει;"

610 Diogenes Laërt. VII 172. ἐρομένου τινός, τί ὑποτίθεσθαι δεῖ τῷ υἱῷ „τὸ τῆς Ἠλέκτρας, ἔφη, σῖγα σῖγα λεπτὸν ἴχνος." (Eurip.
20 Orest. 140.)

611 Musonius ap. Stob. Ecl. II 31,125 p. 243,1 Wachsm. ἦ οὐ τοιοῦτος παῖς ἐκεῖνος ὁ Λάκων, ὃς Κλεάνθην τὸν φιλόσοφον ἠρώτησεν, εἰ ἀγαθὸν ὁ πόνος ἐστίν; οὕτω γὰρ ἐκεῖνος φαίνεται φύσει πεφυκὼς καλῶς καὶ τεθραμμένος εὖ πρὸς ἀρετήν, ὥστε ἔγγιον εἶναι
25 νομίζειν τὸν πόνον τῆς τἀγαθοῦ φύσεως ἢ τῆς τοῦ κακοῦ· ὅς γε ὡς ὁμολογουμένου τοῦ μὴ κακὸν ὑπάρχειν αὐτόν, εἰ ἀγαθὸν τυγχάνει ὂν ἐπυνθάνετο. ὅθεν καὶ ὁ Κλεάνθης ἀγασθεὶς τοῦ παιδὸς εἶπεν ἄρα πρὸς αὐτόν „αἵματος εἶς ἀγαθοῖο, φίλον τέκος, οἷ᾽ ἀγορεύεις (Hom. Od. δ 611)." — Diogenes Laërt. VII 172. Λάκωνός τινος εἰπόντος,
30 ὅτι ὁ πόνος ἀγαθόν, διαχυθείς φησιν „αἵματος εἶς ἀγαθοῖο, φίλον τέκος."

612 Stobaeus Ecl. II 31, 63 Wachsm. Κλεάνθης, ἑταίρου ἀπιέναι μέλλοντος καὶ ἐρωτῶντος, πῶς ἂν ἥκιστα ἁμαρτάνοι, εἶπεν, „εἰ παρ᾽ ἕκαστα ὧν πράττεις δοκοίης ἐμὲ παρεῖναι." — Cf. Zeno apoph. 42 Maxim.
35 Gnom. 5 p. 189,1 R.

---

8 Scil. Sophoclis (fr. adesp. 2 p. 651 Nauck). 13 πλείους ⟨παιδείᾳ⟩ Usener, πλείους ⟨ἀρετῇ⟩ Meineke melius. 18 ἐρωμένου B. ‖ ὑποτίθεσαι (om. δεῖ) BP, ὑποτίθεσθαι (om. δεῖ) L. 19 τὸ ἐκ τῆς BPLD. ‖ λευκὸν BD. 24 καλὸς L, corr. Pflugk. ‖ ἔγγυον L, corr. Emperius. 25 ἦ Pflugk, καὶ L. ‖ ὅς γε Pflugk, ὥστε L. 26 εἰ Halm, ἦ L. 32 ἑτέρου L, corr. Boissonade. 34 πράττοις Usener. ‖ ἐμὲ Cobetus, με libri. Similia Epicurus discipulis fertur dixisse Usen. fr. 211: sic fac omnia, tamquam spectet Epicurus.

613 Diogenes Laërt. VII 172. φησὶ δὲ ὁ Ἑκάτων ἐν ταῖς χρείαις, εὐμόρφου μειρακίου εἰπόντος „εἰ ὁ εἰς τὴν γαστέρα τύπτων γαστρίζει, καὶ ὁ εἰς τοὺς μηροὺς τύπτων μηρίζει," ἔφη „σὺ μὲν τοὺς διαμηρισμοὺς ἔχε, μειράκιον. αἱ δ᾽ ἀνάλογοι φωναὶ τὰ ἀνάλογα οὐ πάντως σημαίνουσι πράγματα."

614 Plutarchus Alc. 6. Ὁ μὲν οὖν Κλεάνθης ἔλεγε τὸν ἐρώμενον ὑφ᾽ ἑαυτοῦ μὲν ἐκ τῶν ὤτων κρατεῖσθαι, τοῖς δ᾽ ἀντεραστοῖς πολλὰς λαβὰς παρέχειν ἀθίκτους ἑαυτῷ, τὴν γαστέρα λέγων καὶ τὰ αἰδοῖα καὶ τὸν λαιμόν.

615 Stobaeus Floril. 33, 8 (Vol. I p. 679 Hense). σιωπῶντος τοῦ Κλεάνθους, ἐπεί τις ἔφη „τί σιγᾷς; καὶ μὴν ἡδὺ τοῖς φίλοις ὁμιλεῖν," „ἡδύ, ἔφη, ἀλλ᾽ ὅσῳ ἥδιον, τοσῷδε μᾶλλον αὐτοῦ τοῖς φίλοις παραχωρητέον."

616 Diogenes Laërt. VII 174. πρὸς δὲ τὸν μονήρη καὶ ἑαυτῷ λαλοῦντα „οὐ φαύλῳ, ἔφη, ἀνθρώπῳ λαλεῖς."

617 Stobaeus Floril. 95, 28 Mein. Κλεάνθης, ἐρωτώμενος πῶς ἄν τις εἴη πλούσιος, εἶπεν „εἰ τῶν ἐπιθυμιῶν εἴη πένης."

618 Diogenes Laërt. VII 173. λέγεται δέ, φάσκοντος αὐτοῦ κατὰ Ζήνωνα καταληπτὸν εἶναι τὸ ἦθος ἐξ εἴδους, νεανίσκους τινὰς εὐτραπέλους ἀγαγεῖν πρὸς αὐτὸν κίναιδον ἐσκληραγωγημένον ἐν ἀγρῷ, καὶ ἀξιοῦν ἀποφαίνεσθαι περὶ τοῦ ἤθους· τὸν δὲ διαπορούμενον κελεῦσαι ἀπιέναι τὸν ἄνθρωπον. ὡς δὲ ἀπιὼν ἐκεῖνος ἔπταρεν „ἔχω, εἶπεν, αὐτόν," ὁ Κλεάνθης „μαλακός ἐστιν." Cf. Zeno n. 204 et Dio Prus. or. XXXIII § 53, 54, qui de Chrysippo Tarsi (τῶν γὰρ ἐνθάδε δεινῶν τινα λέγουσι etc.) eadem narrat. Cf. Vol. II n. 10 a.

619 Arrianus Epict. diss. IV 1, 173. παράδοξα μὲν ἴσως φασὶν οἱ φιλόσοφοι, καθάπερ καὶ ὁ Κλεάνθης ἔλεγεν, οὐ μὴν παράλογα. Cf. Zeno n. 281.

Appendix.

Fragmenta Cleanthis ad singulos libros relata.

1. Ἀρχαιολογία (ind.).
2. Διατριβῶν δύο (ind.).
3. Ἐρωτικὴ τέχνη (ind.). Cf. n. 585.
4. Ἡρακλείτου ἐξηγήσεις τέσσαρα (ind.). Cf. n. 519.

---

5 verba αἱ δ᾽—πράγματα secludit Cobetus. καὶ πράγματα P, in B rasura ante πρ.

5. Περὶ Ἀγωγῆς (ind.).
6. Περὶ Αἰσθήσεως (ind.). Cf. n. 484.
7. Περὶ Ἀρετῶν (ind.). Cf. n. 564—569.
8. Περὶ Ἀτόμων n. 493. fortasse = πρὸς Δημόκριτον (ind.).
9. Περὶ Βασιλείας (ind.).
10. Περὶ Βουλῆς (ind.).
11. Περὶ Γιγάντων (ind.).
12. Περὶ Γοργίππου (ind.).
13. Περὶ Διαλεκτικῆς (ind.). Cf. n. 488.
14. Περὶ Δόξης (ind.). Cf. n. 559. 560.
15. Περὶ Ἐλευθερίας (ind.).
16. Περὶ Ἐπιστήμης (ind.). Cf. n. 590 adn.
17. Περὶ Ἔρωτος (ind.).
18. Περὶ Εὐβουλίας (ind.).
19. Περὶ Εὐφυΐας (ind.).
20. Περὶ Ἡδονῆς (ind.) n. 530. 552. 558.
21. Περὶ Θεῶν (ind.) n. 543.
22. Περὶ Ἰδίων (ind.).
23. Περὶ Καλῶν (ind.).
24. Περὶ Κατηγορημάτων (ind.) n. 488.
25. Περὶ Μεταλήψεως n. 591.
26. Περὶ Νόμων (ind.).
27. Περὶ Ὁρμῆς (ind.).
28. Περὶ Πράξεως (ind.).
29. Περὶ Στήλης n. 590. Titulus dubiae fidei, qui uno tantum eoque mutilo Philodemi loco cum aliqua probabilitate suppletur.
30. Περὶ Συμποσίου (ind.).
31. Περὶ Τέλους (ind.). Cf. n. 552—556.
32. Περὶ Τέχνης (ind.). Cf. n. 490.
33. Περὶ Τῆς Ζήνωνος φυσιολογίας δύο (ind.).
34. Περὶ Τιμῆς (ind.).
35. Περὶ Τοῦ Δικάζειν (ind.).
36. Περὶ Τοῦ Καθήκοντος (ind.).
37. Περὶ Τοῦ Κυριεύοντος (ind.) n. 489.
38. Περὶ Τοῦ Λόγου τρία (ind.).
39. Περὶ Τοῦ Ὅτι Ἡ Αὐτὴ Ἀρετὴ Ἀνδρὸς Καὶ Γυναικός (ind.).
40. Περὶ Τοῦ Ποιητοῦ (ind.). Cf. n. 526. 535. 549. 592.
41. Περὶ Τοῦ Τὸν Σοφὸν Σοφιστεύειν (ind.).
42. Περὶ Τρόπων (ind.).
43. Περὶ Τῶν Ἀπόρων (ind.).

44. Περὶ Ὑμεναίου (ind.).
45. Περὶ Φιλίας (ind.).
46. Περὶ Φθονερίας (ind.).
47. Περὶ Χαλκοῦ n. 589.
48. Περὶ Χάριτος (ind.) n. 578—580.
49. Περὶ Χρειῶν (ind.).
50. Περὶ Χρόνου (ind.).
51. Πολιτικός (ind.) n. 587—588.
52. Πρὸς Ἀρίσταρχον (ind.) n. 500.
53. Πρὸς Δημόκριτον (ind.). Fortasse = Περὶ Ἀτόμων n. 493.
54. Πρὸς Ἥριλλον (ind.).
55. Προτρεπτικός (ind.). Cf. n. 567.
56. Τέχνη Ῥητορική n. 491. 492.
57. Ὑπομνήματα Φυσικά n. 563.

5a. Sphaerus.

620 Diogenes Laërt. VII 177. Τούτου (scil. τοῦ Κλεάνθους) — ἤκουσε μετὰ Ζήνωνα καὶ Σφαῖρος ὁ Βοσποριανός, ὃς προκοπὴν ἱκανὴν περιποιησάμενος λόγων εἰς Ἀλεξάνδρειαν ἀπῄει πρὸς Πτολεμαῖον τὸν Φιλοπάτορα (secuntur duo narratiunculae cf. n. 625). Βιβλία δὲ γέγραφε τάδε·
   περὶ κόσμου δύο·
   περὶ στοιχείων·
   ⟨περὶ⟩ σπέρματος n. 626.
   περὶ τύχης·
   περὶ ἐλαχίστων·
   πρὸς τὰς ἀτόμους καὶ τὰ εἴδωλα·
   περὶ αἰσθητηρίων n. 627.
   περὶ Ἡρακλείτου πέντε·
   διατριβῶν·
   περὶ τῆς ἠθικῆς διατάξεως·
   περὶ καθήκοντος·
   περὶ ὁρμῆς·
   περὶ παθῶν δύο·
   περὶ βασιλείας·

---

18 ἐν λόγῳ BD, λόγῳ (ἐν eras.) P, λόγων L. ǁ ἀπῇρε B (η B²) P
22 στοιχείων BPLD.   23 περὶ inserui.   33 διατριβῶν add. BD.

περὶ Λακωνικῆς πολιτείας n. 629
περὶ Λυκούργου καὶ Σωκράτους τρία·
περὶ νόμου·
περὶ μαντικῆς·
διαλόγους ἐρωτικούς·
περὶ τῶν Ἐρετριακῶν φιλοσόφων·
περὶ ὁμοίων·
περὶ ὅρων (n. 628).
περὶ ἕξεως·
περὶ τῶν ἀντιλεγομένων τρία·
περὶ λόγου·
περὶ πλούτου·
περὶ δόξης·
περὶ θανάτου·
τέχνης διαλεκτικῆς δύο·
περὶ κατηγορημάτων·
περὶ ἀμφιβολιῶν·
ἐπιστολάς.

621 Diogenes Laërt. VII 185. Πτολεμαίου τε πρὸς Κλεάνθην ἐπιστείλαντος ἢ αὐτὸν ἐλθεῖν ἢ πέμψαι τινά, Σφαῖρος μὲν ἀπῆλθε, Χρύσιππος δὲ περιεῖδε.

622 Plutarchus vita Cleomenis 2. λέγεται δὲ καὶ λόγων φιλοσόφων τὸν Κλεομένη μετασχεῖν ἔτι μειράκιον ὄντα, Σφαίρου τοῦ Βορυσθενίτου παραβαλόντος εἰς τὴν Λακεδαίμονα καὶ περὶ τοὺς νέους καὶ τοὺς ἐφήβους οὐκ ἀμελῶς διατρίβοντος. Ὁ δὲ Σφαῖρος ἐν τοῖς πρώτοις ἐγεγόνει τῶν Ζήνωνος τοῦ Κιτιέως μαθητῶν, καὶ τοῦ Κλεομένους ἔοικε τῆς φύσεως τὸ ἀνδρῶδες ἀγαπῆσαί τε καὶ προσεκκαῦσαι τὴν φιλοτιμίαν. — ὁ δὲ Στωϊκὸς λόγος ἔχει τι πρὸς τὰς μεγάλας φύσεις καὶ ὀξείας ἐπισφαλὲς καὶ παράβολον, βαθεῖ δὲ καὶ πράῳ κεραννύμενος ἤθει μάλιστα εἰς τὸ οἰκεῖον ἀγαθὸν ἐπιδίδωσιν.

623 Plutarchus vita Cleomenis 11. (ὁ Κλεομένης) ἐπὶ τὴν παιδείαν τῶν νέων ἐτράπη καὶ τὴν λεγομένην ἀγωγήν, ἧς τὰ πλεῖστα παρὼν ὁ Σφαῖρος αὐτῷ συγκαθίστη, ταχὺ τὸν προσήκοντα τῶν τε γυμνασίων καὶ τῶν συσσιτίων κόσμον ἀναλαμβανόντων καὶ συστελλομένων ὀλίγων μὲν ὑπ' ἀνάγκης, ἑκουσίως δὲ τῶν πλείστων εἰς τὴν εὐτελῆ καὶ Λακωνικὴν ἐκείνην δίαιταν.

624 Athenaeus VIII 354e. οὐκ ἀχαρίτως δὲ καὶ Σφαῖρον, τὸν συσχολάσαντα μὲν Χρυσίππῳ παρὰ Κλεάνθει, μετάπεμπτον δὲ γενό-

---

3 νόμους B.   20 ἀποστείλαντος BLD, ἐπιστείλαντος, sed ε et ι in litura P.   21 ὑπερεῖδε BPD.   37 ἀχαρίστως A, corr. Cas.

μενον εἰς Ἀλεξάνδρειαν ὑπὸ τοῦ βασιλέως Πτολεμαίου, κηρίνων ποτὲ ἐν τῷ δείπνῳ παρατεθεισῶν ὀρνίθων, ἐκτείναντα τὰς χεῖρας ἐπισχεθῆναι ὑπὸ τοῦ βασιλέως, ὡς ψεύδει συγκατατιθέμενον. τὸν δ᾽ εὐστόχως ἀποκρίνασθαι εἰπόντα οὐ τούτῳ συγκατίθεσθαι ὅτι εἰσὶν ὄρνεις, ἀλλ᾽ ὅτι εὔλογόν ἐστι ταύτας ὄρνεις εἶναι. διαφέρειν δὲ τὴν καταληπτικὴν 5 φαντασίαν τοῦ εὐλόγου· τὴν μὲν γὰρ ἀδιάψευστον εἶναι, τὸ δ᾽ εὔλογον ⟨κἂν⟩ ἄλλως ἀποβαίνειν.

625 Diogenes Laërt. VII 177. εἰς Ἀλεξάνδρειαν ἀπῄει (ὁ Σφαῖρος) πρὸς Πτολεμαῖον τὸν Φιλοπάτορα. λόγου δέ ποτε γενομένου περὶ τοῦ δοξάσειν τὸν σοφὸν καὶ τοῦ Σφαίρου εἰπόντος ὡς οὐ δο- 10 ξάσει, βουλόμενος ὁ βασιλεὺς ἐλέγξαι αὐτὸν κηρίνας ῥόας ἐκέλευσε παρατεθῆναι· τοῦ δὲ Σφαίρου ἀπατηθέντος ἀνεβόησεν ὁ βασιλεὺς ψευδεῖ συγκατατεθεῖσθαι αὐτὸν φαντασίᾳ, πρὸς ὃν ὁ Σφαῖρος εὐστόχως ἀπεκρίνατο, εἰπὼν οὕτως συγκατατεθεῖσθαι, οὐχ ὅτι ῥόαι εἰσίν, ἀλλ᾽ ὅτι εὔλογόν ἐστι ῥόας αὐτὰς εἶναι· διαφέρειν δὲ τὴν καταληπτικὴν 15 φαντασίαν τοῦ εὐλόγου.

πρὸς δὲ Μνησίστρατον κατηγοροῦντα αὐτοῦ ὅτι Πτολεμαῖον οὔ φησι βασιλέα εἶναι· „τοιοῦτον δὲ ὄντα τὸν Πτολεμαῖον καὶ βασιλέα εἶναι."

626 Diogenes Laërt. VII 159. καὶ ἀφ᾽ ὅλων δὲ τῶν σωμάτων 20 αὐτό φασι καταφέρεσθαι (scil. τὸ σπέρμα) οἱ περὶ τὸν Σφαῖρον, πάντων γοῦν γεννητικὸν εἶναι τῶν τοῦ σώματος μερῶν. τὸ δὲ τῆς θηλείας ἄγονον ἀποφαίνονται· ἄτονόν τε γὰρ εἶναι καὶ ὀλίγον καὶ ὑδατῶδες, ὡς ὁ Σφαῖρός φησιν.

627 Aëtius VI 15, 1 (DG p. 405 b 26). Σφαῖρος ὁ Στωϊκὸς 25 ὁρατὸν εἶναι τὸ σκότος. ἐκ γὰρ τῆς ὁράσεως προχεῖσθαί τινα εἰς αὐτὸ αὐγήν.

628 Cicero Tusc. disp. IV 53. *Fortitudo est igitur „adfectio animi legi summae in perpetiendis rebus obtemperans" vel „conservatio stabilis iudicii in eis rebus, quae formidolosae videntur, subeundis et* 30 *repellendis" vel „scientia rerum formidolosarum contrariarumque aut omnino neglegendarum, conservans earum rerum stabile iudicium" vel brevius, ut Chrysippus — nam superiores definitiones erant Sphaeri, hominis in primis bene definientis, ut putant Stoici; sunt enim omnino*

---

4 ἀποκρίνασθαι Kaibel, ἀποφήνασθαι A.   7 κἂν add. Wilam. — ὄρνιθες in hanc narratiunculam errore videntur irrepsisse ἀντὶ τῶν ῥοῶν cf. n. 625.
8 ἀπῄρε B (η B²) P.   11 ἔλεγξε BD.   18 φησι βασιλέα εἶναι L, φησὶν εἶναι βασιλέα εἶναι BP, φασι βασιλέα εἶναι οὐκ εἶναι ἔφη D.   21 φασὶν αὐτὸ BP.
22 γεννητικῶν B.   23 γὰρ erasum in P, om. L. — librum Sphaeri περὶ σπέρματος habet Laërtius in indice librorum n. 620.   26 Eandem doctrinam isdem verbis Aëtius Stoicis universis tribuit.   31 aut] et O. Heine.   34 Fortasse ad librum περὶ τῶν ὅρων referendum. — Cf. Vol. III n. 285 (Chrys.).

omnis fere similes, sed declarant communis notiones alia magis alia etc.

629 Plutarchus vita Lycurgi 5. τοσούτους δέ φησι κατασταθῆναι τοὺς γέροντας Ἀριστοτέλης, ὅτι τριάκοντα τῶν πρώτων μετὰ Λυκούργου γενομένων δύο τὴν πρᾶξιν ἐγκατέλιπον ἀποδειλιάσαντες. Ὁ δὲ Σφαῖρος ἐξ ἀρχῆς φησι τοσούτους γενέσθαι τοὺς τῆς γνώμης μετασχόντας.

630 Athenaeus IV 141c. Σφαῖρος δ' ἐν τρίτῳ Λακωνικῆς πολιτείας γράφει· „φέρουσι δὲ καὶ ἐπάικλα αὐτοῖς οἱ φιδῖται· καὶ τῶν μὲν ἀγρευομένων ὑφ' αὑτῶν ἐνίοτε οἱ πολλοί, οὐ μὴν ἀλλ' οἵ γε πλούσιοι καὶ ἄρτον καὶ ὧν ἂν ⟨ᾖ⟩ ὥρα ἐκ τῶν ἀγρῶν, ὅσον εἰς αὐτὴν τὴν συνουσίαν, νομίζοντες καὶ τὸ πλείονα τῶν ἱκανῶν παρασκευάζειν περιττὸν εἶναι, μὴ μέλλοντά γε προσφέρεσθαι."

6. Τινὲς τῶν ἀρχαιοτέρων Στωϊκῶν.

631 Diocles Magnes apud Diog. Laërt. VII 54. ἄλλοι δέ τινες τῶν ἀρχαιοτέρων Στωϊκῶν τὸν ὀρθὸν λόγον κριτήριον ἀπολείπουσιν, ὡς ὁ Ποσειδώνιος ἐν τῷ περὶ κριτηρίου φησί.

---

6 Ex libro περὶ τῆς Λακωνικῆς πολιτείας haec sumpta sunt. 10 nonne scribendum: ἑκάστοτε? 11 ᾖ add. Kaibel. 12 τὸ Cas., τὰ A. 15 Ad quos philosophos haec verba referantur, nescimus. Disputavit de ea quaestione Hirzelius.

www.ingramcontent.com/pod-product-compliance
Lightning Source LLC
Chambersburg PA
CBHW071424160426
43195CB00013B/1793